식음료

경영 · 서비스 관리론

김연화 · 장병주 著

머리말

생존을 위해 먹고 마시는 개별적인 인간 활동이 일정규모를 갖추고 생산 및 판매활동을 통해 이익을 창출하고자 하는 산업 활동으로 발전되었다. 특히 외식산업의 빠른 성장은 식음료산업화를 이끈 주역으로 인정받을 만하다. 오늘날 이러한 외식산업의 양상은 소규모의 영세한 생업형 시장(Eating Market)과 국내 중, 대기업이나 외국계 체인브랜드, 호텔내부업장 및 외부 분사기업 등에 의해 주도가 되는, 이른바 고급시장(Dining Out Industry)의 이중 구조로 나타나고 있다. 특히 고급시장은 전체 외식업체 개소에 비해 차지하는 비중은 작지만 다양한 업태개발과 경쟁력으로 외식 산업화의 견인차 역할을 하면서 근대화되고 고급화된 선진 외식문화 형성에 기여하고 있다. 또한 주5일 근무의 일상생활 패턴의 변화는 이미 관광을 포함한 여가시대의 확산을 예고하고 있고 대중화된 여가행태로서의 외식문화 양상은 질적, 양적으로 한층 더 발전하게 될 것이다.

반면 점점 더 고급화되고 세분화되어가는 고객성향이나 폭발적으로 팽창하는 점포수 및 브랜드, 그리고 식품의 공인된 안전성 문제 등으로 위협받고 있는 사업의 채산성 등을 고려할 때 한국외식시장의 현실을 진단하고 효율적인 관리 및 미래 발전적 대안을 모색해야 할 중요한 시점이기도 하다.

이와 같은 인식하에 본 책은 아래와 같은 구성으로 엮어지게 되었다.

제1부에서는 호텔 식음료영업장을 비롯한 외식산업의 산업적 면모를 파악하기 위해 전체 식음료 산업 군에 대한 체계적 분석을 시도하였다. 과연 전체 식음료산업분야에서 외식산업이 차지하는 위상은 어떠한가! 또 식음료산업의 범위는 어디까지이며 어떻게 구성되어 있으며 그 실태는 어떠한가! 결과적으로 식음료 관련 산업활동은 한국표준산업분류에 의하면 음식료품의 제조가공, 도소매, 운송, 보존 및 음식점업 등으로 나타난다. 이 가운데 외식업이란 음식점업을 말하며 접객서비스를 주요 상품으로 제공하는 특성상 특수분류에 의거한 관광산업이기도 하다.

제2부에서는 외식산업체가 직면한 경영환경 및 생산 및 판매관리상의 특성을 제시하고 효율적인 경영을 위한 내부관리기법으로 크게 원가관리, 마케팅관리, 메뉴관리로 나누어 분석해 보았다.

제3부에서는 호텔에 대한 서비스 및 운영관리로 호텔식음료부문의 식당, 주장, 연회, 룸서비스 각 영업장에 대한 조직, 기능, 서비스 실무 등을 다루었다.

제4부에서는 한식을 비롯하여 양식, 중식, 일식의 다양한 식음료 재료 및 메뉴에 대한 해설을 제시하였고

제5부에서는 알코올성 음료를 발효주, 증류주, 혼성주로 나누어 과학적으로 접근하였다. 아울러 칵테일 조주와 관련된 실무적 내용을 정리해 보았다.

이 책의 가장 큰 특징은 점점 다각화, 대형화되어가는 외식업의 산업적 면모를 이론 체계적으로, 동시에 현실적으로 제시하였다는 것이다. 종전의 호텔 식음료 영업장이나 외국 브랜드의 패밀리레스토랑 정도로만 인지되고 있었던 외식업의 미래를 예견할 수 있는 기초를 마련하고 아울러 장차 식음료산업에 관심있는 학생들에게 비젼으로 다가갈 수 있기를 감히 바랬다.

여기에 꼭 갖춰야 할 전문성이 경영관리 능력이라는 평소 소신대로 단순 서비스기능 위주의 관련서적 분포를 보면서 욕심을 내어 보았다. 각론으로 다루어도 모자랄 내용을 경영감각이라도 익히게 하고 싶어 나름대로 구성하면서 내심 식음료관리론의 종합편, 완성편이라도 될 듯이 호기를 부린 것 같다. 많은 학계 및 업계 선후배들의 노력과 수고가 없었다면 불가능했을 것이다. 많이 부족하다는 것이 새삼 새롭다.

미흡한 가운데 저자의 뜻이 전달되어 이 책을 접하는 모든 독자에게 도움이 된다면 더 없는 기쁨이다.

끝으로 이 책이 나오기까지 많은 도움을 준 안양대학교 사회과학연구소 김태인 조교와 도서출판 기문사 한인환 사장님 이하 임직원 여러분께 심심한 감사를 드린다.

CONTENTS
차 례

제1부 식음료산업과 외식업

제❶장 식음료산업의 형태 및 분류·13

1. 식품위생법에 의한 근거 ······ 13
2. 표준산업분류에 의한 근거 ······ 19
3. 특수산업분류에 의한 근거 ······ 30

제❷장 식음료산업의 규모·34

제❸장 외식산업 성장요인·37

제❹장 외식업의 변천사 및 성장추이·43

1. 국내 외식업의 변천사 및 성장추이 ······ 43
2. 미국의 외식산업 변천사 ······ 49
3. 일본외식산업 변천사 ······ 51

제❺장 외식산업의 업태별 현황분석·52

1. 패스트푸드 업계현황 ······ 52
2. 패밀리 레스토랑 업계현황 ······ 54
3. 피자업계현황 ······ 57
4. HMR(Home Meal Replacement) 시장 ······ 58
5. 푸드코트(Food Court) 시장 ······ 60
6. 단체급식시장 ······ 62
7. 테마레스토랑 시장 ······ 66

제❻장 외식산업의 기업별 시장구조실태•68

1. 외국계기업의 체인시장 68
2. 대기업 진출 외식시장 70
3. 중소규모 외식시장 72
4. 호텔기업 외식진출시장 73

제❼장 외식시장의 전망 및 과제•78

제2부 식음료 경영관리

제❶장 식음료 경영관리의 특성•83

제❷장 과정관리(過程管理)•86

1. 과정관리흐름 및 목적 86
2. 구매 관리 88
3. 검수관리(Receiving Control) 89
4. 저장관리(Storing Controls) 93
5. 출고관리(Issuing Control) 93

제❸장 표준원가관리•96

1. 의의 96
2. 표준화 대상 업무 97

제❹장 CRM 관리•104

제❺장 센트럴 키친 시스템 관리(Central Kitchen, CK)•109

1. 정의 110
2. 특징 111
3. 센트럴 커미서리 선택 시점 113

제❻장 BEP 관리(Break Even Point, 손익분기점)•114

제❼장 메뉴관리•121

1. 의의 ··· 121
2. 메뉴계획 ··· 122
3. 메뉴디자인 ··· 123
4. 메뉴의 분류 ··· 126
5. 메뉴가격결정 방법 ··· 131

제3부 호텔 식음료관리

제❶장 조직 및 직무분석•137

1. 호텔조직 ··· 137
2. 직무분석 ··· 140

제❷장 식음료 서비스 업무•150

1. 식음료 서비스 형태와 방법 ··· 150
2. 식당의 명칭에 따른 분류 ··· 155
3. 식음료접객편성 시스템 ··· 157
4. 고객영접 및 환송 ··· 159
5. 주문받는 요령 및 개념 ··· 162
6. 식음료서비스의 기본수칙 ··· 165
7. 식음료부문 종사원의 계산서 취급요령 ··· 169
8. Paging Service ··· 170
9. 예약응대업무 ··· 171
10. Mise- En-Place ··· 173

제❸장 식음료영업장 운영•185

1-1 양식당•185

1. 조직 및 운영 ··· 185
2. 양식당 메뉴의 종류 ··· 188
3. 호텔식음료 소요비품, 집기 및 취급법 ··· 195

1-2 주장(Bar)•231

1. 주장의 종류 ········ 231
2. 음료서비스 ········ 234

1-3 연회•236

1. 연회의 분류 ········ 236
2. 연회 예약업무 ········ 241
3. 연회서비스 진행순서 및 방법 ········ 254
4. 연회 바(Bar) ········ 263

1-4 룸 서비스(ROOM SERVICE) ········ 266

1. 조직 및 특징 ········ 267
2. 룸서비스 요령 ········ 267
3. 룸서비스 주문 ········ 269

제4부 식자재 및 메뉴해설

제❶장 서양식 메뉴구성•273

1. 전채요리 ········ 273
2. 수프(Soup, Potage) ········ 276
3. 생선 ········ 278
4. 육류(Entree, Main Dish) ········ 281
5. 소스 ········ 289
6. 샐러드 ········ 292
7. 후식 ········ 295
8. 치즈 ········ 296
9. 식후음료(Coffee or Tea : Cafe ou The) ········ 298
10. 향신료 ········ 300

제❷장 한식 메뉴구성•305

1. 주식류 ··· 305
2. 부식류 ··· 307
3. 상차림의 형식 ··· 310
4. 한국의 음청 ··· 313
5. 한국의 차 ··· 315
6. 한국 술의 종류 ··· 319

제❸장 중식•322

1. 지역적 특성 ··· 322
2. 메뉴구성과 특징 ··· 325
3. 중국 차 ··· 329
4. 중국 술 ··· 331

제❹장 일식•335

1. 일본요리의 특성 ··· 335
2. 메뉴구성 ··· 340
3. 일본의 차 ··· 355

제5부 음료(BEVERAGE)

제❶장 비알코올성 음료(Non-Alcoholic)•362

1. 청량음료 ··· 362
2. 영양음료 ··· 363
3. 기호음료 ··· 364

제❷장 알코올성 음료•365

1-1. 양조주(발효주)•367

1. 맥주(Beer) ··· 367
2. 포도주(Wine) ··· 373

1-2 증류주•398

1. 위스키(Whisky) ········· 399
2. 브랜디(BRANDY) ········· 408
3. 진(GIN) ········· 414
4. 보드카(VODKA) ········· 415
5. 럼(RUM) ········· 416
6. 기타 증류주 ········· 418

1-3 혼성주•420

1. 혼성주(Liqueur)의 정의 ········· 420
2. 혼성주의 역사 ········· 420
3. 혼성주의 분류 ········· 421

제❸장 칵테일(COCKTAIL)•426

1. 칵테일(Cocktail)의 개념 및 유래 ········· 426
2. 칵테일 기법 ········· 428
3. 칵테일 용구 ········· 434
4. 칵테일의 부재료 ········· 437
5. 칵테일의 분류 ········· 440
6. 칵테일 레시피 ········· 442

제1부

식음료산업과 외식업

제1장 식음료산업의 형태 및 분류

제2장 식음료산업의 규모

제3장 외식산업 성장요인

제4장 외식업의 변천사 및 성장추이

제5장 외식산업의 업태별 현황분석

제6장 외식산업의 기업별 시장구조실태

제7장 외식시장의 전망 및 과제

제 1 장

식음료산업의 형태 및 분류

1. 식품위생법에 의한 근거

식품위생법<2004.1.20 제 17차 개정>에 근거한 식품 및 영업에 대한 정의를 보면 1장 2조 에 의거, 의약으로서 섭취하는 것을 제외한 모든 음식물로 이러한 식품 또는 식품첨가물을 채취 · 제조 · 가공 · 수입 · 조리 · 저장 · 운반 또는 판매하거나 기구 또는 용기 · 포장을 제조 · 수입 · 운반 · 판매하는 업을 말한다. 다만, 농업 및 수산업에 속하는 식품의 채취업은 제외하고 있다.

한편 9조에 의하면 영리를 목적으로 하지 아니하고 계속적으로 1회 50인 이상에게 음식물을 공급하는 기숙사 · 학교 · 병원 기타 후생기관 등의 급식시설로서 대통령령이 정하는 것으로 집단급식소를 규정하고 있다. 이러한 식품위생법 근거 하에 분류한 식음료산업의 영업형태 및 현황은 다음과 같다.

<도표 1-1> 식품산업 형태 및 업소(Food related establishment)

(단위 : 개소, Unit : establishment)

구 분 Classification	1999	2000	2001	2002	2003
총 계 Total	841,672	855,535	925,796	970,350	1,000393
식품제조가공업[1] Food manufacturing and processing	15,215	16,055	16,863	18,783	19,324
즉석판매제조가공업[2] Improvised food	51,004	55,486	60,834	62,273	71,098
식품판매업[3] Food sale	108,049	104,844	135,277	146,114	149,574
식품접객업[4] Food service	648,442	657,392	687,319	709,148	727,843
집단급식소 Mass catering service	13,444	14,945	16,420	18,431	20,455
식품첨가물제조업[5] Food additives manufacturing	326	363	410	414	455
식품소분업[6] Food subdivision	3,648	4,915	6,654	7,876	8,835
식품운반업[7] Food transportation	420	245	348	377	650
식품보존업[8] Food storage	152	166	169	187	244
용기포장류제조업[9] Containerpackage manufacturing	972	1,124	1,502	1,748	1,915

자료 : 식품의약품안전청 식품안

자료 : 식품위생법시행령 제7조, 식품위생법 제21조제2항의 규정에 의한 영업의 세부종류와 그 범위

---

1) 식품제조가공업(식육제품제조·가공업소 제외) : 식품을 제조·가공하는 영업으로 영업신고업종이다.

2) 즉석판매제조·가공업 : 보건복지부령이 정하는 식품을 제조·가공업소 내에서 직접 최종소비자에게 판매하는 영업으로 신고업종이다(즉석판매제조가공업자가 제조가공한 식품을 영업장 이외의 장소에서 판매하거나 판매를 목적으로 하는 사람에게 판매하지 못하도록 함으로서 즉석에서 제조가공된 식품을 식품제조가공업자나 가

공식품도매업자 및 소매업자가 판매하지 못하도록 법적규제를 하고 있다).

3) 식품소분·판매업(영업신고업종)

가. 식품소분업 : 보건복지부령이 정하는 식품 또는 식품첨가물의 완제품을 나누어 유통을 목적으로 재포장·판매하는 영업(소분 포장할 수 있는 시설 및 소분 포장하고자 하는 제품과 소분 포장한 제품을 보관할 수 있는 창고를 설치해야 한다.)

식품위생법시행규칙 제21조에 의거, 식품소분업의 신고대상은

① 영 제7조 제1호(식품제조·가공업) 및 제3호(식품첨가물제조업)의 규정에 의한 영업의 대상이 되는 식품 또는 식품첨가물(수입되는 식품 또는 식품첨가물을 포함한다)과 벌꿀(양봉업자가 자가채취하여 직접 소분·포장하는 경우를 제외한다)을 말한다. 다만, 당류(엿류를 제외한다), 어육제품, 식용유지, 건강보조식품, 특수영양식품, 통·병조림제품, 레토르트식품, 전분 등 분말제품, 장류, 식초 등 액상제품 및 인삼제품류는 이를 소분·판매하여서는 아니된다.

② 식품 또는 식품첨가물의 제조업허가를 받거나 신고를 한 자가 자기가 제조한 제품의 소분·포장만을 하기 위하여 허가를 받거나 신고를 한 제조업소 외의 장소에서 식품소분업을 하고자 하는 경우에는 그 제품이 제1항의 식품소분업 신고대상품목이 아니더라도 식품소분업 신고를 할 수 있다.

나. 식품판매업

(1) 내지 (3) [삭제]

(4) 식용얼음판매업 : 식용얼음을 전문적으로 판매하는 영업

(5) 식품자동판매기영업 : 다류·음료 또는 익혀서 가공처리한 면류 등을 자동판매기에 넣어 판매하는 영업. 다만, 캔음료 등 포장이 완료된 완제품만을 판매하는 경우를 제외한다.

(6) 유통전문판매업 : 식품 또는 식품첨가물을 스스로 제조·가공하지 아니하고 타인에게 의뢰하여 제조·가공된 식품 또는 식품첨가물을 자신의 상표로 유통·판매하는 영업

(7) 삭제

(8) 식품 등 수입판매업 : 식품 등을 수입하여 판매하는 영업. 다만, 식품 등의 채취·제조 또는 가공에 사용되는 기계를 수입하는 경우를 제외한다.

(9) 기타 식품판매업 : (4) 내지 (8) 외에 보건복지부령이 정하는 일정규모 이상(영업장 면적이 300제곱미터 이상)의 백화점·슈퍼마켓·연쇄점 등에서 식품을 판매하는 영업

4) 식품접객업

가. 휴게음식점영업 : 음식류를 조리·판매하는 영업으로서 음주행위가 허용되지 아니하는 영업(주로 다류를 조리·판매하는 다방 및 주로 빵·떡·과자·아이스크림류를 제조·판매하는 과자점형태의 영업을 포함한다). 다만, 편의점·슈 퍼마켓·휴게소 기타 음식류를 판매하는 장소에서 컵라면, 1회용 다류 기타 음식류에 뜨거운 물을 부어주는 경우를 제외한다. 영업신고업종이다

나. 일반음식점영업 : 음식류를 조리·판매하는 영업으로서 식사와 함께 부수적으로 음주행위가 허용되는 영업으로 영업신고업종이다.

다. 단란주점영업 : 주로 주류를 조리·판매하는 영업으로서 손님이 노래를 부르는 행위가 허용되는 영업으로 영업허가업종이다

라. 유흥주점영업 : 주로 주류를 조리·판매하는 영업으로서 유흥종사자를 두거나 유흥시설을 설치할 수 있고 손님이 노래를 부르거나 춤을 추는 행위가 허용되는 영업으로 영업허가업종이다. 제7조 제8호 라목의 “유흥종사자”의 범위는 손님과 함께 술을 마시거나 노래 또는 춤으로 손님의 유흥을 돋구는 부녀자를 말한다. 제7조 제8호 라목에서 "유흥시설"이라 함은 유흥종사자 또는 손님이 춤을 출 수 있도록 설치한 무도장을 말한다.

5) 식품첨가물제조업 : 감미료·착색료·보존료·표백제 등의 식품첨가물, 동·식물로부터 추출한 단일성분의 천연첨가물과 국·종국 또는 첨가물의 혼합제제를 제조·가공하는 영업으로 영업허가업종이다.

<도표 1-2> 즉석판매제조 · 가공업소-업종별

(단위 : 개소, Unit : establishment)

구 분 Classification	총 계 Total	과자류[10] Confectioneries	당류 Sugar	아이스크림류 Ice cream	식육제품류 Meat product	어육제품 Fish product	두부류 Soybean curd	식용유지류 Edible fat & oil	면 류 Noodles	다 류 Tea	인삼제품류 Ginseng product	청량음료류 Soft drink	김치 · 절임식품류 Kimchi · Pickle	조미식품 Condiments	기타식품류 Other foods
1999	51,004	16,461	…	101	2,068	…	39	11,622	70	68	…	241	789	…	19,545
2000	55,486	16,975	…	125	2,933	…	705	10,902	89	72	…	313	1,551	…	21,821
2001	60,834	15,475	681	165	4,174	309	1,481	10,076	167	180	…	324	2,268	2,043	23,491
2002	67,273	16,460	166	168	5,173	474	987	11,105	162	311	513	927	3,318	3,055	24,454
2003	71,098	15,776	100	203	7,008	676	1,149	10,487	178	416	1,065	761	4,438	2,600	26,241

자료 : 식품의약품안전청 식품안전과

---

6) 3)번과 동일

7) 식품운반업 : 직접 마실 수 있는 유산균음료(살균유산균음료를 포함한다. 이하 같다)나 어류·조개류 및 그 가공품등 부패·변질되기 쉬운 식품을 위생적으로 운반하는 영업. 다만, 당해영업자의 영업소에서 판매할 목적으로 식품을 운반하는 경우와 당해 영업자가 제조·가공한 식품을 운반하는 경우를 제외한다. 영업신고업종이다.

8) 식품보존업

가. 식품조사처리업 : 방사선을 쬐어 식품의 보존성을 물리적으로 높이는 것을 업으로 하는 영업으로 영업허가업종이다.

나. 식품냉동·냉장업 : 식품을 얼리거나 차게 하여 보존하는 영업. 다만, 수산물의 냉동·냉장을 제외한다. 영업신고업종이다.

9) 용기·포장류제조업(영업신고업종)

가. 용기·포장지제조업 : 식품 또는 식품첨가물을 넣거나 싸는 물품으로서 식품 또는 식품첨가물에 직접 접촉되는 용기(옹기류를 제외한다)

나. 옹기류제조업 : 식품을 제조·조리·저장할 목적으로 사용되는 독·항아리·뚝배기 등을 제조하는 영업

10) 전통떡류는 과자류에, 도시락류는 기타식품류에 포함

<도표 1-3> 식품판매업소-업종별

(단위 : 개소, Unit : establishment)

구 분 Classification	총 계 Total	식용얼음판매업 Edible ice	식품자동판매기영업 Food vending machine	유통전문판매업 Distribution and sale	건강보조식품판매업[11] Health supplementary food sale	수입식품 등 판매업 Imported foods sale	기타 식품판매업 Other foods sale
1999	108,049	941	84,821	1,330	8,533	10,548	1,876
2000	104,844	889	86,423	1,769	1,180	12,361	2,222
2001	135,277	885	114,672	2,423	…	14,809	2,488
2002	146,114	867	122,400	2,900	…	17,301	2,646
2003	149,574	820	124,115	3,482	…	18,295	2,862

자료 : 식품의약품안전청 식품안전과

11) '99. 11. 건강보조식품영업신고 폐지됨. (단, 식품위생법에 의해 허위과대광고 규정준수 의무는 있음)

<도표 1-4> 식품접객업소-업종별

(단위 : 개소, Unit :establishment)

구 분 Classification	총 계 Total	휴게음식점 Restaurant(Rest area)			일반음식점 General restaurant	단란주점 Public karaoke bar	유흥주점 Amusement restaurant
		다 방 Cafe	제과점 Bakery	기 타 Others			
1999	648,442	42,191	19,078	9,093	535,801	22,706	19,573
2000	657,392	40,913	19,143	9,112	545,032	20,812	22,380
2001	687,319	40,225	19,113	10,672	572,253	19,888	25,168
2002	709,148	37,798	19,383	12,895	592,150	19,165	27,757
2003	727,843	34,799	19,135	15,944	609,991	18,442	29,552

자료 : 식품의약품안전청 식품안전과

<도표 1-5> 기타 식품위생관련업소-업종별

(단위 : 개소, Unit :establishment)

구 분 Classification	집단급식소 Mass catering service	식품첨가물 제조업 Food additives manufacturing	식품소분업 Food subdivision	식품운반업 Food transportation	식품보존업 Food storage		용기포장류제조업 Containerpackage manufacturing	
					식품조사처리 Food irradiation	식품냉동냉장 Food freezing refrigeration	용기포장지 Container Package	옹기류 Pottery
1999	13,444	326	3,648	420	1	151	888	84
2000	14,945	363	4,915	245	1	165	1,080	44
2001	16,420	410	6,654	348	–	169	1,462	40
2002	18,431	414	7,876	377	2	185	1,716	32
2003	20,455	455	8,835	650	2	242	1,875	40

자료 : 식품의약품안전청 식품안전과

2. 표준산업분류에 의한 근거

식품위생법에 근거한 이들 식품산업 형태별 영업활동 및 산업분류에 대한 이해를 돕기 위해 한국표준산업분류체계(KSIC : Korea standard industrial classification)를 살펴보기로 한다.

한국표준산업분류는 통계법 제17조(통계자료의 분류)규정에 의해 통계작성기관이 산업관련 통계작성시 통계자료의 정확성과 비교성 등을 확보하기 위하여 통일적으로 사용하도록 표준화 하여 제정 · 고시된 통계작성목적 분류이다. 이는 각 생산단위(기업체 및 사업체수)가 계속적으로 수행하는 생산적 경제활동의 유형을 결정하는데 사용하도록 모든 생산적 경제활동을 일정한 기준 · 원칙(최종생산물의 유형)에 따라 체계적으로 유형화한 것이다. 국제적으로는 1948년 국제연합(UN) 통계위원회가 《모든 경제활동에 관한 국제표준산업분류(ISIC)》를 제정한 바 있으며, 이것은 68년 · 89년에 각각 개정되었다. 한국에서는 1963년 3월 경제활동 중에서 우선 광업과 제조업 부분에 대한 산업분류를 제정하였고, 이듬해 4월 비제조업 부문에 대한 산업분류를 추가로 제정함으로서 우리나라의 표준산업분류체계를 완성하였다. 이렇게 제정된 한국표준산업분류는 유엔의 국제표준산업분류(1차 개정 : '58년)와 연계분류로써 국제생산물분류(CPC), 관세 및 통계통합품목분류에 기초하여 작성된 것이다.

1964년에 제정된 한국표준산업분류의 미비점과 불합리한 점을 보완하기 위하여 1965년과 1968년 두 차례에 걸쳐 개정작업을 추진하였으며, 이후 유엔의 국제표준산업분류의 2 · 3차 개정('68, '89)과 국내의 산업구조 및 기술변화를 반영하기 위하여 주기적으로 개정하여 왔다.('70, '75, '84, '91, '98) 1991년에 제 6차 개정된 이후 지식 · 정보화 사회를 대비하고, 서비스산업 활동의 비중 증대 및 전문화 추세를 반영하기 위한 전면적 개정 필요성에 따라 1998년 4월 개정작업에 착수, 1년 9개월에 걸쳐 제8차 개정작업을 추진, 통계청 고시 제2000－1호(2000.1.7)로 확정 · 고시하고, 2000년 3월 1일부터 시행하게 되었다.

분류구조 체계는 대분류(알파벳문자 사용), 중분류(2자리 숫자 사용), 소분류(3자리 숫자 사용), 세분류(4자리 숫자 사용), 세세분류(5자리 숫자 사용)의 5단계이고, 부호처리할 때는 아라비아숫자만 사용하도록 규정하였다. 세분류(4자리) 단계까지는 원칙적으로 국제분류와 일치시켰으나, 국내실정에 따라 일부 독자적으로 항목을 설정한 경우도 있다. 생산적 경제활동에는 영리적 사업은 물론 공공행정 · 국방 · 교육 · 종교 및 비영리단체의 활동을 포함하며, 가사활동은 제외된다. 대분류항목 20개, 중분류항목 63개, 소분류항목 194개, 세분류항목 442개, 세세분류항목 1,121개로 국제표준산업분류의 권고분류를 기본으로 한다.[12)]

<도표 1-6> 표준산업분류

A 농업 및 임업	01 농업 02 임업
B 어업	05 어업
C 광업	10 석탄, 원유 및 우라늄 광업 11 금속 광업 12 비금속 광물 광업 ; 연료용 제외
D 제조업	15 음·식료품 제조업 16 담배 제조업 17 섬유제품 제조업 ; 봉제의복 제외 18 봉제의복 및 모피제품 제조업 19 가죽, 가방 및 신발 제조업 20 목재 및 나무 제품 제조업 ; 가구 제외 21 펄프, 종이 및 종이제품 제조업(21213 식품위생용종이제품제조업) 22 출판, 인쇄 및 기록 매체 제조업 23 코크스, 석유정제품 및 핵연료 제조업 24 화합물 및 화학제품 제조업 25 고무 및 플라스틱 제품 제조업(25232 포장용플라스틱성형용기제조업) 26 비금속광물 제품 제조업 27 제1차 금속산업 28 조립금속제품 제조업 ; 기계 및 가구 제외 29 기타 기계 및 장비 제조업 30 컴퓨터 및 사무용 기기 제조업 31 기타 전기기계 및 전기변환장치 제조업 32 전자부품, 영상, 음향 및 통신장비 제조업 33 의료, 정밀 광학기기 및 시계 제조업 34 자동차 및 트레일러 제조업 35 기타 운송장비 제조업 36 가구 및 기타 제품 제조업 37 재생용 가공 원료 생산업

12) 통계청 통계기준과

E 전기, 가스 및 수도사업	40 전기, 가스 및 증기업 41 수도사업
F 건설업	45 종합 건설업 46 전문직별 공사업
G 도매 및 소매업	50 자동차 판매 및 차량연료 소매업 51 도매 및 상품중개업 52 소매업 ; 자동차 제외
H 숙박 및 음식점업	55 숙박 및 음식점업
I 운수업	60 육상 운송 및 파이프라인 운송업 61 수상 운송업 62 항공 운송업 63 여행알선, 창고 및 운송관련 서비스업
J 통신업	64 통신업
K 금융 및 보험업	65 금융업 66 보험 및 연금업 67 금융 및 보험관련 서비스업
L 부동산 및 임대업	70 부동산업 71 기계장비 및 소비용품 임대업
M 사업 서비스업	72 정보처리 및 기타 컴퓨터 운영 관련업 73 연구 및 개발업 74 전문, 과학 및 기술 서비스업 75 사업지원 서비스업
N 공공행정, 국방 및 사회보장행정	76 공공행정, 국방 및 사회보장 행정
O 교육 서비스업	80 교육 서비스업
P 보건 및 사회복지사업	85 보건업 86 사회복지사업
Q 오락·문화 및 운동관련서비스업	87 영화, 방송 및 공연산업 88 기타오락, 문화 및 운동관련 산업
R 기타 공공, 수리 및 개인서비스업	90 하수처리, 폐기물처리 및 청소관련 서비스업 91 회원단체 92 수리업 93 기타 서비스업
S 가사 서비스업	95 가사 서비스업
T 국제 및 외국기관	99 국제 및 외국기관

자료 : 통계청 통계기준과

이제 식품위생법에 근거한 식품산업형태를 한국표준산업분류에 따라 적용시켜보면 식품산업은 제조업, 도 · 소매업, 숙박 및 음식점업, 운수업 등의 분류영역군에 속하게 된다. 이를 좀더 자세히 소개하기로 한다.

1) D 제조업(15－37)

코드	분류명
15	음 · 식료품 제조업
151	고기, 과실, 채소 및 유지 가공업
1511	도축, 고기 가공 및 저장처리업
15111	도축업
15119	기타 육지동물고기 가공 및 저장처리업
1512	수산물 가공 및 저장처리업
15121	어육 및 유사제품 제조업
15122	수산동물 훈제, 조리 및 유사 조제식품 제조업
15123	수산동물 냉동품 제조업[13]
15124	수산동물 건조 및 염장품 제조업
15125	식용 해조류 가공 및 저장처리업[14]
15129	기타 수산동물 가공 및 저장처리업
1513	과실, 채소가공 및 저장처리업
15131	과실 및 채소 주스 제조업
15132	과실 가공 및 저장 처리업[15]
15133	김치 및 유사 채소 절임식품 제조업
15139	기타 채소 가공 및 저장 처리업
1514	동 · 식물성 유지 제조업
15141	동물성 유지 제조업
15142	식물성 유지 제조업
15143	식용 정제유 및 가공유 제조업
152	낙농제품 및 아이스크림 제조업

13) 수산동물을 더 이상 가공하지 않고 자영 또는 임가공 방식으로 냉동하는 산업활동을 말한다. 가공조제 활동에 결합된 냉동활동은 그 가공 조제품 생산활동에 부수되는 보조활동으로 본다. 〈예시〉 냉동어류 생산, 냉동갑각류 생산, 냉동수산물 생산, 연체동물 냉동품 제조〈제외〉, 냉동수산물보관업(63202), 해조류 냉동품 제조(15125)

14) 김, 미역, 다시마 등의 해조류를 염장·건조·냉동 및 기타 가공처리하여 해조류 가공 및 저장처리식품을 제조하는 산업활동을 말한다. 여기에는 식용한천의 제조와 식용해조류의 임가공활동도 포함된다. 〈예시〉 해조류 건조제품 제조, 식용한천 제조, 해조류 염장품 제조, 해조류 냉동품 제조, 조미 구운김 제조, 조미 해조류 제조

15) 과실을 건조, 절임, 조리, 냉동 및 기타 방법으로 처리하여 과실을 주성분으로 하는 가공식품을 생산하는 산업활동을 말한다. 〈예시〉 과실 잼, 제리 제조, 과실샐러드 제조(조미용 제외), 과실페이스트제조, 과실통조림 제조, 핵과류 씨 제거활동, 견과껍질 벗기기, 과실냉동품 제조, 과실분쇄물 생산(제분 제외) 〈제외〉 건조한 과실을 가공하여 분 및 조분의 제조(1531)·과실수프 제조(15493)

	1520		낙농제품 및 아이스크림 제조업
		15201	액상 시유 및 기타 낙농제품 제조업
		15202	아이스크림 및 기타 식용 빙과류 제조업
153			곡물 가공품, 전분 및 사료 제조업
	1531		곡물 가공품 제조업
		15311	곡물 도정업
		15312	곡물 제분업
		15313	제과용 혼합분말 및 반죽 제조업
		15319	기타 곡물가공품 제조업
	1532		전분 및 당류 제조업
		15321	전분 및 전분제품 제조업
		15322	당류 제조업
	1533		사료 제조업
		15330	사료 제조업
154			기타 식품 제조업
	1541		빵류 및 곡분과자 제조업
		15411	빵류 제조업
		15412	떡류 제조업
		15413	곡분과자 제조업
	1542		설탕 제조업
		15420	설탕 제조업
	1543		코코아 제품 및 설탕과자 제조업
		15430	코코아 제품 및 설탕과자 제조업
	1544		국수, 라면 및 유사식품 제조업
		15440	국수, 라면 및 유사식품 제조업
	1545		조미료 및 식품 첨가물 제조업
		15451	천연 및 혼합조제 조미료 제조업
		15452	장류 제조업
		15453	식초 및 합성조미료 제조업
		15454	식품 첨가물 제조업
	1549		기타 식료품 제조업
		15491	커피 가공업
		15492	차류 가공업
		15493	수프 및 균질화 식품 제조업
		15494	두부 및 유사식품 제조업
		15495	인삼식품 제조업
		15496	도시락 및 식사용 조리식품 제조업[16]

16) 육류, 채소, 곡물 등의 각종 재료를 혼합, 배합하여 식사용 도시락, 김밥, 피자, 만두 및 기타식사용 조리식품을 제조하는 산업활동을 말한다. 별도의 장소에서 다량의 집단 급식용 식사를 제조할 수 있는 특정시설을 갖추고 계약기관에 일정기간 동안 지속적으로 급식용 식사를 조제하여 운송·공급하는 사업체도 여기에 포함된다. 〈예시〉 도시락 제조, 피자제조, 식사용 죽류 제조, 집단급식용 식사제조(구내식당제외) 〈제외〉 곡분 등 분말로 만든 균질화 식품 제조, 접객시설을 갖춘 구내식당을 운영하거나 또는 특정 행사장 단위로 공급하는

			15497	건강보조용 액화식품 제조업
			15499	그외 기타 식료품 제조업 : 조란껍질 제거제품, 새알가공품, 견과탈각가공품, 볶음견과제조
	155			음료 제조업
		1551		증류주 및 합성주 제조업
			15511	주정 제조업
			15512	소주 제조업
			15519	기타 증류주 및 합성주 제조업
		1552		발효주 제조업
			15521	탁주 및 약주 제조업
			15522	청주 제조업
			15529	기타 발효주 제조업
		1553		맥아 및 맥주 제조업
			15531	맥아 제조업
			15532	맥주 제조업
		1554		비알콜성 음료 및 얼음 제조업
			15541	얼음 제조업
			15542	생수 생산업
			15549	기타 비알콜성 음료 제조업

2) G 도매 및 소매업(50－52)

51				도매 및 상품 중개업
	511			상품 중개업
		5110		상품 중개업
			51101	산업용 농축산물 및 산동물 중개업
			51102	음 · 식료품 및 담배 중개업[17)]
			51103	상품종합 중개업
			51109	기타 상품 중개업
	512			산업용 농축산물 및 산동물 도매업
		5120		산업용 농축산물 및 산동물 도매업
			51201	곡물 도매업
			51202	종자 및 묘목 도매업
			51203	사료 도매업
			51204	화초 및 산식물 도매업
			51205	산동물 도매업
			51209	기타 산업용 농산물 및 산동물 도매업

연회급식 서비스(552), 직접 조리한 도시락 및 김밥을 최종소비자에게 제공하는 경우(552)

17) 미가공 수산물, 과일, 채소를 포함하여 각종 가공 음·식료품 및 담배의 거래에 관련된 상품의 경매, 중개 또는 대리하는 산업활동을 말한다. 〈예시〉 주류 및 비알콜음료 중개, 빵 및 과자 중개, 도축고기 중개, 생선 및 물고기 중개, 수산물(신선, 냉동, 건조, 염장) 중개, 조리가공식품 중개

513			음·식료품 및 담배 도매업
	5131		비가공 식품 도매업
		51311	과실 및 채소 도매업
		51312	육류 도매업
		51313	수산물 도매업
		51319	기타 비가공 식품 도매업
	5132		가공식품 도매업
		51321	육류 가공식품 도매업[18)]
		51322	수산물 가공식품 도매업[19)]
		51323	빵 및 과자 도매업
		51324	낙농품 도매업[20)]
		51329	기타 가공식품 도매업[21)]
	5133		음료 및 담배 도매업
		51331	주류 도매업
		51332	비알콜 음료 도매업
		51333	담배 도매업
52			소매업; 자동차 제외
521			종합 소매업
	5211		대형 종합 소매업
		52111	백화점
		52119	기타 대형종합 소매업
	5212		음·식료품 위주 종합 소매업
		52121	슈퍼마켓
		52122	체인화 편의점
		52129	기타 음·식료품 위주 종합 소매업
	5219		그외 기타 종합 소매업
		52190	그외 기타 종합 소매업
522			음·식료품 및 담배 소매업
	5221		식료품 소매업
		52211	곡물 소매업

18) 가축 및 기타 육지동물의 도축고기를 가공하여 만든 식품을 도매하는 산업활동을 말한다. 〈예시〉 육류통조림 도매, 햄 및 소세지 도매, 가금육 통조림 도매, 베이컨 도매, 육류 훈제식품 도매

19) 해산물 및 민물고기 등 수산물의 가공식품을 도매하는 산업활동을 말한다. 〈예시〉 물고기 통조림 도매, 어묵 및 오뎅 도매, 수산물 액젓 도매, 구운김 도매, 맛살도매, 훈제어류 도매

20) 젖을 살균·분리·농축·건조·발효·냉동 및 기타 가공하여 생산된 액상 및 기타 형태의 각종 식용 유제품과 식용 빙과를 도매하는 산업활동을 말한다. 〈예시〉 액상시유 도매, 우유 분리제품 도매, 탈지유 및 탈지분유 도매, 생크림 도매, 전지분유 및 가당우유 도매, 연유 및 농축유 도매, 아이스크림 도매, 빙과류 도매

21) 과실 및 채소 가공식품, 커피 및 차류, 식용유지, 국수 및 인스턴트 면류 등의 기타 가공식료품을 도매하는 산업활동을 말한다. 〈예시〉 간장 및 케찹 도매, 조미료 및 감미제 도매, 냉동만두 도매, 동식물 유지 도매업, 과일통조림 도매, 당면, 냉면, 스파게티 도매, 깻잎 및 장아찌 캔제품 도매, 곡물 가공품 도매, 향신료 도매, 장류 도매 〈제외〉 캔커피 및 차음료 도매(51332)

	52212	육류 소매업
	52213	수산물 소매업
	52214	과실 및 채소 소매업
	52215	빵 및 과자류 소매업
	52216	건강보조식품 소매업 [22]
	52219	기타 식품 소매업 [23]
5222		음료 및 담배 소매업
	52221	음료 소매업
	52222	담배 소매업
5281		통신 판매업
	52811	전자 상거래업
	52812	기타 통신 판매업
5282		노점 및 유사 이동 판매업
	52820	노점 및 유사 이동 판매업
5289		기타 무점포 소매업
	52891	자동판매기 운영업
	52892	계약배달 판매업
	52893	방문 판매업
	52899	그외 기타 무점포 소매업

3) H 숙박 및 음식점업(55)

552.	음식점업	시설을 갖추고 구내에서 직접 소비할 수 있도록 주문한 음식을 조리하여 제공하는 음식점 및 계약급식 구내식당을 운영하거나 별도의 독립된 식당차를 운영하는 산업활동을 말한다. 또한 접객시설없이 개별 행사단위로 고객이 주문한 특정음식을 행사장에서 직접 조리하여 즉시 소비할 수 있는 상태로 제공하는 산업활동이 포함된다. 〈제 외〉 *자동판매기로 판매할 경우(52891)[24] *숙박업에 결합되어 운영하는 식사제공 활동(5519) *철도운수업체에서 통합 운영하는 식당차의 운영(6010) *조리사만을 공급하는 경우(7512) *별도의 장소에서 다량의 집단급식용 식사를 조리하여 운송·공급하는 산업활동(15496)
5521	일반 음식점업	각종의 정식을 제공하는 한식당, 일식당, 중식당, 서양식당 등의 음식점 및 기관구내식당을 운영하거나 행사장단위의 출장급식서비스를 제공하는 산업활동을 말한다.

22) 동·식물성 엑기스, 과실농축물, 벌꿀, 과당 등을 주성분으로 하여 비타민류, 철화합물 등을 첨가하여 만든 건강유지 또는 건강증진용 가공식품을 소매하는 산업활동을 말한다. 〈예시〉 식이용 가공식품 소매, 가공건강식품 소매, 달팽이, 흑염소 엑기스 소매, 알로에 가공품 소매

23) 벌꿀, 코코아, 반찬, 커피, 차, 계란 및 조란, 유지, 면제품, 된장, 고추장, 한약재료

24) 숙박업 : 음식제공설비가 결합된 숙박시설 및 철도운송업을 수행하지 않는 별개의 사업체가 침대차만을 이용하는 경우 해당. 하숙집, 숙식제공 고시원, 학교기숙사는 기타 숙박시설운영업에 속한다.

55211 한식점업	한국식 음식을 제공하는 산업활동을 말한다. 〈예 시〉 *설렁탕집 *회집(일본식이 아닌) *해물탕집 *해장국집 *보쌈집 *냉면집
55212 중국 음식점업	중국식 음식을 제공하는 산업활동을 말한다. 〈제 외〉 *자장면 전문점(55222)
55213 일본 음식점업	정통 일본식 음식을 전문적으로 제공하는 산업활동을 말한다. 〈예 시〉 *초밥집(일식전문점) *일식 회집 *로바다야끼 *일식 우동집 〈제 외〉 *한국식으로 운영되는 회센터 및 복집(55211)
55214 서양 음식점업	서양식 음식을 제공하는 산업활동을 말한다. 〈예 시〉 *레스토랑(서양식)
55215 기관 구내 식당업	회사, 학교, 공공기관 등의 기관과 계약에 의하여 구내식당을 설치하고 음식을 조리하여 제공하는 산업활동을 말한다. 〈예 시〉 *회사 구내식당 운영 *학교 구내식당 운영 〈제 외〉 *별도의 장소에서 다량의 집단급식용 식사를 조리하여 운송·공급하는 산업활동(15496)
55219 기타 일반 음식점업	정식류를 제공하는 기타 일반 음식점업으로서 개별 행사단위의 연회음식을 조리·제공하는 산업활동이 포함된다. 〈예 시〉 *연회장 출장요리 제공업 *행사장 단체 급식 제공 〈제 외〉 *라면이나 김밥 등과 같이 간식을 제공하는 간이음식점(5522)
5522 기타 음식점업	분식류, 피자, 스낵품 및 기타 조리식품 등 정식이외의 각종 식사류를 조리하여 소비자에게 제공하는 간이음식점을 운영하는 산업활동을 말한다.
55221 피자, 햄버거 및 치킨 전문점	피자, 햄버거 및 치킨을 전문적으로 제공하는 산업활동을 말한다.
55222 분식 및 김밥 전문점	김밥, 국수, 만두, 찐빵 등을 제공하는 간이식당을 말한다.
55223 이동 음식점업	특정장소에 고정된 식당을 개설하지 않은 이동식 음식점을 운영하는 산업활동을 말한다.
55229 그외 기타 음식점업	달리 분류되지 않은 간이식당을 운영하는 산업활동을 말한다. 〈예 시〉 *간이휴게 식당운영
5523 주점업	요정, 바, 나이트클럽, 비어홀, 디스코클럽, 카바레, 대포집 등과 같이 술과 이에 따른 요리를 판매하는 산업활동을 말한다.
55231 일반유흥 주점업	접객요원을 두고 술을 판매하는 유흥주점을 말한다. 〈예 시〉 *요정 *한국식 접객주점 *룸싸롱 *비어홀 *바, 접객서비스 딸린 서양식 접객 주점
55232 무도유흥 주점업	무도시설을 갖추고 술을 판매하는 무도 유흥주점을 말한다. 〈예 시〉 *무도 유흥 주점 *카바레 *극장식주점(식당) 클럽 *나이트 클럽 〈제 외〉 *무도장, 콜라텍 및 댄스 교습소 운영(88991)

55233 간이 주점업	대포집, 선술집 등과 같이 접객시설을 갖추고 대중에게 술을 판매하는 산업활동을 말한다. 〈예 시〉 *소주방 *호프집 *막걸리집 *토속주점
5524 다과점	
55241 제과점업	접객시설을 갖추고 즉석식 빵, 생과자, 아이스크림 등을 일반 소비자에게 제공하는 산업활동을 말한다. 접객시설을 갖추고 떡을 제공하는 경우도 여기에 포함된다. 〈예 시〉 *제과점(즉석식) *떡집(음식점형태)
55242 찻집	접객시설을 갖추고 커피, 홍차, 생강차, 쌍화차 등을 만들어 제공하는 사업체를 말한다. 〈예 시〉 *다방 *커피숍

4) I 운수업(60－63)

63			여행알선, 창고 및 운송관련 서비스업
631			화물 취급업
	6310		화물 취급업
		63101	항공 및 육상 화물 취급업
		63102	수상 화물 취급업
632			창고업
	6320		창고업
		63201	일반 창고업[25)]
		63202	냉장 및 냉동 창고업[26)]
		63203	농산물 창고업[27)]
		63209	기타창고업[28)]

25) 온도 조절장치 등 물품 보존에 필요한 특수한 시설이 없이 보통 상온에서 보존이 가능한 물품을 보관하는 산업활동을 말한다. 〈예시〉 보통창고 운영, 일반물품 보세창고 운영

26) 상온에서 부패될 수 있는 물품을 보관하기 위하여 인공적으로 저온을 유지하여 물품을 보관하는 산업활동을 말한다. 이 사업체는 창고 내에 급속냉동시설을 보유할 수 있다. 〈예시〉 냉장창고 운영, 냉동물품 보관, 얼음보관소 운영, 모피보관 냉동, 냉동식품 보관, 농산물 보관 냉동 〈제외〉 일반 농산물 보관(63203), 수수료에 의하여 위탁된 농수산물 및 가공식품을 냉동 처리하는 경우에는 대상품목에 따라 "15 : 음식료품제조업"의 적합한 항목에 각각 분류

27) 농산물 창고업 벌크상 또는 포장된 농산물을 냉장·냉동 이외의 방법으로 보관하는 산업활동을 말한다. 〈예시〉 곡물창고 〈제외〉 농산물의 냉장, 냉동 보관(63202)

28) 농산물 창고업 벌크상 또는 포장된 농산물을 냉장·냉동이외의 방법으로 보관하는 산업활동을 말한다. 〈예시〉 곡물창고 〈제외〉 농산물의 냉장, 냉동 보관(63202)

식품위생법에 의한 식품산업형태를 한국표준산업분류체계에 의거하여 식음료산업 귀속분류군으로 도출, 제시하였다.

<도표 1-7> 식음료산업 분류군 및 형태

한국표준 산업분류	D 제조업 (15-37)	G 도매 및 소매업 (50-52)	H 숙박 및 음식점업 (55)	I 운수업 (60-63)
식음료 산업 분류	15. 음식료품 제조업	51102. 음·식료품 및 담배 중개업 512. 산업용농축산물 및 산동물도매업 (51201.곡물도매업, 51205.산동물도매업) 513. 음·식료품 및 담배도매업 5212. 음·식료품 위주종합소매업 522. 음·식료품 및 담배 소매업 5281-2. 52891-3. 52899	552. 음식점업 5521 일반 음식점업 {한식, 중식, 일식, 서양식 외에 기관구내식당업(위탁운영포함) 및 기타일반음식점업} 5522 기타 음식점업 (피자, 햄버거, 치킨, 스낵, 분식, 김밥, 이동 음식점, 간이휴게식당) 5523 주점업 5524 다과점	63.여행알선, 창고 및 운송관련 서비스업 63201 일반창고업 63202 냉장 및 냉동 창고업 63203 농산물 창고업 63209 기타창고업 (주류보관 창고 운영)
식음료 영업 형태	①식품제조가공업 (기타식품제조업에 해당되는 도시락 및 식사용 조리식품 제조업 포함) ② 즉석판매 제조가공업[29] ③식품첨가물 제조업 (방부제, 색소, 화학 약품 등) ④ 기구, 용기, 포장류 제조업	① 식품판매업 ② 식품소분업	①식품접객업 ② 집단급식소	① 식품보존업[30]:식품 조사 처리업 및 냉동 냉장업으로 장기간 보존을 목적으로 하는 영업. ② 철도운송업체의 침대차 또는 식당차 운영 ③ 식품 운반업

3. 특수산업분류에 의한 근거

한편 한국표준산업분류를 기초로 재구성하기가 곤란한 산업분야에 대해서는 자체개발, 국제분류를 조정하여 분류를 설정하였다.

이러한 분류들은 한국표준산업분류 및 국제분류의 개정, 조정 등과 운영상 나타난 문제점의 수정, 보완 등을 위해 변경될 수 있기 때문에 특수분류에만 게재하였다. 아래와 같은 항목들이 해당되는 바, 관광산업은 세계관광기구(WTO)가 유엔통계위원회와 공동 작성한 관광활동 국제표준분류에 근거한 특수분류산업이다.

설정근거	• 정보통신기술(ICT)산업 • 관광산업 • 환경산업 • 문화산업 • 물류산업 • 스포츠산업 • 자동차관련 전용부품 제조업 • 인터넷산업 • 생명공학기술 • 에너지산업

도표 독해요령

가. 산출 : 해당품목이 세계관광기구에서 정의하는 관광활동의 특성과 일치하는 경우 '특성'으로 표시

나. 매출 : 해당품목의 산업매출액이 관광수입으로 올리는 비중이 60%이상인 경우 '상', 20~60%인 경우 '중'으로 표시

29) 즉석판매제조가공업은 표준산업분류상 음식료품제조업에 귀속시킬 수 있다. 그런데 식품위생법상 보건복지부령이 정하는 해당품목만을 대상으로 하므로 음식료품 제조가공업의 모든 품목이 해당되지는 않는다. 또한 최종소비자에게 직접 판매되어야 하는 요건상 음식료품 및 담배도매업에서의 가공식품도매업도 아니며 제조가공 되어야 하는 선제 요건상 음식료품소매업에도 해당되지 않아 결국 도·소매업에는 분류 귀속되지 않는다. 다만 즉석판매제조가공품목에 따라서는 일부 음식점업(기타 음식점업 및 제과점업) 등에 귀속시킬 수 있다.

30) 대상품목에 따라 음식료품제조업의 적합한 항목에 분류귀속 될 수 있음.

<도표 1-8> 관광활동 국제표준분류

그 룹	KSIC	산출	항 목 명	품 목 명	매출
E			건설업		
1			건물종합건설업		
1-1	45221	특성	사무 및 상업용 건물 건설업	•상업시설 : 호텔, 식당, 소매점 등 관광객이 많이 찾는 시설. •휴양시설 : 별장, 콘도, 산장 등	상
1-2	45229	특성	기타 비주거용 건물 건설업	터미널	중
2			토목건설업		
2-1	45123	특성	수로, 댐 및 급배수시설 공사업	휴양호수용 댐, 관광용 선착장	중
2-2	45129	특성	기타 토목시설물 건설업	레크리에이션 시설 : 스키장, 골프코스	상
G			자동차 판매 및 소매업		
1			자동차 판매 및 차량연료 소매업		
1-1			자동차 판매업		
1-1-1	50110		자동차 신품 판매업	승용차 및 오락용 차량 판매	중
1-1-2	50120		중고자동차 판매업	승용차 및 오락용 차량 판매	중
1-2			자동차 수리 및 세차업	자동차 유지 보수	
1-2-1	92211		자동차 종합수리업	승용차 수리	중
1-2-2	92212		자동차 전문수리업	승용차 수리	중
1-2-3	92213		자동차 세차업	승용차 세차	중
1-3			자동차 부품 및 부속품 판매업		
1-3-1	50201		자동차타이어 및 튜브 판매업		중
1-3-2	50202		자동차 부품 및 내장품 판매업		중
1-3-3	50203		자동차 중고부품 및 중고내장품 판매업		중
1-4			차량용 연료 소매업		
1-4-1	50401		주유소 운영업		중
1-4-2	50402		차량용 가스 충전업		중
2			소매업		
2-1	52430	특성	가방 및 기타 가죽제품 소매업	각종 가방 및 지갑 소매	중
2-2	52634		사진기 및 사진용품 소매업		중
2-3	52641	특성	운동 및 경기용품 소매업	스킨다이빙 및 스쿠버 장비, 스키장비, 캠핑 및 하이킹장비, 수렵 및 낚시용 장비 소매(비특성)	상
2-4	52662	특성	관광민예품 및 선물용품 소매업		상

그 룹	KSIC	산출	항 목 명	품 목 명	매출
2-5			통신판매업		
2-5-1	52811		전자상거래업		
2-5-2	52812		기타 통신판매업		
2-6	52699		그외 기타 분류안된 상품 전문 소매업	요트, 보트 및 기타 오락용 배 소매	상
H			숙박 및 음식점업		
1			관광 숙박시설 운영업		
1-1	55111	특성	호텔업		상
1-2	55112	특성	여관업		상
1-3	55113	특성	휴양콘도 운영업		상
1-4	55114	특성	청소년 수련시설 운영업		상
1-5	55119	특성	기타 관광 숙박시설 운영업	유스호스텔, 산장, 야영장 등	상
2			음식점업		
2-1			일반 음식점업		
2-1-1	55211		한식점업		중
2-1-2	55212		중국 음식점업		중
2-1-3	55213		일본 음식점업		중
2-1-4	55214		서양 음식점업		중
2-1-5	55215		기관구내식당 운영업		중
2-1-6	55219		기타 일반 음식점업		중
2-2			기타 음식점업		
2-2-1	55221		피자, 햄버거 및 치킨 전문점		중
2-2-2	55222		분식 및 김밥 전문점		중
2-2-3	55223		이동 음식점업		중
2-2-4	55229		그외 기타 음식점업		중
2-3			주점업		
2-3-1	55231		일반 유흥 주점업		중
2-3-2	55232		무도 유흥 주점업		중
2-3-3	55233		간이 주점업		중
2-4			다과점업		
2-4-1	55241		제과점업		중
2-4-2	55242		찻집		중

근거 : WTO와 UN통계위원회 공동 작성, 자료 : 통계청 통계기술과

여기서 한국표준산업분류상의 음식점업은 특수분류에 의거한 관광산업임을 알 수 있다.

지금까지 식품위생법, 표준산업분류, 특수분류에 의거하여 식음료산업의 분류군을 살펴보았다. 그 결과 식음료산업은 관광산업이면서 제조업, 도·소매업, 음식점업, 운수업 등의 분류영역에 속하는 다양한 영업형태로 구성되어 있는 것을 알 수 있다. 이 가운데 외식업의 산업적 분류영역은 조리·접객서비스를 기본으로 하는 음식점업 및 관광산업에 속한다.

제 2 장

식음료산업의 규모

제1장에서 제시된 한국표준산업 분류 및 식품위생법에 따라 음식료품의 제조 및 가공, 유통 및 판매, 조리 접객으로 유형화되는 총 식음료산업 업체수는 <도표 1-1>에 의하면 2003년 기준 약 1,000,393개소로 <도표 1-9>의 중추산업인 제조업 23개 분야의 총 사업체수 326,973개소(종사원 5인 이상업체 대상 11,662개소) 보다 훨씬 큰 시장점유율을 나타내고 있다.

2002년 기준 970,350 개소의 식음료산업체 매출액 규모는 146,404,569(백만원)으로 제조업 631,337,924(백만원)에 비하면 단위 업체별 매출 규모는 작지만 음식료품제조업의 매출액규모는 42조 6천억으로 23개 분야 제조업의 평균매출액 약 27조 4천억을 기준으로 했을 때, 제조업체중 6위의 매출실적을 보이고 있다. 특히 음식점업은 709,148개소의 업체로 식음료산업전체의 80%가까이를 점유하고 있고. 매출액 규모에 있어서도 40조 4천억으로 42조 6천억의 음식료품제조업체와 43조 7천억의 음식료품 및 담배 도매업체에 버금가는 3대 중요시장이다.

또한 음식점업은 특수분류상 관광산업으로 음식점업 매출액중 관광수입으로 올리는 비중이 20~60%를 차지하고 있다. 음식점업 중에서도 우리나라 외식산업의 근간을 이루고 있는 일반음식점업은 <도표 1-4>에 의하면 592,150개소로 약 85%정도를 차지하고 있다. 일반음식점업의 업종, 업태를 살펴볼 때 각종 정식류(한식, 일식, 중식, 양식)로 제공되는 음식점, 전문점 및 패밀리 레스토랑과 국내 대기업에 의해 주도되는 단체급식시장, 그리고 기타 일반음식점에 속하는 케이터링 시장으로 구성된다. 이러한 일반음식점업은 외식시장 형성초기에 등장했던 피자, 치킨, 햄버거, 분식 등으로 대표되는 패스트푸드업체 등과 함께 외식산업시장을 구성하고 있다. 오늘날 외식시장의 구조는 영세한 생업형 시장과 외국계체인 기업 및 호텔기업, 국내 대기업 등에 의해 주도되어 접객서비스를 기본으로 하는 화려하고 현대화된 고급시장구조로 양극화되고 있다.

이 가운데 기업형 음식점업의 규모를 보면 주요 패스트푸드 및 패밀리 레스토랑, 피자업계와 단체급식시장을 대상으로 했을 때 제5장의 도표 등에서 보면, 2003년 현재 사업장수 7,778개에 매출액 5조 3천 6백 7십 8억원을 나타내고 있다. 2003년 금융감독원에 제출된 감사보고서를 토대로 'T.G.I.F.'를 운영중인 ㈜푸드스타를 비롯, ㈜롸이즈온(베니건스), 씨제이푸드빌㈜(스카이락, 빕스, 델쿠치나), ㈜아모제(마르쉐, 엉클윙스), ㈜썬앳푸드(토니로마스, 스파게띠아, 메드포갈릭, 페퍼런치), ㈜바론드 인터내셔널(씨즐러) 등 6개 패밀리레스토랑 법인과 ㈜롯데리아(롯데리아)를 포함, ㈜신맥(맥도날드), ㈜맥킴(맥도날드), ㈜TS해마로(파파이스), 한국피자헛㈜(피자헛), 디피케이㈜(도미노피자), ㈜제너시스(비비큐) 등 7개 패스트푸드법인, 그리고 아워홈, 신세계푸드시스템, 현대 지네트, 아라코 등 4개의 단체급식법인 등 총 17개의 법인에 대한 경영분석결과 2조 2천 3백 97억 원의 매출발생이 된 것으로 나타나고 있다. 일반음식점업 매출액을 음식점업 매출액의 85%에 해당되는 약 32조로 추정하면 592,150개소의 약 1.3%에 해당하는 사업장에서 약 17%의 막대한 매출점유를 차지하고 있는 것이다.

<도표 1－9> 식음료산업의 규모

분 류	수록시점	사업체수(개)	매출액(백만 원)
D 제조업(15-37)	2003	112,662	672,591,036
(5인 이상)	2002	110,356	631,337,924
	2001	105,873	583,217,805
	2000	98,110	559,408,098
15. 음식료품 제조업	2003	7,600	44,863,438
	2002	7,550	42,648,530
	2001	6,985	39,699,407
	2000	6,421	37,199,779
552. 음식점업	2003	727,843	44,263,494
	2002	709,148	40,491,040
	2001	687,319	34,245,594
	2000	657,392	35,472,249
	1999	648,442	33,259,204
	1998	636,244	27,256,435
I 운수업(60-63)	2003	325,915	
	2002	298,148	63,488,343
632. 창고업	2002	17,676	8,850,438
G 도매 및 소매업(50-52)	2003	894,410	431,604,387
	2002	898,874	441,980,127
음식료품 및 담배 도매업	2003	42,683	
	2002	40,876	43,795,930
음식료품 및 담배 소매업	2003	11,981	
	2002	116,653	10,618,631

자료 : 통계청 통계기준과 근거로 저자작성

제 ❸ 장

외식산업 성장요인

종래 주먹구구식의 부엌살림에 머물던 인간의 식음활동이 접객시설을 갖추고 대 고객 서비스를 중시하는 외식업 중심의 현대 거대산업으로 발전하게 되었다. 일반적으로는 산업화의 요건으로 불특정 다수의 대중으로 형성된 안정된 수요계층과 사업으로서의 투자가치의 안전성, 그리고 이를 바탕으로 형성된 경쟁적인 공급시장을 든다. 특히 외식업의 경우 후기산업사회의 고도의 지식정보보유자인 대중층들의 다양하고 고급화된 욕구변화는 산업성패를 좌우할 만큼 중요한 요소이다. 이와 같은 관점에서 그 성장요인을 분석해 보면 다음과 같다.

1. 1988년 월 소득 계층별 가구분포를 보면 전국기준 40만원 미만의 하위 소득계층의 구성비율이 21.4%인데 1993년부터 하위 소득계층 점유율이 21.4%에서 3.4 %로 눈에 띄게 줄어들고 있고 2000년에는 소득수준이 상향조정되어 80만원 미만의 10.4 %로 대체되어 나타나고 있다. 이는 소득분배상태의 개선에 따른 중산층영역의 확대를 가져오게 됨을 의미한다. 또한 88년도의 중산층소득수준이 40만원에서 80만원의 저조한 상태이지만 93년부터 100만원에서 200만원의 높은 소득수준으로 나타나므로써 이는 중산층의 소비생활을 촉진시키는 결과를 가져온다. <도표1-10> 실제로 도시근로자 가구의 월평균소비지출구성을 보면 1980년 소비지출대비 식료품비의 지출이 43%에서 2002년 26.3%로 감소한 반면 외식비의 지출규모는 1.8%에서 1990년 7.0%, 2002년 11.6%로 여타 소비지출의 성장속도를 능가하고 있으며 2004년 현재 외식비가 전체식비지출의 50%에 육박하고 있는 것이다.<도표 1－11><도표 1- 12>

2. 여성들의 사회진출은 맞벌이 부부라는 새로운 가족문화를 형성하게 되고 이는 증대된 소득유입을 가져오지만 가사노동에 전념할 시간적 여유가 없어지면서 보다 간편하게 생활을 영위하려는 욕구와 함께 외식성향이 확산되게 되고 외식문화가 정착된다.

3. 1984년 외자도입법이 개정되면서 자본투자에 대한 이익송금이 가능해지고 이 당시 우리나라도 <도표 1－12>에 의하면 외국 선진 외식사업체들의 해외시장 공략시 기준이 되는 1인당 GNP 수준인 $2,400에 근접하면서 다양한 체인 브랜드들이 급속히 확산된다. 특히 86아시안게임, 88올림픽 등 대규모 국제행사는 외식시장의 고도 성장을 가져다 주는 계기가 되었는데 국제화시대에 본격적으로 편승한 한국인들이 서구 식단에 익숙해지는 것을 틈타 해외브랜드의 국내 입성이 붐을 이뤘다. 1970년대 말까지의 분식점을 비롯한 대중음식점중심에서 Fast Food, Family Restaurant 등의 외국체인 점포망의 빠른 확산은 외식산업의 근대화, 선진화를 가져오므로써 수요창출을 가속화하게 되고 특히 청소년세대의 라이프스타일로 자리잡을 정도가 된다.

4. 인구통계학적 환경의 변화, 이를테면 14세 미만의 아동층 감소와 65세 이상의 노인인구가 증가하는 고령화 사회로의 진입이나 핵가족, DINK족(double income no kids), SASSY족(Single, Affluent, Successful, Stylish, Young, 고액의 전문직 교수, 판사, 변호사 등 25세에서 35세의 미혼 젊은여성이 혼자 사는 붐을 말함), TONK(Two Only No Kids)족 등 가족구조의 변화 역시 외식산업 성장요인이다.

5. 젊은 세대에 의해 주도된 small business(소규모 자본 창업), 탈 셀러리맨 열풍 등이 외식산업에 대한 사회적 관심을 증대시킨다. 즉 음식업은 “마지막장사”라고 불리울 정도로 소규모 자본과 부족한 경험상태에서 도전해 볼 수 있는 채산성 있는 업종으로 인식되어 퇴직자나 해고자의 창업 1순위로 꼽히면서 고용과 창업의 사회안전판 역할까지 하고 있다. 최근 우아한 매너의 요리강습, 집안꾸미기 등의 부엌살림센스를 비즈니스로 연결시켜 대성공을 이룬 미국의 한 여성기업인인 “마사 스튜어트”와 같은 제 2, 제 3의 등장이 예상되는 것이다.

6. 고교이상의 학력소지자가 1980년 22%에서 1991년 53%로 2.5배 이상 증가하고 2005년 현재 고교졸업자 10명중 8명이 대학에 진학하는 고학력사회현상은 일보다는 여가를 중시하는 의식구조를 나타내면서 외식행태가 여가 대중화의 대표적 형태로 자리잡게 된다.

<도표 1-10> 월소득 계층별 가구분포(Household distribution by monthly income group)

(단위 : %)

월소득(천원) Monthly income (Thousand won)	1988 전 국 Whole country	1988 시 부 Total for sis	1988 군 부 Total for guns	1993 전 국 Whole country	1993 시 부 Total for sis	1993 군 부 Total for guns	1996 전 국 Whole country	1996 시 부 Total for sis	1996 군 부 Total for guns	2000 전 국 Whole country	2000 동 부 Total for dongs	2000 읍면부 Total for eups &myeons
계 Total	100.0	100.0	100.0	100.0	100.0	100.0	100.0	100.0	100.0	100.0	100.0	100.0
200미만 Less than	3.3	2.6	4.9	0.7	0.4	1.6	0.7	0.5	1.8	-	-	-
200 ~ 400	18.1	16.6	21.5	2.7	2.1	4.5	1.2	0.8	2.8	-	-	-
400 ~ 600	27.2	26.3	29.0	5.7	5.1	8.0	2.3	1.9	4.3	6.2	5.1	10.5
600 ~ 800	20.4	20.1	20.7	8.0	7.2	10.9	3.9	3.4	6.1	4.2	3.6	6.7
800 ~ 1,000	12.3	12.5	11.9	11.0	10.2	13.6	4.7	4.3	6.6	5.6	5.0	7.8
1,000 ~ 1,200	7.0	7.8	5.3	12.3	12.1	12.7	6.9	6.6	8.4	6.8	6.6	7.7
1,200 ~ 1,500	5.2	5.8	4.1	16.5	16.7	15.9	12.2	11.5	15.2	9.9	9.1	13.0
1,500 ~ 2,000	3.6	4.4	1.9	19.5	20.5	16.2	21.8	21.8	21.8	18.8	18.9	18.1
2,000 ~ 2,500	2.9[1)]	3.9[1)]	0.7[1)]	10.9	11.6	8.8	17.7	18.6	13.9	15.0	15.1	14.7
2,500 ~ 3,000	-	-	-	5.6	6.1	4.2	10.8	11.4	8.1	11.3	11.9	9.0
3,000 ~ 4,000	-	-	-	7.0[2)]	8.1[2)]	3.6[2)]	10.8	11.6	7.2	12.2	13.4	7.7
4,000이상 more	-	-	-	-	-	-	6.9	7.7	3.6	10.0	11.3	5.0

주 1. 200만원이상
2. 300만원이상

자료 : 통계청 통계기준과

<도표 1-11> 도시근로자가구의 월평균소비지출구성(Composition of monthly consumption expenditure of salary & wage earners' households in all cities)

단위 : %

연 도	소비지출 Consumption expenditure	식료품 Food & beverages	외식비 Meals outside of home	주거비 Housing	광열·수도비 Fuel, light & water charges	가구집기 가사용품 Furniture & utensils	피복·신발비 Clothing & footwear	보건의료 Medical care	보건의료서비스 Fee medical consultation	교육 Education	교양오락비 Culture & recreation	교통통신 Transportation communication	개인교통 Personal transportation	통신 Communi-cation	기타 소비지출 Others	잡비 Miscellaneous	Year
1980	100.0	43.0	1.8	4.7	7.5	4.5	9.9	6.5	-	5.9	1.9	5.8	-	-	10.4	5.3	1980
1981	100.0	42.6	2.0	4.2	8.2	4.5	8.7	7.2	-	6.1	1.9	6.0	-	-	10.6	5.7	1981
1982	100.0	41.3	2.8	4.4	7.8	4.3	8.1	6.0	2.9	6.2	3.7	6.6	0.2	1.3	11.6	7.7	1982
1983	100.0	39.5	2.9	4.6	7.4	4.8	8.3	5.7	2.8	6.4	3.9	6.5	0.2	1.5	12.9	9.2	1983
1984	100.0	38.5	3.0	4.8	7.4	4.9	7.9	5.4	2.7	6.8	3.7	6.5	0.3	1.6	14.3	10.6	1984
1985	100.0	37.7	3.1	4.7	7.4	4.9	7.6	5.4	2.6	6.8	3.6	6.6	0.5	1.7	15.2	11.6	1985
1986	100.0	36.4	3.5	4.7	6.8	5.2	7.6	5.6	2.7	7.3	3.9	6.5	0.3	1.8	16.0	12.4	1986
1987	100.0	35.5	4.6	4.4	6.4	5.4	7.8	5.4	2.5	7.3	3.9	6.8	0.6	1.9	17.1	13.3	1987
1988	100.0	34.9	5.1	4.3	5.6	5.5	8.2	5.3	2.4	6.9	4.3	7.4	1.4	2.0	17.6	13.5	1988
1989	100.0	32.4	6.5	4.2	4.6	5.8	8.5	5.5	2.4	7.3	4.9	8.3	2.9	1.7	18.6	14.3	1989
1990	100.0	32.7	7.0	4.6	4.5	5.7	8.3	5.1	2.4	7.5	4.6	8.6	3.4	1.8	18.5	14.3	1990
1991	100.0	32.0	7.3	4.4	4.1	5.7	7.9	5.2	2.5	7.7	4.9	8.9	3.8	1.8	19.1	15.0	1991
1992	100.0	30.6	7.6	4.2	4.1	5.3	7.8	5.2	2.6	8.6	5.0	9.3	4.4	1.7	19.9	16.0	1992
1993	100.0	29.6	8.2	4.4	4.3	5.0	7.5	5.0	2.6	8.7	5.1	10.4	5.3	1.8	20.0	15.9	1993
1994	100.0	29.8	9.0	3.9	3.9	4.9	7.5	4.7	2.5	8.6	5.2	12.1	7.1	1.8	19.4	15.3	1994
1995	100.0	29.0	9.6	3.7	4.1	4.7	7.7	4.5	2.4	9.3	5.3	11.8	6.6	2.0	19.9	15.4	1995
1996	100.0	28.5	10.0	3.6	4.1	4.4	7.4	4.4	2.5	9.8	5.2	12.6	7.5	2.1	19.9	15.4	1996
1997	100.0	28.7	10.9	3.4	4.5	4.2	6.6	4.5	2.7	10.3	5.2	13.1	7.5	2.4	19.5	15.0	1997
1998	100.0	27.6	9.4	3.5	5.4	3.9	5.4	4.4	2.8	10.7	4.5	14.6	8.0	3.2	19.9	15.3	1998
1999	100.0	27.7	10.4	3.3	4.9	3.7	5.6	4.5	2.9	10.7	4.9	16.1	8.9	3.8	18.8	14.3	1999
2000	100.0	27.5	11.5	3.3	5.1	3.7	5.7	4.1	2.5	10.9	5.3	16.4	8.5	4.6	18.0	13.5	2000
2001	100.0	26.5	11.5	3.4	5.0	4.0	5.6	4.2	2.5	10.8	4.9	17.1	8.4	5.5	18.6	14.2	2001
2002	100.0	26.3	11.6	3.4	4.9	4.1	5.6	4.3	2.6	10.9	4.8	17.0	7.9	6.1	18.7	14.3	2002
2003	100.0	26.6	12.6	3.2	4.7	3.9	5.6	4.6	2.8	11.4	5.0	17.5	8.1	6.5	17.4	13.3	

자료 : 통계청, 「도시가계연보」 각년도

Source : Korea National Statistical Office, 「Annual Report on The Household Income and Expenditure Survey」 Each year

<도표 1-12> 가계소득, 지출/도시 전가구 월평균 소비지출

	가계 지출	소비 지출	식료품	식료품 외식	주거비	광열 · 수도	가구 가사	피복 및 신발	보건 의료	교육	교양 오락	교통 · 통신	통신	기타 소비지출	잡비	비소비 지출
1993	1,130,139	1,020,953	301,675	79,630	45,588	44,341	51,479	75,672	50,533	95,654	51,904	103,564	19,006	200,544	159,164	109,187
1994	1,279,069	1,140,432	341,574	97,795	47,389	45,995	55,698	85,239	54,408	106,110	58,551	129,972	21,661	215,496	168,169	138,637
1995	1,425,845	1,265,890	367,080	115,745	48,301	52,271	59,117	97,474	59,373	127,027	66,848	142,972	26,727	245,429	189,330	159,955
1996	1,611,637	1,426,853	409,502	136,569	54,037	60,177	62,996	104,896	65,592	149,334	75,746	167,487	31,818	277,086	213,640	184,784
1997	1,692,903	1,489,541	427,458	155,025	54,038	67,972	63,376	97,824	66,640	162,403	77,057	188,192	38,235	284,584	218,175	203,363
1998	1,531,357	1,316,222	365,859	122,756	49,785	74,272	53,147	69,750	58,652	151,439	58,589	183,911	44,797	250,820	192,206	215,134
1999	1,720,547	1,478,876	412,056	146,363	54,190	76,172	55,533	80,223	67,098	164,242	71,850	225,085	58,094	272,430	205,565	241,671
2000	1,883,893	1,632,298	447,018	175,990	57,026	86,762	59,539	91,785	70,606	182,370	84,481	261,442	77,046	291,272	219,726	251,595
2001	2,031,545	1,762,124	463,582	190,480	68,246	92,527	70,408	98,140	74,300	199,407	86,650	286,626	96,649	322,237	244,499	269,422
2002	2,115,318	1,834,812	481,049	201,543	62,394	93,238	71,424	101,980	81,057	206,033	86,705	309,288	110,812	341,645	260,728	280,505
2003	2,223,982	1,922,851	509,649	233,210	65,051	94,395	72,480	106,861	89,657	224,005	93,911	329,453	127,900	337,389	256,988	301,131
2004	2,360,382	2,018,211	544,775	253,882	66,631	97,937	79,384	105,079	94,494	235,813	97,981	346,974	133,689	349,143	262,940	342,172

<도표 1-13> 주요국의 1인당 국민총소득

(단위 : $)

	한국	미국	일본	독일	영국	프랑스	이탈리아	캐나다	대만	중국[31]
1970	249	4,795	1,948	3,041	2,254	2,775	2,004	3,929	389	
1971	286	5,136	2,189	3,533	2,518	3,072	2,179	4,330	443	
1972	316	5,607	2,855	4,207	2,852	3,762	2,515	4,865	522	
1973	394	6,210	3,836	5,555	3,239	4,799	3,027	5,597	695	
1974	540	6,668	4,206	6,147	3,491	5,037	3,410	6,735	920	
1975	592	7,632	4,475	6,756	4,242	6,496	3,832	7,174	964	176
1976	799	8,442	4,976	7,250	4,000	6,708	3,773	8,392	1,132	163
1977	1,009	9,315	6,069	8,393	4,575	7,364	4,305	8,474	1,301	182
1978	1,399	10,412	8,457	10,463	5,803	9,097	5,269	8,633	1,577	226
1979	1,636	11,547	8,736	12,396	7,599	10,922	6,603	9,493	1,920	267
1980	1,598	12,431	9,257	13,191	9,566	12,419	7,993	10,564	2,344	307
1981	1,749	13,765	10,050	11,048	9,047	10,770	7,146	11,558	2,669	287
1982	1,847	14,181	9,295	10,624	8,500	10,100	7,059	11,723	2,653	278
1983	2,020	15,242	10,132	9,663	8,091	9,575	7,338	12,601	2,823	295
1984	2,190	16,730	10,562	8,831	7,618	9,013	7,260	13,004	3,167	299
1985	2,229	17,736	11,423	8,929	7,956	9,343	7,486	13,134	3,297	291
1986	2,550	18,421	16,744	12,777	9,794	12,990	10,568	13,495	3,993	277
1987	3,201	19,501	20,182	15,913	11,943	15,730	13,310	15,258	5,298	296
1988	4,268	21,003	24,312	17,108	14,499	16,992	14,707	17,800	6,379	364
1989	5,185	22,115	24,224	16,917	14,523	16,924	15,247	19,477	7,626	402
1990	5,886	23,070	24,966	21,294	16,939	20,820	19,136	19,971	8,111	342
1991	6,810	23,484	28,318	22,266	17,673	20,757	20,112	20,674	8,982	353
1992	7,183	24,384	30,801	25,191	18,355	22,829	21,231	19,733	10,506	415
1993	7,811	25,164	35,306	24,206	16,431	21,605	17,083	19,024	10,964	510
1994	8,998	26,403	38,698	25,585	17,862	22,722	17,578	18,779	11,806	455
1995	11,432	27,504	42,559	29,947	19,287	25,997	18,823	19,465	12,686	581
1996	12,197	28,765	37,667	28,974	20,205	26,048	21,183	20,032	13,260	671
1997	11,176	30,285	34,598	25,602	22,531	23,553	20,101	20,642	13,592	730
1998	7,355	31,805	31,706	25,954	24,294	24,291	20,565	19,747	12,360	762
1999	9,438	33,430	35,777	25,506	24,466	24,202	20,344	20,867	13,235	791
2000	10,841	35,348	37,879	22,647	24,130	21,772	18,454	22,818	14,188	856
2001	10,162	35,913	33,284	55,449	24,504	21,847	18,714	22,402	12,876	911
2002	11,493	36,704	31,788	24,061	26,911	23,482	20,211	22,894	12,916	970
2003	12,646		34,294	28,967					13,157	1,090

자료 : 재정경제부

31) 중국은 1인당 GDP임.

제 ❹ 장

외식업의 변천사 및 성장추이

외식업의 발달사에 있어 숙박시설을 분리시키기는 어렵다, 외식은 여행의 필요에 의해 생겨났는데 오늘날 호텔, 모텔의 시초인 고대 Inn(여인숙)이나 수도원, 교회에서의 환대정신에 의거한 "잠자리와 먹을 것"이 준비되면서부터 이다. 점차 숙박시설이외에 선술집, 스낵바, 빵집, 식당 등이 식음료를 제공하게 되면서 독립된 사업영역으로 발전하게 된다. 오늘날 우리가 알고 있는 레스토랑은 1765년 프랑스 파리에서 시작되었다고 하는데 그 이전의 식음료서비스는 여인숙 또는 출장연회의 형태로만 가능했던 것을 당시 수프를 만들어 팔던 상인들이 법적 투쟁을 벌여 판매권을 갖게 되면서부터 운영했던 에너지 충전소(restorers of energe)에서 유래됐다고 하는 것을 보더라도 외식과 숙박의 불가분성을 짐작할 수 있을 것이다.

1. 국내 외식업의 변천사 및 성장추이

1) 1950년대 이전(음식업의 태동기)

기록상에 나타나 있는 우리나라 음식업의 시초는 식사만 하면 숙박은 무료인 고려시대의 주막이며 그 후 조선 초·중기의 사신이나 여행자를 위한 객주·객사(여관 겸 대중음식점)에 이어 조선후기의 다양화된 목로주점(선술집), 내외주점, 색주 등이 등장하였으나 특별히 영리를 목적으로 운영되는 형태는 아니었다. 구한말 개화풍을 타고 다방시대가 등장하면서 1902년 문을 연 손탁호텔이 최초의 근대식 형태의 다방을 선보였으며 후에 최초의 양식을 제공하기도 하였다.

20세기에 들어 규모가 큰 음식점(1907년 이문설렁탕, '30년 용금옥, 곰보추어탕, '34년 한일관, '37년 조선옥, '40 안동장, '45년 고려당, '48년 남포면옥, '48년 하동관)이 생기면서 한국외식업의 태동기를 맞이하게 되었으나 1945년 해방이후 1950년 6.25전쟁으로 인한 혼란기와 식량자원 부족 및 가내 주도형의 식습관으로 전반적인 침체상태였다.

2) 1960년대(음식업의 여명기)

1인당 GNP 100-210 $수준의 60년대 한국의 외식업계는 여전히 식량부족으로 식생활의 궁핍기이자 침체기라고 볼 수 있다. 영세한 음식점 및 노상 잡상인들이 대거 출현했고 미국의 밀가루 원조로 인한 분식장려 캠페인이 일어나면서 제과, 제빵, 제면 등 제분중심의 식문화가 생겨났으며 45년의 고려당에 이어 67년에 뉴욕제과가 생겨나기도 하였다.

3) 1970년대(음식업의 발전기, 외식업의 태동기)[32]

1인당 GNP 249-1,636 $ 수준의 70년대는 분식을 비롯하여 한식, 중식위주의 대형 대중음식점(냉면과 불고기 중심의 우래옥, 한일관, 진고개) 및 일식당(남강, 향진), 양식당(미장그릴, 영보그릴, 외교구락부) 등과 함께 떡볶이, 부대찌개, 자장면, 마포갈비 등 영세한 자영업식당이 인기를 누렸다.

1970년대 중반부터 60년대의 경제개발 5개년 계획 등으로 인한 경제부흥으로 외국으로부터의 소고기 수입, 62년에 시판 금지되었던 쌀 막걸리의 부활, 그리고 야쿠르트, 케찹, 마요네즈, 생수, 과즙탄산음료, 생맥주 등의 먹거리가 다양해졌다. 특히 1979년 10월 서구식 외식의 효시라고 할 수 있는 롯데의 롯데리아가 일본 롯데리아와 50:50 합작회사로 소공동에서 처음 영업을 개시함으로써 근대적 의미의 외식업이 태동하게 되었다.

식품공업협회에 의하면 1979년의 외식시장 매출총액은 1조 7000억 원을 기록하는데 식음료산업화에 기여하게 되는 외식시장 성장의 기틀이 마련된 시기였다고 볼 수 있다.

---

32) 나정기, 외식산업의 이해, 백산출판사, 1998, pp105

4) 80년대 전반(외식업의 도입적응기, F.F 중심)

1인당 GNP 1,598-2,229 $ 수준의 80년대 초부터 외국의 유명 체인호텔과 외국계 패스트푸드점이 대거 한국에 상륙, 외식업의 시장개방시대를 맞는다. 아메리카나(80), 버거킹(82), 윈첼도우넛(82), 웬디스(84), K.F.C(84), 피자헛(85), 맥도널드(86), 베스킨라빈스(86) 등 다양한 Fast Food 업태가 도입되었고 동시에 다림방(82), 짱구짱구(82), 장터국수(84), 신라명과(84) 등 국내자생브랜드들도 하나둘 생겨났다. 성장추이를 보면 84년도에 79년(약 1조 7천억) 대비 2배 이상의 매출신장(약 3조 7천억)을 나타냈고 86, 88 올림픽 이후 급속한 성장을 하게 되었다. 이 가운데 84년 6월부터 웬디스코리아에 의해 사업을 시작한 웬디스는 같은 해 12월 세계 3천 번째 매장이라는 주목을 받으며 명동에 1호점을 열고 45종에 달하는 메뉴와 샐러드바로 인기를 끌었으나 97년 이후 꾸준한 매각설에 시달리다 끝내 사업을 정리했다.

5) 80년대 후반(외식산업의 적응성장기)

1인당 GNP 2,550-5,185$의 급속한 경제성장의 80년대 후반은 86아시안게임 및 88올림픽 등의 국제행사 개최 및 89년 이후 해외여행의 전면 자유화 등으로 국제화시대의 기반이 마련되면서 해외브랜드의 국내 입성이 붐을 이뤘다. 피자인(87), 쉐이키스 피자(89), 시카고피자(89), 도미노피자(89), 미스터피자(90), 라운드테이블피자(90) 등 피자브랜드가 본격적으로 도입되었고 하디스(90), 서브웨이샌드위치(91), 화이트캐슬(91), 데일리 퀸(93), 파파이스(93), 케니로저스(94) 등이 상륙했다.

이 가운데 현재 존속하고 있는 브랜드는 도미노피자, 미스터피자, 서브웨이샌드위치, 파파이스 정도이다. 하디스를 도입했던 세진푸드시스템은 세건알디 라는 별도 법인을 출범, 파스타 및 정통일식전문 프랜차이즈를 전개하고 있다.[33] 또 하나의 특징은 해외브랜드는 아니지만 85년 국내 최초로 패밀리 레스토랑 개념을 도입한 패션업체 논노그룹 계열의 (주)청원익스프레스의 자체브랜드인 투모로우타이거(85)와 F.R 업태의 해외브랜드 1호인 코코스(86)와 데니스(87)가 선보임으로써 90년대 F.R 중심의 외식업 성장기를 예고하였다는 것이다. 이 가운데 투모로우타이거는 메뉴의 부실, 서비스의 실패 등으로 결국 5년을 넘기지 못하고 논노그룹의 전격적인 부도와 함께 90년도에 폐점하게 된다.

---

33) 삼성경제연구소(SERI), 해외브랜드 국내입성 흥망성쇠 25년사, 2005

미국 그레이스사의 F.R 브랜드인 코코스도 (주)미도파푸드시스템이 당시 코코스 동남아 지역 영업권을 갖고 있던 일본 로빈후드사와 기술원조 계약으로 도입한 이래 매장을 50여개 까지 늘리며 승승장구했으나 97년 5월 미도파의 모그룹인 대농의 M&A에 따라 성원그룹에 양도, 97년 9월 다시 신동방그룹으로 매각, 99년 3월 워크아웃 상태까지 이르렀으며 2004년 5월 끝내 파산되었다. 한편 보쌈, 족발 등의 한식 체인 브랜드(놀부보쌈, 송가네 등) 및 양념치킨, 김밥, 베이커리, 국수, 원두커피, 생맥주 등 다양한 프랜차이즈가 확대되면서 다점포업체가 공존하는 가운데 이 시기는 84년부터 90년까지 연평균 21%의 높은 매출 성장률을 기록하는 경이적 성장을 하게 된다.

6) 1990년대(외식산업의 성장기, F.R 중심)

1990년대는 한국외식산업의 본격적인 성장기로 그 주역은 단연 고품격 신업태의 출현으로 보는 패밀리 레스토랑이다. 92년에 문을 연 T.G.I.F(92)를 시초로 판다로사(92), 스카이락(94), 플래닛헐리우드,(94) LA 팜스(94), 87년 1차 도입 실패의 좌절을 딛고 94년 다시 국내에 재입성한 일경식품의 데니스(94), 시즐러(95), 베니건스(95), 토니로마스(95), 삐에트로(95), 마르쉐(96), 칠리스(97), 우노(97), 아웃백 스테이크 하우스(97), 하드락 카페(97) 등이 속속 등장하였다.

이 가운데 이가상사에서 도입한 판다로사는 국내 최초의 스테이크 전문점으로 각광을 받았으나 96년 신동방그룹 계열 유진산업으로 인수된 후 모기업의 무리한 사업 확장 탓에 좌표를 잃고 폐점되었다. 판다로사의 일부 잔존 점포는 푸드빌에서 인수, 빕스로 간판을 바꿔 달았다. 데니스 역시 97년 후발 브랜드의 시장 잠식과 브랜드 포지셔닝 실패로 끝내 폐점했다.

데니스와 비슷한 컨셉으로 도입된 LA팜스도 초기 높은 투자비용과 영업에 탄력을 얻지 못해 3년여 만에 사업을 종료했다. 삼호필름과 홍릉갈비에서 합자 도입한 플래닛헐리우드도 너무 높은 객단가와 현지화에 실패한 맛으로 불과 7개월여만에 문을 닫게 됐다.

IMF가 닥치면서 97년 상반기 데니스의 폐점을 시작으로 사업을 중단하거나 철수하는 브랜드가 속출하기 시작했다.

96년 일경식품에서 도입했던 「리틀시저스피자」가 4개의 직영점을 폐점하며 피자사업을 중단했고 숯불구이 치킨으로 차별화를 꾀했던 「케니로저스 로스터스」는 도입 3

년여 만에 부도를 맞았다.

93년부터 가맹사업을 시작, 2백여개 점포를 운영하던 「체스터후라이드치킨」이 부도 선고를 받은 것은 97년 11월. 뉴코아 내에 8개의 직영점을 단기간에 개설, 과투자로 압박을 받다 뉴코아의 부도로 자금난이 가중된 것이 원인이었다.

현대약품이 의욕적으로 뛰어들었던 샌드위치전문점 「J브레너스」에게도 샌드위치에 대한 문호가 좁았던 당시 상황에 불황까지 겹쳐 2년여만에 철수하게 됐다.

98년에는 고작 1~2개의 매장을 전개하던 「요시노야」, 「칼스쥬니어」, 「찰리스스테이커리」 등이 연쇄적으로 폐점의 수순을 밟았다.

한편 외식패턴의 다양화와 고급화로 국내외 프랜차이징 체인화(보쌈, 왕족발, 해물탕, 냉면전문점, 쇠고기부페, 생고기전문점, 닭갈비, 김밥전문점, 탕수육)가 급속히 진행되어 2~3년 주기를 형성하며 태동－발전－쇠퇴를 거듭하는 춘추전국시대를 방불케 하는 양적 성장을 이루게 되었으나 2000년 다시 국민소득 10,000$ 수준을 회복하기 까지 한국외식업계는 위축된 수요 감소로 내실과 경쟁력이 요구되는 적자생존의 치열한 존폐기로에 직면하게 되면서 소규모의 생업형 영세시장(Eating Market)과 외자계 및 대기업에 의한 대규모의 고급시장(Dining Out Industry)으로 대별되는 이중구조가 형성되기 시작한다.

7) 2000년대 (외식산업의 전환기)

한 때 외식업계의 신사대주의라는 맹렬한 비난을 감수하기도 했던 해외브랜드는 2000년대 들어 국내 진입에 소강국면을 맞이하게 됐다.

2000년대 초 「뉴질랜드내츄럴」(뉴질랜드), 「파브리」(이태리), 「매키스」(영국), 「에도」(터키) 등의 아이스크림 브랜드와 「크레이튼스」(일본), 「세가프레도」(이태리), 「레이니어에스프레소」(미국), 「그라찌에」(호주) 등의 커피 브랜드가 한 때 도입 붐을 일으키며 난립하기도 했으나 현재는 경쟁력 있는 업체들로 시장이 재편된 상태다.

해외브랜드 군단으로 불리는 FR업계의 고속 성장에 제동이 걸리고 해외브랜드 원년 멤버인 패스트푸드업계가 날로 하향 곡선을 그리고 있는 것 또한 브랜드 도입을 망설이게 하는 요인이다.

지난해 대부분의 수입산 FR은 과도한 판촉 경쟁으로 질적 성장을 기록하지 못했고, 수년간 국내 패스트푸드업계 부동의 1위이자 전체 외식 브랜드의 1인자로 군림했던 롯데리아가 몇 년째 내리막길을 걷고 있으며, 세계 최대 프랜차이즈 그룹인 맥도날드가 반미감정에 발목이 잡혀 맥을 못 추고 있는 실정이다.

최근에 상륙한 해외브랜드의 지지부진한 사업 전개도 시사하는 바가 크다.

2001년 미국으로부터 들여온 「루비 투스데이」는 당시 미국 내 7백개 매장에서 13억불의 매출을 기록하던 브랜드였으나 국내에서는 1년도 버티지 못한 채 이듬해 문을 닫았다. 입지 전략의 실패와 경영 마인드의 부재가 업계가 분석하는 패인이었다.

2002년 도입된 프랑스계 FR 「이뽀뽀따뮤스」나 미국계 테마레스토랑 「카후나빌」도 그다지 괄목할 만한 성적을 거두지 못하고 있고, 90년대 1차 도입 실패의 경험을 토대로 재입성한 「슐라스키」도 활발한 영업력을 과시하지 못하고 있는 상황이다.

이제 해외 유명브랜드가 포화상태를 이루고 있는 현 상태에서 새로운 브랜드 도입은 그만큼 위험이 크다는 인식이 업계의 지배적인 정서가 됐다. 전반적인 세계 경제침체와 함께 월드컵 이후 좀처럼 회복되지 않는 한국경제 여건으로 침몰의 징조 보이기 시작하면서 쇠퇴기를 극복하기 위한 다양한 업태가 개발된다. 가령 HMR(Home Meal eplacement)이나 테마레스토랑, 푸드코트 등을 들 수 있다. 기존 외식산업의 재편성과 같은 정리기로 과도한 할인마케팅이나 브랜드 및 점포수의 양적증가 외에 질적 변화가 요구되는 시기이다. 특히 건강식에 대한 욕구증대와 주5일제근무 확산, 미래 경제성장 수준 등은 앞으로의 외식시장에 큰 변수로 작용하게 될 것이다.

<도표 1-14> 한국외식시장의 성장추이

(단위 : 조원, %)

구분 \ 연도	75	79	84	85	86	87	88	89	90	91	92
매출액	0.43	1.7	3.7	4.1	4.6	5.7	6.9	8.5	10.7	12.3	15
증가율			19	11	12	24	14	31	26	15	22
구분 \ 연도	93	94	95	96	97	95	99	00	01	02	03
매출액	16.5	18	20	23	30	27	33	35	34	40	44
증가율	10	9	11	15							

7년간 40% 증가

자료 : 식품공업협회
이애주, 식음료관리론, 일신사, 2000, pp 24

2. 미국의 외식산업 변천사

1) 1920년대(음식업의 태동기)

미국 최초의 레스토랑은 1827년 뉴욕에 세워진 델모니코(Delmonico)로 371가지의 메뉴를 가진 전형적인 불란서 식당으로 높은 가격의 최고의 요리를 제공하였다. 델모니코 가족들은 1923년까지 9개의 식당을 운영하였으나 오늘날과 같은 음식점의 시작은 1920년대 기존 레스토랑과는 다른 셀프서비스(Self service) 방식 및 센트럴키친시스템(Central Kitchen System, 중앙집중조리방식, C.K)형태의 운영방식을 도입한 J.R 톰슨에 의해 이루어진다. 1924년 쵸크풀오너사에 의해 스낵류 중심의 패스트푸드 형태가 출현되기도 하였다.

2) 1930년대(외식업의 태동기)

이 시기의 미국인들은 생활의 안정에 따른 생활양식의 변화로 생존을 위한 식사에서 생활을 위한 식사로 바뀌었고 이에 대응한 대표적인 사람이 하워드 존슨(Howard Johnson)이다. 하워드 존슨은 세계적인 모텔체인인 Cendant Corporation 계열의 Howard Johnson Int'l Motor Lodge를 소유한 장본인으로 당시 로드사이드 레스토랑 등을 운영하면서 전환된 미국인의 욕구를 만족시켰다. 또 빅보이사에 의한 커피숍의 운영과 항공수단의 발달에 따른 기내식이 개발되기도 하였다.

3) 1940년대(외식업의 발전기)

제 2차 대전 후 미국전반적인 사회구조가 핵가족화, 소득증대, 레저화 촉진, 여성의 사회진출, 마이카(my car) 붐 등으로 나타나면서 합리적 사고의 지향 및 개인적 소비성향이 높아지게 되었다. 아이스크림 및 도우넛 등의 기호품이 판매되기도 하였다.

4) 1950년대(외식업의 도약기)

오늘날 세계최대의 외식기업인 맥도널드(McDonald's), 및 KFC(Kentucky Fried Chicken), 피자헛이 출현한 시기로 프랜차이즈 경영방식 및 과학적 관리기법이 도입되어 개인판매에서 대량판매를 지향하게 되었고 테이크 아웃, 퀵 서비스 등이 등장한다. 한편 ARA사 등은 학교 및 병원 급식분야로의 새로운 진출을 꾀하기도 하였다.

5) 1960년대(외식업의 도약 성장기)

스테이크, 로스트비프, 샌드위치, 게요리, 시푸드, 페밀리 레스토랑 등이 등장했고. 필스베리사와 같은 식품제조업체가 햄버거체인 버거킹을 매수하는 M&A가 이루어지게 된다. 이때부터 식당업(Restaurant Business) 이라는 용어는 외식산업(Food Service)라는 용어로 대체되기 시작한다.

6) 1970년대(외식업의 안정 성장기, 성숙기)

70년대는 외식업이 미국산업계에 확고한 뿌리를 내릴 수 있는 시기였다. 일본 등을 비롯해서 Franchise system의 전 세계화가 추진되었는데 세계 20대 체인 중 16개 업체가 미국에 본사를 두고 있고 이들 chain 중 15%가 해외시장에 진출하였으며 이 가운데 31%가 일본에 집중되었다. 2회의 오일쇼크로 위축된 수요감소에 대응해 드라이브 스루(Drive Thru)와 같은 신컨셉의 신업태가 출현했으며 생존하기위한 점포의 차별화전략을 소비자에게 인지시키기 위한 마케팅의 시대라고도 할 수 있다. 또한 자금력에 의해 기업운명이 결정되는 매수합병의 혼란기로 대기업의 참여가 활발하였다.

7) 1980년대(외식업의 고도 성숙기)

자본력에 의한 경쟁이 가속화되었고 자본집약화 등으로 세계시장 진출이 활발하였다. 경영합리화를 위한 신기술정보시스템이 발전하여 POS(Point of Sales)시스템, On Line화, 선불카드제 등이 이루어졌다.

8) 1990년대 이후(외식업의 안정 성숙기)

이미 80년대부터 나타나기 시작한 포화상태에 이른 입지문제와 시장성장률의 둔화로 치열한 시장 쟁탈전이 벌어졌으며 인구 10만 이하의 소도시, 병원, 학교, 박물관에 소규모 점포를 개점하는 소시장전략 및 테마컨셉, Gourmet지향, Ethnic요리 붐을 일으키는 등 특화 및 틈새시장을 공략하였다. 일본, 한국, 중국에 이어 구주 및 동남아에 대한 진출이 강화되었고 21세기 고감성 고객만족을 위한 창의적 아이디어가 중시되고 있다.

3. 일본외식산업 변천사

1) 1960년대(외식업의 태동기)

일본 외식업이 근대산업으로 발전하게 된 계기는 1964년 동경올림픽 이후 신업태라고 했던 패스트 푸드, 교외형 패밀리 레스토랑이 등장하기 시작하면서 부터이다. 1969년 일본내 자본자유화를 계기로 미국의 외식체인 기업이 일본에 상륙하면서 프랜차이즈 제휴가 시작되었고 70년대 초반 집중적으로 표준화된 속성음식 및 가족 레스토랑 등이 확산되었다.

2) 1970년대(외식업의 보급성장기)

1970년대는 식생활의 다양화, 외식의 대중화 현상이 두드러졌던 시기로 프랜차이즈 방식에 의한 패스트푸드의 전성기이자 패밀리 레스토랑이 활성화 되었다. 또한 새로운 경영시스템의 도입으로 센트럴 키친에 의한 중앙집중식 조리 방법과 서비스 방법의 매뉴얼화, 시간제 직원 고용에 따른 인건비 절감 등을 꾀하기도 하였다.

3) 1980년대(외식업의 선택성장기)

1980년대는 선택성장시대로 입지 포화에 따라 보급욕구가 소멸되고 소비자 기호도 세분화됨에 따라 업종 및 업태가 다양화 되어 테이크 아웃, 카페 바, 캐쥬얼 레스토랑 등이 등장하였다.

4) 1990년대 이후(외식업의 성숙기)

1980년 후반부터 땅값폭등으로 인한 적정입지 감소는 축적된 운영노하우로 한국과 중국을 중심으로 한 해외진출을 본격화하기에 이른다. 또한 인력난으로 인한 인건비상승, 가격상승 등의 부작용이 발생하면서 가격파괴, 업태전환, 교외입지형의 패밀리 레스토랑이 등장하였다. 신세대를 중심으로 한 활어 요리 전문점의 일식회귀 현상이 나타났으며 소매업계의 편의점이 식당업을 위협하게 되고 쇼핑센터시대가 도래하면서 식당업계도 입지전략의 변화를 고려해야 했다.

제5장
외식산업의 업태별 현황분석

1. 패스트푸드 업계 현황

패스트푸드업계는 79년 롯데리아가 개점한 이래 70~80년대에 걸쳐 30~40%의 고도성장을 해오다가 1997년 IMF 사태 이후부터 뚜렷한 성장을 보여주지 못하고 있다.

체인본부에 따라서는 일시적으로 1999~2000년 사이에 위축된 사세를 회복시킬 목적으로 점포수를 확대하여 전체시장규모는 확대되어 2000년 초반까지는 15~20% 전후의 성장세를 유지하였으나 2001년 1월의 광우병파동, 3월의 구제역, 9월의 콜레라 등 잇단 식자재 파동과 프라이드 포테이토의 소금과 기름이 건강에 좋지 않다는 보도와 함께 발암물질의 검출, 미국을 중심으로 한 비만과 성인병의 햄버거 식생활을 문제 삼는 신문기사와 소송사건으로 햄버거업계가 큰 타격을 받았다. 이는 2001년도 성장률을 11%정도에 머무르게 하면서 결국 2002년도 여러 가지 국제적인 이벤트 당시 테이크 아웃으로 잠깐 빛을 보는가 했더니 매출신장에 기여하지 못함으로서 2002년도 패스트푸드 업계는 이 업태가 한국에 도입된 이래 최악의 실적을 올린 한해였다.

이후 2006년까지 연평균 2%의 미미한 성장에 그칠 전망이다. 이는 단순히 경기침체나 소비심리 위축, 북한 핵문제, 9·11테러, 이라크전쟁 위험 등 정치 경제적 환경에 의한 영향만은 아니라고 생각할 수 있다.

즉, 1) 산업의 수명주기이론으로 보아 이 업종이 한국에 도입 된지 25년 정도에 이르면서 이미 성숙기를 지나 쇠퇴기로 접어들어 산업으로서의 성장한계에 직면해 있다는 것이다. 이는 세계적 현상으로 미국, 일본도 폐점이 속출하고 있는데 일본 맥도널드의 경우 2002년 후반부터 2003년 초반까지 수십 개 점포를 폐쇄하는 특이한 현상도 일어나고 있다.

2) 또 60~80년대를 거치면서 이들의 발전에 기여했던 베이비붐세대가 성장하여 기성세대가 되므로써 이 업태의 소비 군에서 멀어졌고 고령화 사회가 되면서 핵심고객인 10대 인구의 급격한 감소 현상 등이 복합적으로 작용한 것이다.

3) 게다가 패스트푸드산업과 불가분의 관계에 있는 청량음료를 포함한 과다한 칼로리는 비만, 성인병 등을 유발하는 정크푸드로서의 이미지와 함께 또 다른 사회, 교육적 병폐를 양산하는 비도덕적 산업으로 비판을 받고 있다. 세계에서 코카콜라를 가장 많이 판매하는 곳이 맥도널드인데 미디엄사이즈 한 잔 원가가 9센트일 때 판매가는 1.29 $로 14배의 엄청난 폭리를 남기고 있고 육우도축업체들의 로비로 정부규제가 완화된 틈을 이용하여 비위생성이 근절되지 못함으로서 식중독 등의 사고가 끊임없이 발생하는 것이다. 또 수많은 체인점을 관리함으로서 음식이 조리되는 것이 아니라 공장자동화개념으로, 가공된 부품들에 의해 단지 조립되는 생산과정, 이 과정에 투입된 비숙련 청소년 아르바이트 노동력과 이들에 대한 저임금 노동착취현장은 이들 젊은 세대의 잘못된 가치관 형성에 일조하면서 사회병폐 문제를 유발하고 있는 것이다.

4) 패스트푸드의 대량생산, 판매의 획일성이 후기산업사회의 개성화, 차별화를 요구하는 21세기 외식컨셉으로 부적당한 면이 있다.

5) 가장 중요한 것은 이들 여러 요인이 복합적으로 작용한 결과로만 볼 것이 아니라 초 단기화 하는 외식산업의 라이프사이클에 선행하는 전략적 발상과 대응책이 부족했다는 것이다. 이는 90년대 초 이미 안정된 시장을 형성하고 있던 패밀리 레스토랑 등의 새로운 외식 컨셉에 밀려 기존 지방시장도 뺏기는 참담한 결과를 초래하게 된 것과 햄버거, 치킨, 피자, 커피 등의 외국 브랜드 외에 김밥, 우동, 카레, 만두, 스파게티 등 빠른 서비스를 제공하는 소규모 생업형 점포들까지 가세한 포화상태에서 점점 위축된 매출신장세에서도 알 수 있다. 즉 환경즉응산업으로서의 인식이 없었던 것이다.

현재의 영업전략을 3년 전, 5년 전의 형태로 답습해오는 안일한 자세로 이미 시대에 뒤떨어진 쇠퇴기 징후를 외면하고 과거의 성장에만 안주해 온 것이다. 최소한 90년대 초기에 근본적인 시스템의 수정을 했어야 했고 늦어도 97년 직후라도 변화 했어야 했다.

그러나 대부분의 업체가 단시일 내에 매출신장을 기할 수 있는 방안인 가격할인으로 1,000원 안팎의 가격파괴 전략을 내세우는 것은 장기적으로는 업계전체의 채산성을 악화시켜 공동침몰을 가져올 수도 있는 위험한 처방인 것이다. 이미 소득상승과 삶의 질 개선이라는 변화와 함께 급제동이 걸려 버린 FF업계는 가격경쟁에서 한발 물러나 새우, 게, 가재 등 시푸드와 고급스러운 재료의 프리미엄메뉴를 통한 건강 컨셉 메뉴로 '정크푸드'라는 오명을 씻기 위해 새로운 마스터 플랜을 정비하고 있다.

<도표 1-15> 패스트푸드업계 매출현황 및 점포 수 추이

(단위 : 천원, 개)

브랜드	업체명	매출액			점포수		
		2001	2002[34)]	2003	2001	2002	2003
롯데리아	(주)롯데리아	540,000,000	530,000,000	540,000,000	750	850	850
맥도날드	(주)신맥	286,000,000	280,000,000	300,000,000	321	361	361
KFC	(주)두산SRS	223,300,000	250,000,000	250,000,000	236	226	236
버거킹	(주)두산SRS	110,000,000	93,000,000	93,000,000	113	114	124
하디스	(주)세진푸드	21,000,000	15,000,000	16,500,000	25	21	21
파파이스	(주)TS해마로	189,800,000	130,000,000	160,000,000	185	211	250
BBQ	(주)제너시스	270,000,000	310,000,000	450,000,000	1,400	1,350	1700
계		15,801(억)	16,181(억)	18,095(억)	3,030	3,133	3,542

자료 : 식품유통연감, 2004

2. 패밀리 레스토랑 업계 현황

지난 80년대 중·후반에 오픈한 패밀리 레스토랑업계 역시 IMF 이후 2000년까지 많은 어려움을 겪게 되는데 패스트푸드업계에 비해서는 2001년도에 평년작을 유지했고 2002년도에도 전체적인 매출면에서는 증가했다. 이는 서울이라는 도심지의 높은 지가상승 한계와 대규모에 높은 객단가라는 시장의 컨셉 한계를 벗어나 기업의 확장을 위해 지방진

34) 2002년 매출실적은 일부 차이가 있을 수 있음(기업결산서 미발표).

출과 신규브랜드 시도가 확산된 한해였기 때문이다.

기존의 조리기술과 시스템을 활용하여 업종 다양화전략으로 틈새시장을 노려 비교적 소자본의 신규브랜드를 런칭하거나(썬앳이 토니로마스, 스파게띠아, 스파게띠아 익스프레스, 메드포갈릭, 페퍼런치(2003), 육반(2004.8), 베니건스의 중식브랜드 미스터차우) 서울중심의 점포개발전략에서 불모지를 개척하는 지방진출(TGIF와 베니건스, 아웃백, 빕스)에 앞장섰고 아모제, 엉클윙스, 카페아모제처럼 제2, 제3의 신규브랜드와 지방진출을 동시에 공략한 결과이다. 또한 98년 이후 고객유입을 위해 끊임없이 지속해온 이벤트, SK텔레콤, KTF 등과의 제휴를 통한 10~25%의 할인정책, 카드사와의 제휴(정부의 세제투명화정책에 따른 신용카드 복권당첨제, 사용액에 대한 세제 혜택 등으로 신용카드 사용액이 외식업체의 70%선을 넘어서며 주요결제수단이 되자 카드수수료율을 더 내려야 한다는 의견과 함께 외식업체와 카드사와의 공동마케팅이 활발하다. 예를 들면 토니로마스와 외환카드, 씨즐러와 외환 등)를 통한 무료음료, 디저트 서비스, 할인, 캐시백서비스, 쿠폰 등의 외식문화가 자리 잡은 결과이기도 하다.

외식사업에 대기업의 진출이 두드러진 것도 특징인데 롯데그룹이 지난 2002년 7월 TGIF를 인수함으로서 외식업최초의 매수합병이 이루어졌고 대기업 단체급식업체인 (주)아워홈의 돈가스전문점 사보텐 개점과 CJ푸드시스템의 인천공항 16개 식음료매장 직영, 신세계푸드시스템의 이투게더매장 인수, 풀무원 ECMD의 진출, 동양제과의 베니건스에 이어 미스터 차우 등의 고급 브랜드 런칭 등이다.

그러나 장기적인 전망은 밝지 않을 것으로 보고 있는데 그 이유는 다음과 같다.

(1) 브랜드 확장으로 인한 점포간 식자재나 메뉴컨셉까지 유사한데다 서비스도 비슷하다. 특히 센트럴키친이 생긴 후에는 냉동제품이나 반조리제품을 사용하게 되는 일이 많아지므로 음식의 질은 별 발전이 없거나 오히려 후퇴하고 있다. 단순한 하드웨어(점포 인테리어, 객석 분위기 등)의 차이만 있어 각 업장의 특화현상이 적어지는 진부화현상이 심화되고 있는 것이다.

(2) 식자재의 많은 부분을 차지하고 있는 소고기 값이 레스토랑 컨셉의 발상지인 미국 등에 비해 너무 고가이고 이로 인해 메뉴단가에 있어 타 업종에 비해 고가인 것이 문제가 된다.

(3) 대형점포의 경우 최소한 80명 정도의 점포운영요원이 필요한데 업태간 직원이동

이 심하여 인재양성이 어렵다.

(4) 국토가 좁은 우리나라의 경우 패밀리 레스토랑의 성격상 대도시 중심가에 대략 200평정도의 입지를 필요로 한다는 것은 높은 지가 상승으로 인한 비용부담과 함께 우리나라에 접목하기 어려운 태생적 한계를 안고 있다.

(5) 패밀리레스토랑의 컨셉 특성상 새로 상권을 개척하기보다는 선두업체가 성공해 이미 검증된 곳에 뒤따라 들어가는 전략이 결국 좁은 시장에서 나눠먹기식 경쟁을 부추겨 고객 분산을 피할 수 없다. 심지어 매장수가 많은 일부 외식업체들은 이제 경쟁업체뿐만 아니라 지리적으로 가까운 같은 브랜드의 매장들과도 경쟁을 해야 하는 상황에 놓이게 되었다.

(6) 시장이 그만큼 좁아졌으니 한정된 곳에서 서로 높은 매출을 올리기 위해 경쟁이 치열하게 되는 것은 당연하다. 이 치열한 경쟁에서 좀 더 손쉽게 단기적으로 매출과 고객수를 올리기 위한 가장 효과적인 전략으로 각광받던 통신사, 카드사 등 타 업계와의 제휴 할인경쟁 및 각종 이벤트가 결국은 외식업 자체의 조기 성숙기를 맞이한 것으로 밝혀지고 있다.

(7) 빠르고 강력한 정보전달매체인 인터넷의 영향력이다. 여성고객들과 젊은 고객들이 다수인 패밀리레스토랑에서 한 번의 좋지 않은 인터넷상의 소문, 컴플레인 등은 매출하락에 바로 직결된다. 또한 TV 및 인터넷상의 엄청나게 많은 맛집에 대한 정보는 고객의 외식업체 선택 폭을 다양화하여 기존고객 상실로 이어질 수 있다

(8) 주5일근무제에 따른 고객수요시장의 변화가 예상된다. 주5일근무제가 도입되면 주말연휴가 2~3일로 확대돼 관광과 호텔, 항공운송, 레저업종 등의 직접적인 수혜가 발생하는 반면 외식업의 경우 법정공휴일과 일요일이 이어질 때면 어김없이 떨어지는 매출은 낙관적 전망을 하기 어렵게 된다.

<도표 1-16> 패밀리 레스토랑업계 매출 현황 및 점포수 추이

(단위 : 천원, 개)

브랜드	업체명	매출액			점포수		
		2001	2002	2003	2001	2002	2003
아웃백스테이크	(유)오지정	35,000,000	60,000,000	100,000,000	16	23	32
베니건스	(주)라이즈ON	55,000,000	70,000,000	83,000,000	12	15	21
마르쉐	(주)아모제	43,000,000	60,000,000	75,000,000	10	11	14
토니로마스	(주)썬엣푸드	14,000,000	14,100,000	17,000,000	5	6	7
씨즐러	(주)바론즈인터내셔널	9,800,000	12,000,000	13,000,000	3	4	5
빕스	(주)CJ푸드빌	24,000,000	36,500,000	68,000,000	8	11	18
스카이락	(주)CJ푸드빌	35,000,000	41,000,000	56,200,000	22	46	58
TGI프라이데이	(주)푸드스타	75,000,000	75,000,000	100,000,000	19	23	30
계		315,800,000	368,600,000	512,200,000	120	139	185

자료 : 식품유통연감, 2004

3. 피자업계 현황

대형체인점 중심으로 착실한 성장을 해온 피자업계는 IMF 이후 매출이 평균 25% 축소하였고 2000년에는 신제품 출시나 점포개점도 적어 피자헛과 미스터피자 등 업계 선도기업은 전년대비 11% 성장에 머물렀다. 2001년도는 전년대비 약 20% 증가해 다소 회복세를 보여 주었고, 2002년에는 패스트푸드나 패밀리레스토랑에 비해 식자재 파동의 영향을 적게 받아 업체별로 약 20%의 매출 신장세를 나타냈으나 월드컵 이후 다른 업종과 마찬가지로 성장세가 둔화되는 양상을 보여주었다.

우리나라 피자시장은 피자헛, 피자인 등 다이닝 스타일의 미국계 업태가 시장을 선도하여 왔으나 다이닝 점포의 투자규모가 너무 크고 도심지 입지확보도 어려운 상황에서 도미노피자나 미스터피자 등 홈 딜리버리 중심점포의 성장세가 강하여 소규모 위성점포로 시장 확대를 시도하고 있다.

최근 많이 정리되고는 있지만 아직도 피자 전문점은 유사한 영세 업체가 난립하여 시장질서가 문란하며 타 상표와의 품질 차별화가 고객에게 크게 어필하지 못하고 점포의 입지가 패밀리 레스토랑과 중복되어 출점함으로서 양 브랜드간 서로 시장을 잠식하는 상황에 있다. 사실 피자전문점은 패밀리레스토랑보다 한국에 먼저 상륙했으나 시장 확대면에서 오히려 뒤쳐지는 양상을 보이고 있고 피자인의 경우처럼 실패한 채 외식시장에서 선도적 역할을 못하고 있다.

<도표 1-17> 피자전문점 업계 매출 현황 및 점포수 추이

(단위 : 천원, 개)

브랜드	업체명	매출액			점포수		
		2001	2002	2003	2001	2002	2003
피자헛	한국피자헛	250,000,000	300,000,000	3500	250	300	350
도미노피자	(주)DPK	60,000,000	80,000,000	1000	161	196	230
미스터피자(주)[35]	(주)한국 미스터피자	9,800,000	11,700,000	100	160	177	200
피자맥	(주)즐거운외식	–	60,000,000	80	38	20	30
스바로피자	세진푸드 시스템	44,800,000	53,000,000	63	8	7	–
계				4,743			810

자료 : 식품유통연감, 2004

4. HMR(Home Meal Replacement) 시장

맞벌이나 독신자 비율이 증가하면서 달라진 신(新) 식생활문화를 선도하는 형태가 바로 HMR(Home Meal Replacement)이다. 이는 동의어로 쓰이는 델리카트슨(Delicatssen) 또는 델리카(Delica)의 의미와는 다른 개념으로 델리카트슨이 "조리된 반찬, 정성을 담아 손으로 만든 요리" 라는 의미라면 HMR은 조리되어 있는 반찬 등 점포에서 구입한 제품(델리카트슨)을 가정의 식탁위에 올려놓고 먹을 때 가장 신선하고 맛있는 상태로 제공하기 위한 모든 공정, 즉 식품재료 조달을 비롯, 조리, 유통판매, 이용, 먹기까지의 종합적

35) 미스터피자는 직영점 매출

인 프로세스 관리를 말한다. 테이크아웃과 유사하지만 테이크아웃이 음식을 매장에서 갖고 나가는 방식을 정의한 것이라면 HMR은 가정식 대용식품, 즉 집에서 주부들이 한 것과 같은 품질과 맛을 대행해주는 의미이므로 엄밀히 차이가 있다.

이 HMR은 미국이나 유럽에서는 이미 정착된 식생활문화의 형태이다. 특히 일본은 비교적 최근에 HMR시장이 급속히 발달, 편의점 등에서 즉석식품을 판매하거나 지하철 주변의 HMR 전문 판매점, 도시락 및 저가 레스토랑 품목까지 전반적으로 저가인데 반해 국내시장은 가격은 높더라도 집에서 먹는 것과 같은 퀄리티와 맛을 재현하고자 하는 요구로 저가와 고가가 함께 등장했으며 특히 고가시장이 백화점을 중심으로 활성화되어가고 있다.

현재 붐을 일으키고 있는 HMR 시장은 백화점 지하 식품매장을 중심으로 테이크 아웃이 가능한 이탈리안, 맥시칸푸드, 샐러드, 샌드위치, 일식, 중식 등이 대부분인데 이는 포화시장에서 틈새를 노린 외식업체와 치열한 경쟁에서 살아남기 위한 백화점의 욕구가 맞아 떨어져 두각을 나타나게 된 생성배경 때문이다.

지난해 신세계백화점이 강남점을 오픈하며 지하 식품매장에 처음 HMR로 구성된 델리존을 선보였으며 이 중 첫번째 업체가 ㈜덕우산업에서 운영하는 '카페아모제'이고 뒤이어 조선호텔의 '인더키친'과 최근에는 ㈜바론즈인터내셔널의 '엘몬트레이', 제일제당의 '델쿠치나' 등이 선보였다. 또 신세계 강남점뿐 아니라 롯데백화점, 현대백화점, 삼성플라자 등에서 관심을 보이며 HMR매장을 유치하기에 적극적이다.

최근에는 단체 급식업체인 (주)한화국토개발의 Food Service 부문이 새브랜드 Foodist를 런칭하고 식음사업의 포트폴리오를 단체급식과 식자재, 그리고 HMR 사업으로 세분화해 추진할 계획으로 있다. 이러한 HMR 성공의 요건은 신선함과 가격의 저렴함, 주식개념의 메뉴의 다양화인데 메뉴를 구성하는데 있어 백화점 유통의 성격상 주변의 매장과 비슷한 메뉴를 판매하지 못하는 제약이 있고 한식의 경우 습식위주의 식문화로 운반, 보관의 어려움이 있게 된다. 신선함에 있어서도 조리 후 굳거나 딱딱하거나 수분이 빠져나가는 것 등을 방지하기 위한 조리법 및 포장재질의 개발 등이 선결과제이다. 적정가격은 HMR 수요의 대중화를 이루기 위한 효율적 수단으로 물류 및 식재료 원가를 절감하는 방안이 요구된다.

5. 푸드코트(Food Court) 현황

벽 가까이 음식을 붙여놓고 가운데 테이블을 배치해 스스로 날라다 먹는 셀프형식으로 마치 스탠드 관중에 둘러싸인 채, 가운데 뜰에서 경기를 진행하는 테니스 코트형식을 연상하는 푸드코트 업태는 매장특성상 패스트푸드나 스낵중심의 메뉴로 대형할인매장의 음식백화점이나 소도시 먹자골목의 단지 한끼 때우는 식의 점포형태인데 이제는 간단한 스낵바 위주의 매장에서 탈피하여 고급 레스토랑에 견줄만한 수준에 이르고 있다.

푸드코트는 지난 95년 최초로 메트로 미도파에서 운영을 시작, 저렴한 투자비용과 큰 집객효과의 장점 때문에 엘칸토의 패션몰 브이 익스체인지와 삼성이 운영하는 유투존이 앞다퉈 만들기 시작했고 그 후 갤러리아 백화점, 대전 엔비백화점, 신원에서 운영하는 대구 워너비플라자 內 스퀘어가든 등 지방 백화점을 중심으로 하나 둘 생겨나기 시작했다.

이들 기존 유통업체들은 푸드코트의 수익성보다는 대고객서비스차원과 고객의 유출방지로 보조수단으로서의 푸드코트를 통한 고객 집객 및 매출증진효과를 기대한 것이었다. 그러나 몇 년 사이 대형쇼핑몰과 백화점 지하에서 푸드코트는 필수적인 요소가 되었다. 수수료 임대매장 방식과 저렴한 인테리어비용 및 투자설비 비용으로 유동인구가 많은 상권에 집중화함으로서 큰 집객 효과의 이점을 안고 있고 브랜드 이미지 측면에서 약세를 보이던 것도 대형 패스트푸드와 전문체인점들의 입점으로 다양한 고객욕구를 쉽게 충족시키면서 이미지가 한층 고급화 되고 있는 실정이다.

이러한 메리트를 감지한 호텔 외식사업부에서도 푸드코트 운영에 손을 뻗쳤고 브랜드 이미지를 위해 고객서비스 부문에 중점을 두어 고정고객을 확보하고 있다. 또한 미래 푸드코트 시장의 정착을 위해 고급화에서 한발 더 나아가 테마위주의 레스토랑 컨셉 시도가 이루어지고 있다.

<도표 1-18> 푸드코트업계 현황

구 분	푸드코트명	평수	매장수	평수/매장수	입점매장
코엑스 (1,612평)	레이크 푸드코트 (주)프라임외식산업	504	17	29	중화식, 하디스, 햄버거, 스바로피자, KFC, 냉면, 쟁반국수, 델리케밥, 김밥, 라면, 철판볶음밥, 카레+퓨전푸드, 일본식 돈가스, 명동칼국수, 초밥+우동, 전주비빔밥, 동원참치, 커피+베이케이션
	아셈 푸드코트	408	17	24	차이니즈투고, 푸드차이나, 미소(한식), 가네모찌(우동, 메밀), 옛날 칼국수, 장원, 단비, 도모야돈까스, 동경암, 전주비빔밥, 아셈시푸드,얀얀, 이석, 마당, 조선면옥, 우리식당
	조선호텔, 오킴스브로이하우스, 비즈바즈, 조선델리				뷔페식, 맥주, 와인
	공항 터미널 푸드코트	300	20	15	한식, 일식, 중식, 양식 등
센트럴씨티	월드푸드코트	430	10	43	한식, 일식, 중식, 피자, 댈커스케밥, 버거킹, 파파이스, 데어리퀸 커피점, 냉면
롯데월드	마그넷푸드코트	208	10	20	비빔밤, 칼국수, 쌈밥, 중식볶음밥, 일식, 김밥, 커피, 아이스크림, 냉면
삼성플라자	신라호텔 외식사업부 휴던				
종로타워	//				
삼성홈플러스(주)	//				

자료 : 월간 호텔&레스토랑, 2000. 8, 2005

6. 단체급식시장

인건비 절감 및 업무 효율화 등을 위해 구내식당 운영을 단체급식 전문업체에 맡기는 기업과 기관(오피스, 공장, 학교, 관공서 등)이 늘어나면서 단체 급식 시장의 매출규모는 해마다 증가해 2002년은 2001년 대비 30% 가량 증가한 약 2조 원을 넘어선 이래 2005년 현재 5조 원 규모의 급속한 팽창으로 포화상태에 이르게 되었다. 특히 급식운영의 품질과 비위생적인 식재관리로 인한 부정적인 인식은 학교급식 직영화의 대안들이 제기되면서 포화상태의 급식시장에 재계약을 성공시키기 위한 치열한 수주경쟁으로 나타나고 있다. 이와 같은 지나친 가격경쟁으로 적정수익을 기대하기가 어렵게 되자 대기업위주의 각 푸드서비스업체들은 초기의 외식사업 진출에서 수익성이 높은 식자재 유통분야에서의 오프라인과 연계한 e－비즈니스 형태로 전환, 사업다각화를 꾀하고 있다.

외식업은 급식시장에 비해 초기 투자비용이 많이 들어가기 때문에 브랜드를 선정하는 것도 중요한 과제로 꼽힌다. 현재 신세계푸드시스템은 까르네스테이션으로 1995년 일찍이 외식업계에 발을 들였지만 30억이라는 만만치 않은 초기투자비용으로 매장수 확대에 전전긍긍 하고 있다. 실제로 까르네스테이션 한 개의 점포 투자비는 이투게더 17개의 투자비용과 맞먹는 수준이다. 그리고 고객수가 고정적으로 확보 가능한 단체급식에 비해 외식업은 고객을 직접 찾아야 하는 입장이다 보니 운영상의 예측이 어렵다. 고객의 욕구를 충족시키기 위한 전문적이고 적극적인 마케팅 전략이 더욱 필요하다. 더불어 외식업계의 전문메뉴는 메뉴개발에 있어서도 급식업체의 고정적인 메뉴군과는 다르기 때문에 독자적 포션을 유지해야 하는 등 문제가 따르고 있다.

반면 식자재 유통사업은 이들 푸드서비스업체들이 이미 단체급식을 통한 확실한 식자재 구매처를 가지고 있다는 것과 또한 일부업체들은 식자재 유통센타(식자재라는 특화아이템에 대한 창고보관뿐만 아니라 전국 푸드서비스시장에 필요자재를 배송하는 물류거점으로 종전의 창고보관업과 화물운송업의 기능을 합친 기능이다. 예를 들면 시흥의 공구유통센터, 가락동 농수산물시장, 고속터미널 꽃 도매센터, 경동시장 한약 등) 및 자체 센트럴 키친시스템을 독자적으로 설립, 운영하고 있어 식자재 마진률을 최대화할 수 있는 이점을 확보하므로써 사업진출부담이 적었다.

삼성에버랜드는 사업초기부터 급식과 식자재유통 사업을 병행해 왔는데 지난 1998년부터 후레시스라는 브랜드의 PB상품을 개발해 식약청으로부터 식품위생검사기관으로 인증받은 자사의 식품연구소 주관으로 150여종의 최신 기자재를 이용, 상품개발 및 품질유지를 추구하고 있으며 부산유통센터 등 식자재 전용 유통센터를 중심으로 전국적인 물류 네트워크를 구축해 식재를 공급하고 있다. 지난 1999년 자체 개발한 웹기반 급식관리시스템을 통해 모든 식자재 공급을 온라인 상으로 실시간 관리하고 있다.

최근 식품유통회사로의 탈바꿈을 선언한 신세계푸드시스템은 식재사업 분야를 눈에 띄게 넓혀가고 있으며 양념육에 이어 오븐즉석 식품을 개발 중이며 곧 시판에 들어갈 계획인 것으로 알려졌다.

CJ푸드시스템은 최근 일반소비자를 위한 기업간 전자상거래(B2B) 식자재 쇼핑몰(www.e－cjfood.com)를 개설한데 이어 외식업체를 상대로 물건을 판매하는 B2B 쇼핑몰도 추가 개설했다.

아워홈은 B2B2C 방식으로 식자재를 공급하는 인터넷쇼핑몰 푸드나라 닷컴(www.foodnara.com)을 개설했다. 또 온라인 쇼핑몰 전용 상품 130종을 개발했고 400여개의 거래선을 연결하는 하이브 리드 전자상거래 주문 시스템도 완비했다. 최근에는 국내뿐 아니라 해외 현지로 직접 바이어가 나가서 대단위의 식재를 구입해 경쟁력을 높이는가 하면 제 3국으로의 수출도 진행하고 있는 것으로 알려졌다

풀무원의 푸드머스(www.foodmerce.com)는 일정 쇼핑몰 매출목표를 위해 식재료의 표준규격화를 통해 물류의 효율성을 높이고 반조리 식품 중심의 신상품을 개발, 온라인 쇼핑몰 전문기업의 입지를 다진다는 각오다. 온라인 식자재시장은 아직 걸음마 수준이긴 하나 초고속 인터넷 보급이 확산되면서 식자재시장의 새로운 유통망으로 각광받고 있다.

한화국토개발도 물류효율성 증대 및 원천수익 확보를 위해 경기도 용인에 수도권지역 160개 사업장의 통합 물류배송 시스템을 위한 물류세터를 구축하였다.

이같은 현상은 단체급식업체들이 종합 푸드서비스 기업으로 도약하기 위한 다각적인 사업추진으로 해석된다.

<도표 1-19> 단체급식시장의 외식업진출현황

기업명	외식업체 브랜드명칭	개 업	오픈시기 및 장소	매장수	비 고
(주)아워홈	사보텐	2001.10	무교동	1	
	케세이호, 사랑채, 실크스파이스, 업타운다이너 등	1999	GS 타워 지하	각1	이외에도 서울 파이낸스센터, LG 트윈타워, GS 강서 타워 등에 다양한 비즈니스식당 영업
신세계 푸드시스템	까르네스테이션	1995	강남, 대치, 마포, 종로, 공항점	5	
	이투게더	1999.10	이마트내	17	
	까사빠보		신세계백화점본점	1	
삼성 에버랜드	투모로우	1999.7	기흥반도체 내(內) 레스토랑	1	부산 컨벤션센타 연회 사업중
	성원	1999.3	강북삼성병원내 한식당	1	
CJ 푸드시스템	인천국제공항	2001.3	인천공항내	17 (직원 식당 제외)	
	김포공항	2001.11	김포공항내	7	
ECMD (풀무원)	아란치오	2001.3	역삼동	1	
	부르스케타	2001.3	코엑스몰	1	
	엔즐	2001.7	코엑스몰	1	
한화 Foodist (한화국토개발)	연회 및 출장부페 HMR			1	해오름, 토마토, 산타페 등의 기존 급식업체가 순천향병원에서 영업 (2001)

자료 : 월간 호텔&레스토랑 2001. 11, 2005

<도표 1-20> 단체급식업체 매출액 추이

(단위 : 억원)

업체명	1999	2000	2001	2002	증감률	2003	증감률
CJ푸드시스템	1,768	4,500	5,500	7,500	36.3	9,261	23.5
삼성에버랜드	240	3,400	3,600	4,000	11.1	4,500	12.5
아워홈	3,050	3,300	2,800	3,200	14.3	4,500	40.6
현대 지-네트			1,200	1,450	20.8	2,300	24.1
신세계푸드시스템	1,080	929	1,302	1,640	21.7	1,800	40.2
한화국토개발	350	520	800	1,140	42.5	1,299	14.0
이씨엠디		650	780	750	21.8	900	20.0
아라코(Arakor)	700	750	600	750	25.0	808	7.7
동원홈푸드				240		350	46.0
계	7,188	14,049	16,582	20,670	193.5	25,718	228.6

자료: 식품유통연감, 2004

<도표 1-21> 단체급식업체 사업장수 변화추이

(단위 : 개)

업체명	1999	2000	2001	2002	2003
CJ푸드시스템	340	500	550	678	755
삼성에버랜드	250	350	360	400	450
아워홈	300	350	380	435	470
현대 지-네트				250	300
신세계푸드시스템	140	144	204	280	350
한화국토개발	100	140	180	187	226
이씨엠디		160	187	220	300
아라크	150	220	230	250	280
동원홈푸드			200	72	110
계	1,280	1,864	2,291	2,772	3,241

자료 : 식품유통연감, 2004

7. 테마 레스토랑 시장

주5일근무 이후 레저산업 및 여행업의 발달과 함께 주말에 각광을 받을만한 쇼핑·레저 업계와 손을 잡는 것은 현재 가장 중요한 전략으로 부상하고 있으며 가령, 유통업계에서는 주말쇼핑에서 금요일 중심의 쇼핑문화가 정착될 것에 대비, 여유로운 쇼핑문화를 활성화시키기 위해 엔터테인먼트 및 이벤트는 물론 외식을 결합한 쇼핑문화를 만들어낼 것으로 보고 있고 외식시장에서는 주 고객층인 20~30대를 겨냥한 레저 스포츠와 연계한 스포츠마케팅 전략을 활발히 전개하고 있다.

이에 따라 외식업 자체에서는 입지에 따른 매장별 개성을 고려하여 각각 새로운 마케팅 전략을 수립해야 하는 상황이다. 즉 입지유형을 보면 통행객의 유동성에 의해 장사가 되는 적응형과 지역주민들에 의해 장사가 되는 생활형, 고객창출요소로 고객이 유인되는 목적형 등으로 나눌 수 있는데 적응형 중 오피스가는 고전을 면치 못할 것으로 보이며 목적형 입지의 레스토랑은 주말매출이 늘어 각광받을 것으로 예상된다.

목적형 레스토랑이란 고객들의 호기심을 자극하거나 접대, 비즈니스 이외에 행사나 모임 등에 적합하도록 만들어져 레스토랑 그 자체에서 집객효과를 갖고 있는 것으로 그 중에서도 테마레스토랑의 성장이 예상된다.

물론 맛있는 음식과 친절한 서비스는 레스토랑을 찾아가는 목적이 되지만 주 5일 근무로 인해 레스토랑에서 즐길만한 무엇인가를 기대하게 된 지금, 테마성 컨셉의 도입은 외식시장의 활력소가 될 것으로 기대된다. 테마성 컨셉의 유형은 개발하기 나름으로 무궁무진할 수 있다. 가령 다이어트 전문점, 육류전문점, 죽 전문점 내지는 '자연으로의 회귀'라는 테마를 가진 농장 체험형 레스토랑이나 오피스 주변이라 할지라도 30-40대 취향의 다양한 전문식당가를 구성해 틈새시장을 공략한 경우 및 저렴한 가격을 주요 테마 특징으로 내세울 수도 있고 기존의 Take Out, HMR 등 고객 소구점에 합치되는 모든 유형이 가능하다. 테마레스토랑은 특성상 규모가 커야 테마를 제대로 보여줄 수 있으므로 최근 미사리, 양평, 퇴계원 등 비교적 외곽의 가격이 싼 입지에서 도시근교의 색다른 분위기를 맛볼 수 있는 문화공간 레스토랑을 운영하거나 도로정비가 잘된 일산, 경기도 서해안 주변 레스토랑 등도 테마적 특징을 분명하게 드러냄으로써 주목받고 있다. 특히 테마파크와의 연계는 외식업계의 새로운 모델로 부각되고 있다.

고객들이 테마파크를 가는 중요한 이유 3가지는 첫째가 위락과 함께 제공되는 컨텐츠이고 둘째는 각종 기념품 등 머천다이징이며 셋째는 식음료라는 것이다. 따라서 다양한 체험으로 즐기면서 그에 못지않은 음식메뉴를 제공함으로서 각종 테마파크의 가치를 높이고 입점하는 외식브랜드의 홍보 및 매출상승을 기대할 수 있는 것이다.

국내외적으로 테마레스토랑의 예는 다음과 같다.

2002년 4월 (주) 사보이 호텔을 모체로 해서 출범한 법인 사보이 F&B(구 : 사보이 외식사업부)가 한국의 카후나빌 코리아(Kahunaville Korea) 와 프랜차이즈 계약으로 도입한 카후나빌은 라스베가스, 뉴욕, 오하이오 등 미국전역에 10개의 매장을 소유하고 있는데 열대 폴리네시안풍의 이국적 음식과 볼거리를 제공하고 있다. 뉴스채널 YTN이 소유하고 있는 N서울타워(구 : 남산서울타워) 전망대 1층에 위치한 레스토랑 ‘스카이’의 경우 관광목적 테마의 회전전망대 레스토랑으로 볼 수 있다.

현재 폐점상태이지만 테마레스토랑 개념을 잘 보여주는 예로 남녀노소를 불문하고 전세계인들에게 사랑받는 피너츠(PEANUTS－Snoopy & his frends)를 테마로 한 레스토랑 스누피플레이스, 테마레스토랑의 대표격인 미국 뉴욕의 플래닛 할리우드나 하드락 카페’ 및 ‘레인 포리스트 카페’ 등이 생성 소멸되었다. 미국의 경우 청바지 브랜드로 유명한 리바이스는 아예 스포츠경기장에 매장 오픈하는 전문스포츠매장 컨셉 레스토랑을 운영하고 있다.

제 6 장

외식산업의 기업별 시장구조실태

1. 외국계기업의 체인시장

햄버거, 치킨, 피자 등으로 대별되는 패스트푸드 및 외식산업 성장의 견인차 역할을 하는 패밀리레스토랑 업태 등이 주로 외국기업의 체인브랜드이다. 이들 외국기업들은 자본합작이나 기술제휴 및 직영의 형태로 운영되며 80년대 후반 이후 외식산업 고도성장의 주역으로 한국외식산업의 고급화, 대형화를 선도하고 있다.

<도표 1－22> 외국계 기업의 체인시장

종 류	브랜드명	국내업체	제휴업체	기술도입내용(%)	기간	도입년도
햄버거	롯데리아	(주)롯데리아	(日)롯데리아	51:49 합작	10	79
	버거킹	(주)일경식품	(美)버거킹	3~4%		82
	맥도널드	신맥(서울)	(美)맥도널드	30:70합작		88
		맥킴(부산)		51:49합작		91
	하디스	(주)세진푸드시스템	(美)하디스 푸드시스템	3.5%	20	90
치킨	KFC	(주)두산음료	(美)KFC휴버라인	3.2	10	84
	파파이스	(주)TS 해마로	(美)AFC(뽀빠이)	3.6	10	94

종류	브랜드명	국내업체	제휴업체	기술도입내용(%)	기간	도입년도
피자	피자헛	한국피자헛(주)	(美)트라이콘 레스토랑	美 직영		84
	시카고피자	(주)토로나코리아	日 토로나	70:30		88
	도미노피자	D.P.K인터내셔날	美 도미노피자	3		89
	미스터피자	(주)한국 미스터피자	日미스터피자	기술제휴 (단독운영)		90
	스바로	(주)세진푸드시스템	美 스바로			96
	리틀시저스	(주)태흥	美리틀시저스			96
패밀리 레스토랑	코코스	(주)코코스	美코코스	1	10	88
	T.G.I.F.	(주)푸드스타	美T.G.I.F.	3	10	92
	판다로사	신동방	美판도로사	3	10	92
	스카이락	제일제당	日스카이락	2	10	93
	씨즐러, 엘몬트레이	바론즈인터네셔날	美씨즐러	3	10	95
	토니로마스	썬 @ 푸드	(주)로마코퍼레이션	10	95	4
	베니건스	동양제과	美베니건스	3	20	95
	칠리스	(주)퍼시픽스타	美칠리스	2.7	20	96
	마르쉐	(덕우산업)아모제	스위스모벤픽	3	10	96
	우노	코오롱고속관광	美우노	3	20	97
	아웃백스테이크하우스	(주)그레이트필드	美아웃백스테이크하우스	3	10	97
아이스크림	베스킨라빈스	(주)비알코리아	美베스킨라빈스	33:67제휴	20	85
	하겐다즈	한국하겐다즈	(주)美하겐다즈			91
	TGBY	한국TGBY(주)	美TGBY			94
	데어리퀸	한국데어리퀸(주)	美데어리퀸	3.2	94	
도넛	던킨도너츠	(주)비얼코리아	美던킨도너츠	33:67합작	20	86
면류	기소야	고영식품	日하마사코그룹	53:47합작		1990
	기조암	고종식품	日대화제작소	기술제휴, 기계수입		1992
	아소산		日야마도	기술제휴		1992
커피	스타벅스	(주)에스코코리아	美스타벅스			
	디드릭	(주)SGS컨텍크	美디드릭			
	도토루	한국도토루(주)	日도토루	기술지원, 로열티 2%		1989

자료 : 월간 호텔&레스토랑, 2000. 4

2. 대기업 진출 외식시장

외식시장에 진출한 대기업의 업종별 분류를 보면 먼저 의류업을 들 수 있는데 이들은 외식업을 의식주를 다루는 라이프스타일 비즈니스의 확장차원으로 인식한다. 실제로 주류 판매업체들의 홍보지에는 유명 브랜드의 의류, 악세서리 등이 함께 등장한다. 이처럼 의식주를 인간 삶의 요소로 보는 맥락에서 쉽게 외식시장에 진출하는 경향이다.

패션업으로서의 의류업은 유행에 민감하여 계절적요인, 새로운 트랜드 등 언제나 수요층의 변화를 주시해야 하고 이에 따른 아이템과 디자인을 다양화하는 특성이 있는데 이는 외식업의 고객에 맞는 다양한 메뉴개발, 시설 및 인테리어의 변화 등 사업의 유동적 특성과 공통적인 부분이다.

반면 의류업이 외식업 도입에는 적극적이나 경영 관리면에서 꾸준한 성과를 유지하지 못하고 있는 이유는 의류업과 외식업의 차이 때문이다. 의류업은 외식업에 비해 매장전개에 있어 초기투자비용이 적은편이고 사람에 덜 의존적이며 생산과 판매가 분리되어 제품의 품질을 일정하게 유지할 수 있지만 식음료산업의 다품종 소량 주문 즉시생산판매시스템특성을 간과함으로서 의류업의 공격적인 외식업 경영에 한계를 갖게 되는 것이다.

대기업의 외식업 진출유형의 또 다른 하나가 식품제조, 유통, 급식업체이다. 특히 급식업체를 중심으로 공격적 양상을 띠고 있다. 자사의 제품을 아이템으로 식자재 지지기반이 확실하다는 이점을 활용하여 막강한 자금력과 유통망을 갖추고 사업다각화차원에서 기존사업의 확장과 함께 영향력을 발휘할 수 있는 사업영역의 시너지 효과 때문에 진입한다. 가령 롯데의 경우 패밀리레스토랑 TGI'F를 인수함으로서 제과, 칠성음료, 롯데리아 등을 통해 쌓아온 식음료전문기업으로서의 이미지를 패밀리레스토랑을 통해서 더욱 공고히 한다는 기대효과와 또 백화점과 할인점, 롯데월드, 호텔 등과 연계하여 관광, 숙박, 외식, 쇼핑이 동시에(One-Stop)이루어 지는 시너지 효과를 기대하고 있다.

이런 식으로 앞으로는 식품, 숙박, 극장, 공연 등 비슷한 문화범위의 대기업들이 외식업계에서 격전을 치를 것으로 전망하고 있다. 또한 대부분의 기업들이 해외 브랜드 도입을 선호하고 있어 이미 국내 외식시장은 해외 유명브랜드의 각축장이 되어버렸는데 앞으로의 브랜드 도입은 좀더 철저하고 충분한 검토를 통해 그 가치가 검증되어야 할 것이다.

<도표 1-23> 대기업 진출현황

<table>
<tr><th colspan="2">기업명</th><th>업종</th><th>브랜드명</th><th>비고</th></tr>
<tr><td colspan="2" rowspan="2">롯데</td><td>햄버거</td><td>롯데리아</td><td></td></tr>
<tr><td>F.R</td><td>(푸드스타)TGI Friday's</td><td></td></tr>
<tr><td colspan="2">두산 (SRS Korea)</td><td>치킨, 햄버거, 한식, 식품제조, 푸드코트</td><td>KFC, 버거킹, 수복성, 종가집</td><td></td></tr>
<tr><td colspan="2" rowspan="2">동양제과(라이즈 온)</td><td>F.R</td><td>(rise on) 베니건스</td><td></td></tr>
<tr><td>커피전문점</td><td>로즈버드</td><td></td></tr>
<tr><td rowspan="7">CJ
주식
회사</td><td rowspan="5">CJ
푸스시스템</td><td>F.C</td><td>Welly & Cafe
Welly & Noodle
Welly & Salade</td><td rowspan="3">인천공항외식사업
16개매장 직영</td></tr>
<tr><td>커피숍</td><td>모닝해즈</td></tr>
<tr><td>베이커리</td><td>뚜레쥬르</td></tr>
<tr><td>식자재공급</td><td></td><td></td></tr>
<tr><td>단체급식</td><td></td><td></td></tr>
<tr><td rowspan="2">CJ 푸드빌</td><td>F.R</td><td>스카이락
빕스
한쿡
시젠
스위트리</td><td>이투게더매장 인수</td></tr>
<tr><td>Take Out</td><td>델쿠치나</td><td></td></tr>
<tr><td colspan="2" rowspan="2">현대백화점</td><td>F.R</td><td>휴레아(폐점)</td><td></td></tr>
<tr><td>단체급식</td><td>현대푸드시스템
(구 :지네트)</td><td></td></tr>
<tr><td colspan="2">코오롱 T.N.S</td><td>F.R</td><td>우노</td><td></td></tr>
<tr><td colspan="2" rowspan="6">(주) 아워홈</td><td>동남아음식점</td><td>실크스파이스</td><td rowspan="6">급식업체</td></tr>
<tr><td></td><td>케세이호</td></tr>
<tr><td></td><td>업타운다이너</td></tr>
<tr><td>한식당</td><td>사랑채</td></tr>
<tr><td>예식홀</td><td>아모리스,오리옥스</td></tr>
<tr><td>돈까스전문점</td><td>사보텐</td></tr>
<tr><td colspan="2" rowspan="4">신세계푸드 시스템</td><td>무한고기부페</td><td>까르네스테이션</td><td>급식업체</td></tr>
<tr><td>클럽하우스</td><td></td><td></td></tr>
<tr><td>카사빠뽀</td><td></td><td></td></tr>
<tr><td>오션뷰</td><td></td><td></td></tr>
</table>

기 업 명	업 종	브 랜 드 명	비 고
신세계백화점	HMR	델리존	유통업체
	레스토랑	카시빠뽀	
	스카이라운지	오션뷰	
삼성에버랜드(FRESIS)	이탈리안 레스토랑	베네치아	식자재유통브랜드
	C.R(Casual Restaurant)	투모로우	
	한식당	성원	
삼양사	유기농식품전문점	구텐모르겐	제조가공업체
	홈베이킹토탈샵	Mix&Bake	
풀무원ECMD	이태리 레스토랑	아란치오	급식업체
		부르스게타	
	동양식 면 전문점	엔즐	
도드람유통	돈까스	야미	
이랜드	피자전문점	피자몰	
		피자리그	
지연통상	중식 레스토랑	LA주스	수입의류업체
		루외루	
동원 F&B	커피전문점	까페드 엘 빠소	
농협	치킨버거 F.F	TOREORE	
한화국토개발	양식	코트라클럽	유통업체
남양유업	이탈리안 레스토랑	일 치플리아니	
삼립식품	일본식 우동전문체인	사누끼 보레	

자료 : 월간 호텔&레스토랑 2002 참조하여 저자 재정리.

3. 중 · 소규모 외식시장

이는 대부분 국내 자생브랜드로 생업형 영세시장이라고 볼 수 있으며 일부 대기업 및 중기업에 의해 운영되고 있는 브랜드들도 있다.

국내 자생 브랜드

1) 중저가 참치 전문점(동신, 사조.......)

2) 안동찜닭, 봉추찜닭

3) B.B.Q, 닭 익는 마을, Chops', U9, Q'z, BHC, A-zzy

4) 교촌치킨

5) BHC

6) 우동전문점(후지, 잠, 한, 용)

7) 김밥전문점

8) 빕스

9) 엉클윙스

10) 스파게띠아

11) 메드 포 갈릭

12) 이랜드의 피자몰과 피자리그

13) 피자맥, 피자이야기, 피자나라

14) 장터국수, 잔치국수, 털보네식품

15) 놀부보쌈

16) LA쥬스, 루외루, 아이다

17) 김밥천국, 김가네, 율촌냉면, 원할머니 보쌈, 춘천닭갈비, 삼포만두, 신포우리만두 등

그 외 멕시코, 인도, 파키스탄, 독일, 스위스, 프랑스, 이태리, 베트남, 태국, 싱가폴, 등 국가별 외국전문음식점들이 있다.

4. 호텔기업 외식진출시장

외국체인기업이 들어오기 이전 선진화된 한국외식기업의 선도적 역할을 했던 것은 호텔뷔페 식당이었다.

1978년 롯데 및 신라호텔 등의 독립호텔이 처음 세워지면서 당시 특급호텔로 등급결정을 받기위해서는 관광진흥법상 한식당을 포함한 5개 부대업장 운영을 의무화했기 때문에 국제적이고 대규모화된 외식사업장이 만들어지게 되었다. 이때 만들어진 부대업장

중에서 뷔페식당은 전반적인 국민소득수준의 향상으로 각종모임을 통한 이용층이 두터워지면서 점차 외국계 체인호텔 및 외국계 외식브랜드 진출로 인한 근대화되고 고급화된 외식문화형성의 저변적 역할을 했던 것이다. 그러나 지난 10여 년 동안 국내 외식시장은 맛과 시설, 서비스에 있어 호텔에 뒤떨어지지 않을 만큼 경쟁력을 갖춘 외국계 외식브랜드들이 대거 진입, 고객의 다양한 욕구를 유발시키면서 외식시장을 이끌어 가고 있다. 반면 호텔기업 내에 위치해 있는 식음료영업장들은 대규모의 투자설비자산을 요하는 호텔기업의 특성상 점포확충에 한계가 있게 되고 오히려 호텔의 부동성 및 고급화된 이미지로 인해 수요확대에 어려움이 있다. 게다가 봉사료 부과로 인한 가격상승 압박은 상대적인 약점이다. 일반적으로 호텔 레스토랑의 개 · 보수는 투자비용이 일반레스토랑에 비해 높기 때문에 보통 8~10년 정도 걸린다고 보는데 일반 레스토랑이 2~3년 주기로 조금씩 리노베이션을 진행하는 것에 비하면 20대 후반에서 30대에 이르는 젊은 층을 중심으로 빠르게 변화하는 외식문화 컨셉을 따라가기가 힘들다.

이러한 상황에서 객실에 비해 재료비 및 인건비 지출이 높고 내수 경기를 많이 타는 부대업장은 일정 마진을 확보하기 어렵고 자칫 식음료 업장 운영에 실패하면 객실 유치에도 타격을 줄 우려가 높다. 또한 매출달성에 대한 직원들의 높은 스트레스 강도와 인력 과다채용으로 인한 인사, 노무 등 여러 가지 문제가 야기되어 호텔기업은 내부업장을 폐쇄 및 임대, 커피숍과 같은 최소한의 매장을 남겨두거나 외부에 아웃소싱(Out Sourcing, 분사경영)[36)]하고 있는 실정이다.

특급호텔들은 식재료비가 높고 좌석 회전율 및 인력의존도도 높은 프렌치식 보다는 30-40대의 점차 젊어져 가는 호텔 고객시장을 대상으로 한 모던한 감각의 이태리식 및 아메리컨식의 양식당으로 개편하고 있으며 과거 코스요리에서 일품요리로, 원재료 맛을 살린 자연친화적인 요리로, 더불어 고객이 생산과정에 함께 참여하는 Kitchen Table, Open/Kitchen, Bar 등의 개념으로 발전되고 있다.

또한 주방인력 의존도가 낮고 푸드 코스트도 낮은 술, 커피 등 음료위주의 판매업장인 Bar 위주의 영업(리츠칼튼의 The Bar, 노보텔의 펍 바인 그랑 아, 조선호텔의 정통 아이리쉬 펍 바인 오킴스, 와인 & 시가, 다양한 허브차 문화 등)을 선호하고 있으며 이전

---

36) 아웃소싱은 최소한의 작업으로 점포운영이 가능한 방법을 찾거나 기업의 우수한 부문에 경영자원을 집중투자하여 전문성을 가진 집단에 의해 업무를 집행하게 함으로서 고부가가치를 확보하고 경쟁력 향상과 경영의 스피드화, 기업변혁의 촉진 등이 가능하도록 하는 방법

특급호텔 등급심사에서 필수조건이었던 한식업장 운영 규제가 사라지면서 이제는 한식업장을 업장폐쇄 1순위로 내몰고 있다.

이와 같은 현상들은 2001년도 한때에 코-브랜딩(Co-Branding) 개념[37]이 언급되면서 TGIF에 임대를 준 메트로 호텔처럼 지리적 여건을 이용해 시내 중심가에 입점하기 어려운 외식업체에 임대를 주거나 근처 외식업체와 제휴를 맺는 등의 전략적 대응을 상기시키는데 그 동안 구색맞추기식의 과다한 호텔 식음료업장 운영의 통폐합을 통한 실리적 방안으로 검토될 만 하다고 본다. 즉 호텔이 객실본연의 업무에 치중함으로서 호텔과 외식업이 함께 발전할 수 있는 발판이 될 수 있을 것이다. 다만 외국의 경우 객실위주의 비즈니스호텔이 외식업체와 전략적으로 제휴하는 곳이 많은 것에 비해 국내에서는 패밀리 레스토랑이 호텔보다 한수 아래라는 인식이 팽배해 있어 걸림돌로 작용하고 있다고 본다.

한편 빠르게 변화하는 외식사업의 다양한 업태와 경쟁하기 위해 활발한 아웃소싱이 전개되고 있는데 요즈음은 고객들이 호텔브랜드에 의존하지 않기 때문에 호텔 외부 외식기업으로서 차별화된 독자 브랜드로 자생력을 키워야 한다. 또한 유인력을 갖추기 위해 단순히 음식을 판매하기보다 고객에게 엔터테인먼트 요소(할로윈 프로모션, 비틀즈프로모션, 스키 앤 비어 프로모션 등)를 제공하지 않으면 안된다.

가령 카지노, 오락업과 함께 최근 수익성이 높은 업종으로 주목을 받고 있는 외국인 전용 관광복권 사업은 오리온그룹 계열사인 ㈜코로또가 호텔식음료시장을 대상으로 의욕적으로 추진하는 것으로, 기존의 단순한 스크래치형 즉석복권에서 더욱 범위를 넓혀 엔터테인먼트와 식음료, 기대심리를 활용한 즉석식 추첨복권 등 다양한 고객 구미를 충족시킴으로써 기존의 컨셉과는 전혀 다른 새로운 수요를 창출할 수 있을 것으로 보고 있다. 그 외에도 명품 브랜드들과의 제휴마케팅을 통해 이벤트, 강습, 공연, 캠프 등을 기획함으로써 수익창출을 도모하고 있다.

---

37) 브랜드 인지도에 맞춰 호텔과 외식업체간 업종별 혹은 조식 및 석식 시장별 전략적 제휴를 통해 시너지 효과를 얻고자 하는 것

<도표 1-24> 호텔기업의 외식진출시장

호 텔	위 치	업 장 명	업 종
래디슨 서울 프라자 호텔	여의도 전경련 빌딩 역삼동 아세아타워	프라자연회장	연회, 한식, 중식
		도원	중식
		델리프라쟈	베이커리
		도원	중식
	서울역	그릴	양식
		도원	중식
		프라자	커피숍
		고토부키	일식
	부산역	그릴	양식
	동대구역	그릴	양식
	연세대 동문회관	연세프라자	연회
	여의도 제일증권 사옥	고도부키	일식
	열차식당	새마을	양식
	소공동 한화빌딩	Hello.Mr.Brown	Take Out(커피&케이크)
	압구정동 갤러리아	XYSTUM	정통유럽풍케이크와커피
호텔 신라	종로타워 33층	탑클라우드	캐쥬얼다이닝바와그릴
	예술의전당 4층	레스토랑피가로	
	삼성생명빌딩지하1층	도리	중식
		미야꼬	일식당
		캑터스	양식당
		성원	한식당
	태평로빌딩 27층	태평로	중식당
	타워팰리스VANTT 6층	Anti See	유럽풍 커뮤니티
		신라베이커리	
호텔 롯데	다동 동아생명빌딩	모모야마	일식
	부산 국제신문사옥	모모야마	일식
		라세느	부페

호 텔	위 치	업 장 명	업 종
웨스턴 조선호텔	김포공항 제2청사		레스토랑
	인천공항		5개 레스토랑 (한중·일·양식 전망대라운지)
	코엑스 컨벤션 센터	비즈바이즈	
	코엑스 1층	오켐스브로이 하우스	
	명동전국은행연합회관16층	뱅커스 클럽	중·양식
	신세계백화점·타워팰리스	인더키친	테이크아웃
	이마트	데이&데이	베이커리
	신세계백화점	조선델리	
	신세계백화점 등 5개	Dalloyau	베이커리
	고양킨텍스		연회
홀리데이 인 서울	서울역 벽산빌딩	왕후	중식
	상계동 롯데백화점	왕후	중식
서울 힐튼호텔	강남 포스코센터 19층	겐지	일식
		휘닉스, 타이판	중식
		일폰테	이태리식
		오크룸	스카이
세종호텔	용산 전쟁기념관	사랑방	커피숍
		사랑방	한식
		몽블랑	양식
		연회장	연회
	경기 용인 지산CC	지산	한 · 양 · 중식
	용산 전자랜드	일식당	일식
		카페테리아	양식
	여의도 쌍용타워 라운지	오벨리스크	라운지
	김포공항 국제선 청사	카페테리아	한식 · 스낵
서울 타워호텔	장충동	토니로마스	양식
부산 파라다이스 비치호텔	부산 미문화원 뒷편	챨리스	팝레스토랑
아미가호텔	강남구 논현동	마르쉐	패밀리 레스토랑
제주 프린스호텔	제주 국제공항	그릴	양식
호텔 현대		홍백, 홍매	

자료 : 월간 호텔&레스토랑 2003 참조하여 저자 재작성.

제 7 장

외식시장의 전망 및 과제

1) 주5일 근무제 실시와 그에 따른 고객 성향의 변화는 외식업계에 상당한 변화를 가져올 것으로 예상되고 있다. 여유시간 확보에 따른 고객 증가로 전체 매출 면에서는 상승효과가 있겠으나 입지나 업태, 업종 등의 판도변화와 이에 빠르게 대처하지 못하는 업체들의 탈락 등 외식업계는 주5일근무제 초반에 어려움을 겪을 것이다. 다각적인 마케팅은 물론 지역 및 고객특성에 따른 메뉴개발, 경쟁력 강화 등 근본적인 해결책이 필요한 시점이다

2) 경제성장에 따른 소득향상으로 먹거리가 생존차원을 뛰어넘어 삶의 질을 높이고 개선시키는 '충분조건'으로 인식하게 되면서 라이프 스타일에 따라 다양한 음식문화를 좇는 매니아 층이 형성되는가 하면, IMF 이후 발생한 극심한 소득 불균형 현상은 경제 소득구조의 '富益富 貧益貧'에 따라, 외식 소비형태도 극과 극으로 양분화될 것으로 예상된다. 이에 외식업계는 가격할인을 통해 할인율을 강조하거나 반대로 최고가임을 앞세워 귀족마켓을 쉴 사이 없이 공략하고 있다.

이러한 현상을 반영하는 것 중의 하나가 웰빙(Well－being, 복지) 바람으로 식·음료뿐만 아니라 가전제품과 패션, 주택 등에서 빠르게 확산되고 있는데 식음료부문에서는 조류독감과 광우병 파동까지 겹치면서 더욱 가속화되어 웰빙 바람이 글로벌 트랜드로 나타나고 있다. 오가닉 푸드(Organic food)에 대한 관심과 어린아이부터 노인에 이르기까지 비만 및 성인병 예방에 대한 관심으로 나타난다. 따라서 한식류의 토종메뉴나 다이어트 메뉴를 제공하는 점포의 성장을 예견할 수 있다. 버섯류와 신선한 야채를 주원료로 한

전골류, 디저트형 식사, 한식의 양식화 및 간이한식이 혼합된 컨셉, 두부요리의 다양한 개발 등을 제공하는 것이 각광을 받을 것이다. 이른바 슬로우 푸드가 패스트푸드 소멸기의 대타로서 성장할 것이다.

3) 외식산업의 산업재편성이 일어나 새로운 업태들이 출현할 것으로 보인다. 즉 HMR이나 식당 대용식(RMR, Restaurant Meal Replacement : 핵심메뉴만 조리하고 작업의 효율성이 떨어지는 메뉴는 판매는 하되 조리를 하지 않는 영업방식), 테마레스토랑의 확산이다. 향후 외식점포는 단순한 EAT IN 영업으로만 채산성을 맞추어 가기가 어려운 환경에 직면하게 된다. 경쟁이 격심해지고 소상권화 된 시장여건에서 더 나아가 주5일제 근무의 확산으로 자유를 만끽하려는 고객욕구는 전형적인 외식의 영업형태인 점포내부 운영방식의 새로운 전환을 필요로 하게 된다.

또한 최고급을 지향하는 테마성 컨셉으로 좌석 수 20개, 음악과 미술품, 현대감각의 조각품이 비치되고 대화를 즐기는 고객만을 대상으로 반드시 예약에 의해서만 서비스하는 소형점포로 지역사회의 문화공간으로 자리매김하는 경우도 이미 나타나고 있다.

4) 식품의 안전성이 절대 중요시 되므로 외식업체는 개별적으로 또는 기업체간 컨소시엄을 구성하여 신선하고 무기질 함량이 높은 식자재, 중금속이나 유해물질에 오염되지 않은 안전성이 보장되는 식자재를 최저염가로 조달하는 일에 전력투구하여 코스트다운을 해야 하고 또 그러한 안전 식자재를 사용하는 점포만이 고객에게 수용될 수 있을 것이다.

제2부

식음료 경영관리

제1장 식음료 경영관리의 특성

제2장 과정관리(過程管理)

제3장 표준원가관리

제4장 CRM 관리

제5장 센트럴 키친 시스템 관리(Central Kitchen, CK)

제6장 BEP 관리(Break Even Point, 손익분기점)

제7장 메뉴관리

제❶장

식음료 경영관리의 특성

1) 식음료산업은 다품종 소량 최단기 주문즉시 생산소비시스템으로 집약되는 산업으로 다루어지는 식음료메뉴는 6,000여개에 이르고 소요재료의 종류도 140만종에 이른다고 한다.

2) 각기 다른 고객의 성향 및 기호에 따른 주문즉시생산체제로 일반 공산품처럼 기계에 의한 자동화되고 표준화된 대량생산이 어렵다.

3) 고객이 찾아와서 주문을 해야만 비로소 생산이 이루어지므로써 계획생산이 어렵다. 이때의 수요예측이란 과거의 영업실적분석과 경험에 의한 통계적 접근으로 어느 정도 가능하나 고객자체의 내재적 속성의 다양함으로 불확실성을 내포하고 이는 정확한 계획생산의 어려움을 초래한다.

4) 재료자체의 부패, 변질, 도난 등의 용이함으로 생산 및 저장관리상의 어려움이 있다.

이는 수요예측의 불확실로 인한 계획생산의 차질로 적정 재료재고량을 초과할 경우 재료의 손실을 가져오고 완성된 메뉴라 할지라도 반품 및 재고가 근본적으로 불가능함으로 이는 재료비 손실을 가져오게 된다. 또한 적정재고량보다 미달될 때에도 긴급재료조달로 인한 재료비 상승, 혹은 판매기회 상실로 인한 매출액 감소 등으로 이어진다.

5) 재료비 관리의 과학적이고 계수적 관리가 어렵다.

수작업의 의존도가 높은 음식조리과정의 특성상 숙련도 및 경영마인드 여부에 따라 달라지는 재료비 관리의 어려움이 크다.

6) 생산과 판매가 동일한 장소에서 동시에 이루어진다.

일반 공산품처럼 소비자에게 찾아가는 유통구조가 다원화(수 많은 도매자 및 소매자) 되어 있지 못하고 고객이 스스로 찾아와 줘야만 생산 및 판매가 이루어지는 시설의 부동성하에 고객에 의존된 수동적 경영이 이루어질 수밖에 없다. 또한 생산 즉시 소비해야 하는 비저장성, 비재고성이 있다.

7) 인적·물적 서비스의 중요성을 증대시킨다.

시설자체의 부동성으로 인해 공간시설자체가 주는 물적 서비스 요건인 규모, 구조, 주차장, 내부 인테리어, 테이블 및 의자의 레이아웃, 분위기, 입지에 따른 접근성 등이 고객유인의 중요한 동기가 된다.

또한 식음료산업은 고도의 노동집약적 산업으로 호텔의 경우 식음료종사원이 전체직원의 20%에서 50%까지 차지한다. 특히 스스로 찾아오는 고객에 대한 인적서비스는 고정고객 및 잠재고객확충을 위해 중시된다.

8) 장소적인 제약을 받는다.

일반 공산품은 다원화된 유통경로하에 소비자의 요청에 따라 소비자를 찾아가 무제한으로 상품이 판매되어질 수 있는 반면에 외식업의 식음료 판매는 원칙적으로 한정된 장소에서 테이블 수를 기준으로 하여 판매가 이루어지므로 이때 중요한 요소가 가능한 한 많은 매출을 올리기 위한 입지(몫) 선정이다. 또한 입지에 따른 비용발생부담이 크다. 특히 요즘은 한정된 포화상권에서의 밀집된 점포확산으로 기대수익달성이 어려워지는 만큼 높은 지가 및 임차료비용에 대한 적정공간 규모의 평효율을 고려한 임차비용 절감노력이 중요하다.

9) 시간적인 제약을 받는다.

주문즉시 생산소비 체제하에서 신속 정확한 서비스제공으로 추가 이익창출의 성과를 얻는 것이 중요하다.

9) 메뉴에 의한 판매이다.

식음료관리는 메뉴에서 시작해서 메뉴로 끝난다고 할 수 있다. 전적으로 다품종 소량주문생산체제에 의존하는 식음료영업 특성상 무수한 주문고객의 다양한 욕구 및 기호를 최대한 반영하여 만족도를 높임과 동시에 기업경영의 목표이익을 달성하기위한 효율적

도구가 바로 메뉴이다. 즉 고객이 중요하게 생각하는 가격, 품질, 적절한 분량, 서비스 방법 및 수준, 분위기 등을 고려하여 고객만족도를 높이면서도 동시에 기업 목표이익달성이라는 기업만족을 실현하는 것은 바로 메뉴에 의해 이루어진다는 것이다.

따라서 식음료 영업을 위한 메뉴의 생산부터 판매, 판매 후 분석에 이르기까지의 전 과정관리는 메뉴와의 유기적 관계 하에 시작되며 어떠한 메뉴구성으로 영업을 할 것인가와 관련된 메뉴관리는 식음료영업성패를 좌우할 만큼 중요한 관리사항이다.

제❷장

과정관리(過程管理)

1. 과정관리흐름 및 목적

과정관리란 재료의 이동과정에 대한 관리로 완성된 하나의 메뉴가 생산, 판매되기까지의 재료의 구매(purchasing), 검수(Receiving), 저장(storing), 출고(Issuing) 등 일련의 시스템적 연계과정에 대한 관리를 말한다.

이들 과정업무간의 유기적 흐름은 다음과 같다.

① Food store 및 Outlet에서의 구매요청

② 납품된 재료를 검수부에서 최종적으로 승인, 창고 및 주방에 입고

③ 창고에서 소비를 위해 주방 및 식당(bar)으로 이동

④ 창고 책임자와 F/B cost controller가 공동으로 창고, 주방, Restaurants에 대해서 재료 및 재공품 재고파악

⑤ 각 Restaurants 및 연회에서의 對 고객 매상활동 분석

이와 같은 과정관리의 근본적인 목적은 식음료의 가격, 품질, 분량에 있어 호텔이 정한 社內품질, 분량, 가격에 맞게 생산함으로써 모든 고객에게 일관된 가치를 제공하고 목표이익 달성을 위한 일정수준의 재료비율을 유지하기 위함이다.

보다 효율적인 과정관리는 표준원가관리제도를 통하여 극대화될 수 있는 것인 만큼 협의의 목적이라면 표준원가관리를 성공적으로 실행하기 위한 사전분석단계라고 할 수 있다.

<도표 2-1> 과정관리 업무 흐름도

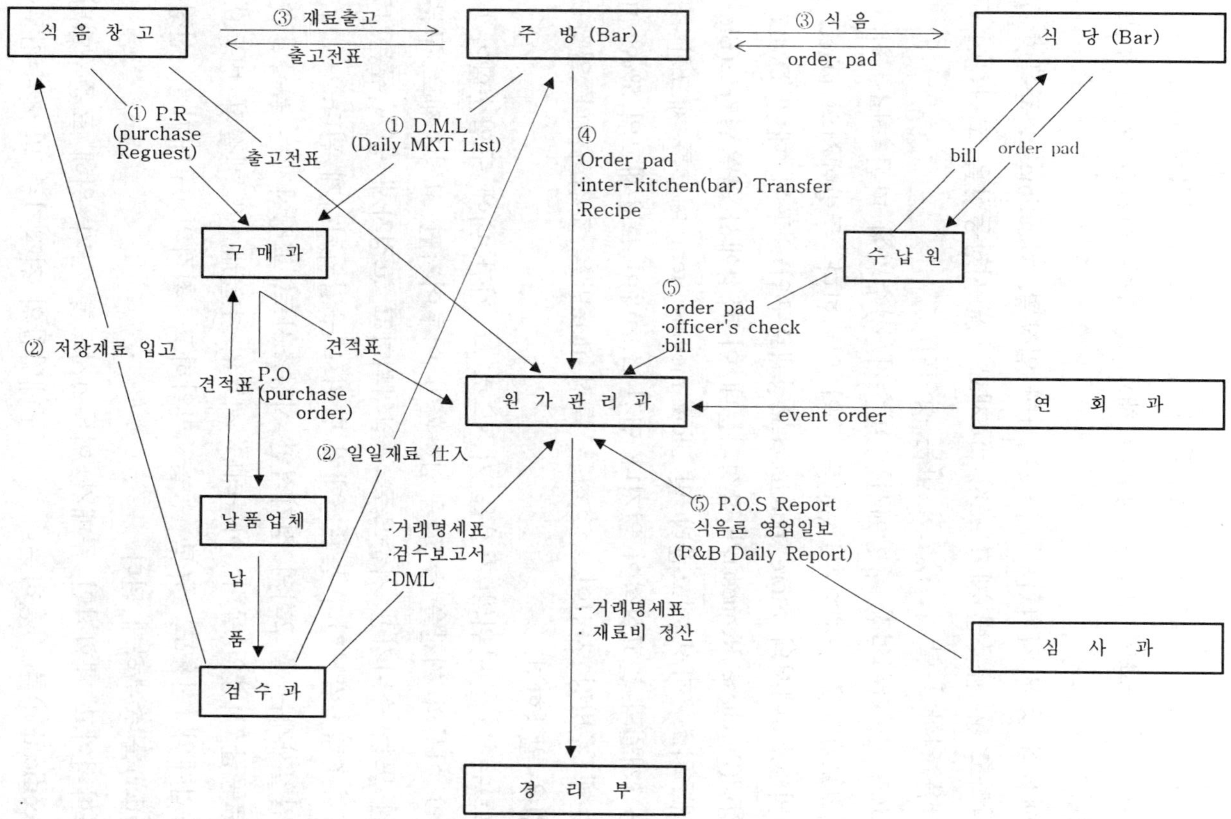

자료 : 호텔식음료 원가관리 개선방안에 관한 연구-식재료비 관리를 중심으로- 차락근, 경희대학교 경영대학원, 1985

2. 구매 관리

구매활동은 식음료 재료이동 과정업무의 첫 단계로써 식음료 매입원가관리의 기초가 된다. 구매의 가장 중요한 요건은 양질의 재료량, 가격, 시기를 어떤 방법으로 구매하느냐 하는 것이다.

실제 판매실적 통계 경험치를 기초로 하여 업장별, Mealtime별, 품목별 ① 평균예상소요량을 파악하고 ② 품목별 재고 조사 ③ 재료공급 시장동향을 고려하여 구매량을 재조정하되 생산을 원활히 할 수 있도록 하는 것이다.

먼저 창고과 및 단위업장 주방에서는 비수기, 성수기에 따른 최소, 최대 사용량을 보고 현재 재고보유량을 공제한 부족량을 구입 의뢰한다. 주방에서의 Direct purchase(일일재료구입) 및 창고에서의 Store purchase(고정재료구입)요구에 대한 DML(일일재료품목) 및 구매요청서(Purchase Request)가 작성되는데 이 과정에서 품목별카드(Bin card)에 의거, 품목별 최대 · 최소 · 적정 재고관리 및 Slow moving item 여부를 체크한다. Slow moving item은 최근 3개월의 출고실적이 없거나 연간 소비량이 보유재고의 5%에 미달되는 경우로 판단하는데 주방장 자신이 선호하는 특정 Item만을 고집하거나 일정크기 단위로만 구매하는 경우 발생한다.

일반적으로는 15일 단위의 기간을 기준으로 그 기간 내에 구입순환이 이루어지면 일일자재, 15일 이상의 기간을 두고 구입순환이 이루어지면 고정자재로 구분하는데, 부패품목은 일일 또는 소비기한 기준으로 구입의뢰하고 고정자재 중 육류는 15일 이상 1개월 단위로, 통조림 · 쌀 · 캔디 등은 3개월 단위로 구입의뢰하게 된다.

이어서 일일자재는 월 2회의 정기적인 시장조사로, 고정자재는 품목별 연간 등록업체 중에서 재료공급 시장의 동향, 이를테면 재료의 主産地 및 계절적 변동요인, 구입가격 변동, 납품업계의 신용도, 규모 등을 파악하고 최적의 구매처를 선정하여 발주서(purchase order)를 송부하게 된다.

이때, 과학적이고 계획적인 구매가 이루어지도록 하기 위해 표준구매명세서(standard purchase specification)를 사용하는데 이는 구매입찰의 견적기준 및 검수기준이 되고 요리의 규격, 품질, 원가관리의 기초가 된다. 생산량에 기초한 구매량 결정을 위해 표준 산출률(standard yield test)을 통해 1인분(人分) 크기 및 일정기간동안 판매될 전 소요분량에 대한 예측 등이 필요하다.

"Well buying is half sale"이라는 말이 있다. 총괄적 재료이동 과정관리 업무의 1차적 기초를 이루고 있는 구매관리의 중요성을 실감나게 하는 표현으로 양질의 재료를 저렴한 가격으로 적기에 구매함으로써 발생한 원가절감은 판매로부터 얻을 수 있는 이윤상승을 의미한다는 것이다. 반면 부정확하고 무계획적이고 전문성이 결여된 구매는 재고회전률을 둔화시키고 재고관리비의 증가 및 장기저장에 의한 자재품질의 변화, 부패, 도난 발생 등의 경영악화 내지는 적시 조달하지 못함으로써 對고객 매상부진 등의 경영악화를 초래하게 되는 것이다.

이밖에 구매과정 전반에 걸친 계속적인 통제와 평가가 행해져야 한다. 즉 응찰한 구매견적서의 불시검사, 구매요청서에 의거 품목, 수량, 금액의 비교조사, 구매의뢰 일자와 실제납품일자의 조사, 입고된 재료와 送狀(거래명세표, invoice)과의 대조, 반품조건 등 부정직하고 부조리한 구매거래 여부를 심사하는 것이다.

3. 검수관리(Receiving Control)

발주(發注)에 의거 납품장소에 도착된 재료에 대해 구매조건에 입각한 품질과 수량과 가격상의 엄격한 검사와 수령(受領)절차로 효율적 구매활동 노력의 바람직한 효과를 달성키 위한 필수적 관련활동이다.

이러한 검수는 대개 재료와 함께 보내온 송장(送狀, Invoice, 거래명세표, 물품대금청구서)을 비교, 검토하여 檢品에서 합격된 자재송장에 검수절차의 완료를 확인하는 Invoice stamp를 날인함으로써 납품에 대한 완료를 하게 된다.

송장은 물품 인도시에 대금지불 증빙서로 사용되어 부과세법에 의한 보존 자료로 활용되며 특히, 호텔식음료의 다양한 품목에 대한 다수회사의 거의 매일의 반복적 구매라는 사실을 감안할 때 아주 중요한 서식으로 꼭 첨부해야 한다. 따라서 호텔은 미리 인쇄된 요식화된 거래명세표를 납품업자에게 미리 배부하여 납품시 사용케 함으로써 업무능률화를 도모한다.

이어서 아래 도표와 같은 검수보고서가 작성되는데 이는 검수원에 의해 작성되어 원본은 송장과 함께 원가관리부에 송부하고 1매는 검수담당자가 보관한다. 이미 송장의 용도에서도 보았지만 원가관리부서에 검수 일보와 함께 보내어져 재 검산과 원가산입을 필한 후 경리부에 송부되어 대금지불을 의뢰하는 것이다.

<도표 2-2> 일일 검수보고서(Receiving sheet)-L호텔

납품회사명	송장번호	수량	단위	품명	분류		단 가	총 액
					저장재	음 료		
영풍상사	10111	25 30	KG KG	Carrot Cabbage			400 200	
한국정육	6281	110 200	KG KG	Beef fillet Beef Rib			10,000 8,000	
삼미음료	70616	100 300	BT BT	Bob joo Pepsi cola			6,000 80	

납품회사명	매 입 단 가		매 입 원 가 배 분		
	품 목 소 계	송 장 합 계	直 道 재 료	창 고 식 재	창 고 음 재
영 풍 상 사	10,000		16,000		
	6,000	16,000			
한 국 정 육	1,100,000	2,700,000			
	1,600,000	624,000			
삼 미 음 료	600,000			2,700,000	624,000
	24,000				
합 계	3,340,000	3,340,000	16,000	2,700,000	624,000

자료 : "Operating manual for F & B control", Hilton International Co., 1996.

식음료 Controller는 발주서 및 표준구매명세서 등에 입각하여 식음재료 수령과정에 대한 계속적인 통제관리를 해야 하는데 이는 납품업자와 구매자, 검수자 간에 부정직한 거래가 존재할 가능성이 있기 때문이다. 즉 납품업자들이 발주받은 전체 납품액의 일정 비율을 구매자에게 지불하겠다는 조건으로 지속적인 거래를 유지하려고 하거나 표준구매명세서가 요구하는 품질수준 이하의 값싼 자재를 납품하여 부당이득을 취득하려는 것이다.

또한 변질직전의 육류를 납품하기도 한다. 이때 검수원(Receiving clerk)은 호텔에 납입된 모든 식음재료를 최초로 확인하고 최종적으로 수령, 반품여부를 결정하기 때문에 가정환경이나 대인관계 및 재정보증이 확실한 정직, 성실, 신뢰할 수 있는 사람으로 구매자와 동일 소속이 아닌 사람이 적합하며 지식적 요건이라면 표준구매명세서에 관한 전문적 지식과 재료시장동향, 가격 및 新出荷제품에 대한 정보파악, 납품회사 및 업자에 대한 평판, 신용도의 파악, 각종의 度量衡 器機 조작법, 메뉴조리 과정 및 특성요인에 대한 숙지까지 되어 있어야 한다.

한편 호텔에서 구매하는 식음료 재료 가운데에서도 상당히 많은 양을 필요로 할 뿐만 아니라 그것이 점유하는 구매비도 큰 품목으로는 육류가 있다. 육류는 또한 상당기간(최대 3개월)을 커버할 수 있는 재고량을 비축하는 경우도 있어 냉동하여 저장·관리되고 있는 육류적 관리방법으로 meat tags (육류꼬리표)시스템이 있다. 갈비(ribs), 안심(tenderloin), 등심(sirloin), 스트립(strips) 등 모든 육류재료에는 그의 수령 시에 꼬리표(meat tags)를 달아서 입고(入庫)시키게 된다.

<도표 2-3> Hotel Meat Tag

L Hotel Meat Tag

Tag 번 호 : 1298-91
입 고 일 자 : ______ 年 ______ 月 ______ 日
납 품 회 사 : ______________
조각의 數 : ______ 重量 ______
구 매 단 가 : ₩______ 총액 : ₩______

(To store room)

L Hotel Meat Tag

Tag 번 호 : 1298-91
입 고 일 자 : ______ 年 ______ 月 ______ 日
납 품 회 사 : ______________
조각의 數 : ______ 重量 ______
구 매 단 가 : ₩______ 총액 : ₩______

(To store room)

그 사용목적은

① 해당육류의 납품회사를 명시함으로써 후일에 발생된 품질 또는 수량상의 문제 파악에 사용

② 출고시 계량업무 및 출고단가 가치평가 방법을 생략하게 한다.
③ 육류의 출고단가 산출자료이다.
④ 검수인의 검수업무의 정확도를 검사할 수 있다.
⑤ 육류의 재고순환의 자료가 된다.

그 사용절차를 보면,

① 검수원이 당일 수령된 저장육에 대한 meat tag를 작성, 부착한 뒤
② 아랫부분을 절취하여 검수일보와 함께 원가관리부서에 송부하고 윗부분은 육류와 함께 창고장에게 인도한다.
③ 원가관리 담당자는 meat tag 관리대장에 기입한 다음 출고 시에 접수된 Tag의 윗부분과 대조할 수 있도록 Tag를 보관한다.
④ 창고담당자는 육류의 現品과 Tag내용을 확인 후 입고조치한다.
⑤ 해당 육류 출고시에 육류를 수령한 부서가 Meat tag를 수취하여 원가관리부서에 송부한다.
⑥ 원가관리 담당자는 아래, 윗부분의 대조를 필한 후 管理元帳에 기입하여 수량 및 금액의 재고관리자료로써 사용한다.
⑦ 대부분의 수입육류에는 육류의 포장내용을 明記한 Detail Invoices가 첨부됨으로써 원가관리자는 검수자가 작성한 Meat Tag내용과 이를 대조함으로써 정확을 기할 수 있다.

결론적으로 식음재료의 검수란 가격, 수량, 품질, 신선도 등을 검사하여 발주시의 계약사항과 상이점이 있는가를 명확히 함으로써 수량부족 또는 불량품에 대한 신속한 처리로써 조리시간에 지장을 초래치 않으면서도 최상의 재료를 확보케 하기 위한 것이다.

식음료 controller는 재료수령 과정에 대해 정기적, 또는 불시 검수를 실시하여 통제한다. 예를 들어 검수시 입회하여 검수업무를 대행하거나 무송장검수(구매서 및 표준구매 명세서 등에 입각하지 않는 수량, 품질, 가격검사)방식으로 이루어진다.

또한 Credit Memo(매출에누리) 기록을 작성한다. 구매부에서는 대금지불 전에 발주내용과 다른 것이 있는지 여부를 검토하는데 이때 배달된 재료의 품질, 수량 등에 차질이 발견되었을 경우 반품하지 않더라도 Credit Memo를 작성하여 청구서에 그 만큼 차감하는, 이른바 매출 에누리 계정처리를 위한 증빙전표이다. 이는 공급처의 신용관리 및 평가에 사용하거나 고의적인 부정을 방지할 수 있다.

4. 저장관리(Storing Controls)

구입된 식음재료가 창고를 경유치 않고 곧바로 요리현장인 주방 및 酒場으로 반입되어 조리되어짐과 동시에 식당으로 운반되어 고객에게 판매될 수만 있다면 비좁은 면적하에서의 호텔내부에 넓은 창고를 마련치 않아도 됨으로써 공간의 효율적 활용과 창고 유지비용의 절감을 통한 이상적 경영이 실현될 수 있겠으나 多品種 小量呪文生產의 대표적 기업인 호텔의 특성은 부득이 창고를 要하고 재고를 必要로 하게 된다.

따라서 필요시에 適質, 適量의 식음자재를 조달, 공급하면서도 부패, 도난, 분실들의 손실발생을 최대한으로 억제할 수 있는 적정재고를 유지하는 것이 본 저장관리의 주요 목적이다.

식음재료는 저장형태에 따라 직도재(Direct Market List)와 저장재(Stores)로 분류된다. 직도재는 일주일에 여러번 구매하는 부패성이 강한 품목으로 과일, 야채, 유제품, 신선한 어패류, 가금류, 빵 등 신선함이 강조되는 식재료가 이에 속한다. 이는 검수 후 저장고를 거치지 않고 단위조리장으로 직도된다.

저장재는 직도재보다 구매횟수가 적으며 적정 재고수준을 유지할 만큼 적정량을 구매한다. 냉동품목, 통조림품목, 곡물, 밀가루, 설탕, 양념 및 향신료 등 부패성이 낮은 품목이다.

저장에 있어 중요한 것은 보관에 따른 손실을 최소화 하기 위해 온도, 습도 및 환기를 유지하는 것이다. 특히 저장품목은 햇빛이 차단되어야 하며 온도계를 비치하여 저장재의 성격에 따라 일정온도를 유지해야 한다. 저장설비는 쥐와 해충의 서식을 방지하고 오염과 먼지를 피하기 위해 정기적인 청소가 용이하도록 설계되어야 하며 저장고는 주방과 근접한 곳에 위치하여 자재의 이동거리를 줄여야 한다.

5. 출고관리(Issuing Control)

구매되어 검수절차 완료하여 창고에 입고된 식음재료는 회사의 재고자산으로 관리된다. 다음으로 원재료형태의 재고자산은 요리를 생산하고자 하는 단위주방의 조리장의 출고의뢰 절차에 따라 출고가 이루어지는데 출고된 자산이 통상 당일의 재료 소비원가가 된다. 이와 같이 재료를 청구하고 拂出하는 일련의 업무를 출고관리라 한다.

이러한 출고관리는 반드시 출고의뢰서(=물품 청구서, Food&Beverage store room requisition)의 작성 및 제출에 의해 출고가 이루어짐으로서 매일매일의 재료청구와 인출에 관한 권한을 제한하여 재고자산보전 및 원가절감효과를 기하게 된다. 출고의뢰서는 제작시 인쇄된 일련번호순으로 사용이 되는데 그만큼 중요한 관리서식이다.

즉, 육류의 경우 출고의뢰서 1매로써 몇 천만 원 상당의 高價品 자산이 창고로부터 인출되기도 한다.

출고 절차를 살펴보기로 한다.

① 청구책임자의 서명에 의해 출고의뢰서가 작성되어 창고로 보내지면

② 출고인이 창고로부터 해당재료를 수령자에게 직접 출고하는데 출고내용을 청구서에 확인, 기입한 뒤 원본을 보관하고 이때 재료수령자의 서명을 받아 사본과 함께 재료를 해당 주방으로 운반한다.

③ 주방에 운송된 재료의 품목별 수량에 관한 확인절차가 최초 청구자인 주방장에 의해 청구서의 사본내용과 재료를 일일이 대조함으로써 이루어진다.

출고절차가 완료되면 F&B cost control clerk은 저장관리인이 보낸 출고의뢰서를 접수하여 재고대장(재료원장)으로부터 얻은 출고단가를 출고된 식음자재 품목별 수량에 곱함으로써 당일의 총소비 원가를 계산한다.

즉, 단위수량 × 단가 = 소비원가

이때 출고단가의 가치평가방법으로 FIFO(First in, First out : 선입선출법), LIFO(Last in, First out : 후입선출법), 평균원가법, 이동평균법 등이 있다.

FIFO는 재료의 입고순서에 따라 출고가 이루어진다는 가정 하에 재료의 소비가격을 결정하는 방법으로 기말재료자산이 최근의 원가로 평가된다는 장점은 있으나 Inflation일 때는 최근의 원가의 상승을 의미하므로 당기소비원가가 과소 계상되고 반면 이익이 과대 계상되는 단점이 있다.

LIFO는 가장 최근에 입고된 재료로부터 출고가 이루어진다는 가정 하에 소비단가를 결정하는 방법으로 FIFO와는 반대의 효과가 있어 Inflation일 때는 매출원가가 최근의 원가로 평가되어 현행수익에 현행원가를 대응시킨다는 차원에서 바람직하다.

평균 원가법은 구입단가를 평균하여 평균단가를 산출하고 이를 바탕으로 소비액과 기말재고액을 평가하는 방법이다. 이동평균법은 재료의 매입때마다 그 수량과 금액을 前의

元帳잔액에 가산하여 새로운 가중평균단가를 구하고 이것으로 출고단가를 記帳하는 방법이다. 이는 FIFO나 LIFO와는 달리 一時에 출고되는 재료에 각기 다른 원가를 적용시키지 않고 동일한 단가를 붙일 수 있으며 재료의 구입가변동이 극심하다 할지라도 그것이 평균됨으로써 장부가액과 市價와의 큰 차이를 방지할 수 있는 장점이 있다. 반면 매회 평균단가를 계산하는 번거로움이 따른다. 여러 가지 상황에 따라 적합한 방법을 이용한다. 물론 Meat tag가 부착된 육류의 출고단가는 이들 방법을 적용할 필요가 없다.

이외에도 식음료 controller는 주방 및 Bar가 보관하고 있는 출고의뢰서 사본을 수거하여 원본과 대조, 이상 유무를 확인하고, 운반중인 wagon에 적재된 품류별 수량과 출고의뢰서에 기록된 수량과 대조 점검한다. 또한 창고의 재고대장 수량과 실제 보유수량을 대조 확인하고 창고책임자와 공동으로 재고조사를 실시하여 출고업무에 대한 계속적 통제를 한다. 수량결정방법은 재고실사법과 계속기록법이 있다.

<도표 2-4> 계속기록법

(단위 : 개, 원)

식재료명 : 새우										
날짜	적요	입고			출고			잔액		
		수량	단가	금액	수량	단가	금액	수량	단가	금액
4/1	전월이월	300	300	9,000				300	300	90,000
4/5	입고	500	420	210,000				300 500	300 420	90,000 210,000
4/10	출고				300 400	300 420	90,000 168,000	100	420	420,000
4/11	입고	700	340	238,000				100 700	420 340	420,000 238,000
4/13	출고				100 400	420 340	420,000 136,000			
4/31	차월이월				300	340	102,000			
		1,500		538,000	1,200		436,000			
5/1	전월이월	300	340	102,000						

제❸장 표준원가관리

1. 의의

제품단위당 미리 설정한 표준원가에 의해 원가관리의 효익을 최대한 가져올 수가 있다.

표준원가는 계량화하기 곤란한 식음료의 특징을 극복하여 수량적으로 정확히 파악하게 함으로써 실제로 발생된 재료원가 결과를 평가하고 적정원가를 유지하고 있는지를 판단할 수 있는 도구이다. 즉 고객에게 제공될 완성된 식음료 메뉴 제조 이전에 사전에 결정된 품질, 분량, 적정가격에 합당한 재료의 구매 및 소비가 이루어지도록 함으로써 실제원가를 관리, 통제할 수 있고 표준 원가율 유지를 통한 식음료 조리과정의 개선을 가져올 수 있다.

여기서의 표준이란 의미는 현재의 설비, 작업조건하에서 최상의 능률이 발휘되고(No waste optimum efficiency), 모든 기존의 표준이 준수될 때(standards were followed) 실현될 수 있는 원가로 불가피한 낭비 및 비능률에 대한 참작 즉 일정의 허용오차 계산 후에 얻을 수 있는 현실적인 원가이다. 따라서 이는 실제와 무관한 것이 아니라 부단한 실측작업을 통해서 얻어진 결과에 입각해 과학적으로 결정된 표준으로 실제의 식음료 경영활동이나 결과를 접근시키려고 노력하는 것이다.[1)]

---

1) Carl H. Albers, food & Beverage Controls (Boston, Massachusetts : Cahners Book Co. , 1972), pp54

2. 표준화 대상 업무

1) 표준구매명세서(standard purchase specification)

이는 어떤 특정의 식음료를 생산함에 요구되는 재료의 품질, 크기, 중량, 단위, 수량 등에 관하여 社內표준으로 정해진 내역의 記述書를 말한다. 설정절차에 있어서는 구매 책임자, 조리책임자, 원가관리 담당자와의 합의사항으로 정해지는데 먼저 구매 책임자는 산지, 계절적 변동요인, 납품업계의 현실적 수준 등을 분석하고 조리 책임자는 상품화된 이후의 조리특성(산출률 및 저장조건이나 시간)이나 조리지시서 충족여부를 주요 통제수단으로 하여 양질의 재료가 구입되도록 협조한다.

가령 3kg의 연어가 조리되었을 때 몇 kg에 이르는지 혹은, 스테이크 1인분 생산에 투입되는 각종 원재료의 정량이 어떻게 표준화 되어있는지 등을 기준으로 구입해야 한다.

기술사항에 대해서는 다음의 예로 사용된 표준구매명세서를 통하여 대신한다.

Fancy Grade, Locality : New York State. Slice Dimensions : 2½ "Diam, 3/8" Thick. Dark Red Color, Free form Blemishes. CAN size : No 10. Drained W/T : 4LB. 10oz Net W/T : 6LB. 10oz

① 품명(원명과 국문의 혼용표기)

② 등급, 상표, 교역조건, 품질명세

③ 구매 계량 단위(box, case, carton, each, kilo, Gram 등)

④ 컨테이너 크기, 포장단위

⑤ 특별히 요구되는 사항(산지지정, 수확시기)

이러한 구매명세서는 구매자, 납품업자, 검수자, 주방책임자, Controller 등의 관계자에게 배부된다.

설정목적은 다음과 같다.

① 구매 입찰의 견적기준(낙찰기준)

② 검수기준 명시화의 도구

③ 재료원가 및 요리의 품질 · 보존관리의 기준

④ 산출률 측정과 요리규격의 기준

2) 표준조리지시서(Standard recipes)=표준량 목표

각기의 요리생산에 소요되는 재료의 품류별 수량과 조리특성 및 조리방법 등에 관한 記錄로 일종의 요리처방서이다. 작성목적은 다음과 같다.

① 좋은 품질의 일관성 있는 요리생산을 보장하기 위함이다.

② 재료공급관리에 기여한다.

③ 조리사의 업무숙련도 측정 및 교육훈련 관리에 기여한다.

④ 표준재료원가 산정 및 판매가 산정(재료원가 산정이 용이하므로)에 기여한다.

3) 표준분량 규격(Standard portion size)

각각의 메뉴품목별로 1인분에 대한 크기, 수량, 무게 등을 나타내는 것으로 미리 서브의 양을 결정해야 한다.

그 결정방법에는 다음의 두 가지가 있다.

① 원가적 접근방법(cost approach)

고객지불요금 기준하여 얼마만큼의 원가에 해당하는 분량의 요리를 제공할 것인가를 결정하는 방법.

예를 들어, 3,000원 하는 Roast Beaf의 재료비 원가가 과거 경험적 수치로서 40%로 확정되었다면 1,200원에 해당되는 Portion size가 결정된다.

② 물량 접근방법(quantity approach)

호텔의 대다수 고객이 원하는 평균 분량규격의 수량을 중심으로 하는 방법으로 표준설정과 종업원에 대한 작업과정검사를 통한 수차의 실험적 측정방법의 결과위에서 행해진다.

표준분량규격의 설정목적은 고객에게 제공되는 요리의 분량규격을 유지하여 지불요금에 합당한 가치의 품질보장으로 고객을 보호하고 과도한 분량의 생산 및 판매로 인한 손실방지에 있다.

4) 표준산출률(Standard Yield ratio)

산출량이란 구매된 당시의 재료로부터(As purchased weight) 단계적인 조리작업[pre-preparation(기초손질 작업) → preparation(조리작업)]결과로 얻어진 순 중량(Ready to eat)이다. 즉 식재료가 가공되어 고객에게 판매할 수 있게 된 상태에서의 중량 및 수량이다.

이처럼 구매시의 무게(A.p, As Purchased)와 판매시의 무게(R.T.E, Ready To Eat)와의 차이는 손실(A.P와 R.T.E의 차이 발생)이 되며, 손실의 최소화 및 높은 산출량을 얻기 위해서는 무엇보다도 양질의 재료와 숙련된 노동력 및 제조상의 관리가 요구된다. 그렇다면 표준산출률 설정으로 얻게 되는 효과란 무엇일까?

표준산출률이란 설정된 표준의 기초조리작업(조리전 준비단계) 및 조리작업이 충실이 이행되었을 때 얻어질 수 있는 표준수량의 비율로써 구입된 일정량의 재료로부터 얼마만큼의 요리가 완제품으로 생산될 수 있는가를 결정하여 준다.

예를 들면, 생선을 구매 시에는 통째로 구매하나 꼬리, 머리, 지느러미, 내장 등을 빼내고 생선회로 만들 수 있는 양만 남게 되었을 때 이것이 바로 yield이다. 이는 고객예측을 통한 원재료 소요량 측정을 정확하게 해 줄 수 있고 원재료 부족에 따른 생산 상의 문제를 제거하고 재료의 낭비를 관리하는 데도 도움을 준다. 또한 1인분 몫의 크기, 단위원가 결정과 그에 따른 합리적인 판매가 결정에 도움을 준다.

가령 원가적 접근방법에 의한 1인분 분량규격과 원가 및 매가를 구하고자 하는 경우 예를 들어 Beef steak의 1인분 판매가(시장가)가 30,000원이고 과거 경험적인 통계 수치 원가율이 30%라면 30,000 × 0.3 = 9,000에 해당하는 원가 물량을 정하면 된다. 이때 Yield ratio를 고려해야 한다.

즉 9.5kg 갈비 1덩어리가 61.617에 구입되어(kg당 단가가 6.487원일 때)

이때 Yield Ratio를 고려하지 않으면 1인분당 size는

$$9.5\text{kg} : 61.617 = X : 9{,}000$$

$$61{,}617X = 9.5\text{kg} \times 9{,}000 = 85{,}500$$

$$X = \frac{85{,}500}{61{,}617} = 1.3\text{kg}$$이다.

그러면 9.5kg으로 9.5 ÷ 1.3 ≒ 7인분을 생산하고 1인분원가 = 61,617 ÷ 7 ≒ 8,800이 된다. 반면 Yield Ratio를 고려하면(9.5kg → 4.4kg로 산출)

$$4.4kg : 61617 = X : 9{,}000$$

$$61{,}617X = 4.4kg \times 9{,}000 = 39{,}600$$

$$X = \frac{39{,}600}{61{,}617} = 0.64$$ 즉 640g이다.

그러면 4.4kg으로 몇인분을 생산하는가 하면

4.4kg ÷ 640g ≒ 6.8인분(계산상의 숫자임)을 생산하고

1인분원가 = 61,617 ÷ 6.8 ≒ 9,061이 된다.

여기서 1.3kg으로 1인분 몫을 정하면 실제 4.4kg의 산출량에서는 3인분정도 밖에 안나온다. 이와 같이 Yield Ratio 개념이 없이 7인분으로 예상하고 조리한다면 생산계획에 차질이 있을 것이고 1인분 당 원가도 61,617 ÷ 3 = 20,539원으로 계산되고 이때의 매가도

$X = \frac{20{,}539}{0.3}$ ≒ 68,463으로 과대하게 산출되는 것이다.

표준 산출률 측정방법은 다음과 같다.

가. 판매가능육의 산출률(Ratio of Servable weight)

➡ 원재료에 대한 완제품의 산출비율

$$\frac{\text{Servable weight(판매가능 중량)}}{\text{Original weight(최초구입 중량)}} \times 100 = \quad (\%)$$

나. 판매가능육의 단가(Cost per servable weight)

➡ 완제품으로 생산된 원재료의 중량당 가격

$$\frac{\text{As purchased price(최초 구입가)}}{\text{Ratio of servable weight(판매가능육의 산출률)}}$$

다. 原價因數(Cost factor)

$$\frac{\text{Cost per servable weight(판매가능 육단가)}}{\text{As purchased price(최초 구입가)}}$$

산출률의 역수로 최초 구입된 중량당 원가로부터 판매가능 중량당 원가변동인수이다. 이는 구입단가 변동이 심할 때 최종 제품인 식음료의 1인분당 매가수준 결정이 용이하다.

즉 최초 구입총액은 중량당 원가로 인해 달라지지만 품질등급이나 구입중량은 불변이라면 산출률은 동일하게 된다. 따라서 최초 중량당 원가나 판매중량당 원가가 달라질 때마다 이를 공식 '나.'와 같은 절차로 일일이 계산한다면 번거롭고 불편하다.

이때 Cost factor에 의해서 중량단위당의 구입가격을 최종제품 가격으로 환산하기가 쉬워서 변동하는 시장여건에 따라 이를 다시 계산해야 하는 번거로움 없이 Cost factor에 새로운 구입가격을 곱함으로써 중량단위당 새로운 원가를 구할 수 있다.

라. 규격요리당 원가(Cost per portion)

$$\frac{\text{1kg당 Servable cost}}{\text{1kg당 생산가능규격의 수}}$$

마. 규격요리당 원가 倍數(Portion Cost multiplier)

$$\frac{\text{Cost factor(원가인수)}}{\text{No' of portions per kg(단위중량당 분량의 수)}}$$

코스별 또는 용도별 차이 때문에 동일한 내용의 요리라 할지라도 단위 몫의 크기가 달라지는 경우 단위가격도 달라져야 한다. 단위원가승수는 이러한 단위 원가산출 계산에 따른 비경제성 및 불편을 배제하여 간략하게 한다.

<도표 2-5 >Butchering And Cooking Test Card

BUTCHERING AND COOKING TEST CARD HOTEL LOTTE FRC-8-A

ITEM CODE	DATE	PIECES	WEIGHT	AT	TOTAL	GRADE	DEALER
B5U		1	9.5(kg)	6.486	61.617		

ITEM	WEIGHT (KG)	RATIO	COST KG	COST TOTAL	ITEM	WEIGHT (KG)	RATIO	COST KG	COST TOTAL
RAW YIELD 해동 Less	0.18	1.9			**COOKED YIELD**				
INITIAL RAW WEIGHT	9.32	98	6.611	61.617	SALEABLE RAW WEIGHT				
LESS:BONES, FAT, TRIM	0.12	1.3			SHRINKAGE	2.2	23.2	–	–
SALEABLE RAW WEIGHT	9.2	96.8	6.698	61.617	SALEABLE WEIGHT	7.0	73.9		61.617
BREAKDOWN					BREAKDOWN ([illegible])				
					Roast Beef w/o Bone	4.4	46.3		61.617
					Bone	2.6	27.4		
TOTAL					TOTAL				

***RAW OR COOKED PORTION COST AND COST FACTOR**

NAME OF DISH	PORTION SIZE	NO OF PORTIONS	COST PER PORTION	TOTAL COST	COST FACTOR	COST MULTIPLIER
Roast Prime Rib	250 g			61.617	2.16	

NO: B5U | ITEM: PRime Rib (U.S.) | PLACE: Butcher shop

<도표 2-6> 표준조리지시서

THE EXAMPLE RESTAURANT
Standard Recipe

ITEM : RAGOUT OF LAMB
Standard Recipe No. E.402
Standard Portion Size : 4 oz. meat : 9 oz
Cost Per Portion : .301

PRODUCTION

	Lbs.	%	Equiv. Oz.
Gross Weight	11.00	100.0	176
Loss in Cooking	3.75	34.1	60
Net Yield	7.25	65.9	116
No. of Portions	13		

Ingredients	Quanity		Market Price		Extended Cost
	Amount	Unit	Unit	Price 6/16···	6/1/6···
Lamb(3/4" pieces)	6	lbs.	R.T.C	56	3.36
Roux(8 oz. butter, 8 oz. flour)	16	oz.	lb.	.64.07	.32.04
Lamb Stock(lamb bones)	28	oz.	.		.
Carrots(1/2" slices)	12	oz.	lb.	.08	.06
Celery(1/2" slices)	12	oz.	lb.	.08	.06
Onions(1/2" slices)	12	oz.	lb.	.05	.04
TOTAL					3.91

Preparation & Service : Cut bones from fore, Prepare stock from lamb. bones. Prepare roux then add lamb stock to roux. Brown off lamb in oven add to sauce.
Simmer carrots, celery and onions in lamb stock, then add to sauce, Serve in oval casserole.

APPROVED BY : Chef Doe

자료 : Carl H. Albers, Food and Beverage Control, Cahners Books, Co., 1972, p.41.

제❹장
CRM 관리
(Customer Relationship Management, 고객관계관리)

CRM(Customer Relationship Management, 고객관계관리)이란 최근 업계에서 차세대 마케팅 수단으로 각광받고 있는 시스템으로 기존처럼 불특정 다수가 아닌 특정 계층 및 고객을 위한 차별화된 마케팅이 가능한 시스템이다. 물론 상품의 특성상 고객의 개별적인 관리가 불필요하거나 상품단가의 가격에 비하여 고객관리 마케팅 비용이 너무 많이 소요되어 오히려 상품위주의 마케팅이나 프로모션 등이 매출 증대에 더 효과적인 경우에는 CRM솔루션을 도입하기보다는 상품광고판매, 프로모션 ,캠페인 등에서 수집된 정보를 바탕으로 마케팅을 수행하는 것이 더 바람직 할 것이다.

그렇다면 CRM의 거의 90% 이상은 고객과의 접점관리를 말하는 것으로 외식서비스 및 호텔에서의 CRM은 그 어느 업종에 비해 중요하게 부각된다.

이 경우 모든 외식업체가 보유하고 있는 기존의 DB마케팅은 단순히 축적된 고객의 데이터만을 가지고 마케팅 활동을 했던 것이라면 CRM은 정확한 목적을 가지고 고객의 데이터를 효율적으로 축적하고 관리해 고객이 원하는 서비스나 재화를 적시적소에 배치하여 고객서비스의 향상 및 매출증대를 가져올 수 있는 것이다.

회사로서는 불특정 다수를 상대로 하는 매스미디어 광고에 대한 비용을 감소시키고, 고객에게는 본인이 원하는 서비스를 골라서 받을 수 있으므로 브랜드에 대한 만족도와 호감도가 훨씬 커질 수 있다는 장점을 가지고 있다.

또한 DB마케팅이 단기적인 매출증대 효과에 초점이 맞추어져 있다고 볼 수 있다면 CRM은 보다 장기적인 관점에서 접근해야 한다는 점에서 차이점을 찾아 볼 수 있다. 6

개월이나 1년 이상의 기간을 가지고 꾸준히 고객을 관찰하고 고객의 니즈(Needs)를 찾아내고 그 니즈에 따라 영업활동, 마케팅, 인사관리, 서비스부서 등 고객관리와 관련된 업무들을 하나로 통합하여 전사가 통일된 마케팅 활동을 펼쳐야 성공의 기본요소를 갖추었다고 할 수 있다.

우리나라에 CRM의 개념이 도입된지도 5년 이상의 시간이 지났지만 아직도 고객관리의 중요성에 대한 인식에 비하여 CRM에 대한 지식이 부족하고 실제로 CRM솔루션을 도입하여 사용하고 있는 기업은 그리 많지 않다.

산업별로 본다면 은행, 보험 등 금융 분야와 유통판매 및 컴퓨터 서비스, 통신 산업 분야에서 앞서 도입을 한 상태이다.

그런데 많아진 고객 데이터들을 원활하게 이용할 수 있는 기술적인 부분들로 써 기존 경영정보시스템, 웹DB 및 모바일 인프라와의 통합적인 관리가 가능한 인터페이스를 갖추고 있지만 CRM을 단순한 컴퓨팅 솔루션으로 이해해서는 안된다. 간혹 CRM솔루션을 비싼 돈을 들여 구축하고서도 제 기능을 발휘하지 못하고 효과를 못 보는 기업들이 있다. 이는 단지 CRM을 기업의 전산 소프트웨어의 하나로 이해하고, 기업의 대 고객 마케팅 전략이 준비되지 않은 상태에서 진행되기 때문일 경우가 많다.

따라서 CRM은 현재 기업이 갖추고 있는 고객 관련업무의 프로세스를 정립하고 고객의 취향, 기호, 각종 신상정보와 고객의 자사제품 구매정보 그리고 제품구매 유형 등에 대한 정보를 지속적으로 수집하여 관리하고 축적된 정보를 마케팅 전략에 따라 분석하여 활용할 수 있는 체계를 지원할 수 있어야 한다.

즉 CRM마케팅 툴은 단순히 매출을 성장시키기 위한 영업방법이 아니라 회사 전반에 걸친 모든 의사결정 과정에서 크나큰 역할을 하는 하나의 사고혁신으로 인식되고 있다.

또한 일반적으로 기업 매출의 70%가 기존 고객으로부터 발생하며 신규 고객을 확보하기 위하여 사용되는 경비가 기존 고객유지에 필요한 비용에 비하여 5배가 더 소요된다는 조사결과가 있는 것을 보더라도 기본 고객수 증대에 비중을 두기보다는 고정고객 상대로 내점 빈도수를 높이는 전략수정과 함께 CRM 관리의 중요성이 절실해지고 있는 것이다. 더우기 외식산업에 있어 기존 고객의 관리 및 유지는 필수적이다.

현재 전사적 차원에서 CRM을 적극 추진하고 있는 T사의 경우 멤버십 카드, 제휴 및 고객모니터제 운영를 통한 회원 고객 정보의 공유로 전략적 고객군을 6가지 유형으로 구분하고 상황에 따른 분명한 목적 정의를 통해 핵심적으로 개발하고 있다. 즉 최근 외식업계에서는 수익이 높은 고객은 누구이며 그러한 우수 고객을 어떻게 관리하고 마케팅으로 연결시킬 것인가? 와 관련하여 가치있는 목표고객을 찾기 위해 최근성(recency), 빈도(Frequency), 구매액(Monetary)에 기준한 RFM 원칙이 가장 효과적으로 사용되고 있는데[2] 이는 각각의 요소에 각 기업마다 정한 가중치를 적용, 각 고객별 기여도를 점수화함으로서 기업의 매출 및 수익 증대를 위해 꾸준히 관계를 유지하고 개선해야 할 목표고객을 확인, 확보할 수 있도록 하는 과정이다.

반면 이렇게 목표 고객을 선정하고 그에 대한 개별적인 서비스 및 마케팅 활동을 전개하였음에도 불구하고 고객은 이탈할 수 있으므로 이의 원인을 규명하기 위한 작업은 반드시 필요하다. 이때 고객 불평 데이터가 중요한 자원이 될 수 있으므로 고객 불평 데이터는 통계적으로 분석될 수 있도록 통합되어야 한다. 고객의 불평이 접수되는 순간부터 그 불평에 대한 서비스 파트 혹은 각 매장에서의 대응, 그리고 이에 대한 고객의 재반응에 대한 정보의 흐름을 본사 차원에서 모두 모니터링 할 수 있도록 전화, 이메일, 웹 사이트의 게시판, DM의 출력자료 등 모든 가능한 커뮤니케이션 채널에 대한 통합 데이터베이스를 구축한다. 또한 이미 앞서 구축한 POS 시스템을 통한 고객구매 데이터 및 기본 데이터와 연계하여 서비스, 가격, 가치 등 여러 가지의 이탈 사유와 이탈의 목적지에 대한 정보를 통해 이탈 고객의 원인을 세분하여 분석 관리하는 전략을 세워야 한다.

계속해서 확보된 우수 고객과의 관계를 유지하기 위한 전략이 중요하며 단골고객에게 특별한 보상을 제공하거나 특별한 행사를 개최하는 우대프로그램 및 고객클럽의 활성화 전략 등 고객과 기업간의 정서적 유대를 발전시키는 데 초점을 맞춤으로서 고객이 상품 혹은 서비스를 이용함으로서 얻는 만족감을 보다 극대화 시킬 수 있고 이를 통해 고객의 충성도를 높일 수 있을 것이다.

---

2) 월간호텔&레스토랑, 2003,12

<도표 2-7> 전략적 고객군별 CRM Program

전략적 고객군에 따른 기본적인 CRM Program은 다음과 같이 6가지로 구성되며, 상황에 따른 분명한 목적정의를 통해 핵심적으로 개발해 나감.

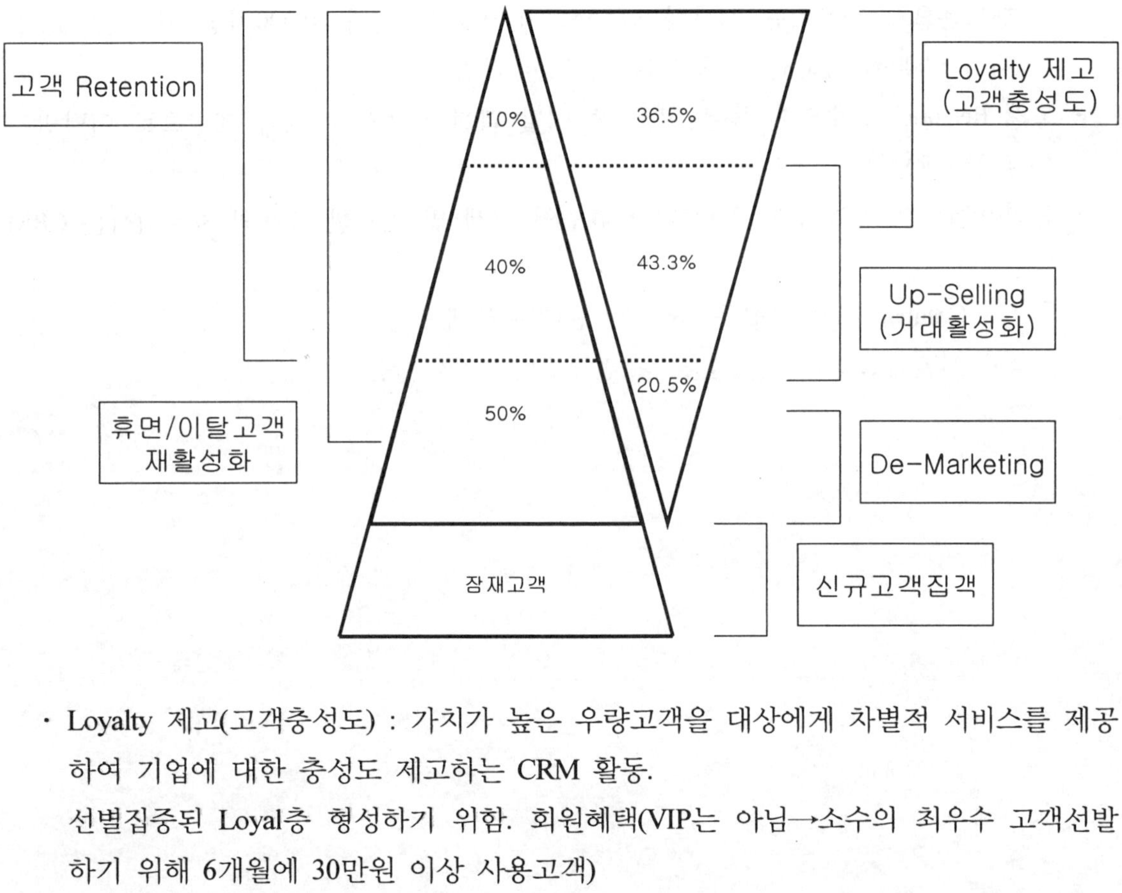

- Loyalty 제고(고객충성도) : 가치가 높은 우량고객을 대상에게 차별적 서비스를 제공하여 기업에 대한 충성도 제고하는 CRM 활동.
  선별집중된 Loyal층 형성하기 위함. 회원혜택(VIP는 아님→소수의 최우수 고객선발하기 위해 6개월에 30만원 이상 사용고객)
- Up-Selling(거래활성화) : 고객의 추가거래를 유도하는 서비스를 제안하여 고객가치를 증대시키는 CRM활동.
  ① Lunch Menu, Set Menu, 케익을 할인해서 판매.
  ② 자사 쿠폰시 할인 → 추가 주문시 사용가능(5가지 메뉴에 대해 50%할인)
- De-Marketing : 수익이 0 이하인 고객을 대상으로 고객관리 비용을 최소화하는 CRM활동
  ① 6개월에 30만원 이상 사용고객이 아니면 회원에서 탈락.

· 신규고객집객 : 신규고객 유도가 유망한 잠재고객군을 추출하여 신규고객화하는 CRM활동

① 자사홈피에 가입유도, 제휴이동통신사핸드폰 거래명세서에 쿠폰제공, OK Cashbag, KTF Na라는 요금제 → 금요일에 오면 샐러드 무료
핸드폰으로 사용하는 전자화폐(K-Merce), 011고객에게 50,000이상 핸드폰으로 결제시 5,000원 상품권 제공, SK는 핸드폰 가입유도

· 고객 Retention : 수익이 높은 고객 중 이탈 확률이 높은 고객을 대상으로 이탈방지를 위한 CRM활동

· 휴면/이탈고객 재활성화 : 일정기간 휴면인 고객 및 이탈한 고객의 재유치하는 CRM활동

① OK Cashbag자료의 DB통해서 행사판매(쿠폰제공)
Ex) 개별점포 : 19%의 반응 => 전체대비 7~8% 반응

제5장

센트럴 키친 시스템 관리(Central Kitchen, CK)

1977년 미국의 Unklesbay라는 학자에 의해 음식이 조리되는 급식생산체계가 4가지로 분류되었다.

첫째, 전통적인 급식생산체계(conventional foodservice production system)로 주로 가공되지 않은 식재료를 이용해 음식을 조리하는 체계로서 음식이 고객에게 제공되기 전에 제한된 저장량의 한도 내에서만 조리한다. 상당히 숙련된 조리기술이 요구되는, 종래 가장 흔히 해오던 급식생산체계이다.

둘째, 편의식 조립식 급식생산체계(assembly foodservice production system)로서 최대한 가공 및 편의식품을 이용하여 최소한의 조리를 하는 급식생산체계로 저장, 조립, 가열, 서비스 기능만 필요하고 인건비상승, 인력낭비, 이직율 증가 등의 문제점 해결을 위한 대체 안으로 각광을 받았다. 그러나 식재료비 증가의 문제점을 소지하고 있다.

셋째, 생산·소비 분리식 급식생산 체계(ready-prepared foodservice production system)로 생산한 음식을 냉장/냉동(cook-chill/cook-freeze)하여 고객에게 제공시 재가열후 배식하는 급식생산체계이다. 이는 고객의 주문 후 생산에 착수해야 하는 식음료 생산의 특징적 어려움을 극복하기 위한 것이다.

마지막으로 국내 학교급식 등의 단체급식뿐만 아니라 해외브랜드 패밀리 레스토랑인 TGIF, COCOS, 한국음식점 체인업계인 (주)놀부, 스카이락과 빕스를 운영하고 있는 제일제당 외식사업부 등의 외식업체에서 적용되어 관심을 끌고 있는 중앙공급식 급식생산체계(Commissary/central production foodservice production system)이다.

미국의 경우, 1970년대 초등학교 급식의 아침 및 점심 급식 프로그램이 확장되면서 중앙공급식 급식생산 체계를 통한 대량 구매와 대량 조리로 비용 절감이 가능하게 되었다. 학교급식뿐만 아니라 다점포 외식산업(multi-unit commercial foodservice industry)에서 표준화된 품질의 음식을 제공하는 급식생산체계로서 관심이 집중되었다. 1997년 다국적 경영기업인 펩시코(PFS, Pepsico Food System)에서 분사한 외식사업 독립법인 YUM Brands, Inc.은 멀티 브랜딩 구축으로 유명한데 피자헛, KFC, 타코벨, 트라이콘 레스토랑 인터내셔널(Tricon Restaurant Int'l), 롱 존 실버즈(Long John Silver')s, A&W 올 어메리칸 푸드 레스토랑 등의 모기업으로 전 세계의 센트럴 키친을 통해 33,000여 개 이상의 점포를 운영하고 있다.

우리나라에서도 외식업체의 운영이 단일 점포의 운영에서 한 개의 외식브랜드로 직영 시스템(self-operated system), 프랜차이징 시스템(franchising system), 위탁 시스템(contracted foodservice production system) 등의 다점포 급식 시스템(multi-unit foodservice production system)으로 변화되고 있다. 다점포 급식시스템에서는 전 점포의 운영관리가 표준화 되어서 표준화된 메뉴, 서비스, 시설관리 등이 필요하다. 표준화된 운영관리와 식자재비 및 인건비의 절감을 위해 중앙공급식 급식생산체계에 의한 센트럴 커미서리의 필요성이 중요해지고 있다.

1. 정의

중앙 공급식 급식생산체계(Commissary food service system: Central production)는 중앙 구매와 대량 조리 기기를 이용해 숙련된 소수의 조리사들에 의해 대량 조리가 이루어지고, 음식이 제공되는 곳은 간단한 재가열과 서빙만이 요구되는 새로운 급식 생산시스템으로 정의를 내리고 있다.

중앙공급식 급식 장소는 우리가 흔히 센트럴 키친(central kitchen)으로 부르고 센트럴 커미서리(central commissary) 또는 식품 공장(food factory)으로 일컫는다. 센트럴 커미서리에서 고객이 먹는 장소로 배달되는 장소는 센트럴 키친이라는 지구 주위를 도는 인공위성같다고 해서 세터라이트 키친(satellite kitchen)이라고 부르고, 음식을 받는 주방이라고 해서 리시빙 키친(receiving kitchen) 또는 고객에게 서빙을 하는 마지막 주방이라고 해서 피니싱 키친(finishing kitchen)이라고도 부른다.

세터라이트 키친에서는 간단한 재가열과 배선을 하며 메뉴는 대개 뜨겁게 즉시 먹을 수 있도록 제공되거나, 냉장·냉동의 방법을 이용해 저장하고, 배송되어 재가열과정을 거쳐 고객에게 제공된다.

센트럴 커미서리에서 조리된 음식은 1인분씩 분배된 후 배송되어 고객에게 제공될 수도 있고 대량 조리 후 저장, 배식시 1인분량씩 제공될 수도 있다.

2. 특징

중앙 공급식 급식생산체계는 종래의 노동 집약적이고 생산성의 저하가 일상화되던 외식업체의 패러다임(paradigm)을 변화시켜 주었다. 즉 음식의 생산이 식품 공장처럼 계획적으로 생산되고 위생적인 시간 및 온도 관리에 의해 저장된 후 고객이 필요한 장소에서 재가열된 후 제공된다는 것이다. 대량의 음식이 계획 생산되고 소비가 분리되는 획기적인 급식 체계를 갖추고 있다.

중앙공급식 급식생산체계의 세부적인 장점은 다음과 같다.

첫째, 식재료 및 운영비의 절감이다. 대량 구매에 의한 경쟁 입찰을 통해 식재료비가 절감되고 대량 조리기기 및 공간을 센트럴 커미서리에 집중 설치함으로 인해 각 업장마다 주방을 갖추는 것보다 주방 및 기기 설치비용이 적게 든다. 반면 센트럴키친 건립에 따른 초기 설비투자비의 부담, 센트럴키친에서 생산된 제품에 대한 무조건적 의존 및 조리지식의 부재로 제품이 떨어졌을 때 탄력적인 운영이 불가능하다는 단점이 있다.

이러한 이유에서 센트럴키친의 도입은 제품의 점포 생산시의 원가와 센트럴키친에서의 생산 원가 등 자사의 손익구조 등을 충분히 검토한 후 이뤄져야 한다.

둘째, 외식산업의 생산성을 높여 줄 수 있다는 것이다. 센트럴 커미서리에서는 숙련된 조리사가 출근시간부터 퇴근시간까지 계속적으로 숙련된 기술을 요구하는 조리를 하고 세터라이트 키친에서는 숙련되지 않은 일용직 종업원이 간단한 재 가열과 서빙을 한다면 음식이 제공되는 시간에 노동 집약화 됨으로써 발생하는 생산성의 저하를 막을 수 있다. 실제 중앙공급식 급식생산체계 사용시 노동 생산성은 전통적 급식생산체계의 5~8배의 생산성을 증가시킬 수 있다는 연구보고가 있었다. 실제 오하이오주의 초등학교의 경우 센트럴 커미서리는 노동시간당 1백~1백식의 생산식수를 내었고, 단독 조리장의 경우 노동시간당 10~18식의 낮은 생산성을 보이고 있었다. 이처럼 센트럴키친은 인건비 절감과 맛의 균질화, 다량 구매에 의한 제품생산으로 원가절감 등을 가능하게 하는 장점이 있다.

셋째, 센트럴 커미서리에서 생산된 음식을 세터라이트 키친에서 균일화된 품질의 음식으로 제공받을 수 있다는 것이다. 외식 프랜차이징 시스템을 운영시, 동일 브랜드의 동일한 맛과 질을 각 점포에서 동일하게 즐길 수 있다는 것이다.

반면 중앙공급식 급식생산체계 운영시 유의해야 점도 많다.

첫째, 센트럴 커미서리에서의 대량 조리는 전통적인 급식생산에서 사용하던 조리기기와 조리방법이 달라진다. 그러므로 대량 조리를 위해 수정된 표준 레시피가 필요하다. 대량 조리를 위한 수정된 표준 레시피는 단순히 5인분 조리에서 5백인분 준비시 단순히 5백을 곱하는 것이 아닌 실험 조리를 통해 매뉴얼화되어 센트럴 커미서리에서 실질적으로 사용할 수 있어야 한다.

둘째, 중앙공급식 생산 체계는 조리된 메뉴의 포장, 저장이 중요시된다. 포장의 경우 간단한 진공 포장부터 다양한 포장기법으로 효율적 저장 및 배송을 가능하게 할 수 있다.

셋째, 센트럴 커미서리에서 조리된 음식이 포장, 저장, 배송, 재가열시까지 미생물적, 영양적, 관능적 품질을 유지하는 것도 중요하다. 보존·가열시 미생물적, 관능적, 영양적 품질 관리가 철저하기 위해서는 센트럴 키친을 운영시 식품포장, 저장 및 위생관리의 전문지식을 가진 품질관리 담당자가 선임되어야 한다.

최근 외식업체의 위생관리가 한국의 보건복지부, 식품의약품 안전청의 관심을 집중시키고 있다. 전 세계적으로 가장 합리적이고 편리하게 위생을 관리할 수 있는 시스템으로 HACCP 시스템(hazard analysis critical control point system)[3]이 각광받고 있다.

센트럴 커미서리 운영부터 리시빙 키친으로의 배송까지 배송차의 온도, 저장시간, 용기관리 등이 철저해야 한다. 철저한 품질 및 위생관리가 시행되지 않는다면 대량 식중독

---

3) HACCP (hazard analysis critical control point system, 식품위해요소 중점관리기준 : 위해분석(H.A)와 중요관리점(C.C.P)의 첫 글자를 따서 일컫는 말로 식품을 취급하는 작업장에서 작업과정 중에 발생되어 식품위생에 해로운 영향을 미칠 수 있는 각각의 생물학적, 물리적, 화학적 위해들을 파악하고 이들 중 공중위생상 결정적인 영향을 미칠 수 있는 요소, 단계, 절차의 중요관리점(C.C.P)을 중점적으로 관리하는 식품위생관리제도이다. 전 세계적으로 가장 합리적이고 편리하게 위생을 관리할 수 있는 시스템으로 국제식품규격위원회의 권고에 따른 의무사항이다. 우리나라에서도 지난 2000년말 개정된 식품위생법에 의거 단체급식분야의 위생관리측면에서도입적용하고 있다. 식품재료가 구매되어 보관 저장, 가공, 유통되기까지 식품이 인간에게 위해를 끼칠 수 있는 요소를 사전에 분석하여 이를 중점 관리하는 것으로 미국 등 선진국에서는 96년부터 의무적용하고 있다.

의 위험을 수반할 수 있기 때문이다.

그리고 센트럴키친에서 완벽한 조리 메뉴얼을 가지고 있다고 해도 품질관리를 위해서는 전문적인 생산과정 관리자와 식품의 저장, 포장 등을 위한 위생관리를 담당하는 전문인력이 무엇보다 필요하다. 이러한 관리자는 생산의 전 과정에 정통해야 함은 물론 상황변화에 따라 빠르게 적응, 메뉴얼과 다른 맛의 차이를 구별해 낼 수 있는 미적감각을 지니고 있어야 한다. 또한 입지에 있어서 교통의 요지에 위치, 물류거점으로서의 기능을 충분하게 소화해낼 수 있는 입지선정의 고려가 선행되어야 한다.

넷째, 리시빙 키친에서는 과거의 주문 식수를 고려하고 과학적 수요예측방법을 이용하여 필요량을 주문하는 것이 중요하다. 리시빙 키친에서의 예상식수가 주문되는 식수와 차이가 생길 때는 재빠른 대처가 어렵다는 단점이 있다.

3. 센트럴 커미서리 선택 시점

전통적 급식생산체계에서 중앙공급식 급식생산체계로 전환을 고려하는 시점은

첫째, 다점포 외식업체의 경우 1일 한 개 업장에서 3백식수보다 적게 고객에게 제공될 때는 센트럴 커미서리에서 조리된 음식을 받는 세터라이트 키친으로 전환을 모색하는 것이 바람직하다. 새로운 외식업장을 지을 때 실제 음식 생산을 다 하는 조리장을 시공하는 것보다 리시빙 키친을 시공하는 것이 공간의 경우 35%정도의 면적이 감소되고 5천만원 이상의 조리기기의 설치비용이 절감된다.[4)]

둘째, 인건비가 전체 비용의 50%를 상회할 경우 고려할 만하다.

셋째, 인력 부족과 이직율의 증가가 심각한 업체의 경우 고려할 수 있다.

넷째로는 외식업체에서 제공되는 음식의 양과 질에 관한 품질관리가 중요시 되었을 시점이다.

센트럴 커미서리의 장소를 선택할 때 고려할 요인으로는

첫째, 세터라이트 키친과의 거리관계를 고려해야 한다.

둘째, 세터라이트 키친 확장여부에 따라 지역을 고려해야 한다.

셋째로는 효율적 운송을 위해 고속도로와의 접근성을 우선시해야 한다.

---

4) 월간호텔&레스토랑, 2003

제6장

BEP관리(Break Even Point, 손익분기점)

어떠한 종류의 영업을 하든지 처음부터 많은 이익을 보장받기는 어렵다. 그렇다면 어느 시점부터 이익이 얼마나 발생하며 적어도 손실을 보지 않는 시점과 그때의 매출액은 얼마나 되어야 할 것인가, 또한 목표이익은 언제쯤 달성될 것인가에 대한 예측이 필요하다. 또한 이러한 예측을 토대로 자사 실정에 맞는 적정한 영업규모 및 컨셉을 설정할 수 있다. 특히 다품종 소량 최단기 주문즉시생산소비시스템의 식음료영업의 특성상 비능률적인 손실요인과 함께 고객 중심의 수동적 경영에 따른 입지적 제약 요인 등으로 많은 비용부담을 안고 있는 상황에서 어떠한 업태 및 업종을 어떠한 규모의 시설 및 서비스 인력으로 운영할 것인가를 결정한다는 것이 무척 어려운 과제이다. 손익분기점은 이와 같은 의사 결정에 유용한 경영분석도구이다.

일반적으로 이익을 얻기 위해서는 기본적으로 들어가야 할 투자금액, 즉 본전이 필요하다. 이는 영업운영을 위해 투입되어야 할 자산 혹은 비용으로 전환 사용된다. 이 가운데 비용은 이익에 직접적으로 대응되어 발생되는 경영요소로 비용이 크면 이익이 줄고 비용을 절약하면 이익이 많아진다. 그리고 이익은 매출로부터 비롯된다. 즉 매출이 많고 비용이 최소화되면 이익은 극대화될 것이고 그 반대의 경우라면 이익은 극소할 것이다.

손익분기점 분석은 바로 이와 같은 이익 및 비용과 매출액과의 관계를 다루는 것으로 손실도 이익도 없는 시점에서의 매출량, 또는 매출액을 구하는 기법이다. 따라서 손익분기점 분석을 통하여 우선 영업초기의 영업현황을 계량적으로 분석하고 기대이익에 대한 목표관리를 할 수 있다.

손익분기점 계산을 위해서는 다음과 같은 요건이 설정되어야 한다.

원가요인을 고정비와 변동비로 구분해야한다. 고정비는 매출액과 무관하게 일정하게 발생되는 비용이고 변동비는 매출액에 비례하여 발생한다. 대표적인 고정비는 임대료 및 고정급여이고 변동비는 재료비, 소모품비, 경비 등이다. 그렇다면 여기서 이익에 공헌하게 되는 부분은 고정비가 아니고 변동비인 것을 알 수 있다.

왜냐하면 이익은 매출액으로부터 생성되는데 고정비는 매출액의 고 · 저에 상관없이 발생되므로 이익과는 무관하기 때문이다. 다만 매출액 수준이 이러한 고정비 발생을 상회하고 판매 1단위에 따라 발생하는 변동비도 커버할 수 있는 수준이라면 고정비금액과 변동비 금액을 합한 총비용과 매출액수준이 같아지는 점, 바로 그 시점부터 이익이 발생될 수 있을 것이다. 이 지점이 손익분기점이다. 그리고 이 지점 이후부터는 판매 한 단위당 변동비를 차감한 부분이 이익에 공헌하게 되는 한계이익(공헌이익)으로 나타나게 된다.

매출액 － 변동비 = 한계이익(공헌이익)[5]

한계이익 － 고정비 = 이익

여기서 한계이익과 고정비가 같아지는 점(한계이익=고정비)이 바로 손익분기점으로 이때는 이익이 '0'이 되는 매출수준을 나타내게 되는 것이다.

따라서 높은 순이익을 내기 위해서는 매장경비로 들어가는 비용 중 임대료 등 고정적인 비용을 제외한 변동비용을 절약해서 비용을 절감하는 것이 중요하다.

절약할 수 있는 비용으로는 식재료비, 인건비, 소모품비용, 전기세, 수도세 등이 있다.

---

5) 공헌이익 : 판매 한 단위당 이익에 공헌할 수 있는 부분으로 이는 고정비와 변동비를 보상하는 부분을 말하는데 고정비는 매출과 무관하게 발생하므로 판매 1단위당 이익에 공헌할 수 있는 부분은 변동비에 의해 좌우된다. 현실적으로 불가능하지만 변동비가 0이면 파는 대로 고정비를 제외하고 다 남게 된다는 뜻이다. 따라서 변동비 발생정도에 따라 이익에 공헌하게 되므로 이는 변동비 한계의 영향에 따라 이익발생 폭이 결정된다. 즉 가격에서 변동원가를 차감한 잔여부분인 결과 값으로 판단한다. 이는 제각기 다른 가격의 많은 메뉴품목에 있어 나타나는 원가율의 차이는 수익성판단 지표로서의 의미가 없기 때문에 , 즉 기준가격이 같다면 원가율이 낮을수록 공헌이익은 커지는 동일한 결과를 나타내지만 다양한 가격과 원가값으로 구성된 메뉴품목에서는 각각의 가격과 원가 값은 의미가 없고 단지 그 결과치인 공헌이익 값이 수익성 판단기준이 되기 때문이다.
그런데 단지 공헌이익이 크다고 수익성이 좋은 것은 아니다. 공헌이익이 작더라도 많이 팔리면 공헌이익이 커도 조금밖에 팔리지 않은 것보다 결과적으로는 수익성이 더 좋은 것으로 판명될 수 있다는 것이다. 이는 가격 및 원가 외에 판매량이 중요한 변수가 됨을 의미한다.

대부분의 패밀리레스토랑에서 가장 많은 비중을 차지하는 것은 식재료 비용이다. 보통 30~40%정도를 차지하는데 정작 식재료의 낭비는 그 고가의 식재료를 아무렇게나 다루고 적정산출량을 잘못 계산해 창고에서 썩고 있기 때문에 생겨나는 데드 푸드(dead food) 인한 로스율 때문이다.

또는 과다한 식자재 주문이나 외부의 통제할 수 없는 환경 때문에 발생하는 식자재가격의 변동에의 대처미흡, 식자재 부산물의 활용부족, 부정확한 회수율관리 등의 관리소홀로 인한 결과이다.

패밀리레스토랑에서 식자재 원가율만큼 높은 비중을 차지하는 게 바로 인건비다. 인건비절감과 일정수준의 서비스유지와의 균형을 유지하는 것이 중요하다. 한편 각종 종이, 문구류 등의 소모품, 전기, 수도 등의 제반 경비절감이 생활화되어야 한다.

이제 구체적인 수치로 손익분기점 분석을 도식화해 본다.

예 시

피자 1판의 가격 5,000원, 구입원가 3,000원, 급료 200만 원, 업장임차료 100만 원

1. 수익 − 비용 = 이익

2. 매출액 − (변동비 + 고정비) = 이익
   매출액 − 변동비 − 고정비 = 0
   ∴ <손익분기점에서의 매출은 이익이 0이 되는 지점이므로>
   매출액 : 매출량 × 단위당 판매가격
   변동비 : 매출량 × 단위당 구입원가

3. (매출량 × 단위당 판매가격) − (매출량 × 단위당 구입원가) = 고정비
   Q · 5,000 − Q · 3,000 = 3,000,000
   Q = 1,500개 (손익분기점 매출량)
   5000 × 1,500 = 750만(원) (손익분기점 매출액)

4. 이를 공식과 그래프로 나타내면 다음과 같다.

1) B.E.P 매출량

$(Q \times P) - (Q \times V) = F$

$(P - V)Q = F$

$Q = \dfrac{F}{P-V}$

2) B.E.P 매출액

$\dfrac{F}{P-V} \times$ 단위당판매가격P

$= \dfrac{F \cdot P}{P-V} = \dfrac{F}{\dfrac{P-V}{P}} = \dfrac{F}{1-\dfrac{V}{P}}$

∴ 고정비, 재료비, 변동비 적을수록 B.E.P는 낮다.

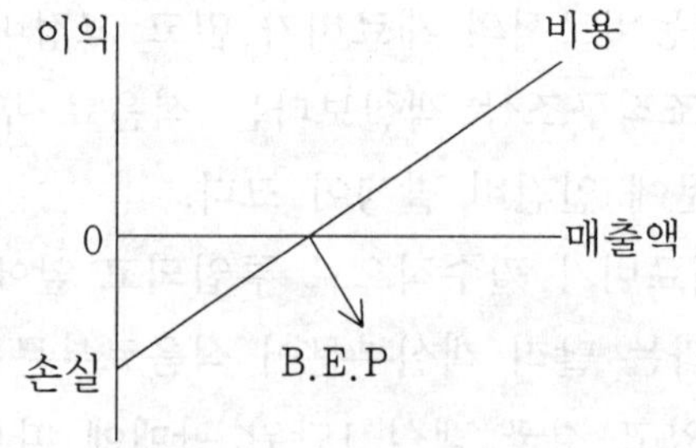

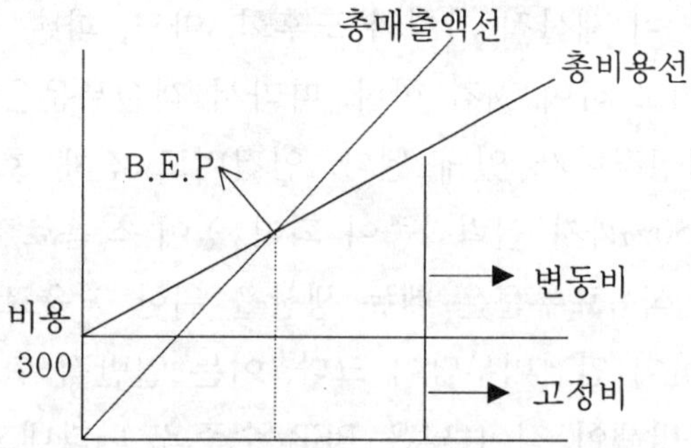

∴고정비↓ 변동비↓ ⇒ B.E.P↓ (기업경영에유리)

그러면 여기서 호텔의 객실과 식음료부문의 B.E.P 수준을 분석해 보기로 한다.

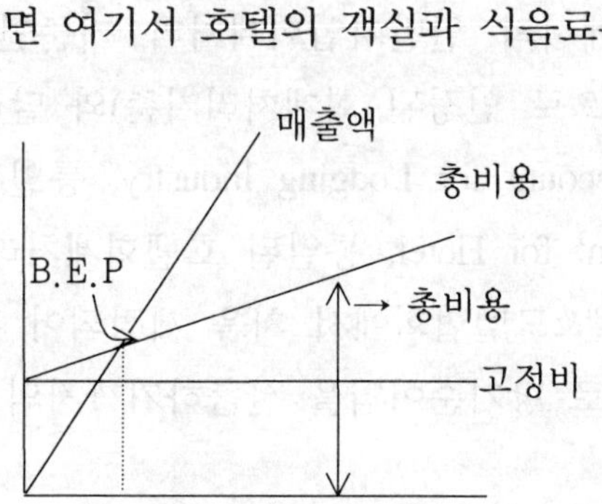

<객실>

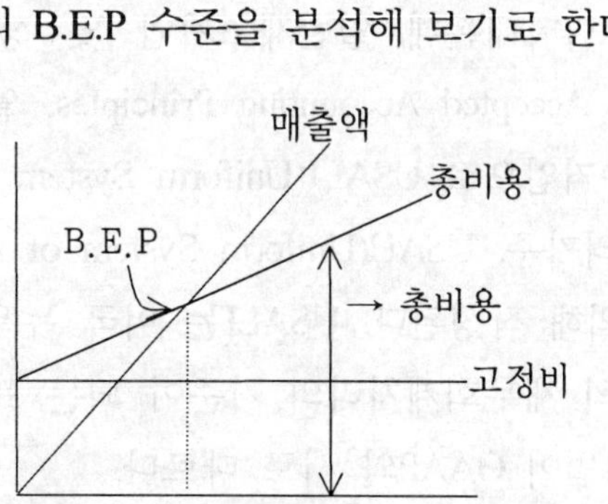

<식음료>

일단 객실부문과 식음료부문 중에서 어느 부문이 B.E.P 수준이 낮아 호텔전체의 이익에 기여하는가를 생각해 보면 대개는 객실이 시설 건축비등 고정비가 많아 B.E.P 수준이 높아서 객실판매점유율이 커야 일정이익을 기대할 수 있을 것으로 여긴다. 그러나 회계학적인 관점에서는 객실의 건축원가를 재료비 개념으로 처리하지 않고 이를 자산화해서 기업이 존속할 때까지 활용하여 미래 영업가치(이익)를 달성할 수 있는 재산적 가치로 인식한다. 이는 초기 거대자본이 투하되는 호텔기업의 경우 이를 전부 비용으로 인식하여 일시에 차감한다면 초기 수익창출 및 이익 달성이 어려운 시점에서 손실부담이 커지고 결국 조세수입에도 지장을 초래하게 되는 현실을 감안한 것이다. 다만 시간이 지남에 따라 이 재산적 가치의 노후화, 마모, 파손 등 소멸 분을 비용으로 인식하고 이를 감가상각비로 하여 차감 한다. 따라서 객실부문은 변동비로서의 재료비가 없고 고정비로서의 감가상각비가 있게 된다. 인건비도 전체 호텔조직구조상 객실보다는 식음료 부분에 20% ~ 50%까지 인력집중이 되어 있어 식음료 부문에 인건비 발생이 크다.

반면 식음료부문은 메뉴 생산을 위한 식음료 재료비가 필수적으로 투입되고 앞에서도 언급했듯이 인건비부담이 크다. 이는 일반적 판단과는 달리 객실부문이 식음료부문에 비해 비용발생이 적어 낮은 BEP 수준을 나타내고 있고 결국 객실 1단위 판매에 따른 이익률(매출총이익)이 식음료부문보다 많음을 의미하는 것으로 호텔경영상태 측정기준은 객실 occupancy rate로 평가되어야 하는 것이다.

이어서 객실과 식음료 부문의 비용구조를 보기로 한다.

기업경영에 있어 수익대비발생비용에 관한 명세서는 손익계산서(I/S, Income Statement)를 통해 나타내는데 일반제조기업 및 상기업에서의 일반기업회계처리 기준인 GAPP (Generally Accepted Accounting Principles, 일반적으로 인정된 회계처리기준)와 달리 숙박업은 특수기업으로 USALI(Uniform System of Account for Lodging Industry, 통일된 숙박업회계처리기준, USAH(Uniform System of Account for Hotel, 통일된 호텔회계처리기준의 개정)에 의해 작성된다. USALI는 미국 뉴욕 호텔&모텔협회에서 처음 제정되어 전 세계 체인호텔의 재무회계처리의 기준이 되는 표준으로 당기순이익을 산출하기까지의 손익계산구분 방법이 GAAP와 서로 다르다.

GAAP	USAH(단문형)
(5단계 구분하에 손익 가감하여 당기순이익 산정) 매출액 -매출원가(재료비, 노무비, 경비) 매출 총 이익 → 1단계	(총수익대 총비용으로 일괄 처리한다) 매출액 +영업외 수익(other income)
-영업비 (지급임차료, 보험료, 공과금, 감가상각비)	총수익 -매출원가(개별부문의 재료비) 및 비용(노무비, 경비)
영업이익 → 2단계 + 영업외 수익 -영업외 비용(지급이자, 유가증권)	총영업부문 이익 → 1단계 -영업비(보조부문의 미배분비용, 인사, 경리, 관리, 마케팅 등)
경상이익→ 3단계 +특별이익 -특별비용	고정비 차감전 이익 → 2단계 -고정비(임차료, 재산세, 보험료, 이자, 감가상각비)
법인세 전 이익 → 4단계 -법인세	법인세 전 이익 → 3단계 -법인세
당기순이익 → 5단계	당기순이익 → 4단계

USAH 〔장문형〕 식음료부문	비 고
• 매출액	
+ other income(영업외수익)	Rental charge:연회장시설 및 장비임대, 기물파괴변상비, 방명록구입비, Catering charge, 사진촬영비
- 매출원가(재료비)	식음료재료비원가
• Gross profit(매출 총 이익)	
- expenses(노무비 및 경비)	급여 및 복리후생비(자녀학비보조, 의료보험료, 건강진단비, 직원회식 및 야식대, 경조금, ware류 구입비(linen포함), 청소용역비(소독, 살균 등 계약에 의한 이용), 세탁비(영업용린넨, 유니폼), 음악 및 저작권 사용 허가비, 유니폼구입비, 연예인 계약금, 영업용 소모품(주방세제, 기구, 성냥, 양초, 메뉴판) 등
• Departmental income(영업부문 이익)	
- 영업비	
• 고정비 전 이익	보조부문비용
- 고정비	
• 법인세 전 이익	
- 법인세	
• Net income	

따라서 USALI에 따르는 체인 호텔의 경우, 건물 소유주(자본주)와 경영자가 분리되어 있어 건물 감가상각비인 고정비 산출을 각 영업부문(객실, 식음료 등) 운영에 계상하지 않고 전체에 해당하는 부문으로 차감 계상하므로 객실부문은 재료비도 없고 고정비로서의 감가상각비도 인식되지 않아 인건비 및 경비발생만을 가지고 손익분기 분석에 들어가므로 식음료부문에 비해 유리한 손익분기점 수준을 달성시킬 수 있는 것이다.

또한, GAAP 기준으로 처리해도 재료비 자체의 유 · 무와 인건비 차이로 인해 식음료 부문이 고비용 구조를 갖고 있어 식음료 부문의 경우 이를 상쇄하고 이익을 발생시키기 위해서는 매출신장이 중요하다.

호텔식음료 영업이 호텔의 Coffee shop이나 뷔페, Banquet부문의 매출급증이 호텔이익에 기여하게 되어 객실보다 중요하게 부각되고 있지만 근래 호텔 식음료경영의 경쟁력이 약화되면서 비용절감노력의 중요성이 절실해지고 있다. 호텔식음료부문에서는 재료비 및 인건비가 최대의 비용항목으로 나타나 고정비 차감 전에 이미 높은 비용 발생으로 Margin률이 현저히 낮고 고정비까지 공제한 후에는 사실상 '－'로 손실을 가져오고 있다.

앞으로 우리나라 호텔기업은 미국 및 유럽식의 객실 위주 호텔 운영 패턴으로 전환될 것으로 보는데 가장 큰 이유는 호텔식당의 대중화가 어렵다는 것과 일반 식음료 경쟁 산업에 비해 역동적인 대응력이 부족하기 때문이다.

제7장
메뉴관리

1. 의의

수요확보가 크게 문제되지 않던 60~70년대에는 좋은 재료로 맛있는 음식을 만들면 되는 메뉴가 단순히 차림표로만 정의되었지만 이제는 마케팅과 내부통제의 도구로 강조되고 있다. 현대 식음료 경영은 고객기호의 고급화, 다양화, 세분화 현상과 함께 급격히 증가한 식음료영업의 다점포, 다브랜드화로 치열한 경쟁구조 하에 사업의 채산성을 위협받고 있다. 이 경우 나타나는 업종 및 업태의 전환, 축소, 폐점 상황 등의 골자는 메뉴를 바꾸는 것이다.

즉 새로운 메뉴에 의해 고객을 유입하고 기대영업이익을 창출하고자 하는 것이다. 다품종 소량주문생산체제의 특성하에 전적으로 고객에 의존되는 수동적 경영은 고객을 유인하고 확보할 매력있는 매체가 필요하고, 서비스업의 무형적 특성상 가시적으로 표현할 수 있는 도구가 필요한 것이다. 이를 만족시켜주는 효율적 도구가 바로 메뉴인 것이다. 따라서 메뉴는 최대화된 품질 및 서비스로 만족을 얻고자 하는 고객의 요구와 수요확대 및 원가절감을 통한 사업의 수익성을 지향하는 관리자의 요구가 잘 통합될 수 있도록 고안된 연결프로그램이라고 할 수 있다.

메뉴는 원래 라틴어의 "Minutes"에서 유래하여 "작고 자세하다" 또는 "상세히 기록하다"라는 의미를 갖고 있다. 그만큼 제한된 지면과 크기라는 여건에서 고객과 관리자 양자의 기대를 충족시킬 수 있는 요소들을 함축할 수 있어야 한다. 그러기 위해서는 메뉴자체의 완벽성에 기초한 개념보다는 식당이 실제로 생산하고 제공할 수 있는 식음료제품 및 서비스, 분위기 등과 일치할 수 있는, 달성 가능한 능률적인 메뉴구성이 되어야 한다.

이런 관점에서 메뉴는 식당이 가지고 있는 입지여건, 시설 및 규모, 서비스, 가격 및 이미지 등을 고려하여 생산할 수 있는 품목을 정하고 고객에 대해 유익하고 강력한 매력을 줄 수 있도록 연결시켜야 한다. 이는 메뉴관리가 마케팅관리 및 식음료 내부과정관리의 시작임을 의미하는 것으로 기업여건 및 고객의 기호와 욕구를 중시하여 결정된 메뉴품목의 내용에 따라 재료의 구입, 검수, 저장, 출고, 생산, 판매에 이르는 일련의 과정관리가 영향을 받게 되는 것이다.

2. 메뉴계획

고객측면과 기업측면에서 좋은 메뉴가 되기 위한 메뉴관리는 메뉴계획에서 시작된다. 메뉴계획은 크게 다음의 3가지 요건을 고려해야한다.

1) 메뉴 그 자체의 각종 식음재료와 조리기술, 설비, 영양가치, 색상 및 형태 등의 예술성, 서비스방법 등에 대한 전반적인 지식

2) 생산원가요소, 가격, 기대이익, 재료공급시장 및 노동시장 여건, 경쟁요소, 입지 등 경영관리능력

3) 고객의 욕구와 필요를 파악해야 한다. 단지 현재 설비나 재료, 주방장의 조리 취향 등에 맞추어서는 성공적인 메뉴를 기대하기 어렵다. 전적으로 고객의 주문생산체제에 의존해야 하는 수동적 경영특성이나 점점 더 세분화되어가고 다층화(mass－customization)되어가는 고객성향 등을 볼 때 과거 판매기록을 통해 고객의 욕구 및 고객정보를 파악하고, 이에 근거한 메뉴계획을 세우는 것은 식음료 경영관리의 시작인 메뉴관리의 역할을 볼 때 사업정책수립 및 목표이익 달성의 가장 중요한 요건이다. 이는 영업장 고유의 분위기 및 테마, 즉 컨셉하에 이에 맞는 표적시장, 주력시장 또는 시장 다변화 등에 대응하기 위한 메뉴계획을 하게 되는 것을 의미한다. 식당분위기는 격식을 중시할 것인가, 편안하게 할 것인가, 소비자의 연령계층은? 메뉴내용과 주력시간대는? 기대이익 정도는? 등 식당 사업정책 및 목적 수립은 이러한 고객 지향적 메뉴계획에서 설정되게 된다.

Ninemeier는 메뉴 계획시 고려해야 할 요소로 다음과 같이 제시하였다.

<도표 2-8> 메뉴계획시 고려해야 할 요소

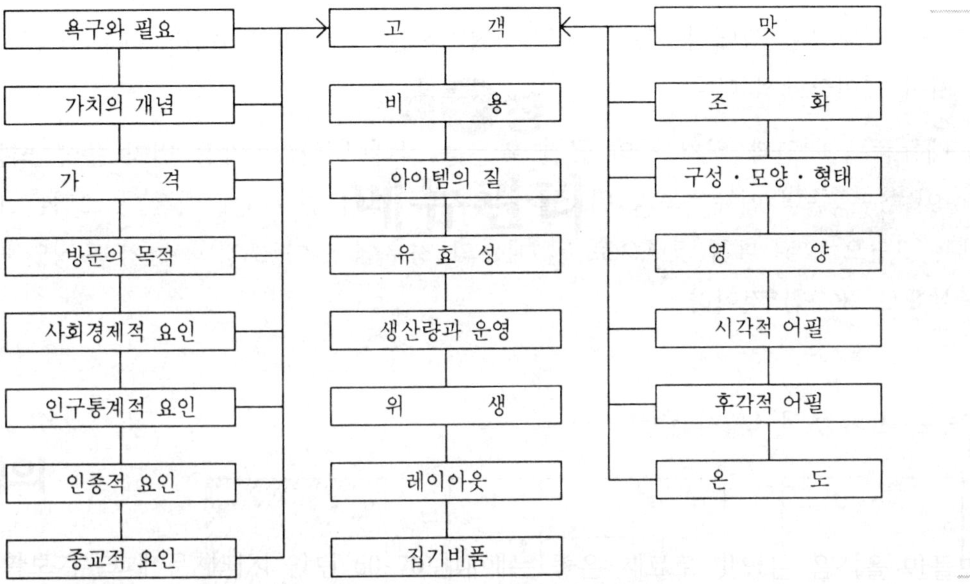

자료 : Jack D. Ninemeier, Principle of Food and Beverage Operations, AH & MA, 1984, p.115.

3. 메뉴디자인

메뉴는 고객과의 커뮤니케이션 도구로 식당이 제공하는 식음료 상품과 인적, 물적서비스의 모든 내용들이 압축표현된 것이다. 이러한 메뉴의 형태는 업장의 성격에 따라 다양하게 만들어지는데 효과적인 메뉴형태 작성을 위한 메뉴 디자인 기법은 다음과 같다.

1) 메뉴는 그 식당의 상징적 표본이므로 첫인상의 중요성을 고려하여 메뉴표지에 시선을 집중시킬 수 있어야 한다.

따라서 메뉴판의 자재는 플라스틱, 가죽, 나무, 종이 등 식당의 테마와 이미지에 맞도록 선택되어 고객의 구매욕구를 강화시키도록 한다.

또한 메뉴외양에 있어서도 색상 및 도안 등에서 내용을 읽지 않아도 식당의 주요 취급품목이나 업태, 입지 등의 메시지가 한눈에 들어오도록 설계해야 한다.

2) 메뉴의 크기와 쪽수는 업장의 규모, 수준, 품목수 등에 따라 다르게 나타난다. 일반

적으로는 쪽수가 많을수록 고객의 선택이 어려워지고 소요시간도 많아지므로 겉표지를 포함해 3쪽을 넘기지 않는 것이 좋다고 보고 있다. 품목의 다양성은 끼우기형, 케이스형, 묶는형 등의 다양한 형태의 메뉴유형으로 첨가하는 것이 바람직하다. 메뉴자체의 크기도 너무 커서 테이블에서 다루기가 불편하지 않도록 한다.

3) 메뉴품목 배열과 위치 등의 공간 활용을 잘해야 한다. 가장 먼저 눈에 띄는 곳에 수익성이 높은 주력 메뉴품목의 위치를 선정하는 것이 중요한데 다음의 그림은 1면으로 된 메뉴, 3면으로 된 메뉴, 4면으로 된 메뉴의 경우에 있어 초점과 눈의 움직임 및 방향을 화살표로 표시한 것이다.

<도표 2-9> 초점 및 시선방향

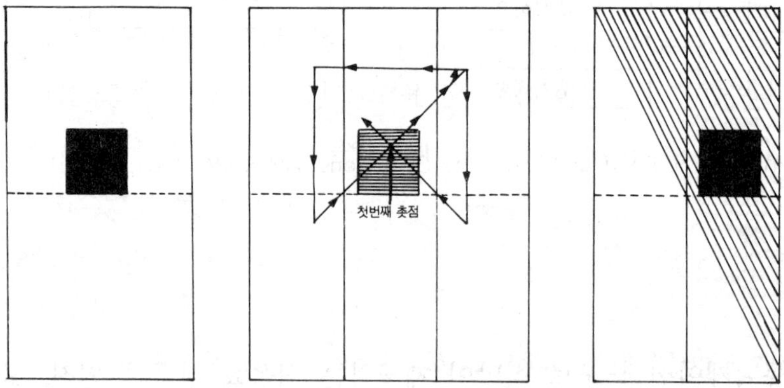

자료 : 이정자, 메뉴관리, 기문사, p67

여기서 초점은 메뉴의 쪽수에 상관없이 모두가 한가운데에 집중되는데 이 부분에 전략상 가장 중점을 두고 있는 품목을 배열하는 것이 좋다. 혹은 이미 고객인지도가 높은 품목이라면 메뉴에 크게 의존하지 않아도 되므로 이런 경우에는 오히려 문제품목이나 새롭게 개발할 품목 등을 조심스럽게 배치할 수도 있다.

메뉴의 배열은 크게 사각의 대칭형배열이나 변형된 대칭형(X-MAS) 배열, 비대칭형 배열등과 이를 혼합한 혼합형이 있다. 품목의 수와 메뉴면의 쪽수에 따라 적절한 배열방법이 정해진다.

<도표 2－10> 메뉴의 배열

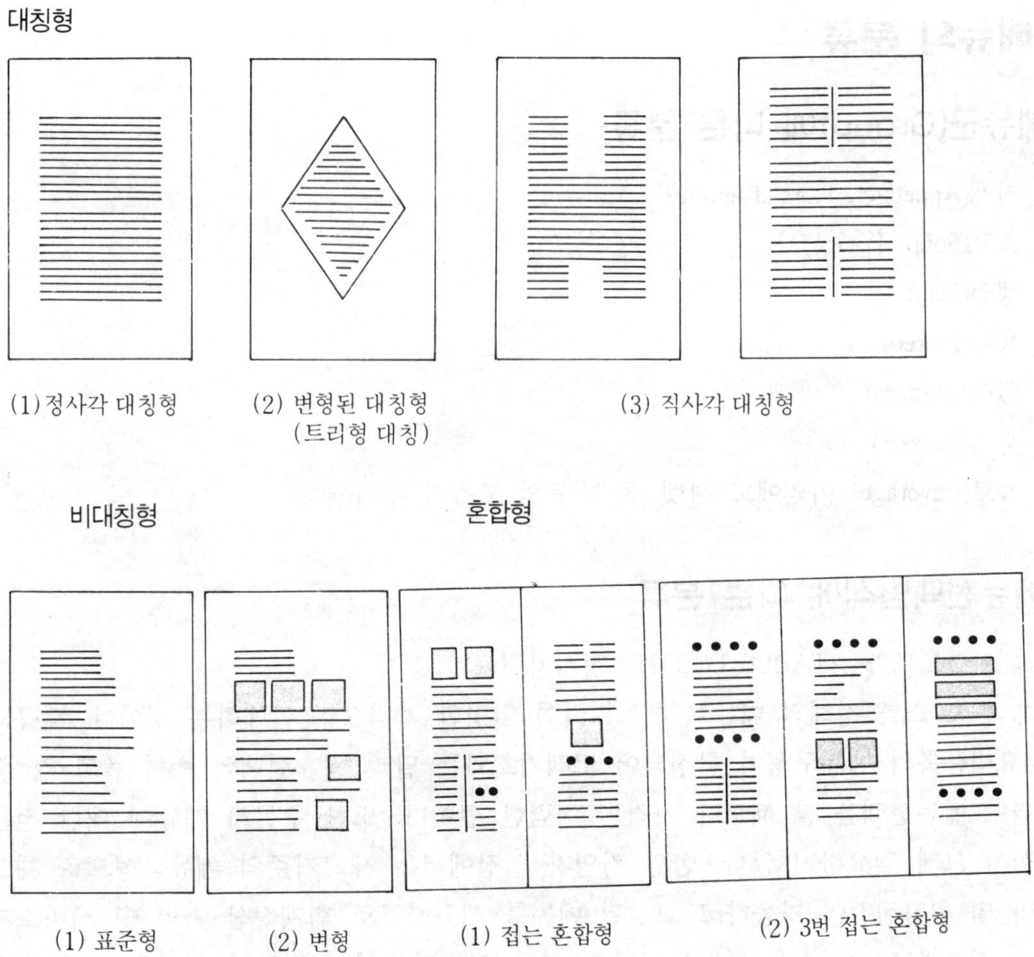

자료 : 박성부, 이정실 호텔식음료관리론, 기문사 p. 69

4) 글자의 모양과 크기는 식사의 원산지나 전문식당 등 업장의 성격에 따라 시각적 영상으로 명확하고 흥미를 줄 수 있는 활자를 사용하고 크기는 원칙적으로 정해진 것은 없으나 경험적으로 글자 인쇄면과 여백이 50%가 좋다고 보고 있다.

5) 메뉴용어는 정확하면서도 간단 · 명료해야 한다. 특수한 용어보다는 국제적으로 통

용되는 보편적인 것을 사용하는 것이 좋고 이국적 메뉴는 원산지용어로 사용하는 것이 바람직하다.

4. 메뉴의 분류

1) 메뉴군(Group)에 따른 분류

① 전채(Appetizer, Hors d'oeuvre)
② 스프(Soup, Potage)
③ 생선(Fish)
④ 육류(Entree)
⑤ 샐러드(Salad)
⑥ 후식(Dessert)
⑦ 음료(Beverage) 이외에도 셔벳, 치즈 등의 코스가 추가된다.

2) 메뉴선택방식에 따른 분류

① 테이블도트메뉴(TABLE D'HOTE, 정식차림표)

전체식사코스를 정해진 메뉴로 세트화하여 일정한 가격으로 판매하는 것이다. 제공되는 요리품목의 메뉴구성이 한정되어 고객기호와는 달리 메뉴선택의 폭이 좁고 각 품목별로 메뉴선택을 할 때보다 가격은 저렴한 편이다. 또한 주문시 메뉴에 대한 전문지식이 크게 필요하지 않다. 반면 경영자 입장에서는 재고기준의 메뉴작성으로 재고관리 및 원가절감이 가능하고 고정된 메뉴를 제공하므로 회계정산 처리 및 서비스제공이 신속하고 능률적으로 이루어진다. 또한 조리과정이 일정하여 인력을 절감할 수 있다.이 TABLE D'HOTE로 제공되는 요리의 순서는 전채요리(APPETIZER), 수프(SOUP), 생선요리(FISH), 샤벳(SHERBET), 주요리(ENTREE), 샐러드(SALAD), 디저트(DESSERT), 커피 또는 홍차(COFFEE or TEA) 등으로 짜여진다. 매일매일 변화 있게 작성되기도 하고, A COURSE, B COURSE 등으로 구분되기도 하며 때로는 장기간 실시하는 FULL COURSE MENU로서 정해진 가격에 의해서, 정해진 순서대로 제공되는 요리를 말한다.

② A LA CARTE(일품요리 차림표, 주문식단 메뉴)

고객의 기호에 따른 주문에 의하여 제공되는 요리로서 각 코스별로 여러 종류를 나열해 놓고 고객이 골라먹을 수 있게 만들어진 차림표이다.

일품요리 메뉴는 고객이 기호에 따라서 먹을 수 있는 유리한 점이 있으나 대체로 가격이 비싸고 식자재관리가 어렵다는 단점이 있다.

<도표 2-11>

Table D'Hote Menu

₩27,000

Lamb Terrine with wild Mushroom and Banana-Zucchini Chutney
양고기 테린과 천연송이

♣♣♣

Light Shrimp and Fennel Bisque with Saffron
새우로 만든 비스큐

♣♣♣

Steamed Fillet of Sole with Asparagus Tips in Grape seed Oil and Raspberry Vinaigrette
넙치 요리와 아스라파거스

♣♣♣

Musk Melon Sherbet
머스크 멜론 샤벳

Braised Fillet of Beef with Gooselivers in Young Cabbage Leaves Red Wine Butter Sauce
안심 스테이크와 거위간 요리

♣♣♣

Bouquet of Spring Lettuce with Provencal Goat Cheese
양치즈와 봄야채

♣♣♣

Choocolate Mousse in crunchy Almond Merengue
초콜릿 무스

♣♣♣

Coffee or Tea
커피 또는 홍차

♣♣♣

Fine Confections
사탕과자

10% service charge and 10% V.A.T.will be added.(Tipping is not required.)
10%奉仕料와 10% 附加税가 加算됩니다.(個別팁은 사양합니다.)

<도표 2-12>

A la Carte Menu

(Served from 11:30 a.m. to 2:00 p.m.)

Appetizers
- Rose of Canadian Smoked Salmon
- with Toast and Butter
- Mostbrockli and Pickles
- Smoked dried Beef with pickles
- Celery Salad complemented with Avocado
- Smoked Fillet of Trout
- Accompanied by Asparagus and Horseradish sauce

Salads
- Chef's Salad Bowl
- Mixed Salad

Soups
- Chilled Tomato Consomme
- Beefbroth Vermicelli
- Mushrom, Cream Soup

Fish And Seafood
- Fillet of Garoupa "Brittany"
- Coated with Mustard, Herbs, Breadcrumbs and overbaked
- Grilled King Prawns
- Garnished with Parsley Potatoes and Vegetables
- Poached Fillet of Pomfret in Portwine Sauce

Main Courses
- Grilled Beef Tenderloin
- Sirloin Steak "Maitre d'Hotel"
- Coated with spicy Butter
- Grilled Lamb Chops
- Veal Escalope Parisian Style
- Dipped in Egg and panfried
- Chicken Stew in Basil Cream Sauce
- Smoked Porkloin
- Served with Sauerkraut and Parsley Potatoes

Desserts
- Royal Cream
- Vanilla Cream Served with Lady fingers
- Assorted Cakes
- Baked Fruit Tart(seasonal fruits)

3) 메뉴의 지속기간에 따른 분류

① 고정메뉴

연중 또는 수년간 변화하지 않고 지속적으로 운영되는 메뉴로 정기메뉴라고도 한다. 전문음식점이나 냉면집, 대부분의 속성음식들의 메뉴가 해당된다. 고정메뉴의 장점은 고도의 전문노동력에 크게 의존하지 않아도 장기적인 기술습득으로 메뉴의 맛과 품질을 유지, 개선할 수 있다는 것이다. 또한 재료비 원가의 효율적 통제가 가능하다.

② 주기적메뉴 (사이클메뉴, Cyclical Menu)

특정기간을 주기로 해서 메뉴를 교체하여 적용하는 메뉴로 순환적 메뉴라고도 한다. 고객의 이용빈도가 높은 학교나 기업체의 단체 급식에서 주로 사용된다. 고객의 불만을 해소하고 메뉴에 대한 선택의 폭을 넓혀주기 위해 일정 주기를 설정한다. 흔히 계절별로 혹은 분기별로 설정하는데 업장종류와 고객사용 빈도수에 따라 다르게 정해진다. 가령 라스베가스 카지노 호텔의 경우는 1주일 주기를 설정하는데, 이는 고객의 이용순환이 빨라 반복을 느끼지 못하기 때문이다. 반면 양로원의 경우는 6주 단위의 주기를 설정한다.

주기적 메뉴의 장점은 메뉴의 권태로움을 제거할 수 있는 반면 메뉴구성을 위한 고도의 숙련된 제조 및 서비스 인력이 필요하고 재고관리의 어려움과 메뉴 인쇄비용이 추가로 발생할 수 있다는 것이다.

③ 단기메뉴(Market Menu)

이는 오늘의 특별메뉴(daily special menu), 계절적 성수기의 메뉴(해산물, 과일 등), 건강을 위한 보양식 및 채식메뉴, 어린이 및 노인을 위한 메뉴, 다이어트메뉴, 발렌타인, 추수감사절, 할로인 등의 특별한 날을 기념하기 위한 메뉴들로 메뉴판에 첨가하는 클립온(clip−on)이나 팁 온(tip−on) 등의 형태로 나타난다. 재료의 재고품 판매를 꾀할 수 있고 변화하는 고객욕구에 맞춰 활력을 주게 되어 매출액을 증진시킬 수 있는 반면 단기적으로 사용되는 만큼 새로운 메뉴개발의 어려움이 있게 된다.

<도표 2-13>

DAILY SPECIAL MENU
오늘의 특별 메뉴

월요일 SWISS POTATO SOUP	감자 수프
SLICED BEEF SANDWICH WITH ONION SAUCE	양파소스를 곁들인 쇠고기 샌드위치
BUTTERED CAULIFLOWER	콜리플라워
YOUNG SWEET CARROTS	어린 당근
CHATEAU POTATOES	감자볶음
COFFEE OR TEA	커피나 홍차

10% service charge and 10% V.A.T.will be added.(Tipping is not required.)
10% 봉사료와 10% 부가세가 추가됩니다.(개별팁은 사양합니다.)

수요일 GASCON SOUP	토마토 양파 수프
BEEF ROMANOFF	적포도주를 곁들인 로스트 카레
HOME FRIED POTATOES	감자튀김
SAUTEED CABBAGE	양배추 볶음
VICHY CARROTS	당근
COFFEE OR TEA	커피나 홍차

10% service charge and 10% V.A.T.will be added.(Tipping is not required.)
10% 봉사료와 10% 부가세가 추가됩니다.(개별팁은 사양합니다.)

4) 식료소비 시점에 따른 분류

Meal Time별 식사시간에 의한 분류이다.

5) 서비스장소에 따른 분류

① 연회메뉴

연회메뉴는 사전에 가격과 정해진 순서에 따른 메뉴품목이 정해져 있어 고객 선택의 여지가 없는 이른바 세트 메뉴를 말하는데 가격등급에 따라 2~3종류의 메뉴가 제공된다.

② 룸서비스메뉴

룸서비스메뉴는 투숙고객들의 주문에 따라 간단한 아침식사에서부터 풀코스요리까지 다양하게 제공된다.

③ 전문요리메뉴(specialty menu)

한식, 중식, 일식 등을 비롯해서 특정아이템을 제공하는 메뉴로 해산물전문이나 스테이크전문, 또는 고유국적전문요리(외국요리) 등을 말한다. 특히 육류 및 해산물은 단일재료이면서도 다양한 메뉴품목들이 개발되어 있어 고객의 욕구를 충족시킬 수 있다.

조리방법에 있어서도 메뉴품목의 특성에 맞도록 찌거나, 굽거나 삶는 등 다양하게 활용한다. 전문요리 메뉴는 대부분 아라 카르트(a la carte menu) 방식으로 제공한다.

5. 메뉴가격결정 방법

1) 의의

가격은 마케팅 믹스 중의 하나로 기업목표달성을 위한 중요한 경영수단이다. 이러한 가격결정의 방법은 기업의 이윤, 시장점유율, 매출액, 성장률 등의 기업목표에 따라 다르게 설정된다.

가령 개업초기에서는 수익성 목표보다는 시장진입과 시장점유율 확장에 목표를 둔 낮은 가격을 책정하게 될 것이고 일단 안정적인 시장 점유가 되면 자사제품에 대한 가치극대화 차원에서 높은 가격을 설정하여 차별화되고 충성도 높은 고객을 지향하게 될 것이고 동시에 최대의 이윤을 보장받고자 할 것이다. 반면 장기적인 차원의 안정된 성장세를 추구하기를 원한다면 이윤극대화보다는 적정이윤을 확보하는 차원에서의 가격결정을 하게 될 것이다. 만일 기업의 자금상태가 압박받거나 미래시장에 대한 불투명으로 사업지속이 어려운 경우라면 기업의 현재 매출수익을 최대한 극대화하는 차원에서의 가격과 매출량과의 변수를 고려한 가격이 책정될 것이다.

2) 목표 원가율에 기초한 가격결정방법

이는 오랫동안의 경험이나 원가분석을 통한 목표식료율 원가를 정하여 최초의 대략적 메뉴가격을 산출하는 방법이다. 재료비는 식음료제품 생산에 있어 가장 비중이 크고 가변적이고 통제가능한 원가요소로 보고 있기 때문에 재료비원가율만을 근거로 하고 있다.

이는 외국체인 호텔기업의 재무제표처리지침인 USALI(Uniform System of Account for

Lodging Industry) 양식에서도 재료비원가만을 매출원가로 산정하여 매출총이익을 구하고 있는 것을 보더라도 알 수 있다. 즉 매출에 영향을 주는 가격요인 중에 가장 큰 부분은 재료비라고 볼 수 있는 것이다.

이 방법의 단계를 보면

(1) 우선 목표식료원가율을 정한다.

(2) 목표식료원가율을 환산해서 가격승수를 구한다. 가격승수는 곱해서 가격이 결정되는 계수로 단위가격에 대한 단위재료비의 비율이 원가율이므로 가격은 단위 재료비의 원가율의 역수배로 결정된다. 이때 원가율의 역수를 가격승수라고 한다.

따라서 가격의 일정재료비율이 재료비이듯이 가격은 재료비에 가격승수를 곱하여 결정된다. 가격 3의 3분의 1이 재료비라면 재료비 1의 3배가 가격이 되는 것이다(가격 1,000원, 원가율 10%, 재료비 100원에서 가격은 재료비 100원에 10분의 100, 즉 10을 곱해 1,000원이 나오는 것과 같다).

3) 식료에 대한 목표원가율과 특정 아이템에 대한 재료원가를 바탕으로 특정 아이템에 대한 매가를 계산한다.

4) 일정기간 후(보통 1개월 후) 이러한 조건 충족 여부를 파악한다.

예 시

스테이크의 목표식료원가율이 40%라면 가격승수는 원가율의 역수로 40분의 100, 즉 2.5이다. 스테이크의 재료비가 10,000원이라면 가격은 10,000원 곱하기 2.5는 25,000원이 된다.

3) 수익률에 기초한 가격결정방법

판매가격은 재료비뿐만 아니라 노무비, 경비 등 제반원가 및 비용을 커버할 수 있어야 할뿐 아니라 이익도 고려되어야한다. 목표원가율에 기초한 가격결정 방법이 지니는 한계점은 인적 서비스산업인 식음료경영에서 점점 더 중요시되는 노무비의 비중을 간과하고 있다는 것과 평균개념의 목표원가율에 의한 비현실성이다. 즉 다양한 메뉴품목 구성에 있어 평균식료율보다 높은 원가율을 가진 메뉴품목이 있는가 하면 상대적으로 낮은 메뉴품목이 있을 수 있는데 이때 목표식료원가율로부터 큰 격차가 있게 되면 원가에 기초한 가격결정의 의미가 없어져 비합리적인 가격결정이 되게 된다.

따라서 재료비 외에 노무비, 운영경비, 영업이익 등을 고려한 가격결정이 되도록 하는 것이 현실적인 방법으로 실제 이는 일정기간동안의 영업결과를 바탕으로 가격을 결정한다.

단계는 다음과 같다.

① 우선 업장부문이익률을 구한다. 이는 매출액에 대한 원가 및 비용을 공제하고 얻게 되는 업장영업 이익률이다.
② 식료원가 이외의 노무비, 경비항목 비율을 계산한다.
③ ①항과 ②항의 비율을 더한 후 100%에서 차감하면 식료원가율이 나온다.
④ 식료원가율로부터 가격승수를 구한다.
⑤ 식료원가에 가격승수를 곱해서 가격을 결정한다.

예 시

H호텔의 일식당의 총매출액이 500,000원, 경비가 60,000원 노무비가 200,000원, 영업이익이 55,000원이라면 영업이익률은 500,000원분의 55,000원으로 10%, 경비율은 12%, 노무비율은 40%로 나온다. 이들 매출차감항목비율을 100%에서 빼면 38%가 나오는데 이것이 현실적인 식료원가율이 되고 이를 기초로 가격승수를 구한다. 100/38로 2.5가 나온다. 이를 식료원가에 곱하면 된다.

일반적으로 가격결정은 원가, 경쟁, 수요의 3가지 요인이 중요시되는데 이와 같이 내부통제가능한 원가차원에서의 가격결정이 있는 반면 경쟁시장 및 수요시장상황에 따른 외적측면도 있게 된다.

4) 수요지향적 가격결정방법

① 인지된 가치에 따른 가격결정법(perceived-value pricing)

실제 원가수준보다는 고객에 의해 인지된 지각가치를 가격결정의 출발점으로 삼는 것이다. 제품의 가치가 실제보다 높게 인지되고 있다면 가격도 높게 책정되고 반대로 실제가치보다 낮은 인지도를 나타낸다면 가격을 내리는 방식이다.

그런데 식당경영에 있어서 고객들의 인지적 요소는 메뉴자체에만 있는 것이 아니라 식당의 평판, 이미지, 분위기, 서비스의 내용 등 다양하고 종합적으로 나타나게 되므로 이 방법의 유용성은 마케팅 조사에 따른 인지도 측정의 정확성에 달려있다.

② 단수가격결정방법

이는 가격자체를 조정하기보다는 유사한 가격범위 내에서 한 자리수만의 변화로 가격을 결정하는 것이다. 예컨대 760원과 790원의 차이는 30원이면서 모두 700원대의 가격이지만 790원과 810원의 차이는 불과 20원이면서 가격의 첫째 자리숫자가 7에서 8로 바뀌어 심리적으로 가격이 700원대에서 800원대로 크게 상승되었다는 심리가 작용하여 가격변화에 대한 저항이 있을 수 있다.

미국달러 표시의 가격들이 $10, $20, $30 대신 $9.99, $19.99, $29.99를 사용하는 것도 그와 같은 수요자의 심리적 고려에 의한 것이다.

5) 경쟁지향적 가격결정방법

가격결정시 제품의 원가나 수요자의 심리적 요인보다는 경쟁시장의 가격변동을 중요하게 고려하는 방법이다.

① 가격선도제(price leadership)

동일업계에서 가격변화에 가장 영향력 있는 기업인 가격선도자에 위해 가격이 결정되는 형태를 말한다. 이러한 가격결정은 독점상태 하에서 가격선도자에 의해 나타나게 된다.

② 특매가격(low leader price)

주력품목의 가격을 인하하여 고객을 끌어들인 다음 이윤을 남기기 위해 다른 품목에서 높은 가격을 받는 방법이다.

③ 경쟁입찰 가격결정법

기업의 원가나 수요에 기초하기보다는 경쟁사 가격을 예측하여 그것을 기초로 가격을 결정하는 방법이다. 단체급식시장에서 많이 이루어지는 방식이다.

제3부
호텔 식음료관리

제1장 조직 및 직무분석

제2장 식음료 서비스 업무

제3장 식음료영업장 운영

제1장 조직 및 직무분석

1. 호텔조직

<도표 3-1> 호텔 식음료부문의 조직

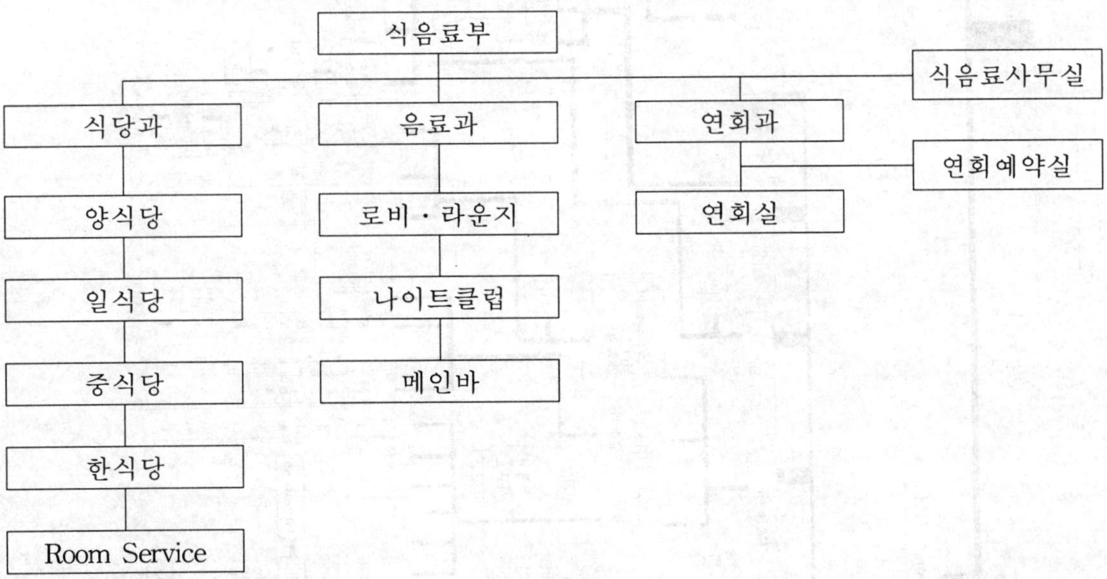

자료 : L호텔 조직도

<도표 3-2> 호텔 조직도

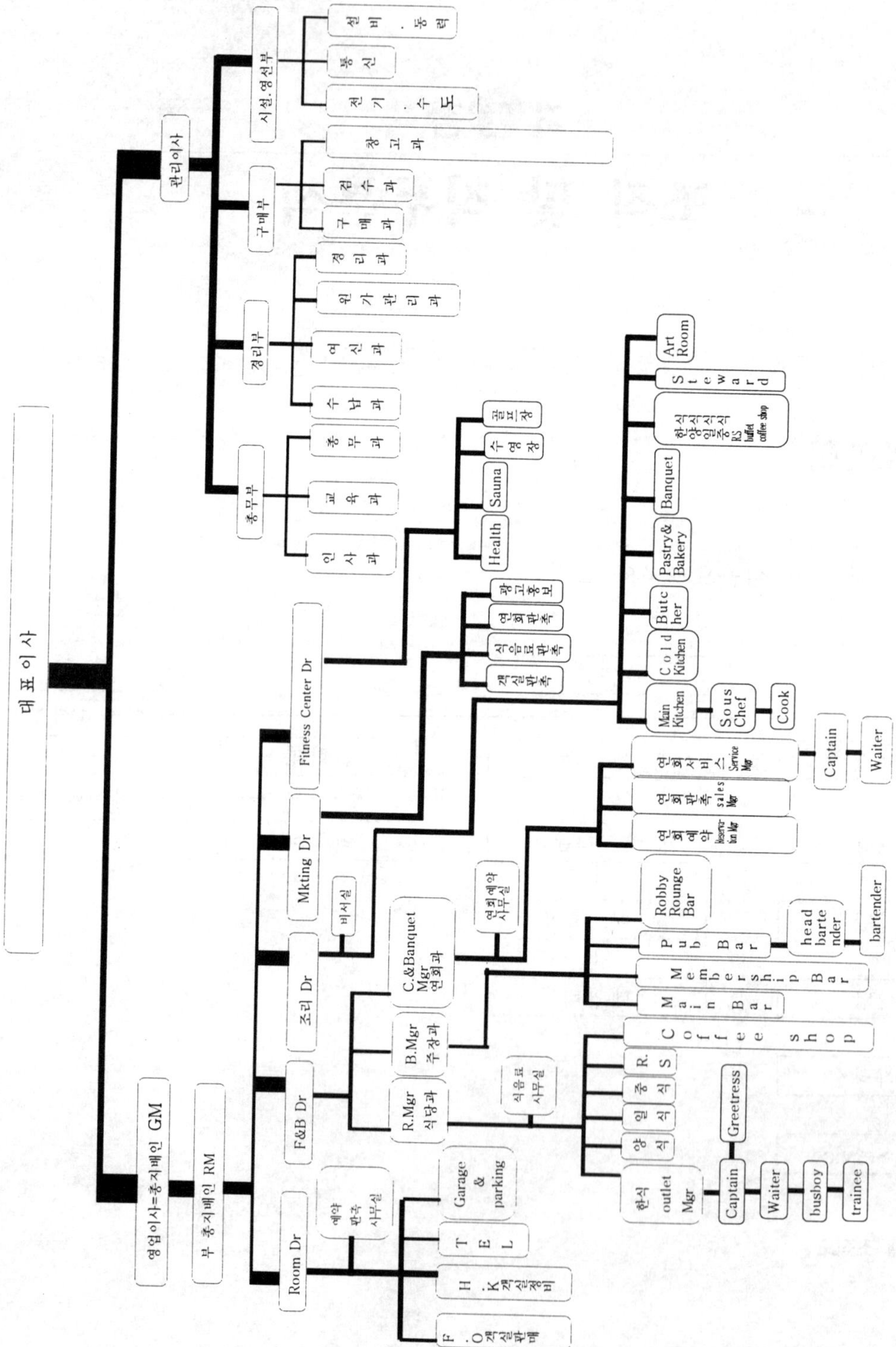
대표이사
관리이사
시설.영선부
설비·동력
통신
전기·수도
구매부
창고과
검수과
구매과
경리부
경리과
원가관리과
여신과
수납과
총무부
총무과
교육과
인사과
영업이사=총지배인 GM
부 총지배인 RM
Fitness Center Dr
Health
Sauna
수영장
골프장
Mkting Dr
광고홍보
연회판촉
식음료판촉
객실판촉
조리 Dr
비서실
Main Kitchen
Sous Chef
Cook
Cold Kitchen
Butcher
Pastry& Bakery
Banquet
한식 양식 일식 중식 RS buffet coffee shop
Steward
Art Room
F&B Dr
C.&Banquet Mgr 연회과
B.Mgr 주장과
R.Mgr 식당과
연회예약사무실
연회서비스 Service Mgr
연회판촉 sales Mgr
연회예약 Reservation Mgr
Captain
Waiter
Robby Rounge Bar
Pub Bar
head bartender
bartender
Membership Bar
Main Bar
Coffee shop
R.S
중식
일식
양식
식음료 사무실
한식 outlet Mgr
Captain
Waiter
busboy
trainee
Greetress
Room Dr
예약 판촉 사무실
Garage & parking
TEL
H.K 객실정비
F.O 객실판매

<도표 3-3> 호텔식음료부문 조직

자료 : L호텔 조직도

2. 직무분석

1) 식음료 부장(F&B Director)

식음료부의 최고 책임자로서 영업정책 및 예산을 수립하며 각 업장의 매출목표 및 재료비, 노무비, 경비목표 대비 수익목표를 설정, 이를 시달하고 각 업장에 목표달성을 위한 세부지침을 지시한다.

2) 식음료 과장(F&B Manager)

(1) 각 식당 및 주장의 운영상태 및 문제점을 파악하고 운영에 관한 책임을 진다.
- ① 전년도 매출실적을 분석, 최근 3년간 매출 추이를 통한 매출목표를 수립하고 업장별 월간 주요업무 추진계획 및 세부지침을 작성한다.
- ② 업장별 연간 상품프로모션 수립
- ③ 연간 이벤트계획, 행사 유형별 정책, 연간 패키지상품 기획
- ④ 메뉴단가 기획(메뉴가격 변동가 결정, 성/비수기 할인요금정책)

(2) 식음료부 각 업장의 집기비품, 기물, 린넨, 소모품류 년도별 사용계획작성

(3) 식음료의 원가통제관리

(4) 각 업장 지배인, 종업원들의 인건비 분석, 소요노동력 파악, 비용절감 방안계획

3) 연회과장(Banquet Manager)

식음료 과장의 업무 외에 연회특성상 다음과 같은 성격의 업무를 담당한다.

(1) 연회 유형별 정책수립(개런티, 메뉴단가, 행사가격, 반입요금표, Rental charge 제안서 표준화, COMP 결재선 표준화 등)

(2) 연회예약, 판촉, 서비스업무의 원활한 수행이 이루어지도록 지시감독, 조정한다.

(3) 타부서와 연결된 업무의 협조 및 조정통괄.

4) 업장지배인(Outlet Manager)

(1) 매출 및 영업 관리업무 세부내용

① 년도별, 월별 매출목표 설정 및 추진방안 작성
② 업장별 매출액, 수요량, 객단가 분석
③ 동종업계 매출비교 및 메뉴 엔지니어링을 통한 선호/비선호 메뉴분석후 조정을 통한 매출기여도 창출
④ 상품 프로모션 & 이벤트를 통한 매출달성전략 연구
⑤ 업장 환경정돈(페인트칠, 카페트 청소, 손상된 가구나 전자제품의 보수 등)을 위한 관련부서에의 통지
⑥ 예약접수현황과 준비사항(Mise-en-place) 점검, 직원들의 서비스 담당구역 할당, 주방요원과 서비스요원간의 협동조정, 고객영접안내

(2) 재고 관리업무 세부내용

① 식음료 재고관리 : 사내 측량 레시피에 의한 측정 및 재고파악
② 기물 재고관리 : CULTERY WARE, CHINA WARE, GLASS WARE 보관상태, 수량 월별측정을 통해 경비계획 및 손망실분 처리
③ 소모품, 린넨 재고관리 : 각종 소모품류 적정 재고상태유지, 소모품 경비절감방안 모색, 린넨류 적정보유상태 점검, 손망실부분의 측정을 통한 경비계획

(3) 원가관리업무 세부내용

① 원가관리(식 · 음재료원가, 인건비, 경비)를 통한 경영활동분석, 합리적인 절감방법 검토
② 업장별 월별 인건비, 식재료 생산성 분석
③ 분석자료 지침(식 · 음재료비, 인건비, 분기별 손익계산서)
④ 메뉴분석을 통한 악성상품 재고정리

(4) 인사관리

캡틴이하 직원의 정기적인 교육을 계획하고 시행하며 업장직원의 고과평가와 승진, 승급에 대해 부서장에게 추천한다. 또한 인원관리기준에 따른 통제와 직원의 근무 스케줄, 휴가 등을 관리한다.

(5) 고객관리

모든 고객의 불평을 처리하고 피드백을 통해 식음료 및 업장의 질과 서비스를 점검한다.

5) 접객수장(Captain)

담당서비스구역의 팀장으로 영업준비 상태와 구성종사원의 복장 및 용모를 점검한다. 고객을 영접하며 판매하는 메뉴 및 음료에 대한 깊은 지식을 가지고 식음료의 주문과 서비스를 담당한다. 딜럭스 레스토랑에서 주문전표와 계산서를 제공, 관리한다.

6) 접객원(Waiter 및 Waitress)

접객수장을 보좌하여 고객에게 직접 식음료를 운반제공하며 책임구역(Service Station)에 대한 영업전 준비(Mise−en−place)와 청소를 담당한다. 포플러한 레스토랑에서 P.O.S 시스템에 의한 빌 처리를 한다.

7) 접객수(Busboy)

웨이터나 웨이트리스의 업무를 돕는 역할을 한다. 영업에 필요한 기물류, 린넨류를 보급하고 사용이 끝난 접시를 세척장으로 옮기고 행사 후 기물을 정리한다. 테이블의 정리정돈과 청소를 담당하며 테이블을 셋팅한다.

8) Greetress

업장지배인의 업무를 보좌하여 고객의 영접과 좌석안내 및 착석, 예약업무를 담당한다. 원활한 업무를 위해 각 스테이션에 배치된 캡팀들을 기억하고 테이블을 숙지하며 호텔내의 시설물들에 대해 잘 알고 있어야 한다. Man Power 부족시 웨이터, 웨이트리스를 도와 서비스에 임한다.

9) Cashier(Waitress 겸직)

(1) 영업시간 30분전에 수납사무실에 와서 Bill과 Fund를 준비한다.

- Fund는 5000원권, 1000원권, 500원권, 100원, 50원, 10원짜리를 적당히 필요한 만큼 바꿔서 준비한다.
- Bill 수령시에는 Bill 장부에 첫 번호와 마지막 번호, 수령자 이름을 기재한다.

(2) 업장에 도착한 후, 가지고 온 Bill을 Control Sheet에 기재한 후, 돈을 돈통에 각각 넣은 다음 Cashier desk 청소 및 정리정돈을 완벽하게 한다.

(3) 영업종료 후 원본 빌, 거래명세서, 영수증을 분류하고 Cash를 입금봉투에 입금시킨다음 수납사무실의 General Cashier에게 입금시킨다. 남은 빌은 빌 장부에 기재한 후 반납한다.

10) 기물관리원(Steward)

연회행사에 필요한 각종 기물 및 린넨류 등의 확보, 보관, 수거 및 세척 관리를 담당한다.

11) 음료업장지배인(Bar Outlet Manager, 주장 지배인)

업장 지배인과 같은 직급으로 주장의 운영, 고객관리 및 주장 종사원의 인사관리, 서비스교육의 실질적인 책임을 진다.

12) 음료업장캡틴(Bar Captain)

(1) 접객 서비스의 책임을 맡고 있는 책임자로서 정확한 주문과 서비스를 담당한다.

(2) 필요시 지배인 업무를 보좌하며 담당구역 및 준비사항 등을 점검한다.

(3) 고객으로부터 직접 주문을 받고 Bill을 발행한다.

(4) 판매하는 품목의 상품지식, 시간, 순서 등을 정확히 숙지해야 한다.

(5) 신입사원 및 실습생의 교육을 담당하며 업장 내 행정업무, 영업업무를 수행한다.

13) 음료업장접객원(Bar Waiter/Waitress, 주장접객원)

담당테이블의 청결 및 정리정돈에 힘쓰며 고객의 주문을 받아 계산서를 작성한다. 항상 Stand by하며 고객서비스를 담당한다. 상품지식 및 기물 취급법을 숙지하여야 한다. 주장 내 서비스 기물의 관리 및 보관 정돈상태를 책임진다.

14) 상급조주원(헤드바텐더, Senior Bartender)

영업시작 전 준비를 완료하고 Bar Counter내 청결, 정리정돈을 수시로 점검한다.. 음료와 지정된 글래스 및 계량기에 대한 지식을 충분히 숙지하여야 하며 바텐더에게 교육훈련을 시킨다. 음료 및 부재료의 적정재고를 파악하고 보급 및 관리를 책임지며 영업종료 후 재고조사를 실시, Inventory Sheet를 작성 보고한다.

15) Wine Steward(Sommelier)

와인의 진열과 재고를 점검하고 필요시 음료창고에서 보급수령한다. Aperitif, Table Wine, Desert Wine 등을 권유, 주문을 받고 서브한다.

16) 조주원(Bartender)

헤드바텐더를 보좌하며 부재시 대행한다. 음료 및 부재료를 수령하여 각종음료의 적정재고를 확보하고 Senior Bartender의 지시에 의해 칵테일을 주조한다. 영업전 준비를 책임지고 모든 집기류의 정리정돈 및 바의 청결을 유지한다.

17) 연회예약지배인

고객으로부터 예약을 접수하여 연회를 창출하는 연회예약 책임자로서 연회예약접수에 따른 결제 관리를 담당한다. 주된 내용은 연회메뉴 및 가격협의 결정, 연회예약 장부 관리, 연회담당 종사원의 교육 및 스케줄 관리, 고객과의 교섭을 통한 견적서 작성, 행사관련부서와의 긴밀한 업무협조 및 조정 등이다.

18) 연회판촉지배인

연회행사를 계획하고 있는 고객을 찾아 적극적으로 신규고객을 창출해 내는 업무의 책임자로 행사내용에 대한 결과를 분석해서 새로운 판촉활동을 개발한다. 또한 연회행사에 필요한 업무협조 및 고객서비스에 대한 전반적인 책임을 진다.

19) 연회예약 Clerk

연회예약지배인의 업무를 보조한다. 주된 내용은 다음과 같다.

(1) 연회예약문의에 대한 상담과 행사 예약장부의 콘트롤 및 결정된 행사에 대한 내용기록 유지
(2) 행사관련부서에 행사내용 전달 및 업무조정
(3) 예약내용과 실제 행사준비상태의 체크
(4) 행사고객 영접 및 서비스 인계
(5) 행사 후 고객에게 감사서신 및 전화연락

20) 연회캡틴(Banquet Captain)

(1) 특별한 행사를 취급하는데 있어서 연회 지배인을 돕고, 서비스 직원들을 독려하고 자발적으로 업무에 임한다.
(2) 연회과 Service직원의 용모를 점검한다.
(3) 특정행사가 주어졌을 때 필요한 기물들을 준비한다.
(4) 행사장이나 Party Room의 정리정돈과 Table Set-Up을 지휘 감독한다.
(5) 메뉴를 제공하고 주문을 받는다.(필요시)
(6) 고객 서비스를 담당한다.
(7) 행사후의 뒤처리와 청소를 지휘 감독한다.
(8) 연회지배인을 도와 주방, Bar, 기타 관련부서와 긴밀한 협조를 갖도록 하여 필요한 준비와 서비스를 원활히 수행하도록 한다.
(9) 기타 수시로 주어지는 업무를 수행한다.

21) 연회웨이터(Banquet Waiter)

(1) 고객 서비스를 위해서 청구된 기물과 소모품들을 수령하여 온다.
(2) Party Room을 정리 정돈하고 테이블의 Set-Up을 한다.
(3) 글래스류, 접시류, 은기물류 등의 필요기물들을 광택이 나도록 잘 닦는다.
(4) 행사를 위해 주어진 Event Order에 준하여 홀을 정리하고 테이블을 배열한다.
(5) 연회시설이나 가구류 등이 파손되거나 수리가 필요할 때, 또한 온도나 습도의 조정이 필요하다고 생각될 때 지배인에게 보고한다.
(6) 필요시에는 메뉴를 제공하고 주문을 받는다.
(7) 정확한 순서에 따라 정중하고 효율적으로 제 시간에 맞추어 식사 Serve를 한다. 각 코스가 끝나면 접시 및 집기류들을 치운다.
(8) 린넨 수거요령에 따라 사용된 린넨을 린넨 룸으로 반납한다.
(9) 사용 후 기물과 장비를 관련부서에 반납한다.
(10) 필요에 따라서는 연회캡틴의 임무도 수행할 수 있다.

22) Order Taker

(1) 객실로부터의 전화에 의한 식음료 주문을 받으며 반드시 다음사항들을 복창 확인한다.
① 주문사항들 ② 객실번호 ③ 고객성명
(2) 단정하고 깨끗한 유니폼을 입고, 근무시간에 정확히 현장에 도착하여 일할 준비를 하여야 한다.
(3) 다음 사항을 숙지하여야 한다.

Menu와 음료 Item 도어 놉 메뉴(Door Knob Menu : 객실문 손잡이에 걸려있는 메뉴)의 취급절차 귀빈들의 예절절차 그날의 중식, 석식의 특별 권유 품목

(4) 전표 앞장은 보관하고, 서비스에 필요한 복사지들은 해당부서로 돌린다.
(5) 식음료부서의 각 영업장과 영업시간, 연예프로에 대하여서도 설명할 수 있도록 숙

지하여야 한다.

(6) 고객들은 룸서비스와 관련이 없는 용무로 전화하는 경향도 있으므로 이런 경우 적절한 해당부서로 안내하는 융통성을 가져야 한다.

(7) 룸서비스 지역의 청결성 유지와 웨이터들의 업무도 돕도록 한다.

(8) 어떠한 경우라도 고객과 다투어서는 안된다.

(9) 오더테이커는 업장 서비스 규칙, 호텔의 비상시 상황대처 등에 대하여 숙지하여야 한다.

(10) 다른 종사원들이 바쁠 때는 서로 도와서 가능한 최상의 서비스를 제공할 수 있도록 협동하여야 한다.

23) 룸서비스 캡틴(Room Service Captain)

(1) 객실에서 식사하는 고객들에게 음식을 서브하는 웨이터들을 지휘감독하며 서비스에도 직접 참여하고 룸서비스 지배인을 돕는다.

(2) 필요시에는 주문을 받고 주문서(Order Slip)를 작성한다. 객실로 배달되어져야 할 주문품을 검사하고 조원들의 서비스 절차를 지휘한다.

(3) 고객의 불평이나 고정처리 업무를 돕는다. 일지(Log Book)를 쓴다.

(4) 필요시 VIP를 위한 버틀러(Butler)역할을 한다.

(5) 객실 복도 상에 Service tray, 룸서비스 트롤리(Trolley)등 룸서비스 기물들을 내 놓은 것이 있는가 체크하고 치우도록 한다.

(6) 기타 모든 수퍼바이저(Supervisors)들이 행하는 일반직무와 수시로 부여되는 직무를 수행한다.

24) 룸서비스 웨이터(Room Service Waiter)

(1) 객실로 음식을 배달 서비스한다.

※ 배달순서

① 오더테이커(Order Taker)로부터 주문서를 받는다.

② 주문서를 주방과 BAR에 전달한다.

③ 츄레이(Tray) 혹은 Cart에 필요한 양념류들을 준비해 놓는다.

④ 주방이나 BAR에서 음식을 가져다가 츄레이나 Cart에 놓아 객실로 배달한다.
(2) 룸서비스용 글래스류, 집기류, 은기물류 등을 깨끗이 닦고 내프킨을 접는다.
(3) 규정된 수거 요령에 의하여 객실로부터 Tray나 Cart를 픽업(Pick-up)한다.
(4) 더러운 접시들을 정리하여 접시 닦는 곳(Dish Washer)으로 보낸다.
(5) Table Linen을 교환하고 기타 소모품들을 규정에 따라 보급, 수령한다.
(6) 음료창고로부터 필요한 음료들을 보급, 수령한다.
(7) 경우에 따라서는 전화응답을 하고 객실로 가서 개별적으로 직접 주문을 받고 식음료를 권한다.
(8) 장기투숙객이나 VIP를 위한 과일 바구니를 준비한다.
(9) 경우에 따라서는 VIP를 위한 버틀러(Butler)업무도 수행한다.

25) 총주방장(Executive Chef)

주방조직의 최고책임자로 메인 키친(Main Kitchen) 및 각 식당주방을 총괄 지휘 통제한다. 식음료부장, 원가관리담당자, 구매부장과의 원활한 협조 하에 사내 표준을 수립하고 이에 준하여 모든 주방업무를 감독한다.

26) 주방장(Sous Chef)

일반 식당의 업장지배인과 같은 직급으로 독립주방의 행정적, 기술적 책임을 담당한다. 고객분석, 영업분석 등을 통한 메뉴연구로 Recipes를 개발한다. 각 조리장들의 근무상황 및 주방과 조리사의 위생상태 등을 점검한다.

27) 조리장(Chef de Partie)

각 독립주방의 주방장을 보좌하여 조리업무를 책임진다. 소속 조리사(Cook)들의 근무스케줄을 작성하고 기술적인 면에서 교육시켜 생산 업무에 지장이 없도록 한다.

28) Saucier

Saucier란 Sauce cook으로 해산물, Ssauted dish, Stew, Hot appetizer, Hot entree, 그리고 Sauce를 준비하는 일을 한다.

29) Patisserie

Pastry cook으로 뜨겁거나 찬 후식과 Pastries를 포함한 기본적인 후식을 준비하는 역할을 한다.

30) Entremetier

Vegetable cook으로 Soup, Vegetable, Past 등의 밀가루로 만든 음식과 계란, 치즈로 만들어지는 음식을 취급한다.

31) Rotisseur

Roast cook으로 오븐에 구운 요리, 튀김요리, Grill요리, 구운 감자와 Gravy를 만드는 일을 한다.

제2장 식음료 서비스 업무

1. 식음료 서비스 형태와 방법

1) 테이블 서비스

식탁과 의자를 갖추어 놓고 고객의 주문에 따라서 종사원이 음식을 제공하는 식당으로서 고급의 식사와 정중한 서비스가 제공되는 식당을 말한다. 그 유형은 다음과 같다.

(1) 프렌치 서비스(French Service)

불란서식 서비스로서 이와 같은 서비스가 제공되는 식당은 시설, 비품, 기물 등이 최상급이므로 고객의 부담도 크다.

프렌치 서비스는 고객의 앞에서 숙련된 요리사가 주문된 음식을 직접 만들어 주기도 하며, 주방(廚房)에서 만들어진 음식이라 할지라도 은쟁반에 담아서 고객에게 보여 준 다음 게리돈(Gueridon)을 이용하여 르샤(Rech명 : hot plate)위에 올려놓고 식지 않게 하여 일일이 1인분씩 담아서 서비스하는 최상급의 서비스를 말한다.

* 특징

① 식탁과 식탁사이에 게리돈(Gueridon)이 움직일 수 있는 충분한 공간이 필요하다.

② 주문된 음식을 정확하게 요리할 수 있는 숙련된 요리사가 필요하다.

③ 사전에 정확한 재료준비가 필요하다.

④ 제공하는 시간이 오래 걸린다.
⑤ 음식을 식지 않게 제공할 수 있다.

<도표 3-4> Carving Service (Sole Meunier,혀넙치)

① Filleting을 하기 위해 준비된 모습

② 머리를 왼쪽으로 향하게 놓고 머리 부분을 Serving Spoon으로 누른 후 Serving Fork로 머리를 잘라내고 잘라낸 머리 부분을 따로 준비한 Side Plate에 옮긴다.

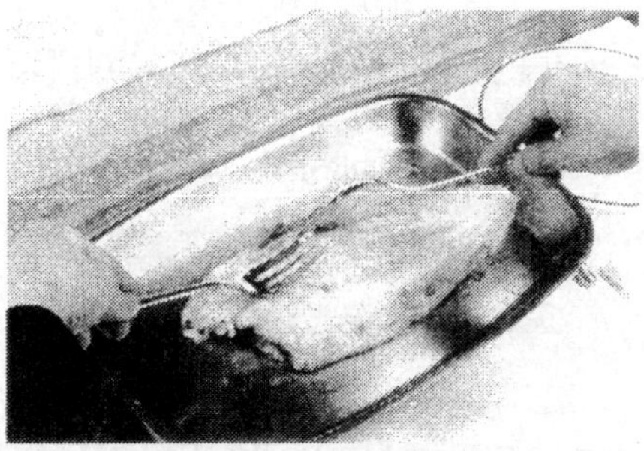

③ Fork 뒷면으로 Sole를 고정시키고 양옆에 붙어 있는 잔뼈를 완전히 제거한다. 잘라낸 잔뼈들을 Side Plate로 옮긴다.

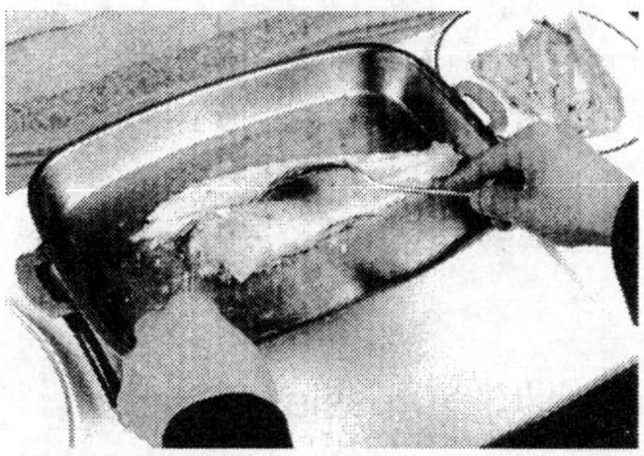

④ Serving Folk로 Sole를 고정시키고 Serving Spoon테두리로 중심 뼈를 따라서 금을 긋는다.

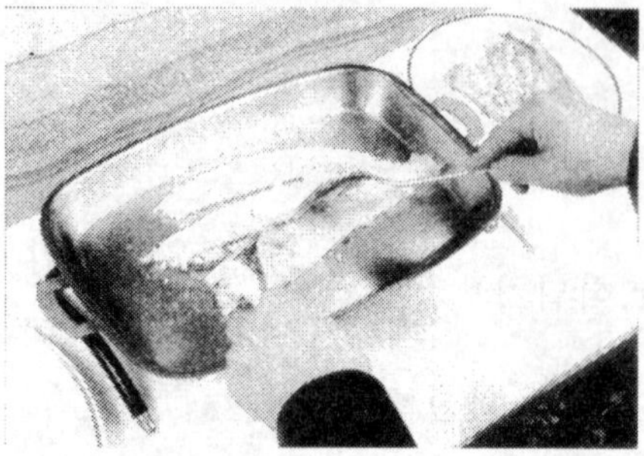

⑤ 뼈를 떼어내기 위해 윗부분 살을 양쪽으로 벌린다.

⑥ Serving Fork로 꼬리 부분을 고정시키고 중심뼈와 밑쪽의 살 사이에 Serving Spoon을 넣어 머리쪽부터 꼬리 부분까지 뼈와 살을 분리시킨다.

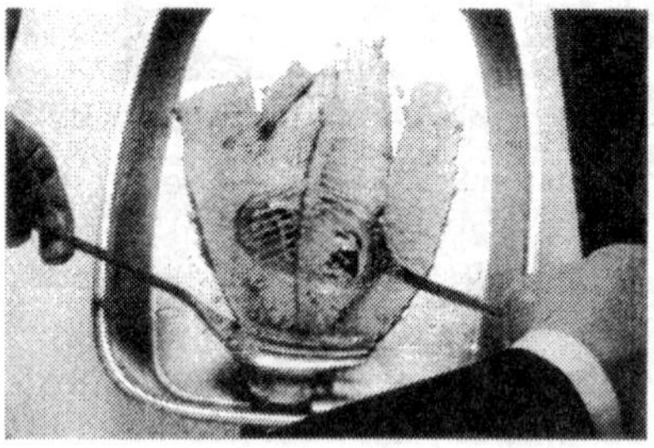

⑦ Serving Spoon과 Fork로 그림과 같이 뼈를 절단하여 Side Plate에 옮긴다.

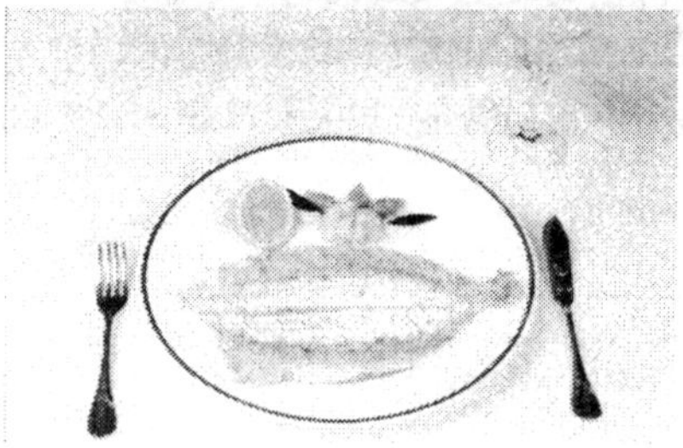

⑧ 준비된 뜨거운 Fish Plate에 Whole 형태로 맞추어 담고 머리 부분이 고객의 왼쪽으로 향하도록 하여 Lemon과 함께 Serve 한다.

(2) 러시안 서비스(Russian Service)

러시안 서비스는 연회행사에 많이 이용되는 서비스로 일정한 시간에 많은 인원을 서비스하기 위하여 은쟁반을 사용하여 고객에게 일일이 종사원이 서비스하는 것을 말한다.

※ 특징

① 전형적인 연회서비스이다.

② 서비스하는 인원 및 시간이 절약된다.

③ 주방에서 만들어진 음식을 직접 가져와 제공하므로 준비기물이 필요하지 않다.

(3) 아메리칸 서비스(American Service)

미국식 서비스는 불란서식과 러시안 서비스의 절충형으로, 만든 음식을 접시(PLATE)에 담아서 나가는 방법으로서 일반식당에서 뿐만 아니라 연회행사에서도 많이 이용되는 서비스로 일명 플레이트 서비스(Plate service)라고도 한다.

※ 특징

① 다른 서비스에 비해 빠른 서비스를 할 수 있다.
② 종사원 한 사람이 많은 고객을 서비스를 할 수 있다.
③ 서비스하는 시간이 짧다.
④ 고객회전이 빠른 식당에 적합하다.

(4) 잉글리쉬 서비스(English Service)

영국식 서비스는 일명 Host service 또는 Holiday service라고도 하며 이런 유형의 서비스는 주로 주빈(Host)이 고객의 접시에다 일일이 덜어 드리거나 은쟁반에 담긴 요리를 돌려가면서 고객이 직접 담는 방법으로서 진귀하고 값비싼 음식을 만들어 나누어 먹을 때 편리한 장점이 있으나 호텔 식당에서는 별로 이용되지 않고 있다.

※ 특징

- 음식의 서비스가 빠르고 편리하다.
- 고객은 자기 몫의 음식을 선택할 수 있다.
- 남은 요리의 추가 서비스가 가능하다.

(5) 트레이 서비스(Tray Service)

트레이 서비스란 요리를 담은 접시를 전부 트레이(Tray)에 담아서 서비스하는 것으로 호텔의 룸·서비스나 항공기의 기내 식사를 제공할 때 많이 이용된다.

※ 특징

① 플레이트 서비스보다 안전하다.
② 음식을 제공하는 시간이 단축된다.
③ 전체음식을 한꺼번에 제공할 수 있다.

2) 카운터 서비스

조리장과 붙은 카운터를 식탁으로 하여 고객이 직접 조리과정을 지켜보며 빠르게 식사를 할 수 있는 형태로 때로는 웨이터가 음식을 테이블까지 날라주기도 한다. 오늘날 현대호텔에서의 카운터 서비스 식당인 카페테리아(Cafeteria)는 일반식당의 테이블과 카운터의 혼합된 형태를 갖추고 있는 곳도 있다.

3) 셀프 서비스

나열된 음식을 고객이 직접 가져다 먹는 형태로 카페테리아나 뷔페식당을 말한다.

※ 셀프 서비스의 특징

① 기호에 맞는 음식을 다양하게 자기 양껏 먹을 수 있다.

② 식사를 기다리는 시간이 없으므로 빠른 식사를 할 수 있다.

③ 인건비가 절약된다.

④ 가격이 저렴하다.

(1) 뷔페 서비스(Buffet Service)

한군데 모아놓은 여러 가지 음식을 고객의 기호대로 먹고 싶은 양만큼 직접 가져다먹는 셀프 서비스(Self service)형태로 일명 바이킹 서비스(Viking style service)라고도 부른다.

※ 특징

① 많은 고객을 유치할 수 있다.

② 소수의 접객원으로 많은 고객을 서비스할 수 있다.

③ 여러 종류의 음식을 준비해 두어야 한다.

<도표 3-5>

(Platter Service)

(French Service)

(Plate Service)

2. 식당의 명칭에 따른 분류

① 레스토랑(Restaurant)

일반적으로 식당의 의미로 쓰이고 있는 명칭이다. 레스토랑은 고급식당으로써 식탁과 의자를 마련하여 놓고, 고객의 주문에 의하여 웨이터나 웨이트리스가 음식을 날라다 주는 테이블 서비스가 제공되며 고급음식과 정중한 서비스, 훌륭한 시설이 갖추어진 최상급의 식당이다.

② 커피숍(Coffee Shop)

고객이 많이 왕래하는 장소에서 커피와 음료수 또는 간단한 식사를 판매하는 식당이다.

③ 카페테리아(Cafeteria)

음식물이 진열되어 있는 카운터 테이블(Counter Table)에서 음식을 고른 다음, 요금을 지불하고 손님 자신이 직접 날라다가 먹는 셀프서비스(Self-Service)의 식당이다.

④ 다이닝 룸(Dining Room)

주로 정식(Table d'hôte)을 제공하는 호텔의 주식당으로, 이용하는 시간을 정하여 조식을 제외한 점심과 저녁식사를 제공한다. 그러나 최근에는 이 명칭은 사용되지 않고 고유의 명칭을 붙인 전문요리 레스토랑과 그릴(Grill)로 형태가 바뀌었으며, 정식뿐만 아니라 일품요리(á la carte)도 제공하고 있다.

⑤ 그릴(Gill)

일품요리(一品料理 : á la carte)를 주로 제공하며, 수익을 증진시키고 고객의 기호와 편의를 도모하기 위해 그날의 특별요리(Daily Special Menu)를 제공하기도 한다. 아침, 점심, 저녁식사가 계속해서 제공된다.

⑥ 뷔페식당(Buffet Restaurant)

준비해 놓은 요리를 균일한 요금을 지불하고, 자기 양껏 선택해 먹을 수 있는 셀프서비스 식당이다.

⑦ 런치 카운터(Lunch Counter)

식탁대신 조리과정을 직접 볼 수 있는 카운터 테이블에 앉아, 조리사에게 직접 주문하여 식사를 제공받는 식당이다. 고객은 직접 조리과정을 지켜볼 수 있기 때문에 기다리는 시간의 지루함을 덜 수 있고 식욕을 촉진시킬 수 있다.

⑧ 리후레쉬먼트 스탠드(Refreshment Stand)

간편한 간이음식을 만들어 진열장에 미리 진열하여 놓고, 바쁜 고객들로 하여금 즉석에서 구매해 먹을 수 있도록 한 식당이다.

⑨ 드라이브 인(Drive-In)

도로변에 위치하여 자동차를 이용하는 여행객을 상대로 음식을 판매하는 식당이다. 이 식당은 넓은 주차장을 갖춰야만 한다.

⑩ 다이닝 카(Dining Car)

기차를 이용하는 여행객들을 위하여 식당차를 여객차와 연결하여 그곳에서 음식을 판매하는 식당이다.

⑪ 스낵 바(Snack Bar)

가벼운 식사를 제공하는 간이식당이다.

⑫ 백화점 식당(Department Store Restaurant)

백화점을 이용하는 고객들이 쇼핑도중 간이식사를 할 수 있도록 백화점 구내에 위치한 식당이다. 회전이 빠른 식사(Fast－Food)가 제공된다.

⑬ 인더스트리얼 레스토랑(Industrial Restaurant)

회사나 공장 등의 구내식당으로, 비영리 목적의 식당이다. 학교, 병원, 군대의 급식식당 등이 이에 속한다.

3. 식음료접객편성 시스템

식음료서비스는 시설규모, 인테리어, 주차장, 분위기 등의 물적요소와 인적요소에 의해 제공된다. 특히 인적요소에서 서비스하는 종사원들을 어떻게 손님식탁에 적절히 배치하는가 하는 접객편성(Service Brigade)이 중요하다. 호텔의 등급수준과 식당규모와 종류, 대상고객 등 영업방식에 따라 접객편성 조직이 다르지만 세계적으로 표준화한 3가지 시스템이 있다.

1) 쉐프 드 랑 시스템(Chef De Rang System)

국제적 서비스편성 또는 후렌치서비스시스템이라고도 부른다. 가장 정중하고 최고급의 서비스를 제공할 수 있는 식당경영에 적합하다. 식당지배인 아래에 헤드웨이터(Maitre d'hote)가 있고 그 밑에 3~4명의 웨이터가 접객조직편성을 이뤄 일정테이블을 담당하여 서브하는 제도이다. 이는 각기 책임이 다른 구성원들의 팀웍의 조화로 서비스를 수행하는 것이다.

즉 헤드웨이터가 음식을 담당하는 쉐프 드 랑과 음료를 담당하는 쉐프 드 벵(Chef de vin 또는 Sommelier)를 두고 다시 그 밑에 2~3명의 보조기능을 담당하는 종사원을 두어 업무를 수행하는 방식이다. 이는 수준 높은 서비스를 제공할 수 있고 근무하는 종사원의 전문성 함양과 이에 상응하는 근무조건 등 만족한 보상을 기대할 수 있는 장점이 있는 반면 경영자 입장에서는 전문종사원에 대한 의존도 및 인건비가 과대하여 비용부담이 될 수 있다.

<도표 3－6> 쉐프 드 랑 시스템

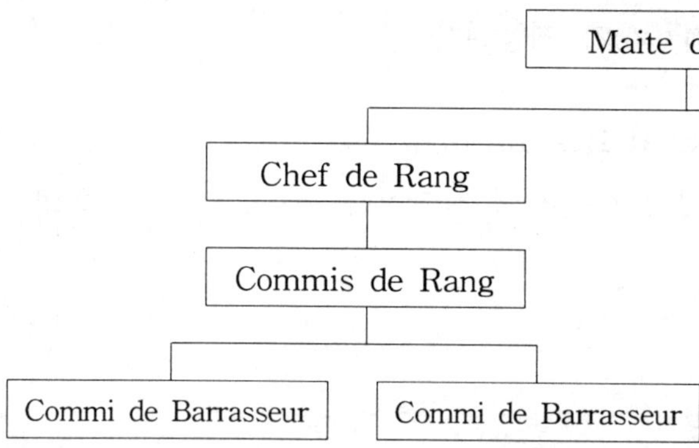

2) 헤드웨이터 시스템(Head Waiter System)

헤드웨이터 아래에 식사담당(Meals Waiter)과 음료담당(Drinks Waiter)을 두어 지정된 테이블 없이 전체식당을 담당하게 된다. 일반식당에서 적합하다.

<도표 3－7> 헤드웨이터 시스템

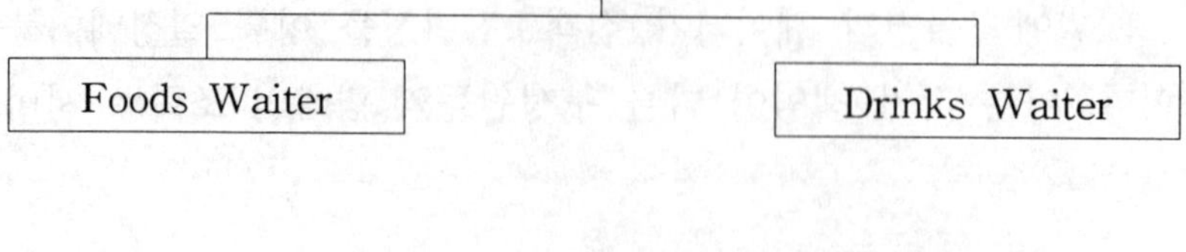

3) 스테이션 웨이터 시스템(Station Waiter System)

일명 원 웨이터 시스템(One Waiter System)이라고도 하는데 해드웨이터 밑에 1인의 웨이터가 식사 및 음료 일체를 서비스한다. 다만 일정서비스 구역을 맡게 된다. 이 시스템은 휴양지에 위치한 계절식당이나 나이트클럽, 극장식당과 같은 특수한 식당에 적합하다. 장점으로는 한 사람의 웨이터가 일정수의 고객을 상대로 일관성 있는 서비스를 제공할 수 있고 인건비 지출이 적은 반면, 식음료 일체를 제공해야 하므로 빈번한 주방출입에 따른 서비스 담당구역의 이탈이 발생하여 신속 정확한 서비스제공이 어려워진다. 이는 고객의 불만요인이 될 수 있다.

<도표 3-8> 스테이션 웨이터 시스템

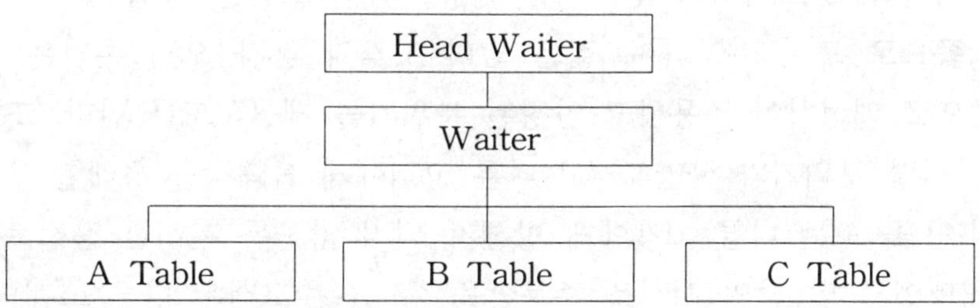

4. 고객영접 및 환송

고객 영접과 안내는 식당 지배인(Manager)과 그리트리스(Greetress) 등이 담당한다. 영접 담당자는 항상 식당 입구에서 단정한 자세로 대기하고, 고객이 입장하면 미소 띤 얼굴과 다정한 자세로 접근하여 정중히 인사를 하고 고객을 맞이하며, 환송할 때까지 다음과 같은 절차에 의하여 접객 서비스에 임한다.

1) 영접

① 미소 띤 얼굴로써 공손한 인사와 아울러 명랑한 인사말로 고객을 맞이한다.

② 예약고객인 경우 사전에 성명, 예약사항을 숙지하여 영접시 성명(○회장님, ○사장

님 등)을 불러줌으로써 고객으로 하여금 친밀감을 갖도록 하며, 예약에 따른 장소(Room), Table 및 모든 준비사항 등을 확인한다.

③ 예약고객이 아닌 경우 먼저 인원수를 물어 본 후 고객이 원하는 장소(Room) 또는 Table의 가능 여부를 확인하고, 고객이 만족할 수 있는 자리로 최대한 수용하도록 한다. 그렇지 못할 경우 양해를 구하고 가능한 장소(Room) 또는 Table로 유도한다.

④ Table이 없을 경우는 정중히 양해를 구하고 Waiting Room(대기실) 또는 칵테일 코너로 모시고, 사용 가능한 시간을 알려드림과 아울러 Waiting List(대기자 명단)에 기록한 후, 자리가 마련되면 순서에 입각하여 차례대로 좌석을 배정한다.

⑤ Table 배정은 식당 분위기가 좌우되므로 고객의 특성(외국인, 젊은층, 노약자, 지체부자유자, 단체손님, 시선을 주목받을 수 있는 고객 등)을 잘 파악하여 적절한 장소에 유치한다. 예를 들면 외국인의 경우 식당 중앙이나 다른 고객에게 잘 보이는 곳으로 배정하고, 노약자와 신체가 부자유스러운 고객은 출입이 용이하도록 입구 가까운 쪽으로 모시도록 하며, 젊은 남녀 고객과 혼자 오신 손님은 전망이 좋은 창가 쪽으로 배정하여 조용하고 안정된 분위기를 제공하도록 한다. 또한 단체손님인 경우 식당 분위기가 산만해지고 다른 고객에게 불쾌감을 초래할 우려가 많으므로 구석진 곳 또는 다른 고객에게 방해가 되지 않도록 분리한 장소로 유치하도록 하며, 저명인사 및 남의 시선을 주목받을 수 있는 고객은 다른 고객의 이목에 신경이 쓰이지 않는 곳으로 모신다.

⑥ 한쪽 Station으로 고객이 몰리지 않도록 골고루 자리를 배정해야 하고, 합석은 원칙적으로 금한다.

2) 안내

① 지정된 장소로 모실 때 손바닥은 펴고 손등이 아래로 오도록 하여 방향을 제시한다. (안내 제시에 따른 손모양은 모두 동일하며 절대 손가락으로 가리켜서는 안된다)

② 고객의 통행에 방해되지 않도록 고객 우측 2~3보 전방에서 고객과 보조를 같이하며 자리로 안내한다. 안내 담당자는 호텔 내의 모든 정보(각종 행사, 연예 공연시간, 각 업장 영업시간, 일반적인 사항 등)를 항상 숙지하여 고객의 문의시 즉시 답변 할 수 있도록 만반의 준비를 갖추어야 한다.

3) 착석

① 고객이 자리에 앉기 쉽게 두 손으로 의자 등받이를 잡아 가볍게 빼고, 앉으실 때 두 손과 한쪽 무릎을 사용하여 살며시 밀어드린다.

② 착석순서는 노약자, 어린이, 지체부자유자 또는 여성 순으로 앉도록 돕고, Host가 마지막으로 착석하도록 돕는다.

③ 착석이 끝나면 Table 담당자에게 인계하고 즐거운 시간이 되시기를 바란다는 정중한 인사를 한 후 제 위치로 돌아온다.

4) 보관

① 체크룸에 보관을 원칙으로 하나 고객이 보관 요청을 하지 않을 때는 고객의 외투, 모자, 가방, 짐 등을 고객이 편리하도록 Table 옆 또는 고객의 주위에 놓아 드린다.

② 보관을 원하실 때는 보관표(Tag)를 반드시 본인에게 드리고 보관품을 소중히 관리한다.

③ 나가실 때는 필히 보관표의 번호를 확인 대조하고 다른 보관품과 바뀌지 않도록 돌려드린다.

5) 환송

① 접객 담당자는 고객이 일어날 때 즉시 의자를 빼드리고 테이블 주위에 빠뜨린 물건이 없는지 확인하며, 떠나실 때는 이용해 주신 데 대한 감사를 표시하며, 출구 쪽을 향해 방향을 제시하고 정중히 인사드리며 배웅한다.

② 환송 담당자는 고객 퇴장시 계산을 신속하게 할 수 있도록 계산대로 안내하고, 감사의 인사말과 접객의 평가, 만족도를 확인하고 재방문의 언약을 받도록 한다.

5. 주문받는 요령 및 개념

1) 주문받는 요령

① 메뉴는 고객의 우측에서 드리고, 주문 받을 때는 고객의 좌측에 위치한다.(경우에 따라서는 유동적일 때도 있다)

② 항상 메모용지와 볼펜을 지참하여 즉시 주문 내용을 받아 적는다.

③ 주문 기록은 통일된 약자(Abbreviation)로 정확히 기재하며 반드시 복창하여 확인한다.

④ 주문받을 때는 양 발을 모으고 양 팔은 겨드랑이에 자연스럽게 붙이며, 양손은 주문서와 볼펜을 쥐고 가슴 앞으로 하여 허리를 15°정도 숙이고 고객의 좌측에서 얼굴을 주시하며 공손히 주문 받는다.

⑤ 주문 받는 순서는 시계도는 방향으로, 고객인 여자, 남자, Hostess, Host 순으로 받는다.(단체고객 또는 인원이 많은 고객일 경우 예외적으로 Host에게 일괄적으로 주문 받는 경우도 있다)

⑥ 고객의 특별한 주문 요청이 있을 경우 주방과 신속히 연락하여 가능 여부를 확인한 후 주문을 결정한다.

⑦ 시간이 오래 걸리는 요리는 주문 받을 때 반드시 소요시간을 말씀드려야 한다.

⑧ 요리 주문이 끝나면 Wine List를 고객의 우측에서 드린다.

⑨ Wine은 주로 주문된 주요리에 잘 어울리는 품목으로 권유하여 주문 받는다.

⑩ 주요리(Main Dish) 식사가 끝나면 후식 주문과 음료 주문을 받는다.

⑪ 주문이 끝나면 감사의 표시로 정중하게 인사드린 후 물러난다.

<도표3-9>

〈메뉴 드릴 때의 자세〉 〈메뉴 설명시의 손의 모양〉 〈주문받을 때의 자세〉

2) 주문 기록 통일된 약자(ABBREVIATION)

WAITER, COOK, CASHIER, 3자간의 정해진 약속이며 반드시 대문자로 써야 한다.

AMERICAN BREAKFAST	→ AM-BKT	COFFEE	→ COF
CONTINENTAL BREAKFAST	→ CON-BKT	SANDWICH	→ SW
ORANGE JUICE	→ O/J	TOAST	→ TST
SOUP	→ SP	SCOTCH WHISKY	→ S/WY
SALAD	→ SD	GINTONIC	→ G/T
STEAK	→ STK		

위에서 나열한 약자 외에도 어떠한 종류의 메뉴나 음료이든 간에 종사원, 요리사, 수납원, 3자간의 약속이 이루어진다면 어떤 종류도 약어로 쓰여질 수 있는 것이다.

<도표3-10>

▸注文書의 記錄要領

注文書(3장)

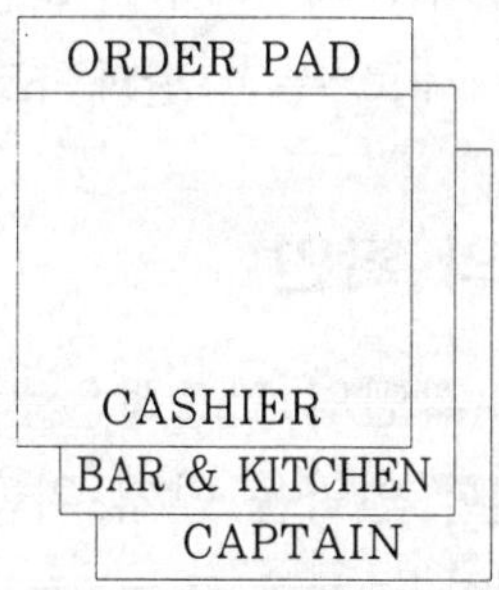

ORDER PAD			
DATE	TABLE NO.	SERVER NO.	COVER
12/13	4-12	64	K:1 F:1
1	SH-CKT		
1	SM-SAL		
1	MIN-SP(VERY HOT)		
1	MUSH-SP		
1	G-SD(1000ISLAND)		
1	SP-SD(O/V)		
1	N·Y-STK(M)		
1	D-SOLE(only OIL)		
1	A-PIE A LA		
1	ICE-CRM(V)		
1	COF		
1	S-COF		

고객의 특별주문
SALAD DRESSING
육류의 굽는 정도

☞ 12월 13일 64번 WAITER가 외국인 1명 내국인 1명으로부터 주문받는 내용은, SHRIMP COCKTAIL 1, SMOKED SALMON 1, MINESTRONE-SOUP 1, MUSHROOM CREAM SOUP 1, GREEN-SALAD 1, SPINACH SALAD 1, NEW-YORK CUT STEAK 1, DOVER SOLE 1, APPLE PIE ALAMODE 1, BANILLA ICE CREAM 1, COFFEE 1, SANKA COFFEE 1이다.

3) 추천 요령

① 상품 추천을 하기 전에 가능한 한 고객의 유형을 신속히 파악하여 고객으로 하여금 구매의욕을 최대한 유발시킬 수 있도록 자신의 능력을 최대한 발휘해야 한다.

② 고객의 주문 여하에 따라서 그날의 매상이 결정된다는 생각 하에, 사전에 추천하기로 결정한 상품을 집중적이고 효과적으로 설명하여 이윤증대에 기여해야 한다.

③ 고객으로부터 고가품을 강매하는 인상을 주어서는 안되므로, 항시 고객의 입장과 식당의 매상을 유념하여 가장 합리적인 주문이 이루어지도록 추천해야 한다.

④ 추천상품은 주로 그날의 특별요리(Daily Special Menu), 새로 입하된 식자재 Menu, 수익성이 높고 재고가 풍부한 상품, 특별행사 메뉴 등이 주종을 이루며 이런 상품들이 수익증대에 크게 기여한다.

⑤ 단골 고객인 경우 사전에 기호를 암기하여 고객의 기호에 맞는 추천으로 고정고객과의 호의적인 관계 유지를 돈독히 한다. 또한 고객관리 자료카드(Guest History Card)를 기록 유지하여 고객 이용시 항상 만족한 서비스가 이루어지도록 한다.

⑥ 음료 주문과 추가 주문은 매출증진과 이윤증대에 많은 비중을 차지하므로 적극적인 자세로 추천 판매하도록 한다.

4) 주문의 확인

① 주문 확인의 필요성은 사전에 문제요인을 예방하기 위해 고객으로부터 주문내용의 확실한 언약을 받기 위함이다.

② 확실한 주문을 받는 것은 고객에게 정확하고 신속하게 상품을 제공할 수 있는 수단이 된다.

③ 항시 종사원들은 고객 주문시 복창을 하면서 주문서에 기재하고, 주문이 끝난 후에는 반복하여 주문 내용을 확인시켜 드린다.

5) 주문받을 때의 유의사항

① 종사원은 영업 전에 주방과 긴밀한 연락으로 판매품목 중의 품절상품 및 그 날의 특별요리(Daily Special)를 숙지하여 주문시에 착오가 없도록 한다.

② 차림표(Menu)는 식당의 얼굴이므로 항시 소중하게 깨끗이 취급해야 하며, 고객에게 드리기 전에 메뉴 속의 이물질이 없는가 이상 유무를 확인 후 드린다.

③ 메뉴 설명시 고객이 이해하기 힘든 전문 용어를 사용해서는 안된다.
④ 메뉴 설명시에 절대 손가락으로 가리켜선 안되며, 손을 펴서 손바닥이 위로 오도록 하여 메뉴 품명을 가리킨다.
⑤ 주문서 작성시 날짜, 식탁번호, 고객수(외, 내국인 구분), 담당자 고유번호, 요리품명, 수량, 단가, 특별주문 내용 등이 틀리지 않도록 정확히 기록하여 접객 서비스에 실수가 없도록 한다.
⑥ 육류 주문시 굽는 정도, 계란 주문시 익히는 정도, 샐러드 드레싱 종류 등 고객의 기호에 맞게 선택하도록 반드시 물어 보고 주문서에 정확히 기입하여 주방에 건네준다.
⑦ 주문받을 때는 메뉴 구성의 순서대로 주문을 받도록 하며, 고객의 특징 또는 번호를 표기함으로써 정확한 서비스를 할 수 있으며 고객에게 호감을 받을 수 있다.

6. 식음료서비스의 기본수칙

<도표 3-11>

상 황	수 칙
식음료 Serving	(1) 식음료 Serve시에는 양발의 간격을 25~30㎝정도 벌리고 무릎을 구부려 낮이를 조절한다. (2) 요리를 Serve하기 전에 고객의 주문내용에 따라 요리에 맞는 기물로 Table Setting을 고친다. (3) 식음료를 Serve할 때는 고객의 우측에서 오른손으로 제공하며, 빵과 요리에 따른 Sauce, Salad Dressing을 제공할 때와 Platter Service시는 고객의 좌측에서 Showing한 후에 Serve하는 것이 원칙이다. (4) 식음료를 Serve할 때는 반드시 "주문하신 ○○또는 ○○요리 올려 드리겠습니다. 맛있게 드십시오"라고 정중히 말씀드린다. (5) 식음료를 Serve할 때와 치워 드릴 때는 Tray 또는 접시가 절대로 고객의 머리 위를 스쳐 지나가서는 안된다. (6) 접시를 쥘 때는 절대로 엄지손가락이 접시의 테(Plate Rim) 안쪽으로 들어가지 않도록 쥔다. (7) 무늬나 마크가 들어 있는 접시 또는 그릇은 무늬나 마크가 고객의 정면으로 오도록 하고, 접시를 놓을 때는 Table 끝에서 약 2㎝정도 안쪽으로 살며시 놓는다. (8) 종사원이 고객의 Table 앞에서 직접 조리해야 하는 요리일 때는 고객의 취향을 여쭈어 본 후 고객의 기호에 맞게 조리한다. (9) 고객이 다 드신 빈 식기(접시, Glass, Bowl 등)를 치워 드릴 때는 오른손으로 손가락을 완전히 편 채 식기를 가리키며 "맛있게 드셨습니까? 물려 드릴까요? 또는 물려도 되겠습니까?"라고 반드시 고객에게 물어 본 후에 치운다. (10) 기물을 다룰 때는 절대 소음이 나지 않도록 취급해야 한다.

상 황	수 칙
음료 Serving	(1) Glass는 위생상 반드시 1/3 하단 쪽을 손끝으로 가볍게 쥐어야 하며 Water Glass 또는 Wine Glass 우측 아래에 놓는다. (2) Table에 Glass를 놓을 때는 절대 소리가 나선 안되며, 놓은 후에는 반드시 고객 앞으로 1㎝ 정도 살며시 밀어 드리며 "주문하신 ○○입니다. 맛있게 드십시오"라고 말씀드린다.(모든 식기는 Table에 놓을 때 위와 같은 방법으로 해야 한다) (3) Cocktail Serve시에는 반드시 Muddler를 Glass에 꽂아서 Serve한다. (4) Table Cloth를 사용하지 않는 Table에 음료 Glass를 놓을 때는 반드시 Coaster 또는 Cocktail Napkin을 깔고 Serve한다.
Beer Serving	(1) 맥주와 맥주 Glass는 반드시 차갑게 깨끗이 보관된 것을 Serve한다. (2) 맥주를 따를 때는 넘치지 않게 glass에 7부 정도 채우고 나머지 3부 정도는 거품이 솟아오르도록 붓는 것이 가장 이상적인 방법이므로 병을 천천히 잘 조절하여 따르도록 한다. (3) 맥주를 따를 때는 맥주병이 Glass에 닿지 않도록 1~2㎝정도 띄워서 따르도록 한다. (4) Glass에 채우고 남은 맥주병은 상표가 고객 앞으로 향하도록 맥주 Glass위쪽에 놓는다.
Ice Water Serving	(1) 물을 따르기 전에 반드시 Water Pitcher 표면에 묻어 있는 물방울이 흘러 내리지 않도록 Arm Towel로 닦아내어 Table이나 고객의 옷에 물방울이 떨어지지 않도록 한다. (2) 물을 따를 때는 고객의 우측에서 오른손으로 Water Glass에 7부 정도 따르며, 고객이 퇴장할 때까지 물을 충분히 보충해 드려 항시 7부 정도 유지하도록 한다. (3) 물을 따를 때 Water Pitcher가 Glass에 닿지 않도록 2㎝정도 높은 위치에서 따른다. (4) 물을 따를 때는 Glass를 손으로 들고 따라서는 안된다.
Bready & Butter Serving	(1) Bread Cart에 담아서 제공할 때는 고객의 좌측에서 보여드리며 어느 것으로 드실건지 "빵은 ○○, ○○ 여러 가지가 준비되어 있습니다. 어느 것으로 올려 드릴까요?"라고 공손히 물어 본다. (2) 빵을 집을 때는 위생상 반드시 Serving Gear 도는 Bread Tong을 사용한다. (3) Bread Basket에 담아서 Table에 놓아 드릴 때는 고객이 쉽게 드실 수 있는 위치에 놓는다. (4) 개인용 Butter Bowl은 B.B Plate 위측에 놓고 Butter Dish에 담아서 제공할 때는 고객이 쉽게 드실 수 있는 위치에 놓는다.
Wine Serving	(1) White Wine은 Glass에 2/3정도, Red Wine은 1/2정도 Glass에 채우고 고객이 손수 따라 드시는 일이 없도록 한다.(Wine Serve가 끝날 때까지 Glass에 위와 같은 양을 유지해야 한다) (2) Wine을 따를 때는 Table Cloth에 Wine 방울이 떨어지지 않도록 조심해서 Serve하고, 따르고 난 후 병을 세울 때는 병목을 왼쪽으로 자연스럽게 틀어 올리면서(손목 활용) 세운다. 다음 Serve를 위해 병 입구에 맺힌 Wine이 흘러내리지 않도록 Arm Towel로 살짝 닦는다. (3) Wine을 따를 때 Glass에 와인병이 닿지 않도록 조심해서 Serve하고, Glass를 쥘 때는 밑부분인 Stem 하단 쪽을 쥐도록 한다.

상 황	수 칙
Soup Serving	(1) Soup Bowl에 담아서 Serve할 때는 고객의 우측에서 드린다. (2) Soup Tureen에 담아서 Serve할 때는 먼저 준비된 빈 Soup Bowl을 고객의 우측에서 중앙에 놓아 드린 후, Arm Towel을 알맞게 접어서 왼손으로 Soup Tureen 밑받침을 감싸쥔 후 고객의 좌측에서 Soup Bowl에 tureen을 가까이 대고 오른손으로 Soup Ladle를 사용하여 Table 또는 Soup underliner에 흘리지 않도록 조심하면서 Soup Bowl에 8부 정도 담아 드린다.(요리에 따른 각종 Sauce, Salad Dressing Serve요령도 위와 동일하며 Platter Service시에는 Serving Gear를 사용하여 요리를 Serve한다)
Food Serving	(1) 반드시 뜨거운 요리는 뜨겁게, 차가운 요리는 차게 Serve해야 한다. (2) 뜨거운 요리는 뜨거운 식기에 차가운 요리는 차가운 식기에 담아서 Serve해야 한다. (3) 뜨거운 요리를 Serve할 때는 고객에게 대단히 뜨겁다는 말씀을 드려 주의를 환기시켜 드린다. (4) 요리에 따라서 Sauce의 종류가 많은데, 일반적으로 묽은 Sauce류는 주요리에 골고루 끼얹어 드리고, 농도가 진한 Sauce류는 주요리에 끼얹지 말고 주요리 옆, 접시의 빈부분에 덜어 준다. (5) 그 외 기본 Table Sauce(Mustard, Tabasco, Worcestershire Sauce, Al Sauce, Chili Sauce, Tomato Ketchup 등)는 사전에 Service Station 또는 Side Table에 준비하여 고객이 요구할 때는 즉시 제공토록 하며, Serve하기 전에는 마개를 열어 병입구가 깨끗한지 확인한 후 상표가 고객 앞으로 오도록 하여 고객 우측 가까이 Table에 놓아 드린다. 또한 Parmesan Cheese, Pepper Mill 등은 고객의 요구시 요리에 적당량을 뿌려 준다. (6) 생선요리를 Serve할 때는 Side Dish로 Fresh Wedge Lemon 또는 Half Lemon을 같이 제공한다. (7) 생선요리 Serve시에는 요리가 머리와 꼬리부분으로 구분할 수 있는 모양(Whole)일 때는 고객의 정면에서 머리는 왼쪽으로 꼬리부분은 오른쪽으로 향하고 배부분이 앞쪽으로 오도록 놓는다. (8) 식사가 끝나기 전에 이쑤시개(Toothpicks) 포장지의 마크가 한쪽으로 일치되도록 Holder에 가지런히 담아 Table에 놓는다.
Side Dish Serving	요리에 따라서 같이 Serve해야 하나 Side Dish(Melba Toast, Cracker, Garlic Bread, Anchovy, Fresh Lemon, 고객의 특별한 주문 등)는 B.B Plate 위측에 놓아 주고 적당한 시기에 치운다.
Finger Bowl Service	(1) 고객이 손을 사용해야 하나 뼈나 껍질이 있는 요리 또는 과일(Grape, Papaya, Melon 등)을 Serve할 때는 Finger Bowl을 같이 제공한다. (2) Finger Bowl에 물을 담을 때는 나머지 손가락 첫째 마디 정도로 미지근한 물을 담도록 하며, Sliced Lemon조각을 띄운다. (3) Finger Bowl은 Meat Fork바로 위쪽에 놓아 드리며, 경우에 따라서 유동적일 때도 있다.
Salad Serving	Salad는 고객의 우측에서 드리며, Salad Dressing은 반드시 고객의 좌측에서 어떤 Dressing으로 드실건지 여쭈어 본 후에 오른손으로 정중히 Salad위에 끼얹어 드린다.

상 황	수 칙
Empty dish Take out	(1) 고객이 다 드신 빈 접시를 치울 때는 큰 접시부터 작은 접시 순으로 같은 크기의 접시를 통일해서 빼고, Bowl, Glass등 작은 식기는 Tray를 사용해서 뺀다. (2) 고객이 남긴 음식과 Fork와 Knife를 분리하여 한 접시에 모을 때는 고객에게 보이지 않도록 고객 뒤쪽으로 물러나서, 소음이 나지 않도록 조용히 정리하여 Service Napkin으로 덮어서 치운다. 또한 정리한 기물은 Service Station이나 Side Table에 방치해서는 안되며 즉시 세척기(Washer)에 넣어 깨끗이 씻도록 운반한다. (3) 후식을 Serve하기 위해서 Water Glass, Wine Glass를 제외한 불필요한 기물(Salt&Pepper Shaker 등)이 Table에 남아 있지 않도록 개끗이 치운다.
Table Cleaning	(1) 주요리(Main Dish) 코스가 끝나고 후식이 Serve되기 전에 크럼 스위퍼(Crumb Sweeper) 또는 크럼 브러시(Crumb Brush)를 사용하여 Table 위의 빵부스러기 등을 깨끗이 제거한다. (2) Table 위를 Crumbing해 드리기 전에 고객에게 반드시 양해를 구한 후 방해가 되지 않도록 고객의 좌측에서 조심스럽게 Crumbing 한다. (3) Table Cloth가 Sauce, 음식찌꺼기 등으로 인해 지저분할 때는 Table Cloth와 같은 색의 깨끗한 Service Napkin을 깔아 준다.
Dessert Serving	(1) 후식 종류에 따라서 Dessert Knife와 Spoon은 고객의 오른쪽에, Dessert Fork는 고객의 왼쪽에 Setting하고, Dessert Fork만 Setting할 때는 고객의 오른쪽에 놓는다. (2) Piece Cake 또는 Piece Pie를 Serve할 때는 모서리 뾰족한 부분이 고객 앞으로 오도록 놓는다. (3) Cake 또는 Pie에 Ice Cream을 함께 Serve 할 때는 고객 오른쪽에 Dessert Spoon을, 왼쪽에 Dessert Fork를 Setting한다.
Coffee or Tea Serving	(1) Coffee Cup은 항상 Coffee Cup Warmer에 넣어 사전에 뜨겁게 데워야 하며, 밑받침은 Cup이 미끄러지지 않도록 Doily를 깔아서 Setting한다. (2) Coffee Cup은 고객의 우측에서 손잡이가 오른쪽으로 향하도록 물컵 아래 쪽에 놓아 드리며, Tea Spoon은 Cup의 앞부분에 손잡이와 평행되게 얹어 놓는다. (3) 깨끗이 준비된 Sugar Bowl, Creamer의 양이 충분한지 확인한 후 손잡이가 고객쪽으로 향하도록 하여 고객이 쉽게 집을 수 있는 위치에 Setting한다. (4) Coffee Serve 온도는 80° C 정도가 좋으며 Cup에 8부 정도 채워 드린다. (5) 고객이 Coffee를 다 마셔갈 즈음에 더 드실건지 여쭈어 보고, 더 원하실 경우에는 Second Service를 한다. (6) Coffee Cream은 항상 냉장고에 보관하여 차갑고 신선한 것을 사용해야 하며, Serve하기 전에는 반드시 이상유무를 확인한다. (7) Ice Coffee 또는 Ice Tea는 Tall Glass에 적당히 얼음(Ice Cube)을 넣고 차게 식힌 Coffee 또는 Tea를 Glass에 7부 정도 따른 후 드시기 용이하게 빨대(Straw)와 Sugar Syrup을 같이 Serve하며, Ice Tea에는 반드시 Sliced Lemon을 같이 Serve한다. (8) Tea를 Serve할 때는 Cocktail Pick에 끼운 Sliced Lemon 2쪽 또는 뜨거운 Milk를 준비하여 고객의 기호에 맞게 Serve한다. (9) Tea Serve 온도는 80° C 정도가 좋으며, 반드시 Tea Pot를 사용하여 Tea Bag을 넣어서 Pot 채로 Serve하거나, Tea Bag을 Pot에 넣지 않고 Serve할 때는 뜨거운 물과 Tea Bag을 따로 Serve한다.

상 황	수 칙
Ash Tray Changing	(1) 재떨이 교체는 고객이 입장하여 퇴장할 때가지 담배꽁초가 2개 이상 넘지 않도록 깨끗한 재떨이로 교체한다. (2) 재떨이의 마크는 항상 고객의 정면에서 똑바로 보이도록 Setting한다. (3) 재떨이를 교체할 때는 담뱃재가 테이블 위나 음식에 날리지 않도록 깨끗한 재떨이로 소리나지 않게 가볍게 덮어서 같이 뺀 후, 덮었던 깨끗한 재떨이를 그 자리에 놓는다. (4) 재떨이에는 더러운 자국이나 물기가 있어서는 안되며, 금이 갔거나 흠이 있는 재떨이를 사용하지 않도록 한다. (5) 재떨이를 사용할 때는 반드시 Tray를 사용하여 미끄러져 깨지지 않도록 하고, 소음이 나지 않도록 한다. (6) 사용된 성냥은 Setting시 재사용해서는 안되며, 성냥을 켤 때는 불티나 고객쪽으로 튀지 않도록 성냥개비를 몸쪽으로 향해 그어서 켠다.
Billing	(1) 계산은 Cashier Desk에서 이루어지는 것이 원칙이나, Table에서 고객이 요구할 때는 계산서(Bill)를 갖다 드린다. (2) 고객에게 계산을 받기 전에 계산서의 기재사항(Table 번호, 고객수, 금액, 품목 등)을 확인한다. (3) 계산서는 반드시 Bill Holder에 끼워서 보여드리며 영수증과 거스름돈은 준비된 봉투에 넣어 Chit Tray에 담아 공손히 드린다. (4) 고객이 수표로 지불할 때는 수표 뒷면에 고객의 성함, 연락처 등을 반드시 기재한 후 받도록 한다. (5) 신용카드(Credit Card)로 계산시 Black List Card인가의 여부를 확인한 후 카드 청구서에 금액을 기재하여 계산서와 함께 고객의 서명(Sign)을 받는다. 서명 후 카드청구서 중 고객용 Copy와 계산서의 영수증을 함께 드린다. (6) 후불로 할 때는 고객의 주민등록증 확인과 명함 등을 받아 지배인에게 보고한다. 후불로 처리할 때는 계산서에 서명을 받고 가격을 말씀드리며 영수증은 주지 않는다. 또한 Information Charge 용지에 기재사항을 정확히 기입하여 계산서와 같이 Cashier에게 인계한다. (7) Room Sign시에는 고객의 Room Key와 Room Number를 확인하고 Full Name과 Sign을 정확히 받도록 한다. 기재가 끝나면 계산서의 거래명세서를 고객에게 드린다.

7. 식음료부문 종사원의 계산서 취급 요령

(1) 투숙객(Room Sign)일 때

① Room Key의 객실번호를 확인한다.

② Full Name을 기재토록 한다.

③ 식사시 년.월.일을 기록한다.

④ 고객의 Sign을 받는다.

⑤ 고객에게 거래명세서를 드린다.

(2) 신용카드(Credit Card)일 때

① Black List Card인가 확인한다.
② 카드 청구서에 금액기재 후 Sign을 받는다.
③ Bill에 고객의 Sign을 받는다.
④ 카드청구서 중 고객용 Copy와 Bill 영수증을 드린다.

(3) 현금(Cash)으로 할 때

① 현금으로 하는 고객이 수표로 지불하는 경우가 있다.
② 수표로 받을 경우에는 수표 뒷면에 정확한 전화번호와 성명을 기입받는다.
③ 고액의 수표는 지배인에게 보고하고 지시에 따라 처리한다.
④ 현금이나 수표를 받았을 때는 ○○○원 받았습니다. ○○○원 받았는데 잔액이 ○○○원 남았습니다 하며 잔액과 함께 영수증을 건네 준다.

(4) 후불(Charge information)로 할 때

① 후불일 경우, 고객의 주민등록증을 확인, 명함을 받아둔다.
② 지배인에게 보고한다.
③ Bill에 Sign을 받는다.
④ 고객에게 가격을 알려 주고 영수증은 청구할 때 드린다고 말씀드린다.

8. Paging Service

Paging Service란 고객 간의 만남을 이루게 해 주는 것으로써 식당에 고객이 찾아와 만나고자 하는 손님을 찾아 달라고 문의할 경우 또는 전화상으로 식당에 와 계시는 손님과의 통화를 원할 때, Paging Board에 찾는 사람의 성명을 정확히 기재하여 빠른 시간 내에 유무를 알려 드리며, Computerized Paging Displayer가 설치된 식당에서는 찾는 사람의 성명을 정확히 입력시켜 고객과의 만남을 원활히 해결해 주어 고객의 불편한 점을 행해 주는 접객 업무이다.

1) 원래는 Paging Boy가 있지만 Greetress가 이를 수행하며, 단정한 걸음걸이로 고객이 쉽게 볼 수 있도록 Paging Board의 손잡이가 가슴 위 높이 정도 위치하는 것이 적당하다.

2) 통화를 원하시는 고객이 지루함을 느끼지 않도록 빠른 시간 내에 신속하게 확인해 드린다.

3) 단골 고객이나 이름을 알고 있는 손님 또는 저명인사인 경우에는 Paging Board를 사용하지 말고 직접 알려 안내를 신속히 한다.

9. 예약응대업무

1) 내방객에 의한 직접예약

밝은 미소와 적극적이고 반가운 마음 자세로서 "어서 오십시오. 무엇을 도와드릴까요?" 또는 "기다리게 해서 죄송합니다."라고 한 후 좌석을 안내하여 음료수를 대접한다.

① 예약 가능한 날짜, 시간, 장소, 테이블 모양 등을 염두에 둔다.

② 장소의 분위기, 메뉴 등 특징적인 사항을 안내함으로서 예약을 잘 하였다는 안도감과 예약의 중요성을 인식시켜 드린다.

③ 예약한 사항을 다시한번 확인해 드린다.(접수통지서 발급)
경우에 따라서 Menu 가격, 고객의 기호 음료 등을 사전 안내 내지는 예약받음으로서 매출증진을 도모하고, 고객이 만족하고, 즐거운 모임이 되도록 최선을 다한다.

④ 취소통보는 하루전에 반드시 취소하는 사람의 성명, 연락처, 취소일자, 시간을 기록함으로서 예약운영에 오차가 없도록 최선을 다한다.

⑤ 예약된 장소와 테이블은 예약된 시간으로부터 1시간 이상이 경과하면 필요에 따라 다른 고객에게 판매해도 된다. 그러나 이러한 점에 대해서는 예약시 예약하는 고객에게 반드시 알려주어야 한다.

2) 전화에 의한 예약

모든 면에서 Sales Man Ship과 서비스 정신을 살려서 적극적인 자세로 임하여야 한다.

① 첫 번째 전화벨이 울릴 때 받으며 고마운 마음으로 기다렸다는 듯이 적극적인 마

음으로 상대방에게 전한다. "감사합니다(식당명) OOO입니다."

㉠ 일자, 요일, 시간, 인원을 여쭈어서 테이블이나 장소의 사용 등 가능여부를 확인한다.

㉡ 그 외의 특기사항 또는 준비사항 등을 사전에 알려드린다.

㉢ 연락처, 성함을 받고 다시 한 번 모든 것을 확인한 후 "O월O일O시, O분을 OO장소로 예약하여 놓겠습니다. 예약해 주셔서 감사합니다."

㉣ 착오를 방지하기 위하여 19는 열아홉, 20은 스물, 21은 스물하나 등으로 하고 가능하면 요일도 기입하여 정확한 예약이 되도록 재확인한다.

㉤ 예약취소는 최소한 하루 전에 하며, 반드시 취소일자, 시간, 성명, 연락처를 명기한다.

② 통화중에 전화가 왔을 때

(무엇이든지 도와줄 수 잇다는 감정이 상대방에게 느끼도록) "지금 통화중이신데 잠깐 기다려 주시겠습니까? 끝나는대로 곧 바꿔드리겠습니다."

③ 전화예약 언어

"감사합니다. OOO(식당명) OOO(예약자 성명)입니다."

- 성명 : 예약하시는 분 성함을 알려주시겠습니까?
- 일자 : 원하시는 날짜를 알려주시겠습니까?
- 시간 : 몇시에 오시겠습니까?
- 인원 : 몇분이 오시겠습니까?
- 연락처 : 연락처를 알려주시겠습니까?

"다시한번 확인하여 알려드리겠습니다."

"O월O일 O요일. O시 O분과 O분 O장소(테이블)로 예약해 놓겠습니다. 예약해 주셔서 감사합니다."

"저는 OOO(식당명)의 OOO입니다."

10. MISE-EN-PLACE(영업전후의 업무)

영업준비란, 접객 서비스를 하기 위하여 소요되는 모든 준비물(장비, 집기, 비품, 소모품 등)을 충분히 확보하여 정위치에 비치하고 청소상태, 환경정리, 시설물 등을 완벽하게 재정비함을 말한다. 따라서 종사원들은 영업에 차질이 없도록 일의 진행 순서를 숙지하여 신속하게 수행해야 한다.

<도표 3-12> 업무 진행 순서

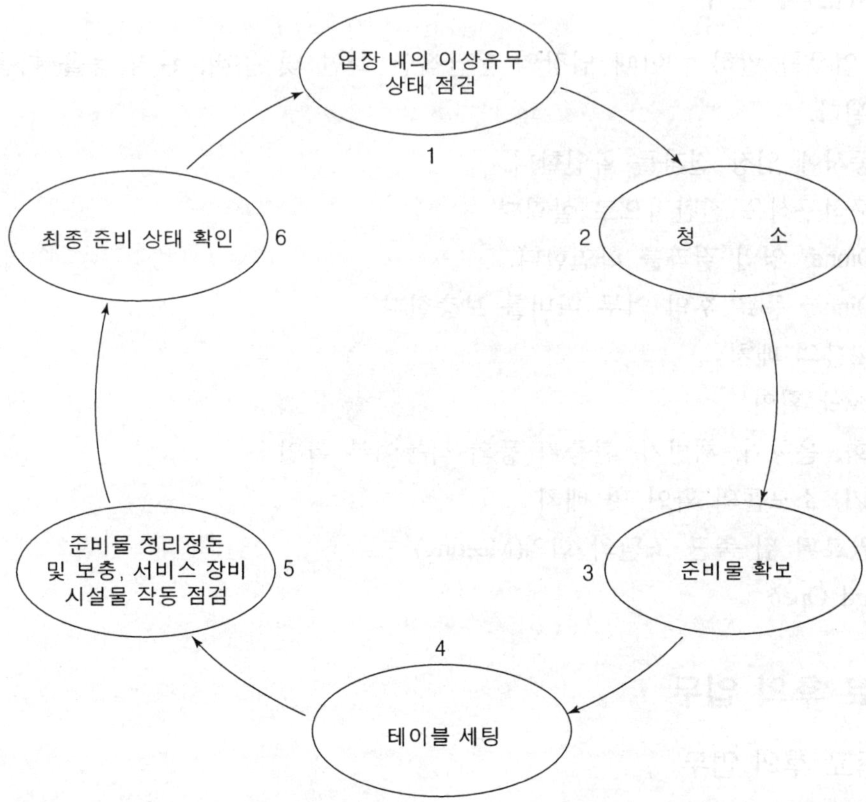

호텔영업장 중 양식당의 경우를 소개하면 다음과 같다.

종업원이 레스토랑에서 고객에게 식사를 제공할 때는 다음과 같은 사전준비가 원활하게 이루어져야 한다.

- 업장의 정리정돈과 고객용 소모품의 확보
- 충분한 공급량의 서비스 ware
- 당일 제공될 메뉴의 숙지
- 지배인 및 캡틴에 의한 최종점검

등이며, 이중 어느 한 가지라도 소홀히 판매된다면 아무리 훌륭한 요리가 제공되더라도 요리의 가치는 떨어지게 되므로 각별히 유의한다.

1) 영업개시전의 업무

보통 오전 업무를 말하며 이때 업장의 전반적인 확인 및 준비, 관리 등을 다음과 같이 실시하게 된다.

- 출근과 동시에 업장 결과를 확인한다.
- 업장의 구석구석을 전반적으로 살핀다.
- 전일의 Dinner 영업 결과를 확인한다.
- 전일의 Dinner 종료 후의 업무 미비를 보충한다.
- 예약 테이블의 배치
- Table Flower 확인
- 전등, 전화, 음향기, 제빙기, 환풍기 등의 작동여부 확인
- 비품, 집기, 소모품의 확인 및 배치
- 준비가 완료된 뒤 출근 조원의 회의(Meeting)
- Sign Board Open

2) 영업종료 후의 업무

(1) Lunch 종료 후의 업무

Lunch 영업의 종료시간 이후 Sign Board를 Dinner 영업시간으로 교체한다. 영업 종료시간 후에도 고객이 있다면 영업은 진행되며 고객이 퇴장했을 때, 비로소 영업이 종료되는 것이다. 이후 업무는 다음과 같다.

- 테이블의 Cleaning
- 업장의 소등
- 바닥 청소(Vacuum Cleaning)
- 테이블 준비
- 넵킨 정리
- 집기. 물품, 소모품의 수령 및 배치
- Suger Check
- Table Sauce Check
- Flower 정리
- Dinner 예약 확인 및 테이블 배치
- Complaint 및 Comment 일지 작성
- 이용객 수 및 매상, 기록관리
- Table Setting
- 린넨 반납 및 수령
- 각종 Service ware 세탁
- Castor Set Check
- Candle 준비
- 알콜 준비

(2) Dinner 종료 후의 업무

Dinner 영업의 종료시간은 22:00이며, 종료 시간 후에도 고객이 모두 퇴장할 때 까지는 영업이 진행되어야 한다.

종류 후의 업무는 다음과 같다.

- Sign Board 교체
- 테이블 나머지 음식과 Setting 수거 및 청소
- Table Setting
- Candle 수거
- Alcohol 수거
- Complaint 및 Comment 일지작성
- 이용객수, 매상, 기록관리(Log Book 작성)

- 업장의 최종 점검
- 업장의 자물쇠 채움
- Key 반납

3) 테이블과 의 각종 집기 체크

(1) 테이블의 준비

- 수평을 유지하고 흔들리지 않아야 한다.
- Under Cloth는 주름이 생기지 않도록 평평하게 고정시켜 깐다.
- Table Cloth가 한쪽으로 치우치지 않도록 평평하게 깐 다음 전체적으로 균형을 확인한다.
- 테이블 다리에 먼지나 오점을 제거하고 또한 녹이 슬지 않았는가 확인한다.
- 테이블 위에 남아있는 이물질 때문에 갈아진 Cloth가 불룩 튀어나오지 않았는가 재확인한다.
- Setting의 중앙과 옆좌석 Setting의 중앙과는 60cm 정도의 사이를 유지하여야 한다.
- 늘어진 Cloth와 의자는 수직이 되도록 한다.

(2) 의자의 준비

- 먼지를 제거한다.
- 쿠션(Cushion)의 작동과 이물을 확인하여 세탁한다.
- 흔들림이 없나 확인해서 흔들리는 것은 교체한다.
- 다리의 오물을 확인하여 세탁한다.
- 등받이의 쿠션을 확인한다.
- 먼지 제거는 폐품 Linen이나 혹은 비고객용 낡은 Napkin을 사용한다.
- 이상이 없는 의자는 Setting의 중심에 맞추어 배치한다.

(3) Table Setting의 준비

㉠ 식탁용 Silver Ware

- Meat Knife
- Meat Fork
- Dessert Spoon
- Dessert Fork

- Soup Spoon
- Tea Spoon
- Salad Fork
- Butter Spreader(Butter Knife)

등이 Setting되며 이 기물들은 다음과 같이 준비되어야 한다.

- 광택이 나야 한다.
- 흠이 있는 것은 사용을 금한다.
- 오물이나 손자국이 나지 않도록 주의한다.
- 기물은 언제나 손잡이를 잡고 취급한다.

㉡ 식탁용 China Ware

- Bread Plate
- Tea Cup Saucer
- Tea Cup

등은 고객용 식탁에 Setting되며 그 밖에 Buffet Table에도 여러 종류의 Chinaware가 준비된다. 이들 Chinaware는 사전에 오점이나 혹은 이가 빠졌는가, 금이 가지 않았는가를 확인하며, 특히 뒷면을 잘 살펴야 한다.

(4) 넵킨

- 각 영업장의 규정된 모양으로 접는다.
- 접어진 넵킨은 각이 져 있어야 한다.

Knife와 Fork의 중앙에 세운다.

- 힘이 없어 기울어져서는 안된다.
- 실밥이 뜯어진 것은 사용을 금한다.

(5) Cream Pitcher

- 광택이 나야 한다.
- 오물이 있는 것은 사용을 금한다.
- 2인용 식탁에는 Pitcher에 1/3의 Fresh Cream을 준비한다.
- 4인용 및 6인용 식탁에는 Pitcher에 2/3의 Fresh Cream을 준비한다.
- Fresh Cream은 미리 담아 차가운 곳에 보관한다.
- 고객이 착석하면 즉시 식탁의 중앙에 놓는다.

(6) Sugar Bowl

- 광택이 나야 한다.
- 설탕을 Bowl의 8부 정도로 채워 넣는다.
- 설탕이 굳어 있는가, 오물이 들어 있는가 확인한다.
- Sugar Ladle에 설탕이 묻어 있지 않는가 확인한다.
- Ladle을 꽂아 뚜껑을 닫고 테이블 중앙에 놓는다.

(7) 재떨이(Ashtray)

- 사용한 흔적이 말끔히 닦여져 있어야 한다.
- 물기가 없어야 한다.
- 이가 빠졌거나 금이 간 것은 사용을 금한다.
- 2인용 식탁은 1개의 재떨이를 중앙에 놓는다.
- 4인용 및 6인용 식탁은 2개의 재떨이를 놓는다.
- 직사각형 테이블인 경우에는 마주 않은 중앙에 놓는다.
- 4인용의 정사각형 및 원탁인 경우에는 옆좌석 사이에 놓는다.
- 마크가 있을 때는 바르게 놓는다.

(8) 성냥(Match)

- 사용된 성냥은 재사용을 금한다.
- 재떨이 1개에 성냥 1개를 놓는다.

(9) Bill Box

- 회사 및 업장의 선전효과를 나타낼 수 있다.
- 테이블 위에서 자주 이동되지 않도록 고객의 불편함이 없는 곳에 위치해야 한다.
- 위치는 테이블의 배치에 따라 다르게 된다.
- 창가의 직사각형 테이블에는 창가쪽에 위치한다.
- 홀 중앙에 4인용 정사각형이나 원탁일 경우에는 중앙에 위치한다.
- 2인용의 정사각형 및 원탁인 경우에는 고객의 불편이 없는 바깥쪽에 위치한다.
- 주일 단위로 세탁하여 관리한다.

(10) 꽃병(Flower Vase)

- 광택이 잘 나야한다.
- 항상 싱싱한 맛을 느낄 수 있도록 관리한다.
- 매일 아침 물을 바꾸어 준다.
- 꽃에 물을 뿌려준다.
- 시들은 꽃과 잎은 제거한다.
- Bill Box의 좌측에 놓는다.(음식 서브나 고객에게 불편을 덜어줄 수 있는 위치이다.)

(11) 촛대(Candle Stand)

- 광택이 나야 한다.
- Dinner Time에 사용한다.
- 녹이 묻어 있지 않도록 매일 세탁한다.
- 테이블의 중앙에 위치한다.
- 영업개시 후 해가 지면 불을 켠다. (혹은 고객이 착석시 불을 켠다.)
- 마주 앉아 있는 고객의 얼굴을 가려서는 안된다.
- 촛대의 위치에 따라 식탁의 분위기가 크게 달라질 수 있다.

4) SIDE TABLE 준비

서비스를 할 때 좀 더 빠르고, 편리하고, 정확하게 하기 위하여 홀의 사이사이에 배치된 서비스 준비 테이블을 말하며 다음과 같은 것들을 준비하게 된다.

(1) Linen 보관

- Table Cloth
- Doily
- Napkin
- Drapes
- Baby Napkin
- Under Cloth

이때 자주 사용하는 Linen과 자주 사용하지 않는 Linen, 접어진 Napkin 등을 별도로 구별해서 보관하면 편리하다.

(2) Plate 와 Glass 보관

이것은 Side Table의 중간에 위치하고 Table Setting에 필요한 종류는 다음과 같다.

- Bread Plate
- Tea Cup & Saucer, Coffee Cup & Saucer
- Tea Cup(Coffee Cup)
- Water Goblet
- Wine Glass

등을 준비하며 홀에 별도의 Warmer가 있으면 Coffee Cup과 Entree Plate를 보관하면 좋다.

(3) 기물보관

Side Table에 특별히 서랍 형식으로 짜여져 있어 종류별로 준비하면 좋다. 보관할 종류별로는 다음과 같은 것들이 있다.

- Meat Knife
- Meat Fork
- Dessert Fork
- Ice Cream Spoon
- Sugar Ladle
- Serving Spoon
- Dessert Spoon
- Soup Spoon
- Butter
- Tea Spoon
- Serving Fork
- Cake Server
- Cake Knife

(4) 소모품 및 Condiment

기물 서랍의 윗칸에 별도의 용도별 서랍을 설치하여 준비하는 것이 좋으며, 이때 서랍 입구에 보관품목을 적어 놓으면 편리할 것이다. 그 종류는 다음과 같다.

- Match
- Toothpick
- Table Mat
- Bill Holder
- Mustard
- Cocktail Napkin
- Memorandum Paper
- Paper Napkin
- Condiment
- Parmesan Cheese

(5) 그 밖의 Side Table 준비물

자주 사용하기 때문에 취급을 쉽게 하기 위하여 가장 위에 준비하게 되며 그 종류는 다음과 같다.

- Service Tray
- Water Pitcher
- Warmer(Range)
- Service Towel(Arm Towel)
- Table Sauce
  - · Hot Sauce
  - · A-1 Sauce
  - · Tabasco Sauce
  - · 57 Sauce
  - · Tomato Catchup
  - · Chilly Sauce

※ Sauce의 관리와 제공법은 다음과 같다.

- 영업이 시작되면 냉장고에서 Side Table로 배치한다.
- Side Table 에 배치할 때는 깨끗한 상태이어야 한다.

- 고객이 원할 경우 Table 앞에서 뚜껑을 열어 드린다.
- 병뚜껑과 주둥이는 항상 깨끗해야 한다.
- Sauce는 항상 채워 놓는다.
- 영업이 끝나면 다시 채워 냉장고에 보관한다.

5) TABLE 준비

홀의 규격, 좌석수, 가격결정에 비례하여 크기와 종류가 달라진다.

- 테이블의 성격에 맞게 먼저 배치한다.
- 테이블의 다리가 정확하고 확실하게 펴졌는가 확인한다.
- 테이블과 테이블을 연결했을 때 이음새가 차이가 나지 않는가 확인한다.
- 펴진 테이블은 위에서 힘을 가해도 튼튼한가 재확인한다.
- 테이블이 흔들리지 않는가 반드시 확인한다.

6) 그 밖의 가구 및 집기의 준비

가구나 Brass Ware는 영업 전후에 반드시 광택이 나도록 닦아야 하고, 파손여부도 영업전에 미리 체크하여 수리해서 보완한다.

(1) 체크해야 할 가구의 종류

- Reception Desk
- Service Wagon
- 출입문
- 홀의 벽
- Cashier's Desk
- Plant Box
- Side Table
- 창가(Window Side)

(2) 체크해야 할 집기의 종류

- Sign Board

- Wine Basket
- Champagne Cooler Set
- Ice Tongs
- Soup Tureen
- Soup Ladle
- Punch Ladle
- Alcohol Lamp
- Vacuum Cleaner
- Reserved Tag
- 대걸레(Mop)
- 빗자루(Broom)
- 쓰레받기(Dustpan)
- Cash Tray(Chit Tray)
- Tooth Pick Case
- Bill Holder
- Paper Napkin Holder

(3) 그 밖의 고객용 소모품 종류

- High Pin
- Sales Envelope
- Letter Paper
- Chopsticks
- Chopsticks Paper(Cover)
- Memorandum Paper
- Tooth Pick
- Match
- Straw
- Ashtray
- Birthday 용 Candle

- Memorandum Pad
- Cocktail Napkin
- Coaster
- Umbrella Cover
- Cocktail Pick
- Muddler
- Birthday Candle 받침
- Cake Knife(Plastic)
- Alcohol
- Cake 포장지

제③장

호텔식음료영업장 운영

1-1 양식당(Restaurant)

1. 조직 및 운영

<도표 3-13> 양식당 설비배치도

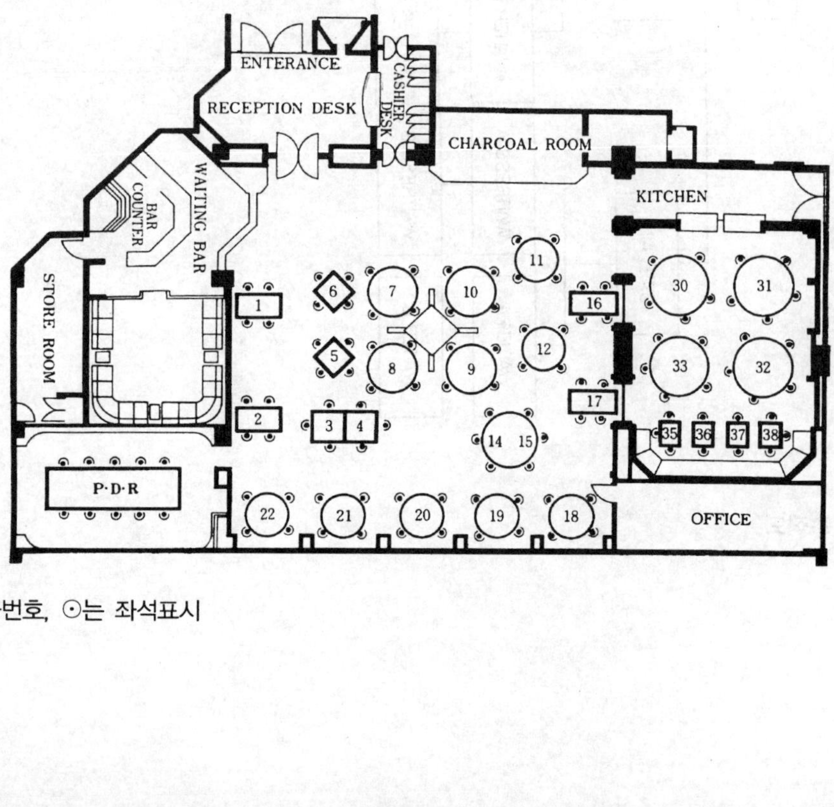

숫자는 테이블번호, ⊙는 좌석표시

<도표 3-14> 양식당 조직도

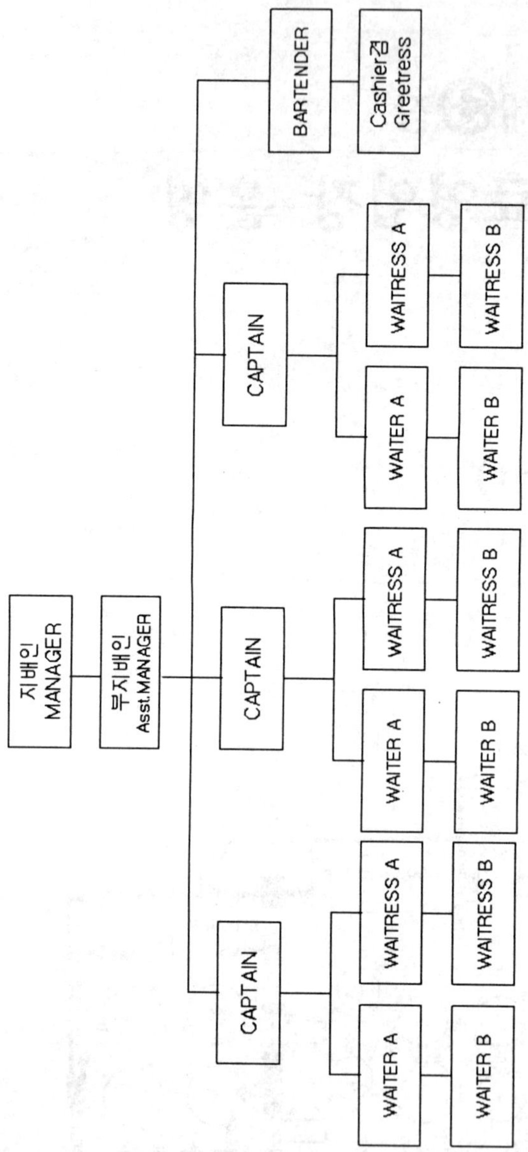

자료 : L호텔 조직도

예) 118석 양식당의 조직인원

◦ 도심지 특급관광호텔
◦ 서비스형태 : 프렌치 서비스(FRENCH SERVICE)
◦ 영 업 시 간 : 12:00 ~ 15:00
18:00 ~ 22:00
연중무휴
지배인(MANAGER) : 1명
부지배인(ASSISTANT MANAGER) : 1명
접객수장(CAPTAIN) : 3명
접객원(WAITER, WAITRESS) : 8명
접객수(BUSBOY, BUSGIRL) : 6명
안내원(GREETRESS) : 2명
수납원(CASHIER) : 2명

※총 인 원 : 23명

<도표 3-15> 근무 Schedule

	06:00 07 08 09 10 11 12 13 14 15 16 17 18 19 20 21 22 23 23:30
영업현황	조식준비 / 조식영업 / 중식준비 / 중식준비 / 석식준비 / 석식영업 / 마감준비
A 조	← 4H → (06:00 ~ 11:00) / ← 5H (17:00 ~ 23:00)
B 조	← (07:00 ~ 16:00)
C 조	← (11:00 ~ 20:00)
D 조	← (12:00 ~ 21:00)
E 조	← 4H

자료 : L호텔

2. 양식당 메뉴의 종류

1) 조식(Breakfast)

일반적으로 아침식사(Breakfast)라고 하면 식당에서 판매하는 아침식사의 정식 메뉴이다. 양식의 아침식사에는 다음과 같은 종류가 있다.

(1) 미국식 조식(American Breakfast)

계란요리와 주스(Juice), 토스트(Toast), 커피(Coffee)를 위시해서 핫케이크(Hot Cake), 햄(Ham), 베이컨(Bacon), 소시지(Sausage), 프라이드 포테이토(Fried Potato), 콘플레이크(Cornflake), 우유 등을 선택해서 먹는 식사이다.

(2) 대륙식 조식(Continental Breakfast)

유럽에서 성행되고 있는 식사로서 계란요리와 곡류(Cereal)가 포함되지 않고 쥬스, 빵, 커피나 홍차 정도로 간단히 하는 식사이다.

(3) 영국식 조찬 (ENGLISH BREAKFAST)

AMERICAN BREAKFAST에 간단한 생선요리가 추가되는 조식.

정해진 아침식사 외에도 고객이 주문해서 먹을 수 있는 여러 가지 종류의 알라카트 메뉴가 있다. 아침에 주문해서 먹을 수 있는 알라카트 메뉴는 여러 가지 종류가 있으나 대부분의 호텔에서 공통적으로 갖추고 있는 메뉴를 보면 주스류, 시리얼류, 여러 종류의 계란요리, 뜨거운 케이크류, 과일류, 빵종류, 차종류 등을 메뉴에 기재해 놓고 있다.

(4) 주스류

① 신선한 생주스(Freshly Squeezed Juice)

② 캔 주스(Canned Juice)

- Orange Juice
- Tomato Juice
- Apple Juice
- Vegetable (V8) Juice
- Grapefruit Juice
- Pineapple Juice
- Grape Juice
- Kiwi Juice

(5) 과일(Fruit)류

① 신선한 과일(Fresh Fruit)

- Half Grapefruit : 자몽을 반으로 잘라 속을 스푼으로 떠먹기 좋게 칼로 손질한 후 얼음을 넣어 차게 한 용기에 제공한다.
- Fresh Fruit in Season(계절 과일) : 딸기, 수박, 포도, 감, 사과, 배, 오렌지, 밀감, 참외, 머스크멜론, 복숭아 등 과일을 계절에 따라 제공.

② 설탕에 조린 과일(Stewed Fruit)

- Stewed Prune(서양자두), Figs(무화과), Peach(복숭아), Pine apple(파인애플)
- Fruit Compote(Cocktail) : 여러 가지 설탕에 절인 과일들을 섞은 것.

* 아침식사에서 과일은 점심·저녁식사에서와 달리 보통 식사의 처음에 서브한다.

(6) 곡물류(Cereal)

양이 작은 가벼운 식사지만 미네랄이 풍부하다.

① Hot Cereals : 보통 뜨거운 우유를 같이 제공하고 슬라이스한 과일을 곁들이기도 한다.

- Oatmeal : 귀리죽
- Cream of Wheat : 밀죽
- Cream Beef : 쇠고기죽

② Cold Cereals : 보통 찬 우유를 같이 제공하고 슬라이스한 과일을 곁들이기도 한다.

- Corn Flakes : 옥수수 낱알을 얇게 으깬 것.
- Raisin Barn : 건포도와 밀기울을 섞은 것.
- rice Crispies : 쌀을 바삭바삭하게 튀긴 것.
- Shredded Wheat : 밀을 조각낸 것.

③ Birchermuesli(비르헤르무에슬리) : 스위스 아침 곡물로 신선한 과일과 벌꿀, 호두, 요구르트, 건포도 등을 넣어서 만든 건강식 오트밀.

④ 그 외 Barley flakes와 Puffed Rice가 있다.

(7) 빵 종류

가. 빵의 무게에 따른 분류

① Bread류 : 빵의 무게 225g 이상을 말하며 Plain Bread(식빵), Rye Bread, French

Bread 등이 있다.

② Bun류 : 빵의 무게 60~225g을 말하며 Hamburg, Sandwich용 Hamburg Buns, Hot Dog Buns가 대표적이다.

③ Roll류 : 빵의 무게 60g 이하를 말하며 German Hard Roll, Soft Roll, Breakfast Roll 등이 있다.

나. Breakfast Bread의 종류

① 토스트용 식빵(Toast Bread) : 밀가루, 이스트, 설탕, 소금, 버터, 쇼티닝, 우유, 계란, 물로 만든다.

② 호밀빵(Rye Bread) : 북유럽에서 유명한 빵으로 밀가루, 호밀가루, 이스트, 소금, 설탕 등으로 만든다.

③ 프렌치 브레드(French Bread) : 프렌치 브레드는 빵의 제조 방법 중에 가장 까다로운 빵 중 하나이다. 설탕, 유지, 달걀 등이 들어가지 않으며 주원료인 밀가루와 이스트, 소금, 물만으로 된 배합이기 때문이다. German Hard Roll과 Onion Roll은 같은 반죽으로 만들 수 있다. 프랑스 원래 이름은 Baguette라고 한다.

④ 크로와상(Croissant) : 초생달 모양으로 오스트리아에서 처음 만들어졌다. 17세기 말 오스트리아가 터키와의 전쟁에서 승리하기 위해 터키 국기에 그려진 초생달 모양의 빵을 만들어 군사들에게 먹게 함으로써 사기를 북돋웠다는 데서 유래되었다고 한다. 밀가루, 설탕, 소금, 버터, 이스트, 우유, 계란 등이 재료.

⑤ 데니쉬 패스트리(Danish Pastry) : 반죽에 설탕, 유지, 계란이 많이 들어가는 덴마크식 빵이다. 반죽을 유지로 싸서 퍼프 패스트리(Puff Pastry)처럼 밀고 접기를 반복하여 굽는 빵이다. 모양과 맛, 속감 등이 다양한 것이 특징이다. 설탕에 절인 오렌지, 체리 등을 위에 올린다.

⑥ 도넛(Doughnut/Donut) : 도넛은 과자나 빵의 반죽을 성형하여 기름에 튀겨 낸 것으로, 고대의 올리브기름에 튀긴 과자나 빵에서 유래되었다고 한다. 도넛은 반죽 자체의 종류도 많이 있으나 사용하는 충전물, 글레이즈, 토핑 등을 응용하여 변화시키면 각기 다른 종류의 제품을 만들 수가 있다. Sugar Donut, Show Donut, Chocolate Dount 등이 있다.

⑦ 잉글리쉬 머핀(English Muffin) : 호떡 모양의 빵으로 소맥분을 사용하기도 하고 옥

수수 가루를 사용하기도 한다. 토스트 대신 아침식사용으로 내고 Eggs Benedictine 요리에 사용하기도 하며, 칵테일 파티에서는 오픈 샌드위치용으로 제공된다. 모양이 둥글기 때문에 햄버거에도 사용한다.

⑧ 블루베리 머핀(Blueberry Muffin) : 밑부분을 은박지로 싸고 블루베리를 넣고 만든 머핀.

⑨ 베이걸(Bagel) : 이스라엘의 대표적인 빵으로, 물에 한 번 삶았다가 오븐에 구워내는 독특한 방법으로 만든다. 반으로 잘라서 구워 제공하며 훈제된 연어와 크림치즈를 함께 곁들여 먹기도 한다.

⑩ 브렉퍼스트 롤(Breakfast Roll) : 젖꼭지 모양의 빵.

⑪ 저먼 하드 롤(German Hard Roll) : 밀가루, 이스트, 소금, 물로 만든 딱딱한 빵.

⑫ 핫 비스킷(Hot Biscuit)

* 아침식사에서 빵이 제공될 때는 딸기잼, 오렌지잼 등 여러 가지 잼과 꿀, 버터 등이 함께 제공된다.

(8) 계란요리

① Fried Egg

㈎ Sunny Side Up : 계란을 한 면만 익힌 후, 살라맨더(Salamander)에 잠시 넣어서 윗면을 덥힌 계란요리.

㈏ Turned Over

- Over Easy(Light) : 계란의 양면을 굽되 흰자만 약간 익힌 것.
- Over Medium : 흰자는 완전히 익고 노른자는 약간 익힌 것.
- Over Hard(Welldone) : 흰자와 노른자를 모두 익힌 것.

② Scrambled Egg : 계란 두 개에 한 스푼 정도의 우유 또는 생크림을 넣고 잘 휘저은 다음 프라이팬에 기름을 넣고 가열한다. 계란을 넣고 빨리 휘저어야 한다. 앤초비, 치즈, 감자, 버섯, 새우 등을 넣어 만들기도 한다.

③ Boiled Egg : 물이 끓는 온도보다 조금 낮은 온도(93°C)에서 계란을 깨지 않고 삶은 계란요리. 계란을 세우기 위한 Egg Stand와 계란 속을 떠먹기 위한 Tea Spoon이 필요하다.

- Soft Poached Egg(미숙) : 3~4분

- Medium Boiled Egg(반숙) : 5~6분
- Hard Boiled Egg(완숙) : 10~12분

④ Poached Egg : 소량의 소금과 식초를 넣어 약하게 끓는 물 (93°C)에 계란 껍질을 제거하고 삶은 계란요리.

- Soft Poached Egg(미숙) : 3~4분
- Medium Poached Egg(반숙) : 5~6분
- Hard Poached Egg(완숙) : 8~9분

⑤ Omelet : 보기 좋은 크기와 형태를 만들기 위해 계란 3개를 사용하여 만든다. 첨가물없이 계란만 말아서 만든 것을 Plain Omelet이라고 하고, Ham, Cheese, Bacon, Mushroom, Onion 등을 속에 넣어서 만들기도 하며, Plain Omelet에 Ham이나 Bacon, Sausage를 곁들이는 형태도 있다.

⑥ Corned Beef hash with Two Eggs any Style : 쇠고기의 질긴 부위를 소금물에 절인 후 삶아서 작게 다져 감자와 양파, 샐러리를 넣고 요리하거나, 토마토 패이스트를 넣어 요리하는 방법도 있다. 계란요리와 함께 제공된다.

⑦ Two Poached Eggs Benedictine : 베네딕트 수도원식 계란요리. English Muffin 위에 Ham과 Turkey 또는 Chicken Meat를 얹고, 그 위에 Poached Egg를 놓은 다음 Hallandise Sauce를 끼얹어서 윗불로 소스 색깔을 낸다.

* 여러 형태의 계란요리에 Bacon이나 Ham 또는 Sausage를 곁들이는데, Bacon을 기름기가 빠지도록 바삭바삭하게 구운 것을 Crispy Bacon이라 한다.

(9) 팬케이크와 와플(Pancakes and Waffles)

① Pancake : 밀가루, 계란, 버터, 우유, 베이킹 파우더 등으로 반죽을 만들어 철판에 구운 것이다. Blueberry나 Pineapple을 첨가하기도 한다.

② Waffle : Pancake과 재료는 동일하나 Waffle틀 속에 넣어 구운 케이크.

③ French Toast : 절단한 샌드위치 빵을 우유에 적신 후 계란을 입혀서 철판에 구운 것.

* Maple(단풍나무) Syrup과 Maple butter를 함께 제공하고, 와플과 프렌치 토스트는 계피가루(Cinnamon Powder)를 뿌려 준다.

(10) 아침 음료

① 커피

② 홍차 : 작은접시에 Tea Bag 2개와 레몬 두 조각을 Sword Pick에 끼워서 제공한다. 영국 사람들은 레몬대신 우유를 넣어 마신다. 뜨거운 물은 Pot에 따로 제공.

③ Hot Chocolate : 뜨거운 우유에 초콜릿 가루를 풀어 제공한다.

④ 인삼차(Ginseng Tea) : 뜨거운 물이 든 Pot와 작은 접시에 인삼차 2봉과 꿀 2개를 담아 따로 제공한다.

(11) 기타 아침식사

① Smoked Salmon with Cream Cheese and Toasted Bagel : 크림 치즈를 곁들인 훈제연어에 베이컨 토스트를 함께 제공한다.

② Hashed Brown Potatoes : 삶은 감자를 거칠게 다져서 양파, 파슬리, 소금, 후추, 베이컨을 넣고 둥근 형태를 만들어 튀겨 낸 것.

③ Breakfast Steak : 기름을 제거한 작은 Sirloin Steak에 Fried Egg, Grilled Tomato를 함께 제공한다.

④ Yogurt : 아무것도 첨가하지 않은 Plain Yogurt, 첨가물에 따라 Strawberry·Apricot Yogurt가 있다.

(12) Bakery 판매메뉴

Butcher Item에는 Dry와 Soft가 있다

① Dry류 : Dry Beef, .

Dry Pork, Salami Pepperoni Bier Knacker, Paprica Stick 등이 있으며, 구별하기 힘들 정도로 맛이 비슷하다. 그 외 Cold Cut, Smoked Salami, Liver Sausage, Cooked Ham, Meat Loaf, Bier Wurst, Touristen Bacon 등이 있다.

② Sausage류

- 흰색류 : Breakfast Sausage, Touringer Bratwurst, Corburger, Numburger, St-Galler 등이 있다.
- 붉은 색류 : Hotdog, Curry, Polish, Chirzo, Garlic, Pork, Regensburge, Vienna, Frank 등이 있다.

(13) 아침식사 서비스 요령

① 아침식사는 관광이나 사업상 약속을 앞두고 시간적 여유가 적으므로 신속하고 정확한 서비스가 필수적이다.

② 아침식사에서 커피나 홍차는 식사주문 전에 먼저 제공하여 메뉴를 보는 동안 커피를 즐길 수 있게 하고, 식사 중에도 커피를 더 원하는지 물어보고 2~3차례 더 제공한다.

③ 아침메뉴는 주스, 과일과 요구르트, 시리얼, 빵과 계란요리, 그리고 팬케이크의 순서로 제공한다.

과일과 요구르트, 빵과 계란요리는 같이 서브하는 것이 좋다. 보통 과일을 요구르트에 찍어 먹고, 계란과 토스트를 함께 먹을 때 토스트가 식으면 맛이 없기 때문이다.

④ 빠른 서비스를 위해 스테이션에 Iced Water를 채운 Water Goblet을 미리 많이 준비해서 고객이 몰리는 시간에 대비한다.

⑤ 주문받을 때 Fried Egg는 굽는 정도를, Boiled Egg는 삶는 시간을 정확히 물어 실수가 없도록 한다.

⑥ 오믈렛 계란요리는 Plain Omelet인지, 속재료를 계란 속에 넣고 만들 것인지, 아니면 Plain Omelet에 Ham, Bacon 또는 Sausage를 곁들여 만들 것인지 구분해야 한다.

⑦ American Breakfast에서 계란요리를 Omelet으로 주문할 경우엔 보통 계란요리는 계란 2개로 만드나, Omelet은 3개로 만들고 가격도 다르다는 차이점을 설명해서 고객이 원하는 대로 해 준다.

2) 브런치(Brunch)

아침과 점심식사의 중간쯤에 먹는 식사이다. 현대의 도시생활인에 적용되는 식사 형태로써 이 명칭은 최근 미국의 식당에서 많이 이용되고 있다. 아침 식사요리나 간단한 SNACK류를 제공한다.

3) 점심(Lunch : Luncheon)

아침과 저녁 사이에 먹는 식사로 보통 정오에 하는 식사이다. 영국에서는 꼭 아침과 저녁 사이에 먹는 것을 뜻하나 미국에서는 시간과 관계없이 저녁시간 전에 먹는 가벼운 식사를 모두 LUNCH라고 말한다.

4) 애프터눈 티(Afternoon Tea)

이것은 영국인의 전통적인 식사습관으로써, 밀크 티(Milk Tea)와 씨나몬 토스트(Cinnamon Toast) 또는 멜바 토스트(Melba Toast)를 점심과 저녁사이에 간식으로 먹는 것을 말한다.

5) 저녁(Dinner)

저녁은 질이 좋은 음식을 충분한 시간적인 여유를 가지고 즐길 수 있는 식사이다. 보통 저녁식사 메뉴는 정식(Full Course)으로 짜여지고, 음료 및 주류도 함께 마신다. 그러나 오늘날에는 DINNER도 간단하게 A LA CARTE로 주문하여 먹기도 한다.

6) 만찬(Supper)

격식 높은 정식 만찬이다.

3. 호텔식음료 소요비품, 집기 및 취급법

식당설비가 완전히 갖추어지면 그에 따른 많은 기물이 필요하다. 식당부문의 소요비품 및 집기는 식당의 종류에 따라서 완전히 달라질 수 있으나 일반적인 양식당의 경우 다음의 5종류로 분류될 수 있다.

① 기물류(Ware류)

요리를 판매하는 데 필요한 은기물류, 스테인레스류, 도기류, 유리컵류, 기타 서비스용 기물을 모두 일컫는다.

② 장비류(Wagon류)

식당영업에 필요한 장비를 말하는데 주로 이동하기 편리한 바퀴가 달린 것을 말한다.

③ 린넨류(Linen류)

영업장에 필요한 냅킨, 테이블클로스 종류를 총칭한다.

④ 가구류(Furniture류)

식당영업에 필요한 식탁, 의자, 가구류 등을 총칭한다.

⑤ 사인류(Sign류)

식당영업을 알리는데 필요한 안내판을 말한다.

1) Ware류

① 은기물류(Silverware)

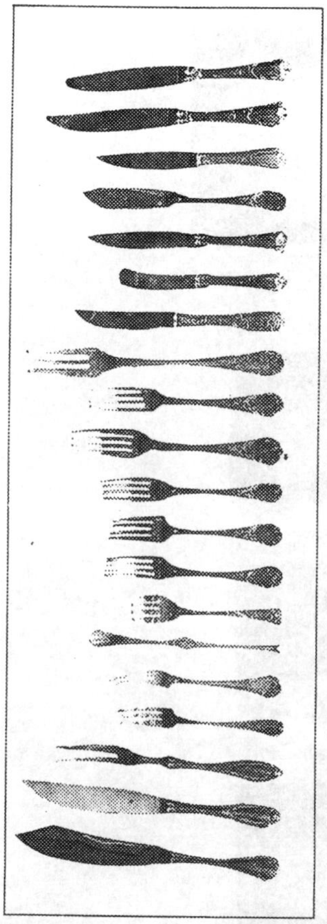

Appetizer Knife
Dinner Knife
Steak Knife
Fish Knife
Dessert Knife
Butter Spreader
Cheese Knife
Serving Fork
Appetizer Fork
Dinner Fork
Fish Fork
Salad Fork
Dessert Fork
Oyster Fork
Lobster Fork
Snail Fork
Cake Fork
Meat Carving Fork
Meat Carving Knife
Fish Carving Knife

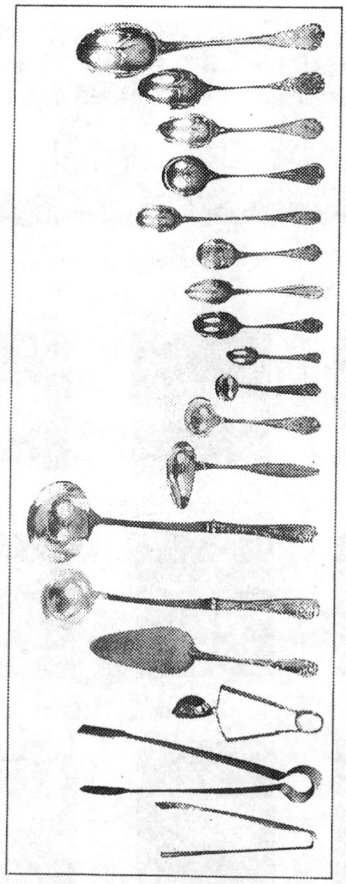

Serving Spoon
Soup Spoon
Dessert Spoon
Bouillon Spoon
Long Drink Spoon
Ice Cream Spoon
Grapefruit Spoon
Tea Spoon
Demitasse Spoon
Sugar Ladle
Gravy Ladle
Dressing Ladle
Soup Ladle(L)
Soup Ladle(S)
Pie Server
Snail Holder
Bread Tongs
Ice Tongs

② 도자기류(Chinaware)

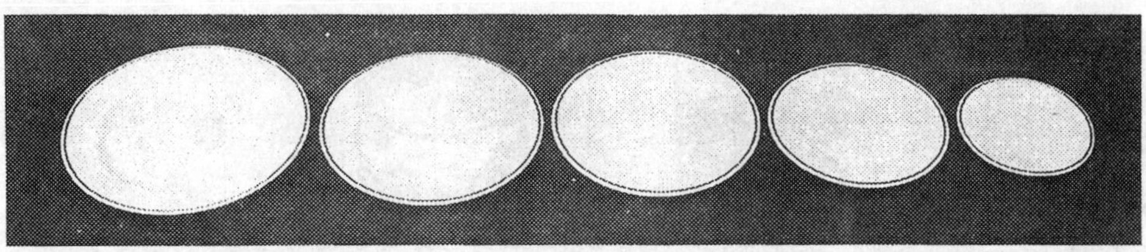

Dinner Plate(31㎝) Dinner Plate(27㎝) Fish Plate Dessert Plate B/B Plate

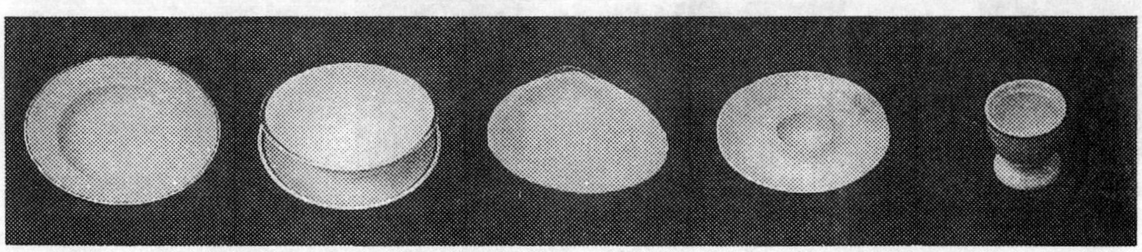

Soup Plate Deep Soup Bowl & Saucer Shell Dish Egg Cup Stand Egg Cup

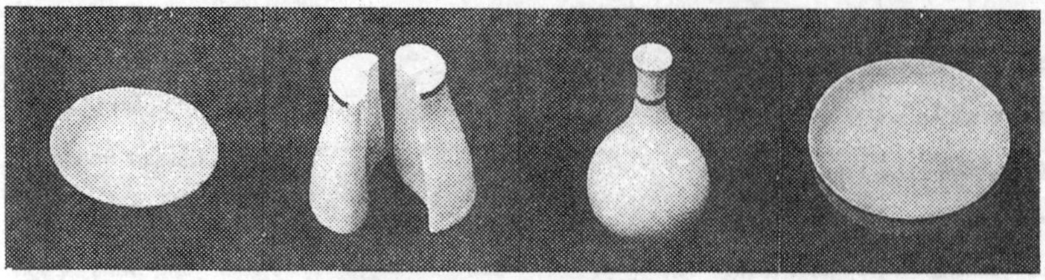

Sugar Bowl　Salt & Pepper Shaker　Flower Vase　Ash Tray

Oval Plate

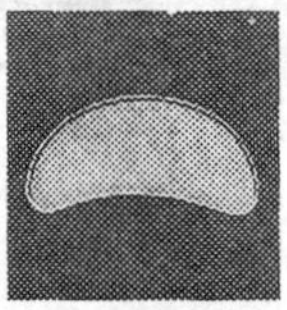

Crescent Dish

Eared Egg Dish

Oatmeal Bowl

Fruit Bowl

Creamer

Chocolate Cup

Snail Dish

Salad Bowl

Fruit Saucer

Onion Soup Bwol

Bouillon Cup

Coffee Pot

Tea Pot

Sugar Bowl

Creamer

Coffee Cup & Saucer

Demitasse Cup & Saucer

③ 글라스류(Glassware)

▸ Crystal Glass

① Goblet ② Red Wine Glass ③ White wine Glass ④ Liqueur Glass
⑤ Champagne Flute ⑥ Brandy Glass ⑦ Cordial Glass ⑧ Tall High Ball
⑨ Beer Tumbler ⑩ Old Fashion Glass ⑪ Shot

▸ Normal Glass

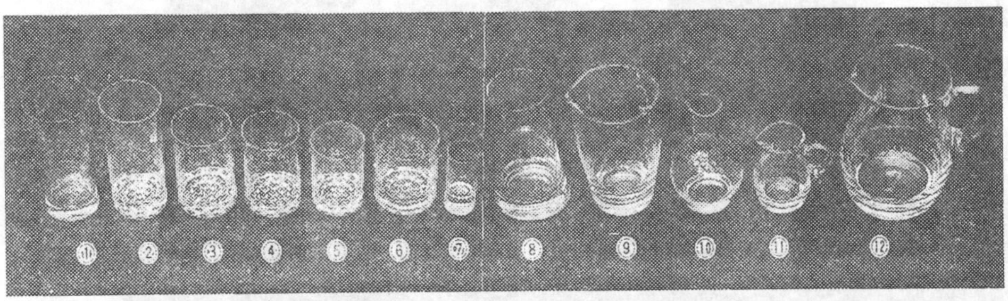

① Beer Tumbler ② Tall High Ball ③ High Ball(9oz) ④ High Ball(7oz)
⑤ High Ball(5oz) ⑥ Old Fashion ⑦ Liqueur ⑧ Long Drink Glass
⑨ Mixing Glassr ⑩ Wine Decanter ⑪ CKt Decanter ⑫ Wine Decanter

① Bella Grande ② Viva Grande ③ Flute Grande ④ Pilsner
⑤ Tall Champagne ⑥ Champagne ⑦ Coupette/Margarita Glass ⑧ Brandy
⑨ Irish Coffee Glass ⑩ Whisky Sour Glass ⑪ Cocktail Glass
⑫ Cocktail Glass ⑬ Cordial

① Roma Grander ② Parfait ③ Wine Decante(L.S) ④ Wine Decante(L.S)
⑤ Fruit Bowl ⑥ Cocktail ⑦ Sherbet Glass ⑧ Ice Cream Cup

5 Compts Plate

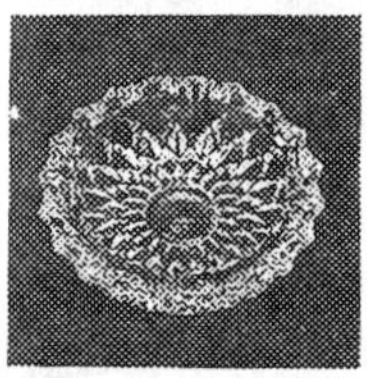

Ash Tray

Honey Dispenser Bottle

Salt & Pepper Shaker

④ 서비스용 기물류(Silverware)

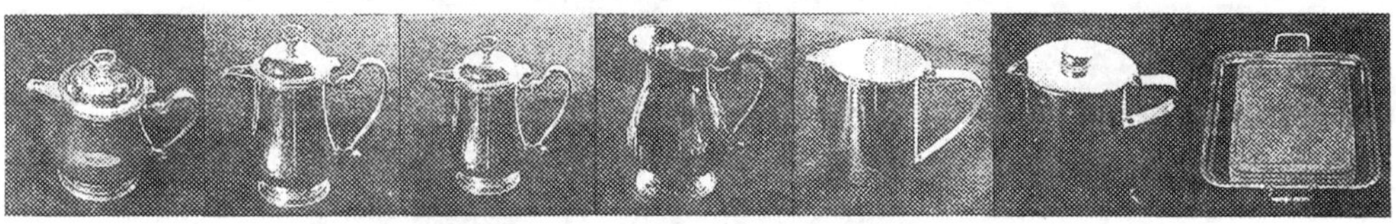

Tea Pot Coffee Pot(L) Coffee Pot(S) Water Pitcher Water Pitcher Tea Pot Carving Board

Sugar Bowl

Creamer

Name Card Stand

Oil & Vinegar Set

Mustard Pot W/Inner Glass

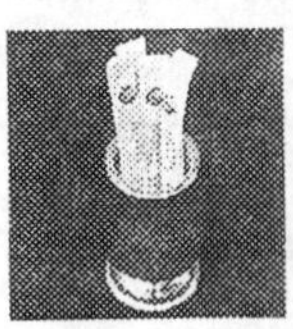

Toothpick Holder

Napkin Ring

Crumb Sweeper

Crumb Scraper

Butter Dish W/Cover

Butter Bowl W/Grid

Finger Bowl & Underliner

Parmesan Cheese Holder w/Glass Bowl

Sauce Boat(L) w/Underliner

Sauce Boat(M)

Sauce Boat(S)

Wine Cooler(L)

Champagne Cooler

Wine Cooler(S)

Vegetable Dish(R) w/cover

Snail Pan 6 Holes

Supreme Set

Petits Fours Stand

Soup Tureen W/Cover

Wine Basket

Wine Bottle Holder

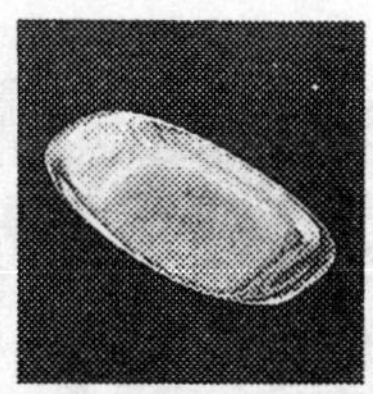

Bread Basket

Punch Bowl

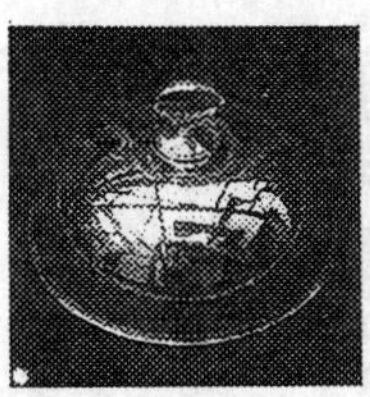

Dome Cover

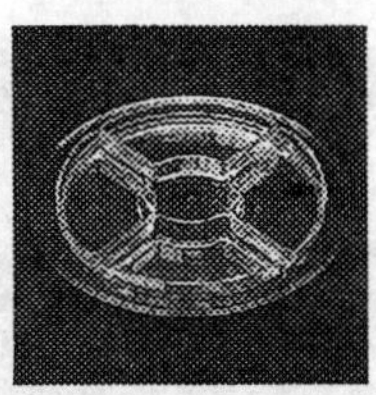

Hors D'oeuvre Tray W/Insert

Relish/Pickles Dish (3 Compts)

Candelabra(5 Lights)

Candle Holder(3 Lights)

Table Lamp W/Glass

Rectangular Tray

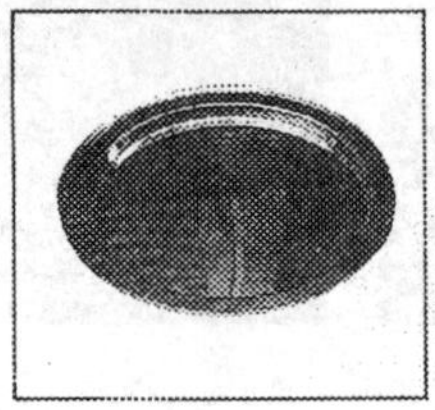
Tray(R)

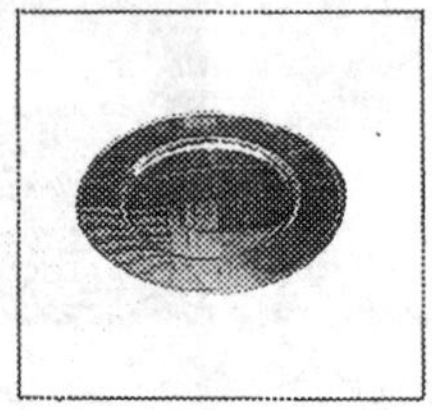
Show Plate

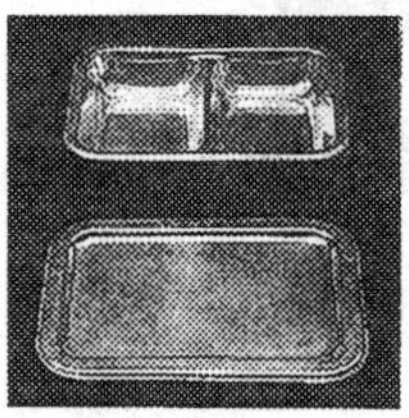
Vegetalble Dish W/Cover (2 Compts)

Vegetable Dish W/Cover

Salad bowl

Irish Coffee Warmer Burner W/Stand

Salt/Pepper Shaker

Flower Vase

Fruit Stand

Icd Cream Cup

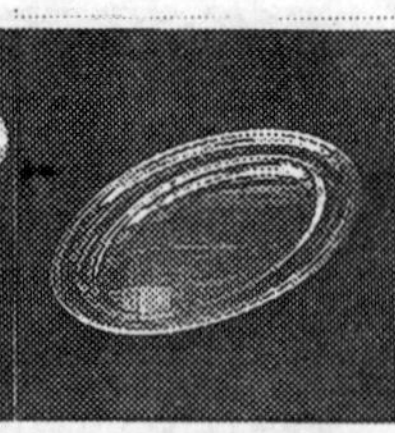
Meat Dish Oval

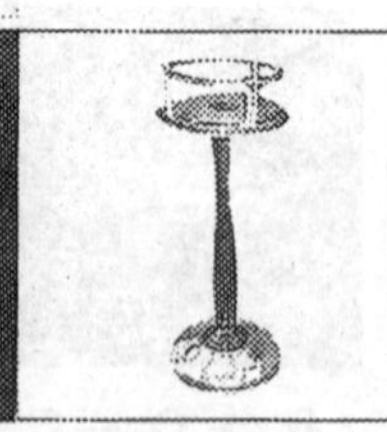
Champagne Cooler Stand

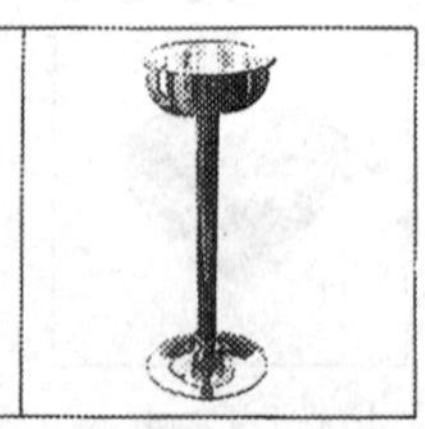
Wine Cooler Stand

2) 장비류(Wagon)

Roast Beef Wagon, Flambee Wagon, Gueridon, Salad Wagon, Bar Wagon, Liqueur Trolley, Cheese Trolley, Utility Truck, Laundery Trolley, Ice Bins.

3) 린넨류(Linen)

① 테이블 클로스류(Table cloth) : 각 식당의 특성에 따라서 색상을 달리 하기도 하나 일반적으로 White Cloth를 많이 쓴다.
140×140㎝, 150×150㎝, 170×170㎝, 200×140㎝, 214×214㎝, 260×260㎝ 등.

② 냅킨류(Napkin) : 각 식당의 특성에 맞는 색깔의 NAPKIN을 쓰나 일반적으로 White Napkin을 많이 쓴다.
White 52×52㎝, Pink 52×52㎝, Green 52×52㎝, Blue 52×52㎝.

③ 기타 린넨류 : Service Towel, Glass Towel, Under Cloth, Skirt(Drapes), Doily, Molton(Silence Pad)

4) 가구류(Furniture류)

① 식탁류(Table) : Big Round, Small Round, Rectangular, Square, Deuce.
예) 양식당의 테이블 종류
- 8인용 원형식탁 (Gig round : 160×76㎝)
- 5인용 원형식탁 (Small round : 126×76㎝)
- 4인용 원형식탁 (Small round : 120×76㎝)
- 4인용 장방형식탁 (Rectangular : 85×140×76㎝)
- 10인용 장방형식탁 (Big rectangular : 122×425×76㎝)
- 3인용 정방형식탁 (Square : 90×90×76㎝)
- 2인용 정방형식탁 (Deuce : 85×85×76㎝)

② 의자류(Chair) : Arm Chair, Easy Chair, Baby Chair, Booth, Stool Chair, Stacking Chair

③ 가구류(Furniture) : Side Board(Service Station), Counter Desk, Reception Desk, Sofa, 방명록 Stand

5) 사인류(Sign류)

Sign Board, Menu Stand Board, Service Hour Board, Poster Board, newspaper Board.

이상과 같은 5종류의 비품 외에도 영업장용 인쇄물인 메뉴 및 고객용 소모품 등이 필요하다.

6) Ware류 취급법

(1) 은기물류(Silverware) 취급법

Silverware는 순은제와 은도금의 두 종류가 있으며 대부분 호텔에서는 은도금 기물을 사용하고 있다. 은도금 기물도 원가가 대단히 비싼 관계로 고급 식당에서만 사용하고 있으며 일반식당에서는 품질이 좋은 Stainless Steel 기물도 많이 사용하고 있다.

◆ 취급요령

① 사용된 기물은 지정된 개수통에 모으며, 부딪쳐서 찌그러지거나 흠이 생길 우려가 많으므로 절대 던져 넣거나 한꺼번에 쏟아 넣어서는 안된다.

② 은기물 종류와 Stainless 종류는 반드시 따로 구분하여 모아 기물의 손상을 방지한다.

③ 모인 기물은 Dish Washer(세척기)에서 뜨거운 물로 세척액을 사용하여 충분히 씻어 낸다.

④ 세척 후 기물을 종류별로 가지런히 모은다.

⑤ 뜨거운 물을 용기에 따로 준비한다.

⑥ 종류별로 분류된 기물을 왼손에 적당량 쥐고 용기에 든 뜨거운 물에 담구었다가 핸드 타월(Hand Towel)로 기물의 손잡이를 감싸 쥐고, 오른손으로 음식이 닿는 부분부터 손잡이 쪽의 순서로 물기가 완전히 제거되도록 신속한 동작으로 깨끗이 닦는다. 특히 Knife를 닦을 때는 칼날이 바깥쪽으로 향하도록 닦아야 하며 핸드타월이 칼날에 스쳐 찢어지지 않도록 주의해야 한다.

⑦ 여러 종류의 기물을 한꺼번에 닦을 때는 반드시 Fork부터 닦는 것이 용이하며, 변색된 기물은 광택제로 깨끗하게 윤을 내어 사용한다.

⑧ 잘 닦인 기물은 종류별로 가지런히 모아서 기물함 또는 규정된 보관장소에 깨끗하

게 비치한다.

⑨ 깨끗하게 준비된 기물로 Table Setting을 할 때는 음식이 닿는 윗부분을 손으로 잡거나 만져서는 절대 안되고, 반드시 손잡이 부분을 모로 잡아 가능한 한 손자국이 나지 않도록 취급하며, 운반할 때는 소음이 나지 않도록 Tray를 사용한다.

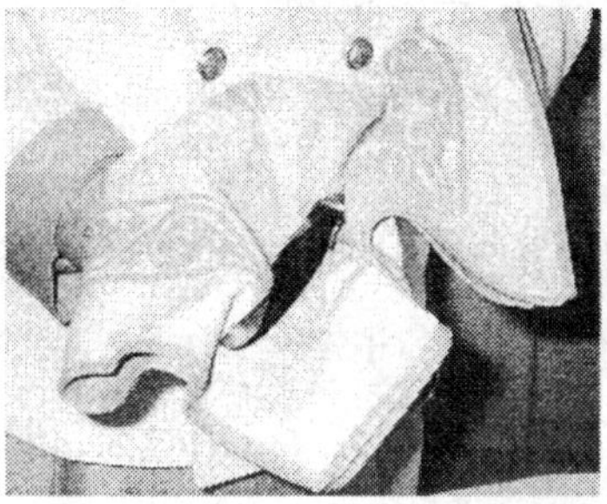

▲ 기물 닦는 모습〉

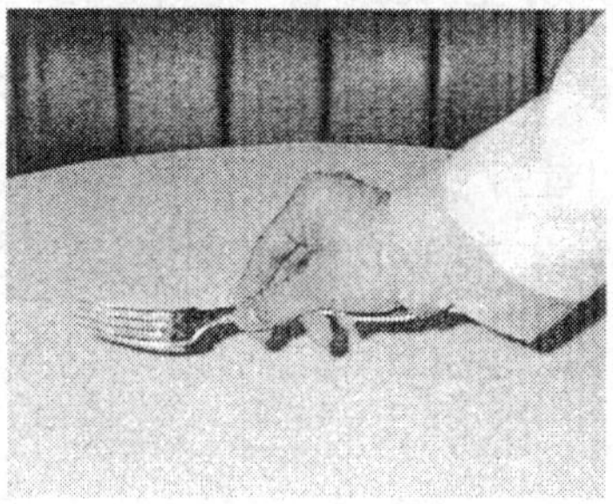

▲ 모로 잡는 모습

(2) 도자기류(Chinaware) 취급법

Chinaware는 취급과 운반시에 깨지지 않도록 상당한 주의를 요하며, 금이 가거나 깨졌거나 오점이 없는가를 확인한 후 이러한 것들을 폐품처리 해야 한다. 또한 식기와 식기끼리 부딪치지 않도록 항상 조심해서 다루어야 하며, 운반시 한꺼번에 많은 양을 취급하지 않도록 해야 한다.

◆ 취급요령

① 접시를 운반하는 방법에는 2개, 3개, 4개 드는 법과 여러 개를 한꺼번에 운반하는 방법이 있는데, 취급시에는 접시의 테두리(Rim) 안쪽으로 손가락이 절대 들어가지 않도록 잡아야 한다.

② 요리가 담긴 접시를 쥘 때는 먼저 잡은 접시를 왼손 엄지손가락과 둘째손가락을 사용하여 접시 위 테두리와 밑바닥 테두리를 가볍게 쥐고, 둘째 접시는 첫째 접시 밑으로 접시 끝을 겹쳐 나머지 손가락으로 받쳐 든다. 접시를 잡은 후에는 손목을 약간 안쪽으로 구부리고 둘째 접시 테두리 위와 왼손 팔목부분에 셋째 접시를 올려놓으면 3개를 들 수 있다. 또한 요리가 담긴 여러 개의 접시를 겹쳐 들 때는 접시가 요리에 닿지 않도록 조심해야 한다.

③ 접시를 들고 운반할 때는 몸 바깥으로 벌어지지 않도록 몸 안쪽으로 접시를 밀착하여 들어야 하고, 접시든 팔을 흔들면서 걷거나 전후좌우 경계를 소홀히 해서는 안된다.

④ 사용한 접시를 치울 때는 맨 먼저 잡은 접시에 왼손엄지와 새끼손가락을 접시 위로 걸치고 나머지 손가락으로 접시 밑을 받쳐 손가락 사이에 가볍게 끼운다.

⑤ Fork는 왼손 엄지손가락과 접시 사이에 끼워 잡고, Knife는 Fork 밑으로 가지런히 끼워 바닥에 기물이 떨어지는 것을 방지한다.

⑥ 다음 접시는 왼손 팔목부분 위에 올려놓고, Knife는 손에 든 접시의 Fork 밑으로 가지런히 끼우고, 음식물은 나머지 Fork로 밑접시에 쓸어 담는다.

⑦ 그 다음 접시도 같은 요령으로 처리하여 포개며, 절대 소음이 나지 않도록 해야 한다.

◆ 취급요령

① 접시 한 장 쥐는 법

A. 왼손 엄지손가락이 접시 테두리 안으로 들어가지 않도록 가볍게 쥔다.

② 접시 두 장 쥐는 법

A. 왼손 엄지와 새끼손가락 사이에 접시를 끼우고 나머지 손가락은 밑부분을 자연스럽게 받친다.

B. 엄지와 새끼손가락, 손목 위에 균형 있게 두 번째 접시를 자연스럽게 얹는다.

③ 접시 세 장 쥐는 법

A. 왼손 엄지와 검지로 첫 번째 접시를 가볍게 쥔다.

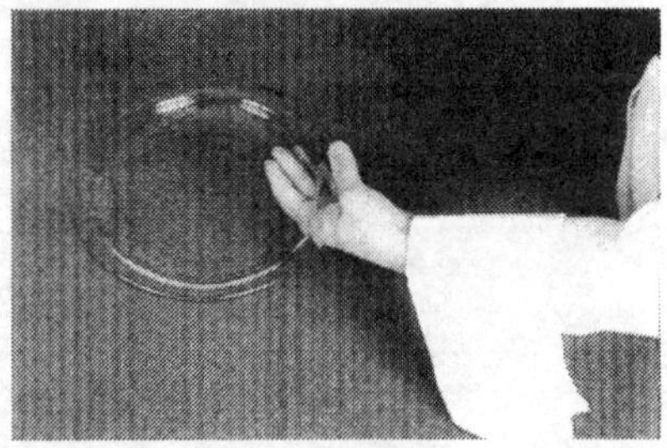

B. 두 번째 접시를 첫 번째 접시의 밑 테두리에 끼우면서 나머지 손가락으로 균형 있게 받친다.

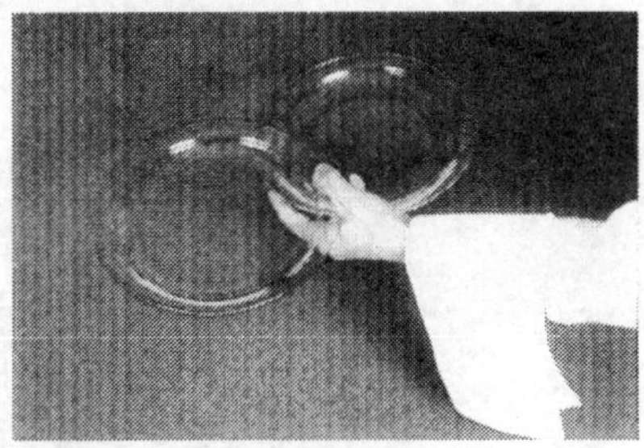

C. 접시가 평행을 이루도록 손목을 살짝 꺾으면서 두 번째 접시와 손목 위를 중심으로 세 번째 접시를 가볍게 얹는다.

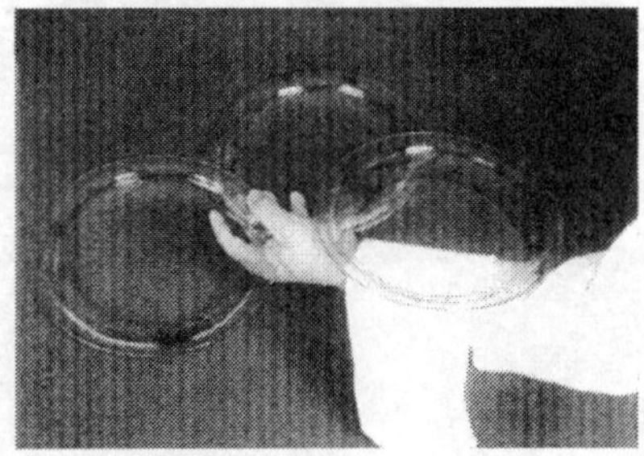

④ 접시 치우는 요령

A. 왼손 엄지와 검지로 첫 번째 접시를 쥐고 Fork를 엄지로 고정시키면서 Knife를 그 밑으로 X형이 되도록 끼운다.

B. Fork, Knife는 첫 번째 접시로 모으고 세 번째 접시의 음식 찌꺼기는 두 번째 접시로 Fork로 쓸어내리며 네 번째 접시도 같은 요령으로 처리한다.

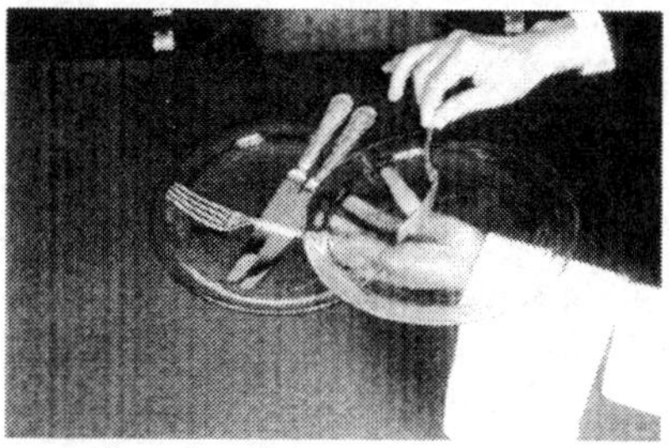

C. 엄지와 세끼손가락 사이에 첫 번째 접시를 끼우고 엄지로 Fork를 고정시키면서 그 밑에 Knife를 끼운다. 엄지와 새끼손가락, 손목을 중심으로 두 번째 접시를 얹고 Fork로 음식 찌꺼기를 첫 번째 접시로 쓸어내린 후 Fork를 Knife 위에 X형으로 놓는다.

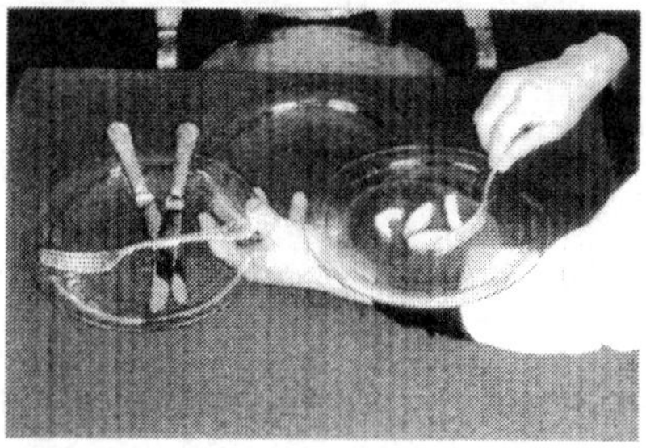

⑤ 접시 든 모습

세련된 서비스와 접시의 무게를 고려하여 운반할 때와 치울 때는 알맞게 나누어서 처리하는 것이 바람직하다.

(3) 글라스류(Glassware) 취급법

Glassware는 원통모양(Cylindrical Glass)과 굽 달린 모양(Stemmed Glass)의 두 종류로 크게 나눌 수 있으며, 각종의 글라스는 디자인과 용도, 용량에 따라 각기 만들어지고 있지만 제조자에 의해서 같은 용도의 것이 달리 만들어 지기도 한다. 또한 취급시에는 파손될 우려가 많으므로 각별히 조심하여 손실이 없도록 해야 한다.

◆ 취급요령

① Glass를 쥘 때는 반드시 밑부분을 잡아야 하고 손잡이(Stem) 달린 글라스는 손잡이 부분을 쥐어야 하며, 윗부분이나 글라스 안에 손가락을 넣어 잡아서는 안된다.
② Glass를 운반할 때는 손으로 운반하는 방법과 Tray로 운반하는 방법이 있으며, 원통 모양의 글라스류는 반드시 Tray를 사용하여 운반한다.
③ Tray로 운반할 때는 Glass가 미끄러지지 않도록 Tray에 Mat 또는 Napkin을 깔고 무게가 한쪽으로 쏠리지 않도록 중심 자리부터 Glass를 붙여서 놓으며, 내용물이 담긴 Glass를 운반할 때는 조심해서 다루고 전후좌우 경계를 소홀히 해서는 안 된다.
④ Stemmed Glass를 손으로 운반할 때는 손잡이(Stem) 부분을 손가락 사이에 끼워서 윗부분이 아래쪽으로 향하도록 거꾸로 들고, 글라스와 글라스끼리 부딪치지 않도

록 조심해서 운반하며 놓을 때는 맨 마지막에 끼운 글라스부터 역순으로 내려놓는다.

⑤ 한꺼번에 많은 양의 글라스를 운반할 때는 글라스 랙(Glass Rack)을 사용토록 하며, 용도(동형, 동종)에 맞는 Rack을 필히 사용해야 한다.

⑥ 글라스 랙을 사용하여 Dish Washer(세척기)에 글라스를 세척한다.

⑦ 용기에 뜨거운 물을 따로 준비하여 세척된 글라스를 한 개씩 수증기에 쏘여 깨끗이 닦는다.

⑧ 닦기 전에는 금이 갔거나 깨어진 것인지 확인한 후 닦도록 한다.

⑨ 닦을 때는 Napkin을 펼쳐 잡은 후 한 쪽 엄지손가락과 Napkin을 글라스 안쪽에 넣고 나머지 손가락은 글라스 바깥 부분을 쥐며, 다른 한쪽 손은 글라스 밑바닥을 Napkin으로 감싸 쥐고 무리한 힘을 가하지 않도록 글라스를 가볍게 돌려 가면서 닦는다.

⑩ 닦는 순서는 윗부분부터 안팎을 닦은 후, 손잡이 부분과 밑바닥을 차례대로 물기가 없도록 깨끗하게 닦는다.

⑪ 수증기를 쏘여도 얼룩이나 물자국 등이 닦이지 않을 때는 뜨거운 물에 담궜다가 닦는다.

⑫ 닦은 후에는 먼지 또는 얼룩이나 물자국 등이 깨끗하게 닦였는지 철저히 점검해야 한다.

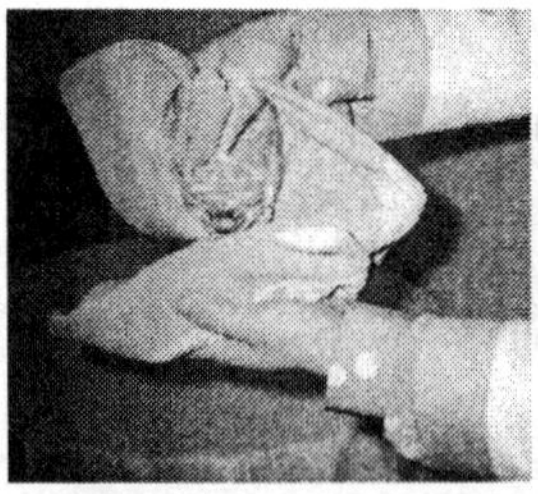
〈닦는 모습〉

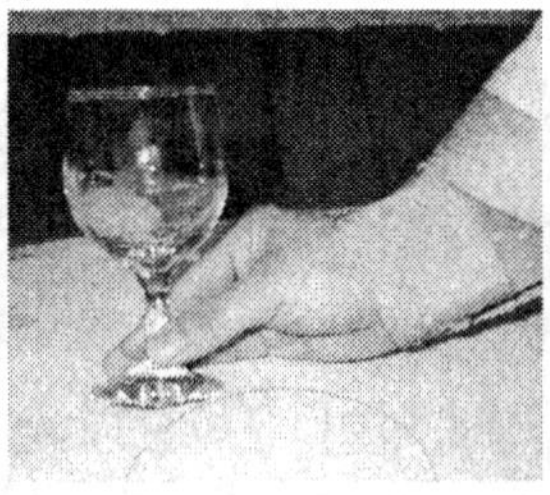
〈쥐는 모습〉

〈Tray로 드는 모습〉

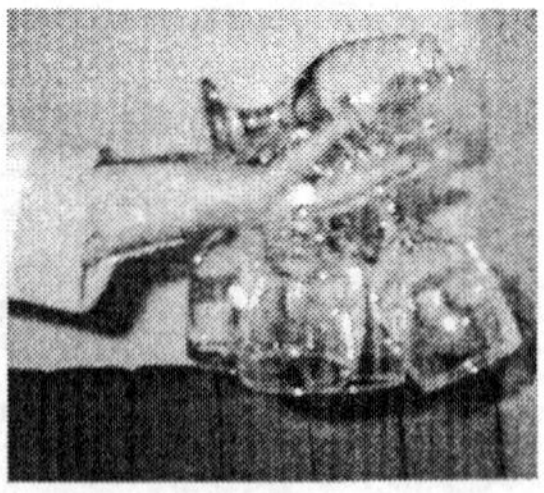
〈여러개 드는 모습〉

7) 비품의 종류 및 취급법

(1) 비품의 종류

① Service Station

영업에 필요한 모든 준비류(기물, 소모품, 메뉴 등)를 비치하여 접객 서비스를 신속하게 할 수 있도록 식당 내부의 적절한 장소에 고정시켜 종사원들만 사용하는 비품함이다. 또한 필요에 따라 이동식으로 꾸며진 Side Table도 활용한다.

② Service Wagon

고객의 요리를 운반 또는 Serve할 때 사용하는 이동운반차이며, 영업전에 Arm Towel, Serving Gear(Spoon&Fork), Tray를 충분히 비치해 둔다.

③ Flambee Cart

고객 앞에서 종사원이 직접 조리하여 요리를 Serve하는 알코올(고체) 또는 가스버너(Gas Burner)를 갖춘 Cart이다. 영업전에 알코올 또는 가스와 Serving Gear의 충분한 양 및 조리시 필요한 Fry-pan, Wine, 양념류, 각종 Table Sauce 등을 고정 비치해 두어야 하며 화재예방을 위해 반드시 소형 소화기와 석면포도 비치해 둔다.

④ Prime Rib Car

Prime Rib을 고객의 Table앞에서 직접 Carving하여 Serve할 때 사용되는 이동식 수레이다. 판매가 끝날 때까지 준비된 요리(Prime Rib)와 Sauce가 식지 않도록 전기 또는 알코올을 이용하여 적당한 온도유지에 신경을 기울여야 하며 도마, Carving Knife, Fork 및 Sauce Ladle을 갖추어야 한다.

⑤ Dessert Trolley

보관이 용이하도록 냉장 설비가 되어 있으며 여러 가지 후식을 진열하여 고객이 잘 볼 수 있도록 꾸민 전시용 수레이다. 영업전에 Dessert Plate, Dessert Spoon&Fork 등 필요한 기물을 갖추어서 즉석에서 Serve 할 수 있도록 한다.

⑥ After Dinner Drink Cart

여러 종류의 Brandy 및 Liqueur를 진열하여 고객이 선택해서 드실 수 있도록 만들어진 보편적으로 고급식당에서 사용하는 이동식 수레이다. 항상 Brandy Glass와 Liqueur Glass도 같이 비치하여 즉석에서 Serve할 수 있도록 하며, 반드시 Cigar도 준비하여 고객에게 제공하도록 해야 한다.

⑦ Bar Trolley

각종 주류 진열과 조주에 필요한 얼음, 글라스, 부재료, Bar기물 등을 비치하여, 고객 앞에서 주문받아 즉석에서 조주하여 Serve할 수 있도록 꾸며진 이동식 수레이다.

⑧ Tray

Tray는 접객 서비스 시에 요리나 식기 등을 안전하게 운반하기 위하여 사용되는 도구이며, 용도에 따라 크고 작은 형태로 나누어진다. 일반적으로 은제류(Silver), 스테인리스 스틸(Stainless Steel), 플라스틱(Plastic) 제품이 많으며, 둥근형(Round), 타원형(Oval), 사각형(Square), 직사각형(Rectangular)의 종류가 있다.

⑨ Dish Warmer

접시를 뜨겁게 데우기 위해 만들어진 전열기구이며 이동하기 쉽도록 바퀴가 부착되어 있고 온도조절도 되며 주로 불란서식당의 비품으로 사용된다.

(2) 비품의 취급법

① Cart류의 취급법

모든 Cart류는 항상 청결하게 관리하고, 서비스에 필요한 준비물을 완벽하게 갖추어야 한다. 또한 고객 앞에서 사용되는 목적 이외에는 다른 용도로 사용해서는 안 되며, 사용 시에 종사원들은 다음과 같은 안전관리 사항을 준수해야 한다.

- 난폭운전 금지.
- 무리하게 많은 짐을 싣지 말 것.
- 벽 또는 Table 등에 부딪치지 않도록 할 것.
- 절대 끌고 다녀서는 안되며 두 손으로 안전하게 밀고 다닐 것.
- 요리는 반드시 상단에 싣고 그 밖에 다른 준비물은 밑으로 싣도록 할 것.
- 사용 후에는 반드시 정해진 장소에 원위치 할 것.
- 알코올 Lamp나 Rechaud가 갖추어진 Cart를 다룰 때는 용기가 넘어지거나 쏟아지지

않도록 각별히 조심하며, 연료를 채울 때는 용기에 7~8부 정도 담고, 불을 붙였을 때 연료가 끓어 넘치지 않도록 할 것.

② Tray 취급법

Tray는 접객 서비스 시에 가장 필요로 하는 비품 중의 하나이며, 또한 식당 종사원들은 다음과 같이 취급요령을 숙지하여 능률적인 업무수행과 통일된 자세를 갖추도록 해야 한다.

- Tray를 들 때는 반드시 왼손으로 들어야 하며, 옆구리에 끼거나 한 손으로 잡아 흔들고 다녀서는 안 된다.
- Tray를 들 때는 중심부분에 왼손 팔목부분의 손바닥 부위와 각 손가락을 넓게 벌리고 손끝을 약간 세워 Tray의 전후좌우가 흔들리지 않도록 조정하여 든다. 이때 손바닥 전체가 Tray에 닿는 것은 불안정하므로 손바닥 중심부분이 Tray에 닿지 않도록 공간을 이루어 자연스럽게 든다.
- Tray는 팔을 겨드랑이에 자연스럽게 붙이고 몸 앞쪽으로 직각이 되게 팔꿈치를 구부려 반듯하게 든다.
- 운반시에는 Tray에 Napkin 또는 Paper Mat를 깔아 Tray에 놓인 물건이 미끄러지지 않도록 한다.
- Tray에 물건을 놓을 때는 중심부분부터 놓는 것이 안전하며 내려놓을 때는 중심 외부의 것부터 먼저 내려놓는다.
- Tray에 담아 운반할 때는 전후좌우를 경계하며 걸어야 하고, 또한 부딪치는 일이 발생하지 않도록 항상 조심하여 운반한다.
- 사용된 기물을 Tray에 담을 때는 깨끗한 기물을 취급할 때와 마찬가지로 청결히 다루어야 하며, 또한 소음이 나지 않도록 조용히 담아야 한다.

Banquet Bar Trolley

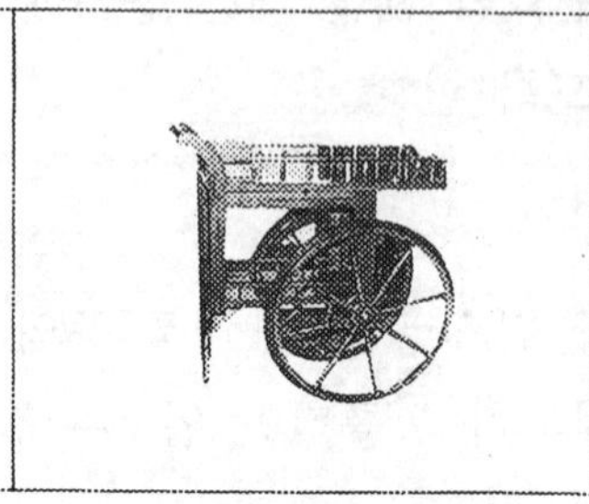
After Dinner Drink Trolley

Smoked Salmon Cart

Prime Rib Cart

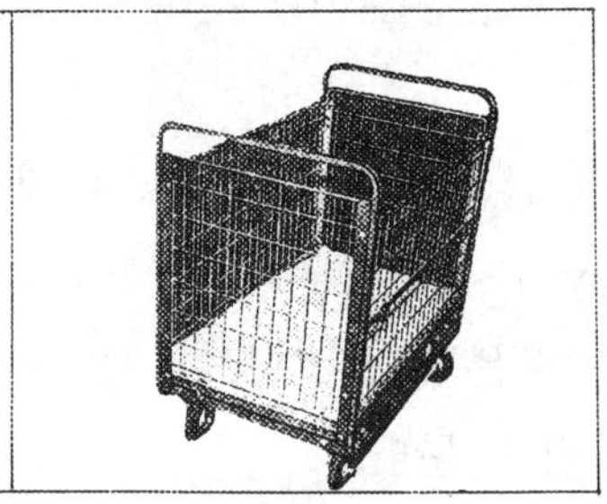
Linen Cart

Dish Warmer

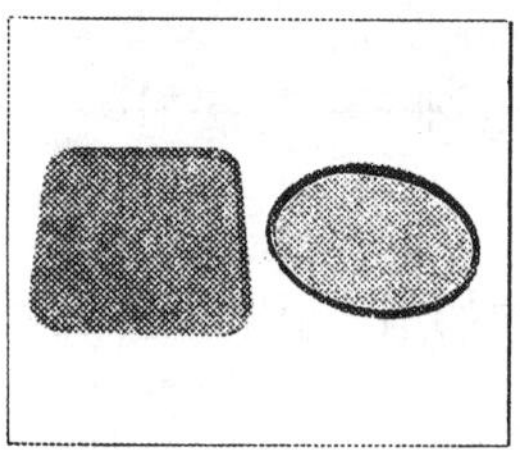
Tray

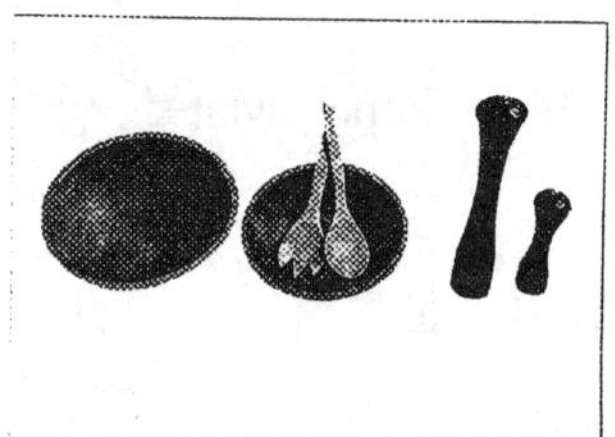
Wooden Bowl W/Spoon, Fork Pepper mill

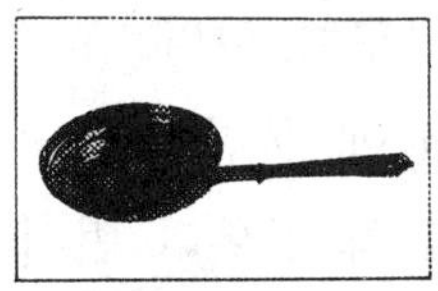
Flambée Pan

Service Station

Service Cart

Room Service Care

Flambee Cart

Pastry Wagon

Bar Trolley

8) 린넨(Linen)류

(1) 린넨의 종류

① Table cloth

식탁의 청결함을 나타내기 위하여 보편적으로 면직류 또는 마직류로 만든 흰색 Cloth가 주종을 이루고 있으나, 근래에는 식당 분위기에 맞도록 유색 Cloth에 무늬를 넣어서 사용하는 경우가 많아졌으며 또는 Cloth를 이중(Top Cloth)으로 깔아서 식탁을 화려하게 장식하는 식당이 많다.

② Under Cloth

Table Cloth의 수명연장과 식탁에 식기나 기물을 놓을 때 소리가 나지 않도록 Table Cloth 밑에 깔아서 촉감을 부드럽게 하는 Silencer Cloth라고도 하며, 털로 다져서 만든 천(Felt) 또는 면종류의 천(Flannelet)으로 만들어 Table Cloth보다 크지 않게 Table 규격과 같이 부착하거나 움직이지 않게 고정시켜 사용한다.

③ Meeting Cloth

회의 및 Reception 등에 널리 사용되며, 무늬가 없는 색상으로 촉감이 부드러운 털로 다져서 만든 천(Felt)이 주종을 이루고 있다.

④ Napkin

Napkin은 식탁의 마지막 장식품으로써, 고객이 식사 중에 입이나 손을 닦거나 음식을 흘려 옷이 더러워지는 것을 방지하기 위해 무릎 위에 놓아 사용하며 Table Cloth와 같은 면직으로 만들어 쓰이고 있다. 또한 색상은 흰색 및 밝은 색상을 많이 애용한 Table Cloth에 잘 어울리는 여러 가지 색상으로 만들어 많이 사용된다. 규격은 52㎝×52㎝ 크기가 적당하지만 식당에 따라 다소의 차이가 있다.

⑤ Wash Cloth

기물이나 집기류 등을 닦을 때 사용하며, 색상이나 모양을 달리하여 사용하기 편리하고 구분하기 쉽게 만든 면직류이다.

(2) 린넨의 취급법

- Linen류도 식기를 취급할 때와 마찬가지로 사용과 보관을 청결하게 해야 한다.
- Linen은 사용목적 이외에 절대 남용해서는 안 되며, 규격 및 용도에 맞게 사용해야 한다.
- 세탁된 Linen을 보관할 때는 규정된 장소에 종류별로 구분해서 사용이 편리하도록 잘 정돈하여 비치하고, 구겨지거나 먼지가 묻지 않도록 깨끗하게 보관해야 한다.
- Linen에 기름이나 음식물 등으로 인해 얼룩이 생기지 않도록 다루어야 하며, 사용된 Linen 위에 Pin, 이쑤시개, 음식물 등이 있을 때는 깨끗하게 쓸어낸 후 세탁이 용이하도록 일정하게 접는다.

- 찢어졌거나 흠집 또는 얼룩이 있는 Linen은 사용해서는 안된다.
- 사용한 Linen은 필히 Linen Cart에 모으며, 땅바닥이나 정해진 장소가 아닌 곳에 방치하지 않도록 한다.

(3) Table Cloth펴는 법

Table Cloth는 반드시 식탁규격에 맞는 것으로 사용하야 하며 통일된 방법에 의해서 정확하게 깔도록 해야 한다.

가. Table Cloth 까는 요령

① Table Cloth의 가운데 주름진 부분을 식탁 중앙에 대고 길게 펼치면서 봉제선자락이 몸쪽으로 향하도록 엎어서 편다.

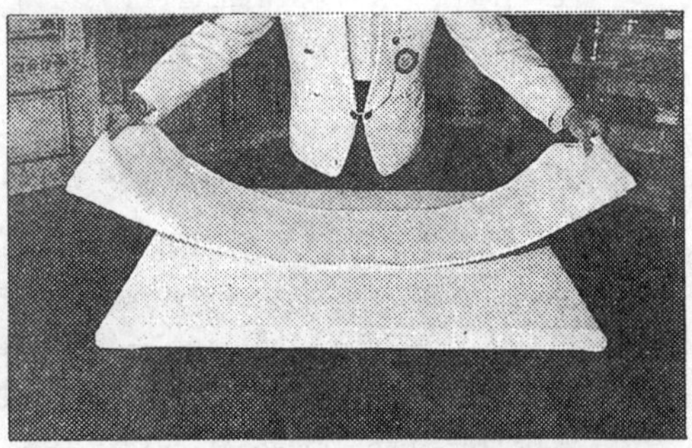

② 팔을 몸 앞쪽으로 어깨 넓이 정도 벌리고 Table Cloth의 중간에 접힌 부분과 아래의 봉제선 부분을 엄지와 집게, 중지손가락으로 가볍게 잡는다.

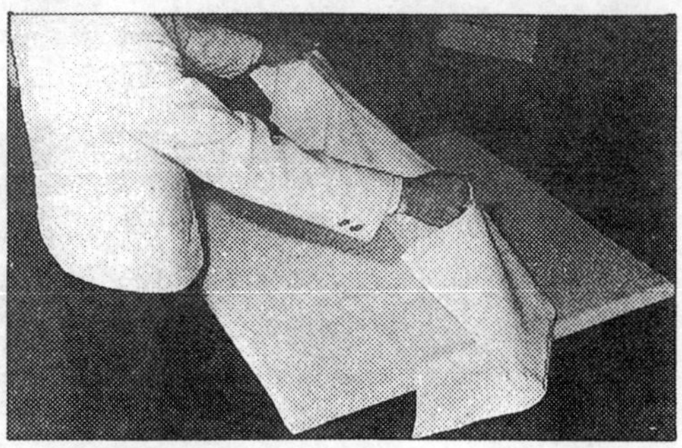

③ Table Cloth를 가볍게 들어올려 손이 닿지 않은 봉제선 자락을 반대쪽 Table 밑으로 내리도록 한다.

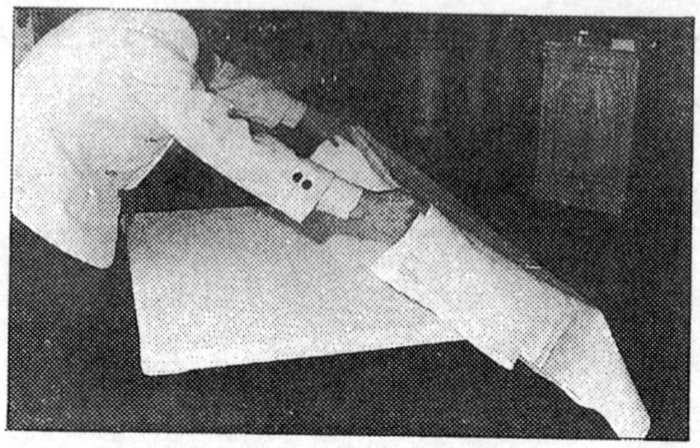

④ 엄지와 집게손가락으로 잡았던 접힌 가장자리 부분을 가볍게 놓으면서 집게와 중지 손가락으로 잡은 봉제선 자락을 구겨지지 않게 몸쪽으로 가볍게 흔들어 당기면서 편다.

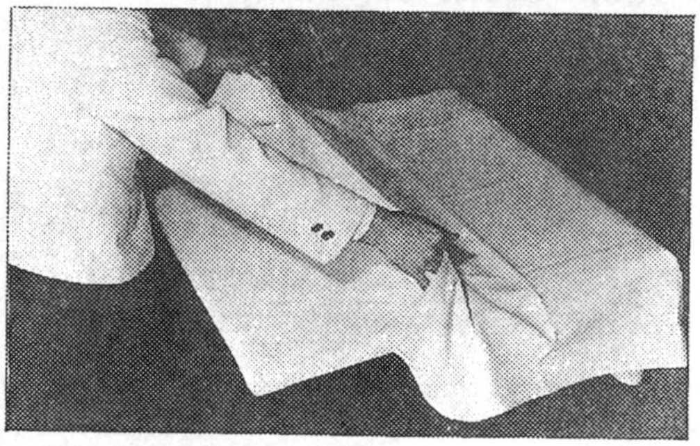

⑤ 몸쪽으로 향한 Table Cloth의 봉제선 자락을 잡고 주름진 가장자리 선을 기준으로 깔린 상태를 조절하면서 Table 밑으로 떨어지는 자락의 길이를 사방 30㎝ 정도로 일치되도록 하며 모서리 자락의 길이도 일치되게 한다.

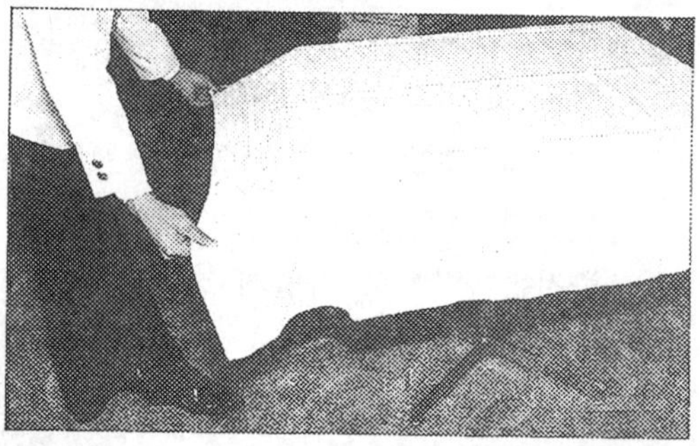

⑥ 완전히 깐 후에는 접혔던 주름이나 구김살을 다림질하여 깨끗하게 펴지도록 한 다음 의자를 배열한다. (Top Cloth 까는 요령도 이와 동일하다.)

나. Table Cloth 교체하는 요령

영업중에 Table Cloth를 교체할 때는 사용한 Table Cloth가 그대로 깔린 상태에서 세탁된 Table Cloth를 맞대고 다음과 같은 요령으로 동시에 교체한다.

① 먼저 사용된 Table Cloth 위에 빵가루 또는 음식물 등을 제거한 다음 좌우 양쪽 모서리 부분의 Table Cloth를 Table 중간 정도까지 끌어 당겨 반대쪽 Table Cloth가 위로 향하도록 겹친다.

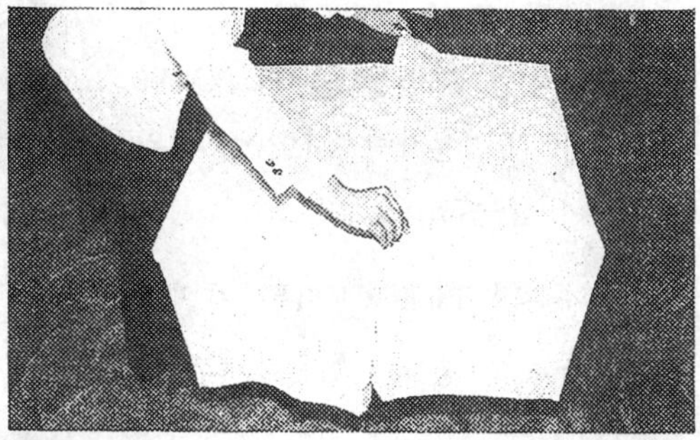

② 사용된 Table Cloth의 겹쳐진 중간에 깨끗한 Table Cloth의 가운데 접힌 부분을 포개어 길게 펼친 다음 반대쪽 Table 밑으로 한꺼풀 펼쳐서 내린다.

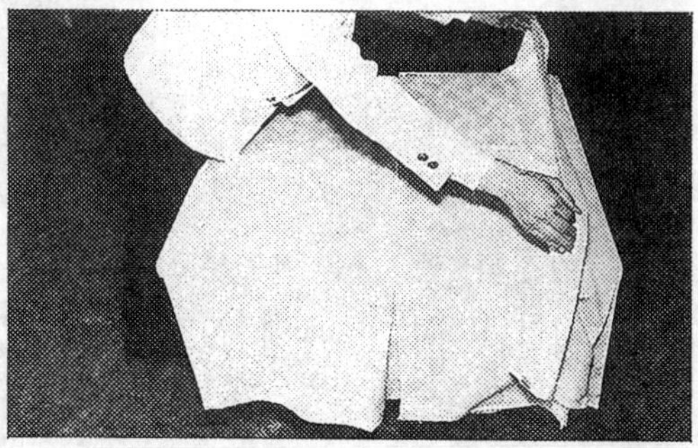

③ 양팔을 넓게 벌리고 엄지와 집게손가락으로 깨끗한 Table Cloth의 위쪽 재봉선 자락을 잡은 다음 중지와 넷째손가락 사이에 밑에 겹쳐진 사용된 Table Cloth의 접혀진 부분을 끼워서 잡고 가볍게 흔들어 당기면서 펴는 동작과 벗기는 동작을 같이 한다.

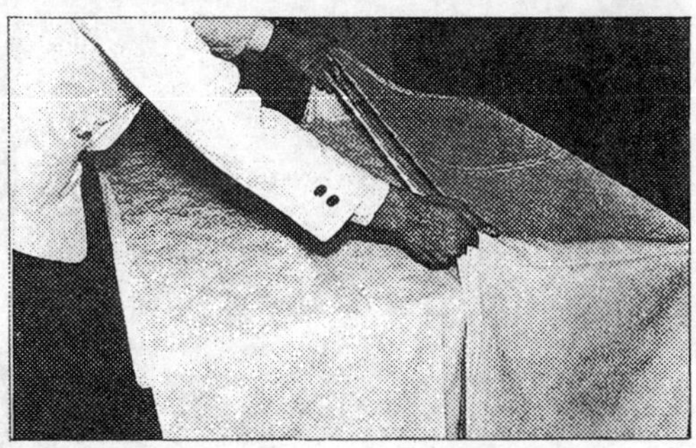

④ 깨끗한 Table Cloth를 몸 앞까지 당겨서 펼친다음 엄지와 집게손가락으로 잡았던 재봉선 자락을 놓으면서 사용된 Table Cloth의 나머지 재봉선 자락을 넷째 손가락과 새끼손가락 사이에 끼워서 잡는다.

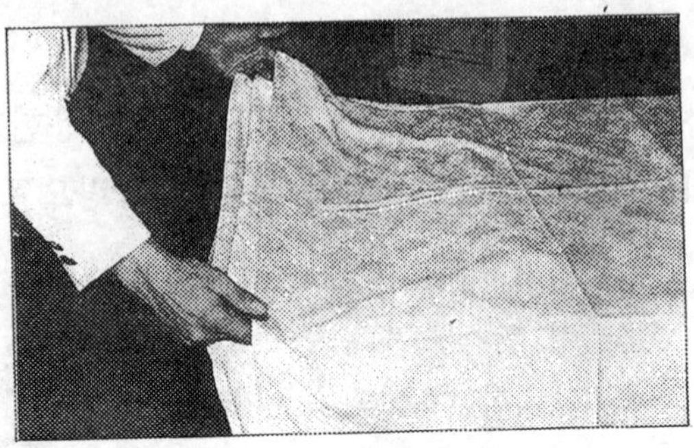

⑤ 사용된 Table Cloth를 가볍게 흔들어 당겨서 뺀다.

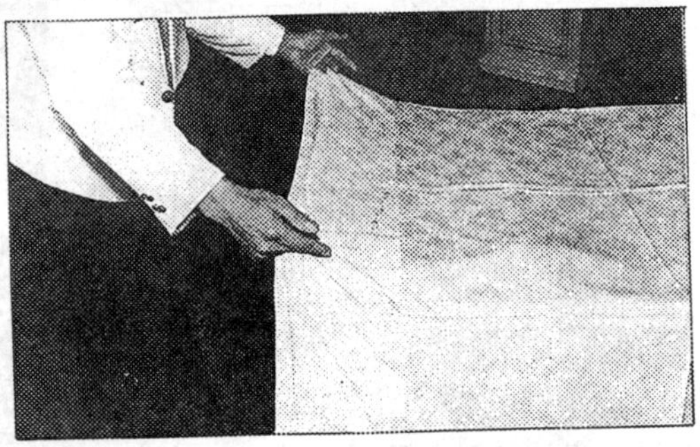

⑥ 완전히 뺀 다음 4등분으로 접어서 Side Table에 옮겨둔다.

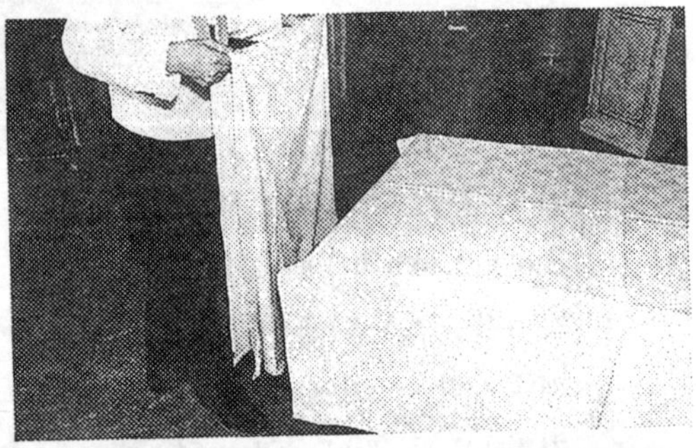

⑦ 몸쪽의 재봉선 자락을 잡고 접혀진 나머지 부분을 당겨 내린다.

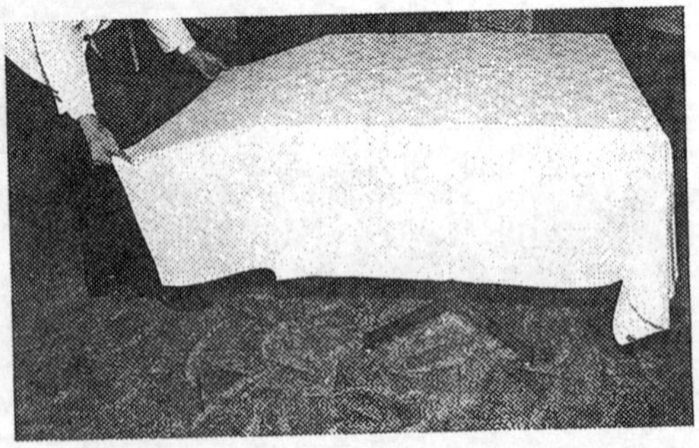

⑧ Table 규격에 맞게 깔린 상태가 양호한지 확인하면서 구김살과 주름이 없도록 마무리 손질을 한다.

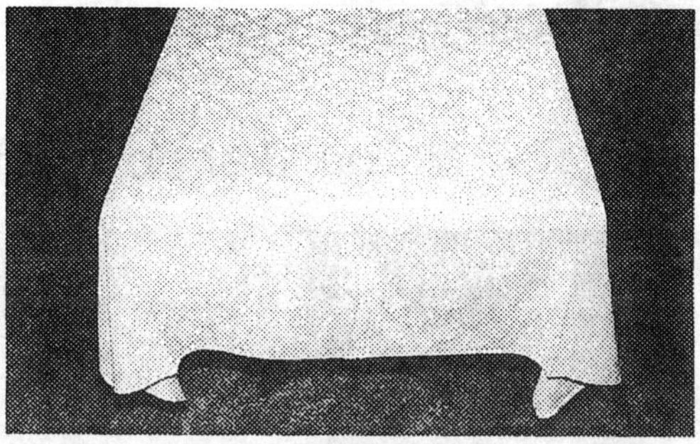

9) 냅킨(Napkin) 접는 법

Napkin은 접는 모양에 따라 식당의 전체적인 분위기를 달리 할 수 있으며, 항상 고객에게 새로운 인상을 주기 위하여 여러 가지 모양으로 Napkin을 접어 변화 있게 식탁에 Set－up하도록 한다. 또한 Napkin은 가장 위생적으로 취급해야 하며, 접을 때는 구김과 손이 많이 가지 않도록 다음과 같이 간단하고 실용적인 방법을 택하여 다양하게 접도록 한다.

접기 순서

(1) 주교 모자형(The Bishop's Mitre)

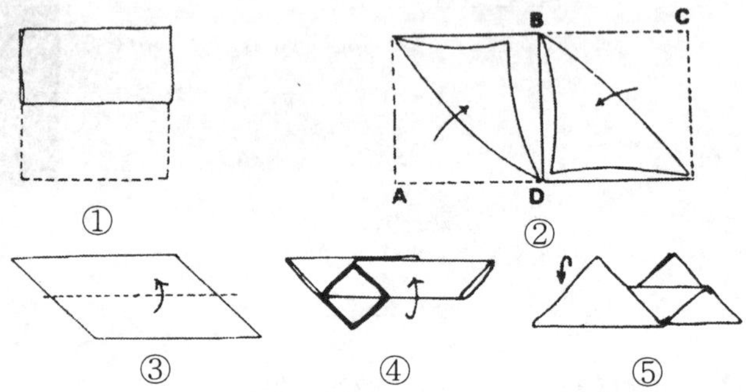

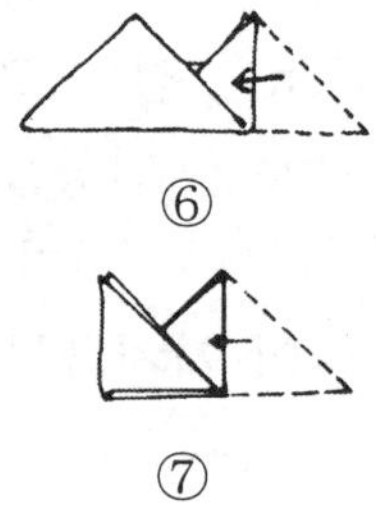

① 반을 접는다.
② A에서 B로, C에서 D로 가운데를 향하여 반씩 접는다.
③ 뒤집는다.
④ 아랫부분을 윗부분과 만나도록 접어 올린다.
(이때 보이는 삼각부분은 같이 접어 올리지 않는다.)
⑤ 윗부분을 잡고 뒤집는다. 오른쪽 삼각부분이 나타난다(그림참조).
⑥ 오른쪽 부분을 반으로 접어서 안쪽으로 넣는다.
⑦ 뒤집어서 나머지 부분도 6번과 같이 반복한 다음 둥글게 손질하여 곧게 세운다.

(2) 촛불형(The Candle)

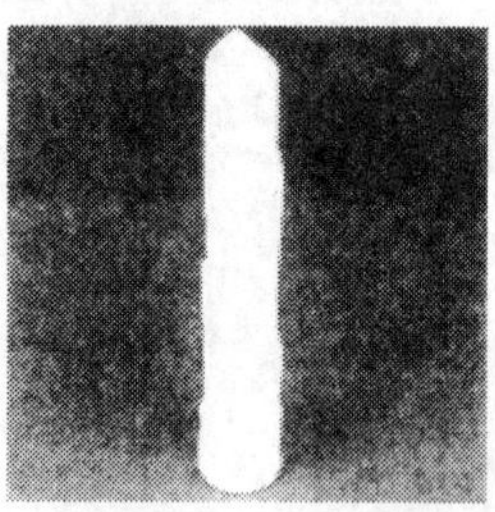

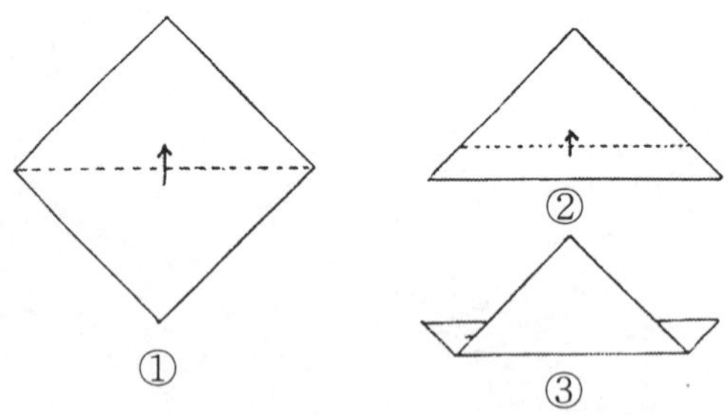

① Napkin을 다이아몬드형으로 펼친 다음 반 접는다.
② 밑부분을 3㎝ 정도 접어 올린다.
③ 뒤집는다.
④ 한쪽 끝부분을 둥글게 말아 들어간다.
⑤ 끝부분을 끼운 다음 곧게 세운다.

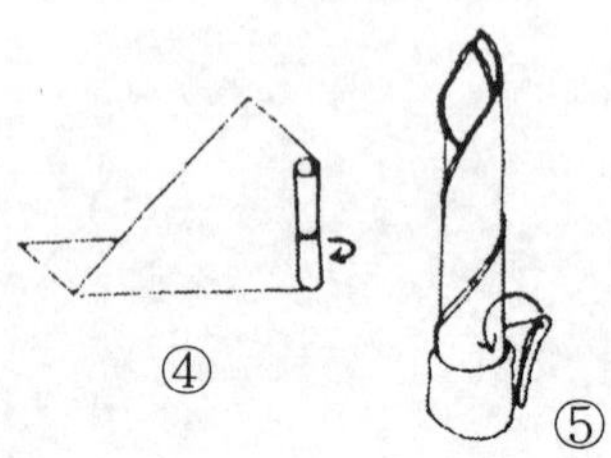

(3) 청지기 모자형(The Lazy Butler)

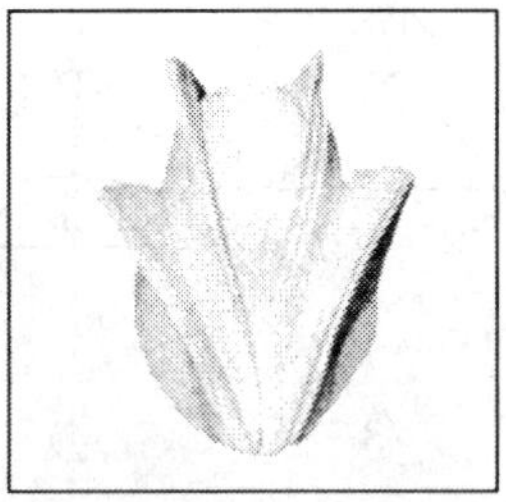

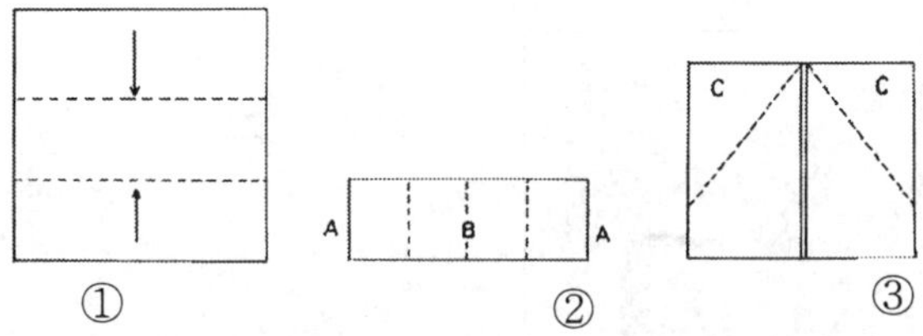

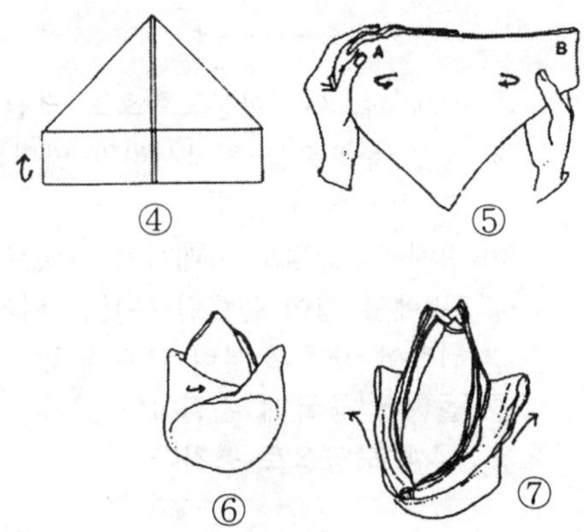

① 삼등분이 되도록 접는다.
② B를 중심으로 양쪽 A부분을 가운데로 접는다.
③ 가운데를 기준으로 양쪽 C부분을 사다리꼴 모양으로 접는다.
④ 뒤집는다.
⑤ Napkin의 A,B부분을 양손으로 잡고 원뿔형으로 만다.
⑥ A부분을 B부분 안쪽으로 집어 넣는다.
⑦ Napkin을 돌려서 세운 다음 Napkin의 바깥부분을 약간 벌린다.

(4) 추기형 모자형(Cardinal's Hat)

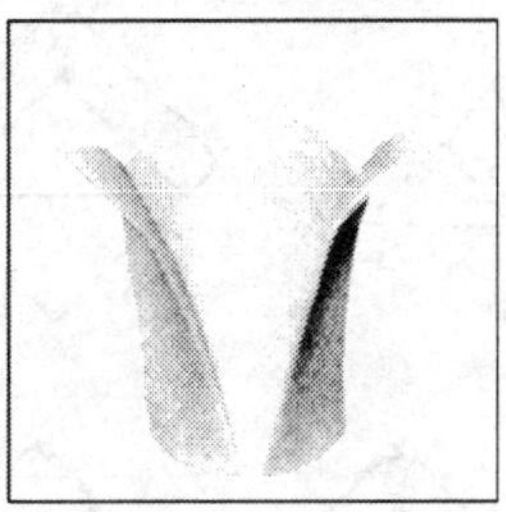

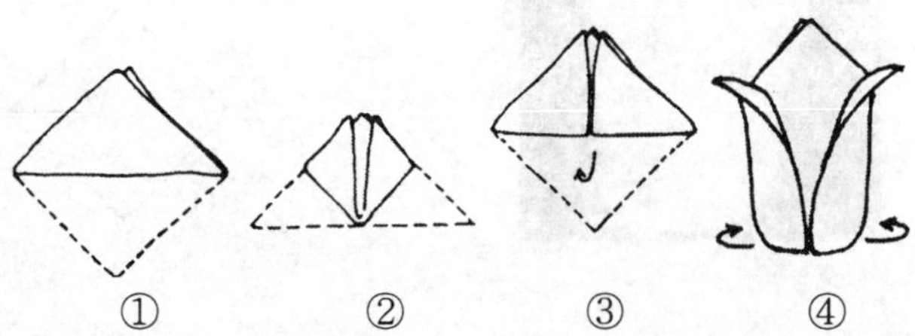

① Napkin을 다이아몬드형으로 펼친 다음 반 접어 올린다.
② 좌우 귀퉁이 부분을 윗모서리와 만나도록 각각 접어 올려 다이아몬드형이 되도록 한다.
③ 좌우를 기준으로 뒤로 반 접는다.
④ 양손으로 좌우 모서리 부분을 잡고 뒤로 돌려서 한쪽을 안으로 끼워 둥글게 손질해서 곧게 세운다.

(5) 왕관형(The Crown)

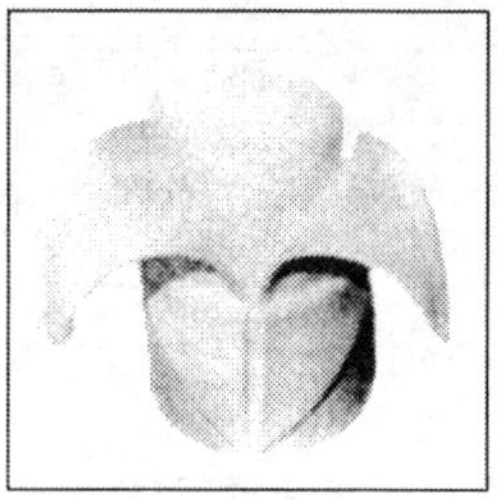

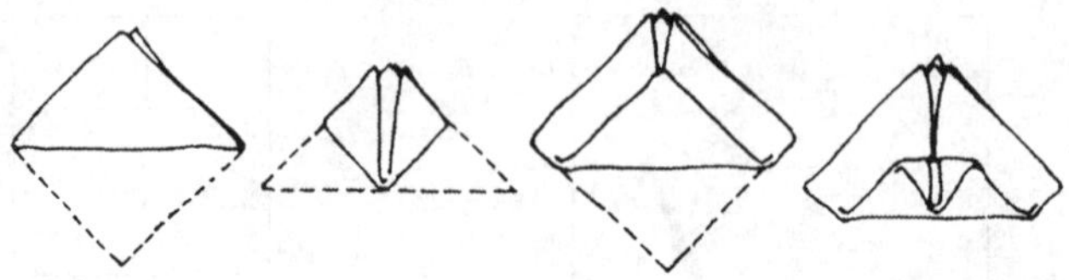

① ② ③ ④

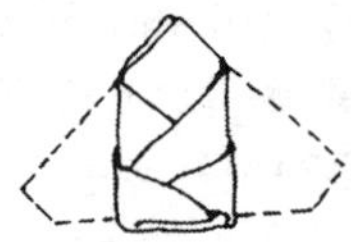

⑤

⑥

① Napkin을 다이아몬드형으로 펼친 다음 반 접는다.
② 좌우 끝부분을 윗모서리와 만나도록 각각 접어 올려 다이아몬드형이 되게 한다.
③ 위에서 3㎝정도 아래까지 아랫부분을 접어 올린다.
④ 3번에서 접어 올렸던 부분을 아래 끝부분까지 접어 내린다.
⑤ 뒤집어 양쪽 모서리 부분을 잡은 다음 한쪽을 안으로 끼운다.
⑥ 돌려서 둥글게 손질하여 곧게 세운 다음 양쪽 모서리 부분을 날개 모양으로 펼친다.

(6) 주교의 모자형(Bishop's Hat)

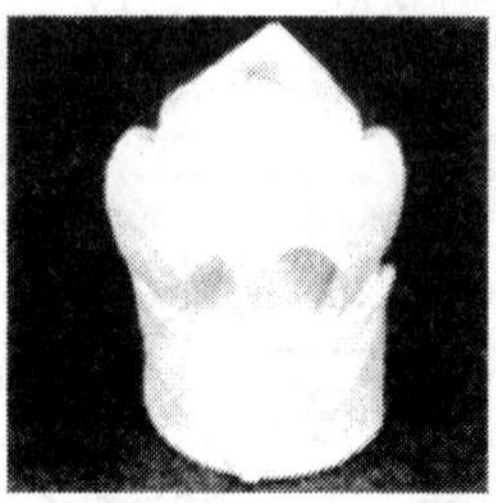

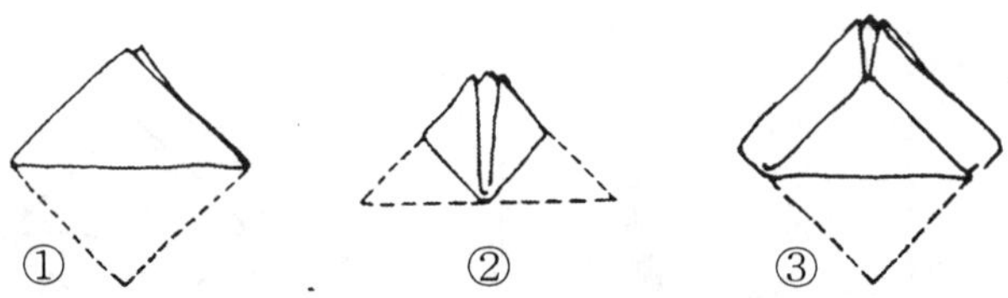

① ② ③

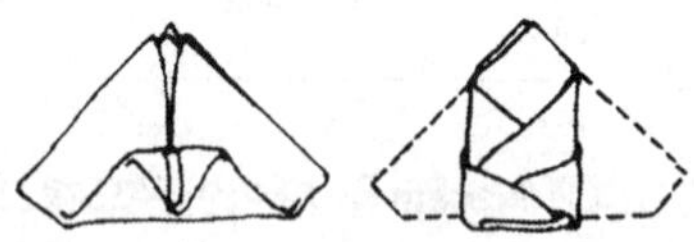

④ ⑤

⑥

① Napkin을 다이아몬드형으로 펼친 다음 반 접는다.
② 좌우 끝부분을 윗 모서리와 만나도록 각각 접어 올려 다이아몬드형이 되도록 한다.
③ 위에서 3㎝정도 아래까지 아랫부분을 접어 올린다.
④ ③에서 접어 올렸던 부분을 아래 끝부분까지 접어 내린다.
⑤ 뒤집어서 양쪽 모서리 부분을 잡은 다음 한쪽을 안으로 끼운다.
⑥ 둥글게 손질하여 곧게 세운 다음 양쪽 모서리 부분을 당겨 내려 소맷속으로 끼워 넣는다.

(7) 주머니형(Pocket)

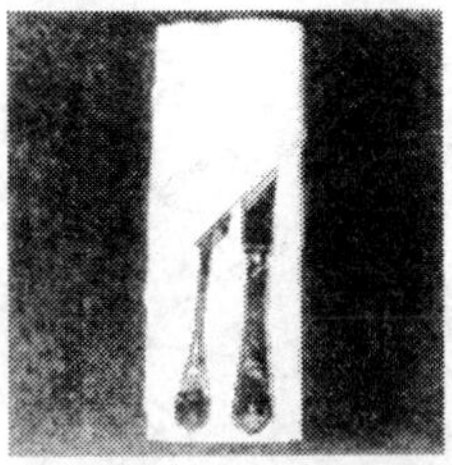

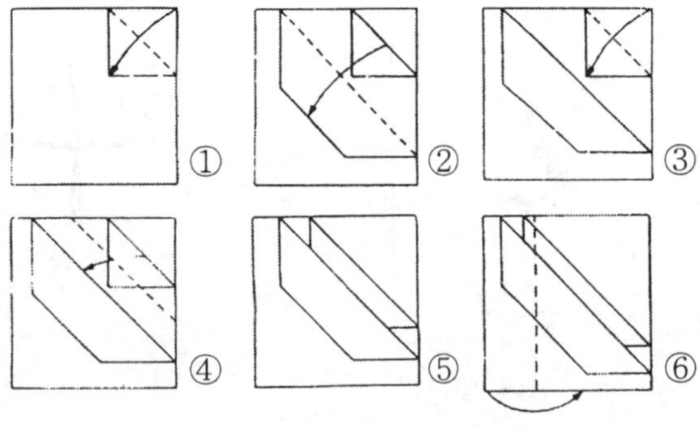

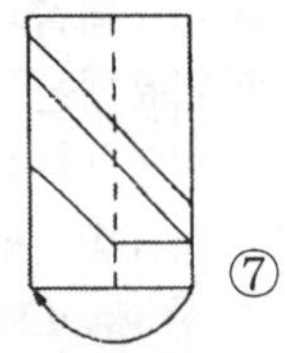

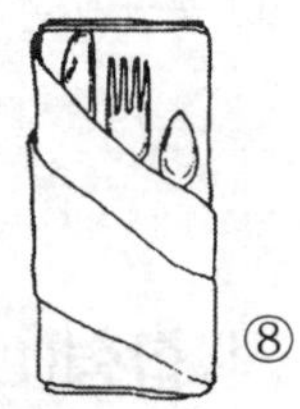

① Napkin을 4등분으로 접은 상태에서 위의 귀퉁이 부분을 화살표 만큼 접는다.
② 다시 한 번 점선 부분만큼 접는다.
③ Napkin의 다음 한꺼풀을 ①과 똑같이 접는다.
④ 점선만큼 다시 접는다.
⑤ 두 번째 접은 부분을 첫 번째 접은 부분 속으로 조금만 끼워 넣는다.
⑥ Napkin을 삼등분하여 점선 부분만큼 뒤로 접는다.
⑦ 오른쪽 부분을 ⑥과 똑같이 뒤로 접는다.
⑧ 뒤의 모서리 부분을 안으로 끼워서 풀리지 않도록 한다음 기물을 집어 넣는다.

(8) 정장 모자형(Cocked Hat)

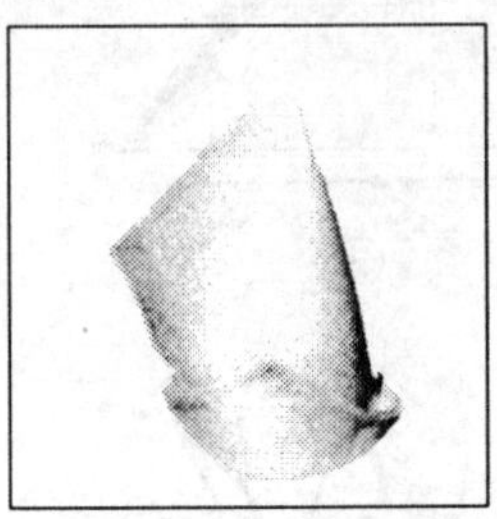

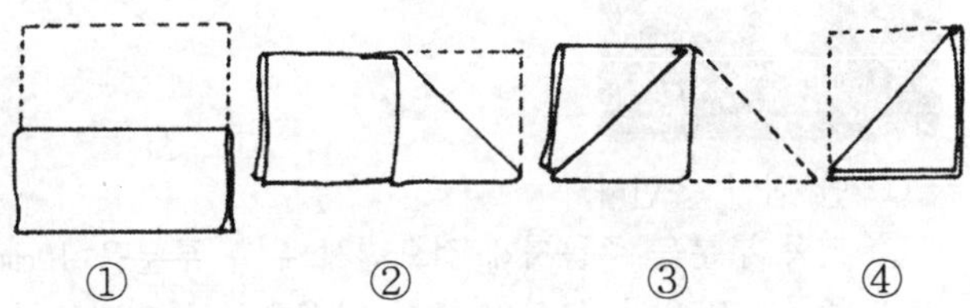

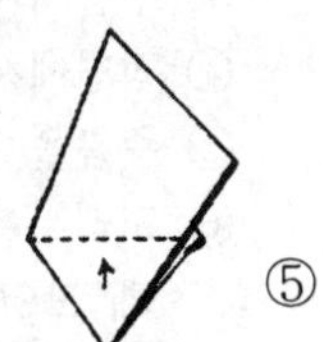

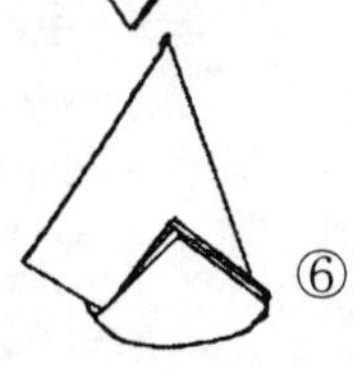

① 네 귀퉁이 부분을 가운데를 향하여 접는다.
② ①처럼 똑같이 반복한다.
③ 뒤집는다.
④ 네 귀퉁이 부분을 가운데를 향하여 또다시 접는다.
⑤ 접힌 부분을 한손으로 고정시키고 밑으로부터 각각의 귀퉁이를 당겨서 올려 세운다.
⑥ 꽃잎 모양이 되도록 가운데로 모인 모서리 부분도 당겨서 올려 세운다.

(9) 장미형(Rose)

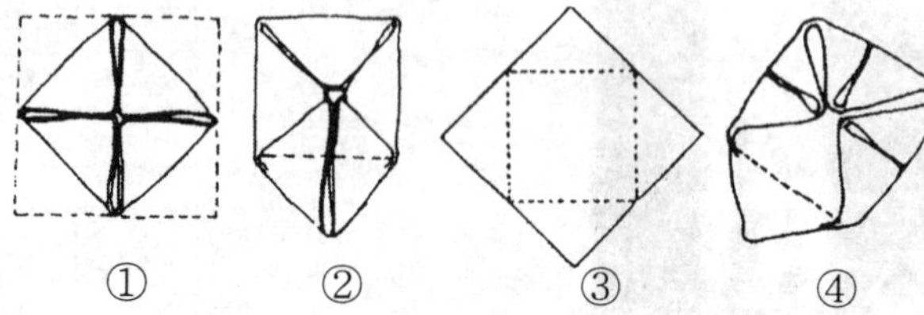

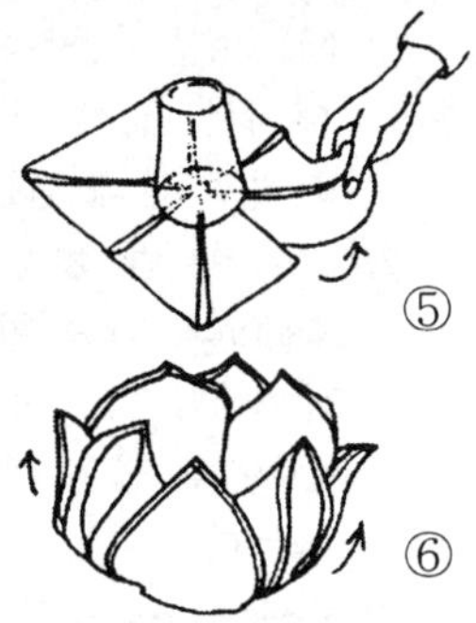

① 반을 접어 내린다.
② 가운데를 기준으로 오른쪽 부분을 반 접는다.
③ 가운데를 왼쪽으로 접으면서 주름지지 않도록 한다.
④ 왼쪽 나머지를 접어 내린다.
⑤ 아래쪽 귀퉁이를 몸쪽으로 향하도록 약간 돌려서 점선부분 만큼 꺾어서 접어 올린다.
⑥ 둥글게 손질하여 곧게 세운다.

(10) 백합형(Lily)

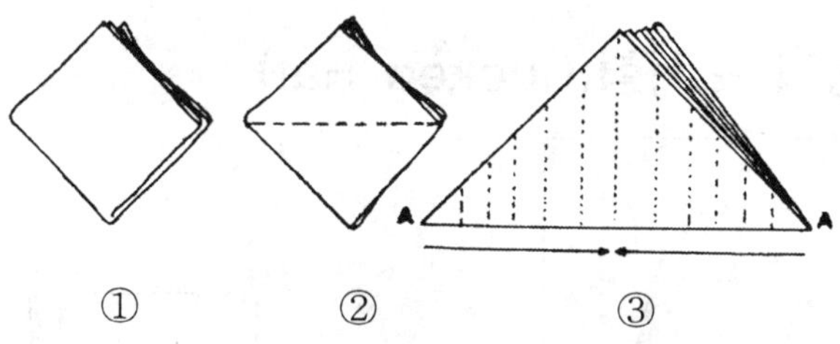

① 반 접어 올린다.
② 왼쪽 부분을 주름지게 접으면서 우측 부분을 10㎝ 정도 남긴다.
③ 주름지지 않은 부분이 주름 안쪽으로 들어가도록 반 접는다.
④ 정면에서 본 모습.
⑤ 주름을 잡지 않은 부분을 반 접어 내린다.
⑥ 꼬리부분이 바깥쪽으로 향하고 주름 연결 부분을 밀착시켜 부채 모양이 되도록 펼쳐서 세운다.

(11) 서있는 부채형(Standing Fan)

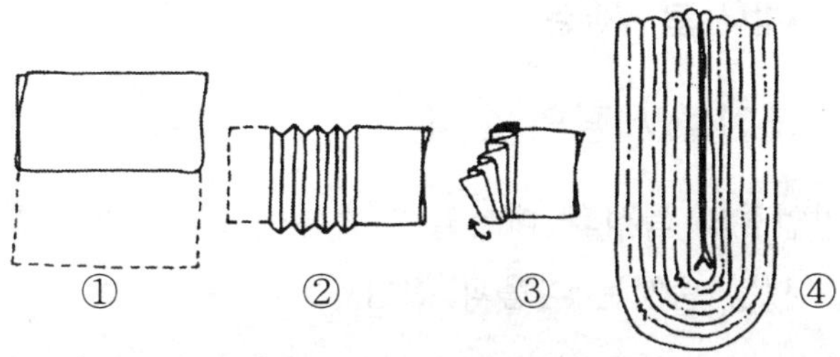

① 4등분이 되도록 접은 다음 다이아몬드형으로 놓는다.
② 가운데를 기준으로 맨 위에 한꺼풀만 점섬만큼 접어 올린다.
③ 가운데를 중심으로 삼등분하여 좌우 귀퉁이 부분을 뒤로 접는다.
④ 완전히 접은 다음 중간에 기물을 끼워서 사용한다.

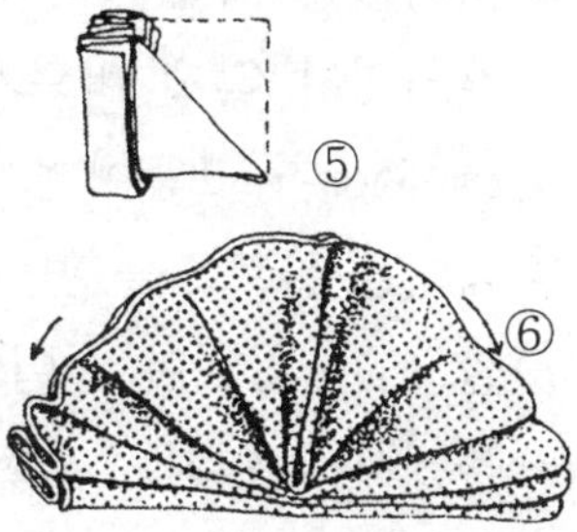

(12) 방패형(The Shield)

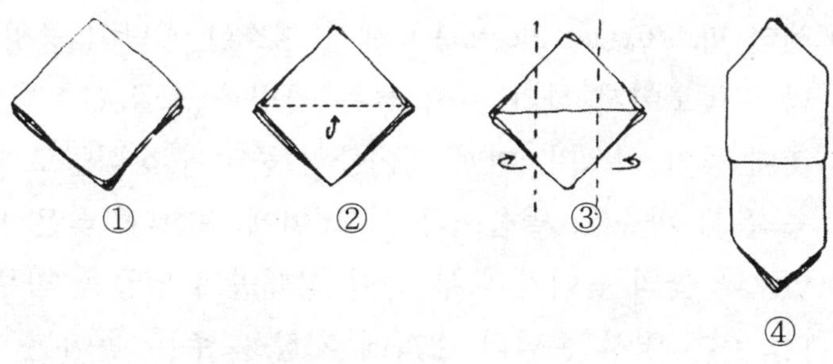

① 4등분이 되도록 접는다.
② 다시 반 접어 올린다.
③ 뒤집은 다음 가운데를 향하여 양쪽을 다같이 주름잡는다.
④ 한손으로 아랫부분을 움켜 쥔 다음 윗부분을 한꺼풀씩 당겨내려 꽃잎 모양이 되도록 펼친다.

10) 테이블 세팅

(1) 테이블 세팅의 순서

영업장의 특성과 테이블의 종류에 따라 세팅 순서가 달라질 수 있겠으나 일반적인 테이블 세팅 순서는 다음과 같다.

① 식탁과 의자를 점검한다. 식탁은 고객이 불편을 느끼지 않도록 배치되어야 하며, 흔들리지 않게 바르게 놓여야 한다. 식탁의 높이는 70㎝~75㎝, 의자의 높이는 40㎝~45㎝가 표준이며, 한 사람이 점유하는 좌석의 폭은 70㎝를 기준으로 한다.

② 테이블 클로스를 편다. 테이블 클로스는 깨끗하게 다림질이 되어야 하며, 클로스를 깔 때는 접었던 선이 식탁의 가로 세로와 평행이 되도록 하여야 한다. 이 때 테이블에서 늘어지는 클로스의 길이는 40㎝정도가 되게 한다. 그리고 테이블 클로스 밑에는 언더 클로스(Under Cloth), 위에는 테이블 클로스가 쉽게 더러워지는 것을 방지하고, 테이블의 품위를 높여주는 톱 클래스(Top Cloth)가 사용되기도 한다. 테이블 클로스는 얼룩이나 구멍 등 흠이 있는 것은 절대 사용해서는 안 된다.

③ 센터 피스(Center Pieces) ; 센터 피스란 식탁의 중앙에 놓는 집기를 말한다. 즉 식탁을 돋보이게 하기 위해 놓는 꽃병과 소금,후추통(Salt & Pepper Shaker), 재떨이, 촛대 등이 있으며, 뷔페 테이블의 중앙에 장식물로 놓이는 생선요리, 케이크, 과일용 은제 바스켓, 얼음조각 등도 이에 속한다. 꽃은 병에 꽂거나 수반을 이용할 수 있으나 꽃의 높이가 너무 높아 상대방의 얼굴을 마주보는데 방해가 되어서는 안된다. 촛대 역시 손님의 대화에 지장을 주는 높이는 피해야 한다. 소금과 후추병은 보통 2~3명에 한 세트씩 세팅하며, 내용물이 차 있어야 하고 응고되거나 구멍이 막히지 않았는지를 확인한다.

④ 쇼 플레이트(Show Plate)를 놓는다.

⑤ 빵 접시(Bread Plate)를 놓는다.

⑥ 디너 나이프와 포크(Dinner Knife & Fork)를 놓는다.

⑦ 피시 나이프와 포크(Fish Knife & Fork)를 놓는다.

⑧ 수프 스푼과 샐러드 포드(Soup Spoon & Salad Fork)를 놓는다.

⑨ 애피타이저 나이프와 포크(Appetizer Knife & Fork)를 놓는다.

⑩ 버터 나이프(Butter Knife)를 놓는다.
⑪ 디저트 스푼과 포크(Dessert Spoon & Fork)를 Show Plate 위쪽에 놓는다.
⑫ 물잔과 포도주잔(Water Goblet, White & Red Wine Glass)을 놓는다.
⑬ 냅킨(Napkin)을 편다.
⑭ 전체적인 조화와 균형을 점검한다.

(2) 테이블 세팅의 종류

가. 테이블 세팅의 기본도형

① Show Plate
② Dinner Knife
③ Dinner Fork
④ Bread Plate
⑤ Buter Knife
⑥ Dessert Fork
⑦ Dessert Spoon
⑧ Water Goblet
⑨ Wine glass
⑩ Ashtray
⑪ Pepper Shaker
⑫ Salt Shaker
⑬ Flower Vase

※ 테이블 세팅의 기본원칙

① 쇼 플레이트와 은기물류는 식탁 가장자리로부터 2㎝ 정도의 간격을 두고 놓는다.
② 기물류의 배열은 전체적인 균형을 이룰 수 있도록 적당한 간격으로 보기 좋게 놓는다.
③ 빵 접시(Bread Plate)의 중앙선과 쇼 플레이트의 중앙선이 일치하도록 배열한다.
④ 디너 나이프(Dinner Knife)는 칼날이 안쪽으로 향하게 한다.
⑤ 버터 나이프(Butter Knife)는 빵 접시위에 오른쪽으로 1/4정도 되는 부분에 포크의 배열선과 맞춰 놓는다.
⑥ 물잔(Water Goblet)은 디너 나이프의 끝쪽 연장선과 디저트 스푼과 포크의 중앙 배열선이 교차되는 곳에 놓는다.(도면 참조)
⑦ 와인잔(Wine Glass)은 물잔의 오른쪽 아래쪽으로 45° 대각선상에 놓는다.
⑧ 센터 피스(Center Pieces)의 배열은 테이블의 종류와 세팅 인원에 따라 달라질 수 있겠으나, 일반적으로 좌측부터 재떨이, 후추, 소금, 꽃병의 순으로 배열한다.

⑨ 성냥은 알맹이 하나의 끝을 성냥갑 밖으로 나오게 하여 재떨이 앞쪽에, 로고(Logo)를 손님이 볼 수 있도록 놓는다.

⑩ 쇼 플레이트를 사용하지 않을 때는 냅킨(Napkin)을 놓아서 기준을 삼는다. 이러한 원칙은 영업장의 특성과 식탁의 종류, 식탁이 배치된 장소, 기물의 종류에 따라 다소 변할 수는 있으나, 테이블 세팅의 근본 목적인 고객이 사용하기에 편리하고, 짜임새 있고 모양 좋은 테이블이 되게 하여야 한다.

나. 기본 세팅(Basic Place Setting)

① Show Plate
② Dinner Knife
③ Dinner Fork
④ Water Goblet
⑤ Salt & Pepper Shaker
⑥ Napkin

다. 일품요리 기본 세팅(Basic á la Carte Setting)

① Show Plate
② Dinner Knife
③ Dinner Fork
④ Bread Plate
⑤ Butter Knife
⑥ Water Goblet
⑦ Wine Glass
⑧ Salt & Pepper Shaker
⑨ Napkin

라. 정식 세팅(Table d'hôte Setting)

※ 6코스로 구성된 정식

① Show Plate
② Meat Knife
③ Meat Fork
④ Fish Knife
⑤ Salad Fork
⑥ Soup Spoon
⑦ Fish Fork
⑧ Appetizer Knife
⑨ Appetizer Fork
⑩ Bread Plate
⑪ Butter Knife
⑫ Dessert Fork
⑬ Dessert Spoon
⑭ Water Goblet
⑮ White Wine Glass
⑯ Red Wine Glass
⑰ Champagne Glass
⑱ Salt&Pepper Shaker

※ 만일 Appetizer Knife를 사용할 필요가 없는 Appetizer인 경우에는 Appetizer Knife 대신 Appetizer Fork를 오른쪽 Soup Spoon옆에 세팅한다.

1-2 주장(Bar)

1. 주장의 종류

주장은 각종 음료와 접객종사원의 서비스를 제공하는 영업장으로 특징적인 시설과 함께 엔터테인먼트 요소를 가미하여 판매하고 있다. 70년대 외국인 및 특정인을 대상으로 한 정통 메인바 중심의 클래식한 분위기로 시작한 호텔 주장은 1988년 스포츠바의 효시인 그랜드 하얏트 호텔의 <제이제이 마호니스>와 조선호텔의 <오킴스>, 롯데호텔의 <바비런던> 등 다양한 주제의 스포츠바로 발전하였고 1992년 T.G.I.Friday's 도입으로 인한 아메리칸 스타일의 웨스턴 & 펍바가 등장하기도 하였다. 이때 <Rock'n Roll>, <Wild Bills>, <ELVIS>, <터번스빌>, <엉클29>, <엉클 톰스 캐빈>, <시카고>, <잭슨빌>, <달라스빌>, <레드락>이 처음 소개되엇고 특히 Bar Flair, 매직 등 바 문화의 대중화에 공헌하였다.

근래에는 음악, 마술, 시가, 와인바, 비어바 등 다양한 컨셉의 테마바가 성행될 전망이다.

1) 메인 바

호텔의 메인 바는 호텔주장을 대표하는 업장으로 보통 서양식당에 인접하여 식당 이용 단골 고객이나 투숙고객을 대상으로 운영된다. 운영형태에 따라 여러 가지 명칭으로 사용되는데 회원제로 운영되는 멤버스 클럽 바, 휴게기능의 라운지 바, 다양한 칵테일 위주로 운영되는 칵테일 바 등이다. 메인 바에서 제공되는 음료 종류는 국제적인 브랜드들로써 다양한 고객층의 기호를 충족시킨다. 또 이때 제공되는 음료가격은 특정호텔만의 고유가격이 아니고 동일한 등급 수준의 호텔에서 단일하게 제공되는 표준가이다. 이는 국내 음료 수입업자가 독과점 형태로 운영되어 일정가격으로 각 호텔주장에 공급하기 때문이다.

<도표 3- 16 > Bar 조직도

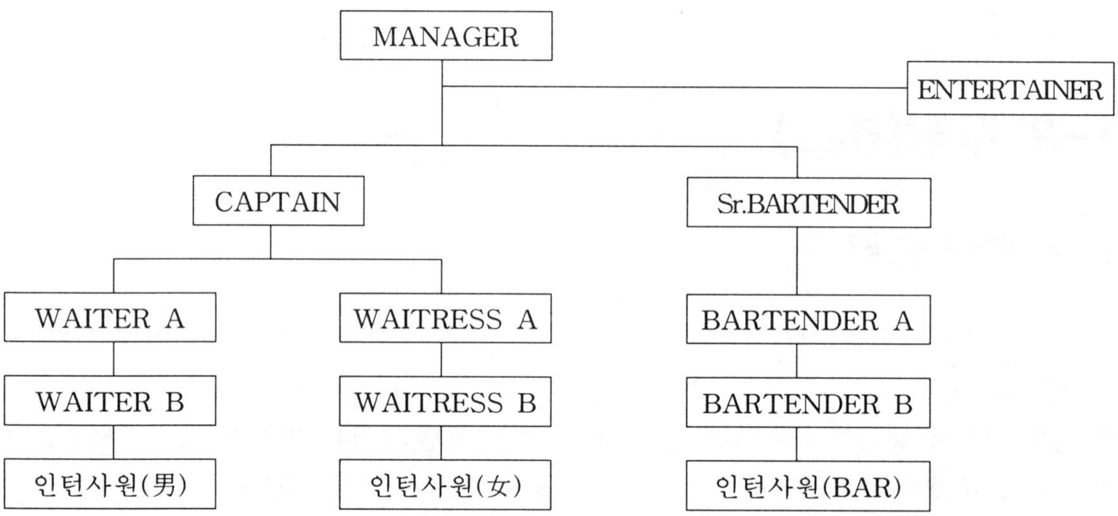

<도표 3-17> 영업시간 및 근무 스케쥴

① 영업시간 : 18:00 ~ 02:00

② 근무 스케쥴

직책	시간별 인원	18:00 19:00 20:00 21:00 22:00 23:00 24:00 01:00 02:00
MANAGER	1명	<--> (18:00 ~ 02:00)
CAPTAIN	1명	<--> (19:00 ~ 02:00)
BARTENDER	1명	<--> (18:00 ~ 02:00)
WAITRESS	4명	<--> (19:00 ~ 02:00)
인턴사원	2명	<--> (18:00 ~ 01:00)

2) 로비라운지 바(Lobby Lounge Bar)

호텔 로비에 위치하여 주로 비즈니스를 위한 만남의 장소로 이용된다. 각종 음료와 칵테일, 간단한 스넥 제공과 함께 생음악 연주와 음악신청 등을 할 수 있는 휴게 기능의 바이다.

3) 스카이 라운지 바(Sky Lounge Bar)

일반적으로 전망이 좋은 호텔의 고층에 위치하여 각종음료와 일품요리 등을 함께 판매하는 혼합형태의 주장이다.

4) 펍 바(Pub Bar)

불특정 다수의 대중적 사교장으로 생맥주에서부터 비싼 주류에 이르기까지 음료상품을 주력 판매하며 다양한 형태의 음악과 함께 간단한 스포츠 시설(다트게임, 포켓볼, 미니축구, TV스포츠관람 등)을 갖추어 유흥적인 요소를 제공한다.

5) 댄스 바(Dance Bar)

펍바의 개념에 디스코텍, 가라오케 등 춤과 노래를 할 수 있는 댄스플로어가 마련되어 있다. 그 밖에 나이트클럽과 최근 일부 특1급 호텔에서 나타나고 있는 시가바(Cigar Bar) 등이 있다.

2. 음료 서비스

1) 주문받는 요령

- 시계도는 방향으로 여성을 먼저
- 음료가 잔 바닥에서 1~2cm 정도 남았을 때 재주문
- 단골 고객의 선호하는 음료는 꼭 기억할 것

2) Glass 종류 및 취급법

(1) 종류

- Cylindrical Glass : 원통형으로 된 Glass류를 말하며 Stemless Glass, 혹은 텀블러(TUMBLER)라고도 한다.
- Stemmed Glass : 몸통, 손잡이 받침이 있는 Glass
- Mug 또는 Jug : 받침없는 몸통에 손잡이가 옆으로 달린 것

(2) Glass의 명칭

① Shot Glass : 1~2온스 정도의 작은 잔으로 위스키 스트레이트용
② Old Fashioned Glass : On the Rocks 잔이라고 하며 용량은 6온스
③ Tumbler Glass : 6, 8온스의 용량으로 원통형이다.
④ High Ball Glass : 6, 8온스 용량의 원통형으로 일부 윗부분이 약간 넓은 것도 있다.
⑤ Tom Collins Glass : 용량은 12온스로 Tumbler Glass 형태의 Collins 칵테일 전용 Glass
⑥ Cocktail Glass : 여러 유형이 있으나 기본적으로 3온스, 4온스가 있다.
⑦ Liqueur Glass : 1온스 정도의 용량으로 리큐르 전용 Glass
⑧ Sour Glass : 용량 4~5온스 정도의 몸통이 좁고 긴 Stemmed Glass

⑨ Sherry Glass : 용량 3온스, Sherry Wine용

⑩ White Wine gas : 용량 3~4온스, White Wine용

⑪ Red Wine Glass : 4~6온스, Red Wine용

⑫ Champagne Glass : 4온스, Champagne용으로 여러 가지 모양이 있다.

⑬ Goblet Glass : 8온스로 보통 물을 담을 때 쓰는 Stemmed Glass

⑭ Pilsner Glass : 8~10온스, Stem이 있는 것과 없는 것이 있다.

⑮ Snifter Glass : Brandy(Cognac)용으로 5~6온스

⑯ Zombie Glass : 10온스의 원통형 Glass

⑰ Tropical Glass : 열대 과일음료 장식을 많이 할 수 있는 잔

(3) 취급법

- 중성세제로 흐르는 물에 Glass를 세척한다.
- Glass 정돈
- 찬 음료용 Glass는 냉장고에 넣어 차게 하여 사용한다.
- 잔을 잡을 때는 아랫부분을, Stem이 있는 것은 Stem을 잡는다.

1-3 연회

과거 특수계층의 전유물로 인식되어 왔던 호텔에서의 각종 연회행사는 고도의 경제발전과 고학력, 여가문화의 확산 등으로 대중화되었고 후기 산업사회에서의 다층적(Mass－Custormization) 수요구조상 앞으로도 많은 잠재수요를 예상할 수 있다.

연회는 호텔 식음료부문매출의 60% 이상 차지하는 효자업장으로 단일영업장으로는 가장 넓은 공간규모를 갖추고 다양한 형태의 단체고객을 대상으로 체계화된 식음료 및 기타 부대사항 서비스와 장소, 시설 등을 제공한다. 이러한 연회행사의 유치는 연회매출 증진에만 기여하는 것이 아니라 객실 및 기타 서비스에 대한 간접 홍보 및 판매를 기대할 수 있는 장점이 있다. 또한 확정된 세트메뉴의 대량판매로 인해 재고자재에 대한 원가절감이 가능하며 객실에 비해 효율적인 공간 활용이 가능해 탄력적인 매출증가를 기대할 수 있다.

<도표3-18> 연회장 조직도

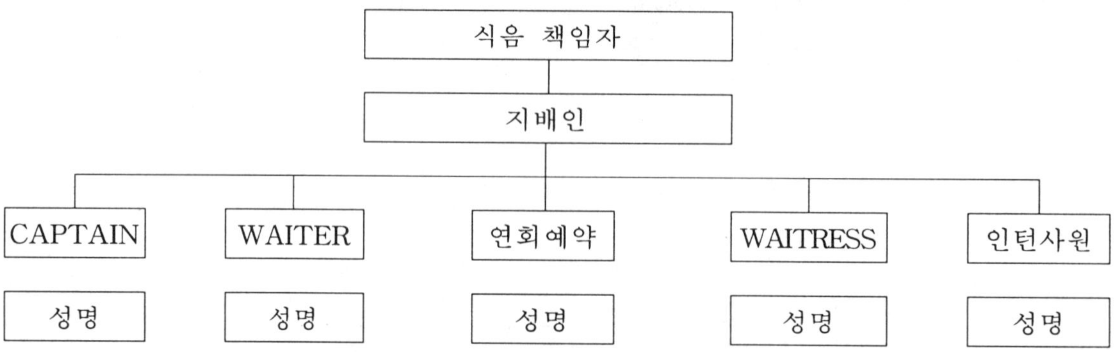

1. 연회의 분류

1) 기능에 의한 분류

① 식음료 판매를 목적으로 하는 것

정찬 party(Breakfast, lunch, Dinner), 칵테일 party, reception, buffet, tea party 등

② 연회장판매를 목적으로 하는 것(Rental Charge)

Meeting, 세미나, Conference, Symposium, Exhibition, Fashion Show, Press Meeting, Consert, 상품설명회, 강연회, 간담회, 연주회, 국제회의, 전시회 등

2) 장소별 분류

① 출장연회(Catering service)

음식을 비롯한 해당 기물, 테이블, 린넨, 소모품등을 운반하여 고객이 원하는 장소와 시간에 따라 행하여지는 것으로 출장연회에서 중요한 것은 미리 현장에 대한 사전답사를 하는 것이다.

가. 사전현장답사

도로사정에 따른 소요시간 및 운행코스를 확인한다. 대규모 연회행사의 경우 장비 및 비품 하역장소나 엘리베이터 사용여부를 파악하고 운반대책을 강구한다. 연회장내 전기, 수도 및 주방시설유무를 확인하고 연회장 도면을 작성한다. 연회장비 보관 및 빈 그릇을 치울 Back Side 장소를 확보하고 야외 행사시 우천대비책을 계획한다.

나. 행사계획서

① 차량 소요 및 운행 계획(철수 계획 포함)
② 장비, 집기 비품 산출
③ 인원 확보 계획
④ 서비스 계획(행사 일시, 장소, 인원수, 형식)
⑤ 숙박비, 인건비 및 기타 출장 소요경비 계획(매출 대비)
⑥ 도면 작성(간단하면서도 간략하게)

다. 반출증 작성

① 필요 수량을 정확히 산출하여 적는다.
② 사전 결재를 받을 것.
③ 행사 종료 후 귀사시 반입증 회수하여 반출부서에 보관한다.

<도표 3-19> 반출증 예시

반출확인증

관재과 보관용 No.

품 명	규 격	수 량

상기 품목의 반출을 허가함.

1. 반출사유 :
2. 반 출 처 :
3. 반출일자 : . . .
4. 반입예정일자 : . . .
5. 반출부서 : 부 과장 ㊞
6. Chief Steward : ㊞
7. 발행부서 : 관리부 관재과장 ㊞

반출, 반입확인증

반출부서 보관용 No.

품 명	규 격	수 량

상기 품목의(반출, 반입)을 확인함.

1. 반출사유 :
2. 반 출 처 :
3. 반출일자 : . . .
4. 반입예정일자 : . . .
5. 반출부서 : 부 과장 ㊞
6. Chief Steward : ㊞
7. 발행부서 : 관리부 관재과장 ㊞

반출, 반입확인증

경비과 보관용 No.

품 명	규 격	수 량

상기 품목의(반출, 반입)을 확인함.

1. 반출사유 :
2. 반 출 처 :
3. 반출일자 : . . .
4. 반입예정일자 : . . .
5. 반출부서 : 부 과장 ㊞
6. Chief Steward : ㊞
7. 발행부서 : 관리부 관재과장 ㊞
8. 확인일자 : 2001 . . .
9. 확인부서 : 총무부 경비과

	시간	확인자성명	sign
반출			
반입			

반입확인증

관재과 회송용 No.

품 명	규 격	수 량

상기 품목의 반입을 확인함.

1. 반입사유 :
2. 반 입 처 :
3. 반출일자 : . . .
4. 반입예정일자 : . . .
5. 반입부서 : 부 과장 ㊞
6. Chief Steward : ㊞
7. 발행부서 : 관리부 관재과장 ㊞
8. 확인일자 : 2001 . . .
9. 확인부서 : 총무부 경비과

	시간	확인자성명	sign
반출			
반입			

② 호텔 내 연회(In-House)

③ Take Out

④ Delivery Service

3) 목적에 의한 분류

① 약혼식, 결혼식, 돌잔치, 환갑잔치, 생일잔치 등의 각종 가족모임

② 회사 창립기념, 개관기념, 이취임식, 사옥이전 등 회사행사

③ 입학, 졸업, 사은회, 동창회, 동문회 등의 학교관계 연회

④ 국민행사, 정부수립기념 등의 정부행사

⑤ 기타 신년하례, 망년회, 간담회, 각종 이벤트 등

이들을 크게 일반연회와 기획연회로 구분할 수 있다. 구분기준은 제공되는 연회관련 비품 및 장비제공범위에 두고 있다.

* 일반연회

일반연회는 sign Board, Banner, Flip Chart, dance floor, 무대, 피아노까지가 함께 제공된다.

* 기획연회

일반연회에서 제공되는 것외에 오디오기자재, 마이크로폰, VTR, 프로젝터, 스크린, 멀티비젼이 제공되는 경우이다.

한편 케익, 아이스카빙, 꽃꽂이, 사진, 비디오 및 엔터테인먼트 서비스 등은 선택항목으로 처리된다.

4) 서비스형식에 의한 분류

① Table Service

제공되는 식음료의 Sitting Service로 연회행사 중 가장 비중있고 격식을 갖춘 정찬파티가 주로 해당된다. 고객수가 많은 경우에는 연회의 성격에 맞는 테이블 배치도 및 좌석배치도를 연회장 입구에 설치하여야 한다.

② Standing service

standing buffet , cocktail party, tea party, standing bar service 등

* 정찬 파티(Table Service Party)

정찬 파티는 가장 정식인 연회로써 경비의 규모가 클 뿐 아니라 사교상의 중요한 목적을 띠고 있다. 초대장을 보낼 때는 연회의 취지와 주빈의 성명을 기재하여 복장에 대한 명시를 제시할 수도 있다. 정찬 파티에는 통상 예복을 입고 참석해야 한다. 고객이 참석하기 전에 좌석 배치도(Seating Arrangement)가 결정되면 Place Card를 식탁에 배치하여 지정된 좌석에 앉게 하여야 한다. 많은 고객을 초대하였을 경우 주최자는 연회장 입구에 좌석 배치도를 설치하여 참석자의 혼잡을 피하도록 한다.

연회가 진행되어 후식을 제공하고 나면 주최자는 일어서서 인사말(Speech)을 하게 된다. 인사말이 끝나면 Coffee, 생과자를 Serve하고 After Drink를 Serve한다.

정찬 Party Table Setting에 있어서 주의해야 할 점은 연회장의 넓이와 참석자의 수, 그리고 연회의 목적에 따라 테이블 배치를 해야 하는 것이다. 그것은 좌석 배열도 사회적 지위 연령의 상하가 구분되기 때문에 주최자와 충분한 사전 협의가 이루어져야 하고, 특히, 외국인일 경우는 부인을 위주로 하며 그 방의 상석은 입구에서 가장 먼 내측이 되는 것이다.

* 칵테일 파티(Cocktail Reception)

칵테일 리셉션이란 각종 주류와 여러 가지 음료를 주제로 하고 Hors d'oeuvre을 곁들이면서 입식형식으로 행하여지는 연회를 말한다. 칵테일 리셉션은 정찬 파티에 비하여 비용이 적게 들뿐 아니라 지위고하(地位高下)의 구분없이 자유로히 이동하면서 자연스럽게 담소할 수 있고, 또한 참석자들의 복장이나 시간도 별로 제한받지 않기 때문에 현대인에게 더욱 편리하고 특히 사교모임에 적당한 파티이다.

고객들은 연회장 입구에서 주최자와 인사를 나눈 다음 입장을 하고, 연회장 내에 차려져 있는 바에서 좋아하는 칵테일이나 음료를 주문하여 받은 다음 격의 없이 손님들과 어울리게 된다. 서비스맨들이 특히 준비해야 할 점은 준비되어 있는 음식과 음료가 많이 소비되어야 하므로 Self Service 형식이라도 고객 사이를 자주 다니면서 재주문 받도록 하여야 한다. 특히, 여자 손님들은 Food Table에 자주 가지 않는 경향이 있으므로 Hors d'oeuvre Tray를 자주 갖고 다니면서 서비스를 해야 한다.

* 정원 파티(Garden Party)

가장 쾌적한 날씨를 선택하여 정원이나 경치 좋은 야외에서 Cocktail Reception, Buffet Party등의 연회를 개최하는 것을 말한다. 자연의 풍경이나 경치를 만끽할 수 있는 연회로써 서비스 방법도 실내 서비스와 동일하게 행하여진다.

또한 갈비나 바베큐 등을 직접 불에 구워 먹는 별미도 맛볼 수 있다. 그러나 우천 시 대비책도 사전에 강구하여야 한다.

* 티 파티(Tea Party)

Tea Party는 Cocktail Party식으로 다과를 놓고 하는 경우와 Table Set-up하여 하는 경우가 있다. 양다과 만으로 하는 경우와 한다과만으로 하는 경우, 한양다과를 섞어서 하는 경우가 있다. 또는 대형 Cake을 Cutting하여 한쪽씩 음료수나 차와 함께 드는 경우가 있다. Tea Party의 경우 커피, 홍차, 인삼차와 같은 더운 음료가 있고, Juice, Cola, Cider등과 같은 찬 음료가 Serve될 수 있다.

5) 요리별 분류

한식, 중식, 일식, 양식, 다양한 종류의 뷔페식, 칵테일, 다과, 바베큐 등

2. 연회 예약업무

연회행사는 일반 식음료 부문의 영업과는 달리 단체를 대상으로 일시에 똑같은 메뉴의 식음료가 조직적인 서비스 방식에 의해 이루어지는 만큼 예약에 의해 접수되고 견적서에 의해 계약이 성립되어 연회행사 지시서(Event Order)에 의해서 준비, 진행되는 특성을 갖는다. 연회 예약이 성립되기 위해서는 예약 담당자와 판촉사원의 밀접한 협력체제를 갖추어야 한다.

판촉 활동을 할 때는 일반적으로 판촉 사원에게 의뢰하고 예약 담당자는 정보제공, 서류정리, Table Plan, 자료작성 등을 주관하면서 판촉 사원과 일치감을 갖고 상호 협력하면서 판매이윤 증진 및 신규 연회 예약의 활성화를 위해 노력을 경주하여야 한다.

* 예약 업무에 필요한 각종 서식류

① Control Chart(연회 예약 현황 장부)
② Quotation(견적서)
③ Agreement(연회 예약 접수 명세서)
④ Event order(연회 행사 통보서)
⑤ Daily Event Order(금일 연회 행사 통보서)
⑥ Weekly Event Order(주간행사 통보서)
⑦ V.I.P Report(금일 V.I.P 방문 통보서)
⑧ Price Information(가격 안내표)
⑨ Price Menu(가격별 메뉴)
⑩ Function Room Lay Out(연회장 도면)
⑪ Revised Memo(정정통보)

* 연회 예약 장부(Control Chart)

Control Chart는 1월 1일을 기점으로 1년간의 예약을 받을 수 있도록 3개월 동안 사용할 수 있는 1권으로 된 예약 사무실 비치용 대장이다. 매일매일 예약을 받을 수 있도록 되어 있으며, 하루의 예약 현황이 파악될 수 있도록 예약에 필요한 요소와 연회장이 기록 정리된 예약 원장이다.

* Control Chart 취급시 유의사항

① 기재는 반드시 연필로 한다.
취소, 변경, 정정사항이 수시로 발생하므로 기재 정정이 가능하도록 연필로 기재한다.

② 기입 순서는예약 접수 일자, 시간, 주최명, 인원수, 전화번호, 예약담당자 이름 등을 기록한다.

③ 행사가 확정되면 "C" 혹은 "D"라고 표시한다.
(C=Confirm, D=Definition).
미확정이면 "T"로 표시한다.(T=Tentative).

④ 가능하면 행사 시작과 종료 시간을 명시한다.

⑤ B/F는 맨 위칸에 L/N은 중간에, D/N은 맨 아래칸에 표시한다.

⑥ 날짜 변경이나 취소의 경우에는 지우고, 좌측 이면에 행사명, 취소일자, 장소, 취소 통보자를 기재하여 추후에 참고한다.

⑦ 연회예약접수명세서(Agreement)

⑧ 연회행사지시서(Event Order)가 기록되어 관계부서로 배부된 경우에는 Control Chart의 "remarks" 난에 붉은 펜으로 "V"자를 해두는 것이 편리하다.

1) 연회예약접수

가수요가 실수요로 전환될 수 있는 중요한 시점의 업무로 고객을 기다리는 것이 아니라 시설, 요리, 장식, 서비스, 가격 등 면에서 경쟁력을 갖추고 이를 적극적이고 탄력적으로 고객과 연결시켜야 한다. 일반적으로 연회예약 접수경로는 직접 호텔을 찾아온 내방객이나 전화, 팩스, 텔렉스 매체 및 인터넷에 의한 경우와 판촉사원, 전직원에 의한 소개 등이다.

전화 예약시에는,

① 일시, 예상인원, 행사형식 등을 문의하고 장소 사용 여부를 확인한다.

② 장소, 행사 규모에 따른 예상되는 예산을 말씀드린다.

③ 더욱 자세한 사항을 요구시 판촉 사원을 파견하거나 예약 사무실로 내방하여 줄 것을 정중히 권한다.

④ 상기의 사항(시간, 장소, 일자, 요일, 인원)을 고객에게 주지시켜 예약사항을 반복 확인한 후 예약 담당자의 직책, 성명, 전화번호 등을 알려 드린다.

⑤ 예약 업무 담당자는 항시 자신의 이름이나 직책이 많이 알려지도록 노력하며, 고객이 전화만 하면 많은 도움을 받을 수 있게 된다는 인식을 갖도록 노력한다.

텔렉스, 팩스, 전보, 편지, 인터넷 등 통신 매개체나 서신 예약에 의한 접수는 정확한 예약의 가부를 즉시 고객에게 통보해주어야 하며 고객이 매체만으로도 행사를 결정할 수 있도록 메뉴, 연회장 도면, 견적서 등 자세한 자료를 보내주어야 한다. 또한 접수시 기재누락, 숫자착오 등으로 고객손실은 물론 호텔명예가 실추되지 않도록 해야 한다. 한편 예약된 장소(Room) 또는 Table은 행사 예정시간으로부터 1시간 이상 경과되면 상황에 따라 다른 고객에게 판매할 수 있으며 이런 점에 대해서는 예약시에 반드시 예약자에게 알려야 한다. 취소 통보 접수(최소한 하루 전에 통보)시에 취소자 성함, 취소 일자, 시간, 연락처를 확인한 후 기재한다.

※ 연회예약 접수시 유의사항

① WHO : 행사명(Name of Function), 행사주최자(Organizer), 예약자, 전화번호, 주소, 참석자(특히 VIP) 및 참석인원수, 1인당 예산, 최저 지불보증인원

② WHEN : 예약일자, 행사일자, 시작 및 종료시간

③ WHERE : 행사장명(연회장명), 출장연회일 경우에는 장소와 위치를 구체적으로 확인하고 행사 전에 반드시 현장답사를 하도록 한다.

④ WHAT : 행사내용 및 성격(Type of Function)을 정확히 파악한다. Table 및 좌석배치, 메뉴내용, 요구사항(사진, 비디오, 꽃, 얼음조각, 케이크, 안내문) 또는 준비사항(서비스 방법, 연예인 사용여부 등) 확인

⑤ HOW : 지불조건(현금지불여부, 회사지불여부 등)을 확정하면서 악성거래처 및 거래중지 업체를 체크한다.

2) 연회예약 접수 및 진행과정

* 순서

① 예약 접수 : 편지, 전보, 전화, 텔렉스, 판촉, 직접 방문, 직원 소개

② Control Chart 확인 : 사용 가능한 연회장 유무 확인

③ 예약 전표 작성

④ Control Chart Booking : 연회예약 대장에 기록

⑤ 견적서 및 Menu 작성

⑥ Event Order 작성 : 연회행사 통보서

⑦ Event Order 결재 : 식음료부 결재

⑧ Event Order 배포 : 각 관련 부서

⑨ 외부 업무 발주 : 현수막, 차량, 무대장치, 메뉴 인쇄, 사진 및 VTR, 상차림

⑩ Chart실 준비사항 점검 : Sign Board, Menu, Name Tag, Seating Arrangement, Place Card

⑪ 행사 전일 : Daily Event Order, V.I.P Report 작성 및 배부

⑫ 연회준비 및 행사 진행
현장 : 행사장 준비 및 서비스 진행

조리 : 음식 준비

방송실 : 조명 및 음향 관계 설치

음료 : Bar 설치

ART : Ice Carving 제작 및 설치

꽃방 : 꽃장식

고객 영접 및 환송

(1) 고객으로부터의 다양한 예약 접수 경로에 의해 일시, 행사명, 주최자와 초청손님, 예상인원, 행사 성격, 1인당 예산 등이 인지되면 요구일자에 적절한 연회장 배정을 위해 Control Chart(연회예약현황장부)를 확인해야 한다. 날짜가 중복되면 문의 고객에게 다른 날짜를 유도하여야 하고 특히 연회예약에 있어 시간의 배정은 연회장의 효율적인 운영을 위해 매우 중요한 요소이므로 조·중·석식 시간대를 최대한 활용하여 매출의 극대화를 기해야 한다. C/C 확인후 무리가 없으면 예약전표를 작성하고 C/C에 기록한다.

(2) 예약 접수사항에 대한 견적서(Quotation)를 제시한다. 견적서는 주최측의 예산에 맞으면서 경쟁호텔에 대응할 수 있어야 한다. 이때 식음료요금에는 10%의 봉사료와 10%의 부가세가 부과되지만 연회장소 임대, 꽃, 사진, 연예인 사용, Corkage Charge 등에 대해서는 10%의 봉사료 부과 없이 부가세만 가산되므로 이를 사전에 고객에게 알리는 것이 좋다.

또한 Complimentary로 제공되는 품목에 대해서는 원래의 가격을 기록하되 "Comp."로 표시하여 회계처리상 수입발생이 되지 않은 것으로 처리되어야 한다. 또한 견적서를 제시할 때는 연회장의 도면과 배치 등을 함께 제시한다.

(3) 행사주최측이 호텔에서 제시한 견적서에 대해 수용하면 행사가 유치된다. 이어 연회행사 계약서를 작성하여 쌍방이 서명을 하고 예약금을 받은 뒤 원본을 계약자에게 준다.

(4) Control Chart를 재확인하고 컴퓨터를 이용하여 정확하게 연회예약 접수명세서(Agreement)를 입력시켜 작성한다.

(5) 연회행사지시서 (Event Order)를 작성하여 부서장의 결재를 득한 후 관련부서에 전달한다. 고객과의 협의 내용과 필요한 사항이 많아서 연회행사지시서 만으로 부족한 경우에는 별도의 업무연락 또는 회의를 통하여 행사내용을 관련부서에 통보하여 행사진행에 차질이 없어야 한다. 연회행사지시서는 행사전일에 배포되는 Daily E/O와 주간 및 월간

행사계획을 알리는 Weekly E/O, Monthly E/O가 있다.

※ 관련부서 사항은 다음과 같다.

① 내부 관련부서

- 요리 및 음료 : Main Kitchen, 양식, 중식, 일식, 한식당의 각 주방과 Banquet Bar
- 연회서비스 : Banquet Manager
- 상차림, 식순, 전체적인 코디연출 기획 : 연회예약부,
- 음향, 조명, 통신, 냉난방 : 시설영선부, 동력부
- 안내게시판(Sign Board), 연회장 도면, 방명록, 이름표(Name Tag), 테이블 카드(Place Card),테이블 및 좌석배치도 : Chart실
- 차량지원, 주차 및 배차 : 총무부
- 기물공급 및 관리 : 기물관리과
- 청소 : 객실정비과
- 꽃, 아이스 카빙 & 장식 : Art Room
- VIP 영접 및 환송 : 당직
- 안전관리 : 비상계획부

② 외부 협력부문

음악, 밴드, 연예인, 사진, VTR, 간판, 현수막, 무대장치, 특수음향 등

③ 메뉴제출의뢰

연회예약에 준비되어 있는 메뉴이외에 종교적 이유나 건강상의 특징, 기호정도의 차이 또는 VIP를 위한 특별메뉴(Up to Chef's Description) 등 별도의 메뉴를 만들 경우에는 메뉴제출 의뢰서를 조리부에 의뢰해 조리부서의 새로운 메뉴를 받도록 해야 한다. 또한 한식, 중식, 일식 등의 음식은 100명 이상일 경우는 조리부와 상의하여 식자재 관련 유무 확인 후 예약을 받는다.

이 외에도 관련부서와 정확히 연락을 취하여 행사 1시간 전까지는 완성되도록 시간별로 재점검하여 확인하는 것이 매우 중요하다.

3) 연회 행사 통보서(Event Order)

행사 주최측과 견적서(Quotation)를 주고 받아서 행사가 결정되면, Control Chart를 재확인하여 확정한 내용을 기록하고 Event Order를 작성한다.

행사 진행 관련 부서에서는 고객과의 대화나 대면도 없이 E/O에 의해서만 행사를 진행하기 때문에, 고객과의 협의내용과 필요한 사항 등 E/O에 기록할 내용이 많아서 난이 부족할 경우에는 별도 업무 연락 혹은 회의를 통하여 행사 내용을 관련 부서에 배부한다.

(1) Event Order 작성 방법

가. Food의 종류

① Breakfast, Lunch, Dinner, Cocktail, Reception, Buffet (Seating &Standing), Chiness, Korean, Western, Japaness, Tea Partye 등의 형태에 맞춰 Menu는 사전 제작된 견본 Menu에 의하여 결정되나 고객이 원하는 특별 Menu도 수용한다(Vegetarian, 종교적, 신체적 특식 등).

② Buffet식인 경우 Standing 또는 Seating인지를 명확히 확인한다.

나. 가격 및 인원의 결정

가격 및 인원 결정에서 중요한 것은 최저 지불보증인원(Gurantee)에 대한 명시이다. 연회행사의 특성상 정확한 참석인원수를 예측 확정하기가 어렵기 때문에 참석인원에 관계없이 고객이 지불 보증할 수 있는 인원수를 정해야 한다. 반대로 예약인원보다 많은 참석자가 발생했을 경우를 대비해 추가(expect)제도를 명시하고 식음료를 추가로 준비하도록 한다.

다. Flower Decoration

연회의 목적과 성격에 따라 알맞게 장식되어야 하는 꽃은 연회장에서 큰 역할을 하게 된다.

라. Ice Carving

고객의 요청사항, Logo문자 등을 기록하거나 별도의 Logo를 Art실로 넘겨 준다. 또한 특별한 무대제작 Deco도 함께 넘겨준다.

마. Beverage

음료는 테이블위에 원하는 음료의 종류와 수량을 미리 올려놓는 테이블 서비스와 연회장에 바를 설치하여 고객이 직접 원하는 음료를 주문하여 제공하는 바- 서비스가 있다. 테이블 서비스경우는 주로 정찬이나 Seating부페에서 많이 사용되며 바- 서비스의 경우는 Standing 뷔페나 칵테일 리셉션에서 이루어 진다.

연회장의 바는 주류 및 음료류의 하우스 브랜드(House Brand) 및 국산 브랜드로 구성되는 스탠다드 바와 수입 브랜드로 구성되는 딜럭스 바로 구분된다.

계산방법으로는 Full Bar 또는 Soft 등 준비 한계를 고객에게 문의하여 고객이 요청한 Limited에 따라 계산하되 실제 소모량에 의한 실수계산법(Con－ sumption Base)을 따른다. 고객이 외부에서 주류반입을 하고자 할 때는 Corkage Charge를 부과하여 서비스제공에 대한 대가를 청구한다.

* Cocktail Reception인 경우 일인당 3잔 정도
* Cocktail Buffet식인 경우 일인당 2잔 정도
* 식사 전 Cocktail은 일인당 1~1.5잔 정도 예측한다.

바. Rental Charge

Rental Charge는 계절별로 성수기와 비성수기의 영향 때문에 차등하며 상황에 맞는 가격을 받도록 한다.

전시회, Fashion Show의 경우는 100% 또는 그 이상을 초과하여 받는다. 전시회, Fashion Show의 경우 사전에 많은 준비 시간을 필요로 하기 때문에 가급적이면 준비시간도 장소 사용료로 계산하여 받는다. 또한 호텔 시설물(전기, 방송음향)을 필요로 할 시에는 관련 부서장과 협의하여 장비 사용료를 받도록 하며, 장비 사용시 훼손, 파손, 분실물에 대한 손해배상 관례를 명시토록 한다.

사. Decoration

기본적인 Deco는 연회준비 담당자가 하나, 고객의 특별 요청이 있을 시는 해당부서와

협의 하에 원하는 형태를 도면으로 작성하여 가격을 결정한다.

특히, Cocktail Reception시 많은 Deco를 원할 때는 반드시 가격을 받도록 하며, Mini Garden 등을 고객이 사용토록 권한다.

아. Table Shape(Lay-Out)

특별한 경우 또는 중요한 행사시에는 Table Lay-Out을 제시해 두는 것이 원칙이다.

행사 내용에 따라 Table 모형이 변형된다. Table Lay-Out을 작성시 각 연회장 축적 도면에 사실적인 도면을 그려서 행사 주최측에 제시하고 또한 Copy는 현장에 보내서 행사 진행 준비에 차질이 없도록 한다.

자. 음향 및 조명 시설

Dinner Show, Fashion Show, 전시회 등과 같이 특별 음향이나 조명(Laser Beam)이 필요한 경우가 많다. Mike System, BGM 등이 필요한 경우 고객에게 Rental Charge 또는 무료인지를 확실히 명시하고 기록한다.

차. 지불 조건

연회예약담당자는 예약과정에서 이미 지불조건에 대한 방침을 주최자와 충분히 협의한 후 Event Order에 기입하고 신빙성이 없는 행사, 가족모임, 개인적 행사는 예약금을 받아두는 것이 원칙이다. Cashier는 연회당일에 Bill을 작성하는데 연회의 Bill은 타 업장과 비교할 때 내용이 복잡하고 금액도 높으므로 음료, 요리 등 추가에 관해서는 지배인, 캡틴 확인 아래 가산, 최종 빌을 완성시킨다. 담당 지배인은 연회 종료 후 즉시 연회 Cashier에게 통보하여 작성된 계산서를 주최자에게 제시하고 현금 결재를 하며, 후불일 경우에는 확인 사인을 받아 Cashier를 통하여 수납과에 인계한다.

<도표3-20> 이벤트 오더

擔當	支配人	課長	部長

宴會行事通報
EVENT ORDER

分類番號 FILE NO: 作成日 PREPARED:

行事場 ROOM: 行事形式 TYPE OF FUNCTION:

行事日 DATE: 行事時間 TIME:

行事名 NAME OF FUNCTION: 主催 ORGANIZATION:

住所 BILLING ADDRESS: 電話 OFFICE: HOME:

契約者 ORGANIZER: 職位 POSITION: 契約金 DEPOSIT ₩: NO.:

契約人員 EXPECTED: 支給保證人員 GUARANTEED: 支拂方法 PAYMENT CASH: CHARGE:

單價 UNIT PRICE				
	FOOD:	CANAPE:	CAKE:	S.C.:
	RENTAL:	FLOWER:	BANNER:	
	TRANSPTN:	PHOTO:	ICE CARV.:	
	MUSICIAN:			VAT:

SERVICE MANAGER

1. TABLE SHAPE

T	I	U	□	O

2. EQUIPMENT:
3. INDIVIDUAL MENU:
4. OTHERS:

SIGN BOARD

BAR

FULL	SOFT	CONSUMPTION	LIMITED

CORK-AGE	BRINGING-IN BTL.	CHARGE	F.O.C.

WINE	W	
	R	
	CH	

FLORIST

ART ROOM

SOUND ROOM

DUTY MGR.

MENU

BQ870001

<도표 3-21>연회예약견적서

연 회 예 약 견 적 서

QUOTATION

ORGANIZER: TYPE OF FUNCTION:

DATE: NO. OF GUEST:

TIME: NAME OF ROOM:

Description	Q'ty	Unit Price	Amount	Description	Q'ty	Unit Price	Amount
Food				Floral Decoration			
				Enter-tainment			
Beverage				Room Charge			
				Others			
F & B Total				Sub Total			
Ice Carving Dec. Charge				S.C Charge(%)			
				Tax(10%)			
				GRAND TOTAL			

With regard to your order for your proposed party to be held in the Hotel Lotte we are very pleased to submit to our estimate for the party.

We appreciate your special patronage and look forward to serving you with the utmost attention.

Sincerely Yours,

In Charge: Sales Department

Date:

<도표 3-22 > 연회예약접수명세서

연 회 예 약 접 수 명 세 서
(AGREEMENT)

담 당	연회지배인	부 장

행 사 명 Name of Function		예약자 Organizer
주 소 Billing Address		전 화 Tel.
행사일시 Day/Time/Date		행사종류 Type of Function
가 격 Price Per Cover	식 료 Food	음 료 Beverage
연회실사용료 Rental Charge		꽃 꽂 이 Flower Arrangement
음료 사용료 Corkage Charge	얼음장식료 Ice Carving Charge	
예약인원	최저지불보증인원 Guaranteed Attendance.	예약금 Deposit
좌석배치 Table plan		차림표 MENU
안 내 판 (Sign Board)		
꽃 꽂 이 Flower Arrangement		
National flag Recept Tbl. Sign Book Place card Seating Arrangement Black Board	Lectern Piano Mic Projector P. Screen Telephone.	특기사항 (Others)
음악 Entertainment		

※상기 협의된 사항은 양측의 사전합의 없이 일방적으로 바꿀 수 없습니다.
※상기 협의된 사항 외에 추가나 변동할 사항이 있으면 곧 저희 연회실로 통보하여 주십시오.
If you have any changes or addition, Please call me immediately.
1990 . . .

예약자서명
Guest Signature

연회실담당자서명
Prepare by

(2) 금일 연회행사 예약현황(Daily Event Order)

명일 행사에 대한 점검이 끝나면 R/C은 명일 행사에 대한 금일 연회행사 예약현황(Daily E/O)을 작성토록 한다. 금일 연회행사 예약현황표는 해당일의 연회행사 전부를 기록하여 사내 필요한 부서에 배부토록 한다. 행사내용, 시간, 장소, 인원, 매출액 등을 기록하고 특이한 사항이나 VIP 사항 등을 기록한다.

今日宴会行事予約現況
Daily Event Order

支配人	課長	部長

2001 . . . 食飲料部

区分 (Type)	時間 (Time)	場所 (Room)	行事名 (Name of Function)	擔当者 (In Charge)	人員 (Attendance)	予想売出額 (Expect Revenue)	其他 (Remark)
今日総計 (TOTAL)							

FB-BQ-02 複写禁止

(3) VIP보고서

주최자와의 예약과정에서 VIP 참석이 확정되었을 때는 별도로 VIP Report를 작성하여 중역실과 관련부서에 보고하여야 한다. 이때 VIP가 공적으로 참석하는지 주최를 하는지 분명하게 구별하여야 한다.

3. 연회서비스 진행순서 및 방법

1) 연회서비스 진행

E/O가 현장에 도착하면 연회서비스담당 지배인은 다음과 같은 사항을 점검하여 행사가 성공적으로 이루어질 수 있도록 대비하여야 한다.

(1) 서비스 인원 확보

서비스 방법에 따라 다소 차이는 있으나 숙련된 종사원이 접객할 수 있는 인원은 보통 10~15명 정도이며 Formal Party인 경우에는 4~8명이다. 지배인은 연회성격에 따라 종사원을 확보 배치하여야 한다. 연회부서 인원만으로 부족 할 경우에는 행사 최소 3일전에 당일 필요한 서비스인원과 총매출액을 산출한 업무 협조전을 연회예약과 및 식음료부 또는 인사과에 발송하여 지원받도록 해야 한다.

(2) 서비스진행계획 점검

E/O에 명시된 세부 분류사항(일시, 주최자와 초청받은 손님, VIP 참석유무, 연회성격, 참석인원수, 일인당 단가, 장소 및 연회장 장식, 사인보드 문안, 메뉴, 테이블 배치, 서비스 방법, 무대장치, 특수조명 및 음향 등의 특별 요구 설비 등)을 점검하고 문제되는 사항은 연회예약과와 협의하여 서비스진행계획을 수립한다.

(3) 서비스 준비

E/O를 기본으로 하여 연회가 시작되기 전에 연회의 성격이나 메뉴내용, 테이블 배열, 서비스 진행순서 등을 종사원에게 설명해주고 다음과 같은 사항을 준비시킨다.

연회장의 청소(carpet, 가구, 비품), 비품의 파손 확인, 린넨류의 점검, 메뉴에 따른 테이블 셋팅의 점검, 행사성격에 따른 연회장 분위기의 코디 및 꽃, 아이스카빙 장식, 실내온도, 조명, 음향관계, 안내판, 음악, 좌석 및 테이블 배치도, 명찰, Place Card, 현수막, 메뉴 set-up 등의 사항이다.

(4) Attend Service

연회가 시작되기 20분 전에 종사원은 각자 맡은 Area에서 연회장에 입장하는 고객에게 착석보조(Chair Service) 등 모든 제반적인 서비스를 할 수 있도록 대기한다. 착석은 고객이 자리에 앉기 쉽게 두 손으로 의자 등받이를 잡아 가볍게 빼고 앉을때 두손과 한쪽 무릎을 사용하여 살며시 밀어 드린다.

착석순서는 노약자, 어린이, 지체부자유자 또는 여성 순으로 앉도록 돕고 Host 가 마지막으로 착석하도록 돕는다. 지배인, 캡틴은 연회장 입구에서 고객영접을 위해 기다린다.

(5) 테이블 서비스

연회의 메뉴는 일품요리가 아닌 동일한 세트메뉴를 일시에 제공하기 때문에 서비스가 조직적으로 이루어진다. 일반적으로 이루어지는 연회테이블 서비스는 Russian Service나 American Service이다. 제공되는 메뉴나 연회성격에 따라 달라지지만 양식을 기준으로 Normal 연회서비스방법을 제시하면 다음과 같다.

※ Normal(양식)

- 연회고객이 입장하면 정중하게 인사드리고 착석하도록 도와드린다.
- 헤드웨이터의 신호에 따라 Host Taste가 끝난 후 와인을 서브한다.
- Bread Basket 을 준비하여 고객의 왼쪽에서 서브한다.
- 에피타이저를 제공한다. 처음동작은 Head Table과 같이 보조를 맞추어 서브한다.
- App－Plate를 고객의 왼쪽에서 뺀다.
- 뜨겁게 데워진 Soup Bowl 혹은 Cup을 고객의 오른쪽에서 제공한다. Soup Tureen은 Soup Ladle을 사용하여 고객의 왼쪽에서 서브한다.
- 샐러드를 고객의 왼쪽에서 서브한다.
- 샐러드 서브 후 Soup Bowl 혹은 Cup을 치운다.
- 메인디쉬를 고객의 오른쪽에서 서브하면서 “맛있게 드십시오”라고 인사한다.
- 메인디쉬와 샐러드를 고객의 오른쪽에서 Tray를 이용하여 소리나지 않게 조용히 뺀다.
- 디저트를 고객의 오른쪽에서 서브한다.
- Speech가 없을 때는 디저트 서브 후 고객의 오른쪽에서 Coffee Service를 가급적 빨리한다.

(6) 연회 중 서비스 항목은 다음과 같다.

- 늦게 도착한 고객의 영접을 위한 서비스
- 예정시간보다 먼저 퇴장하는 고객을 위한 서비스

- Speech Service
- 전화서비스
- 음향, 조명관계
- 귀중품 도난사고 등 사전예방에 관한 서비스

(7) 연회종료 후 서비스 항목은 다음과 같다.

- 연회장출구에 정렬하여 고객환송
- 주최자 측으로부터 요리 및 서비스에 대한 의견 청취
- 연회에 반입된 각종 물품의 유무확인
- 고객의 분실물 점검

2) 연회행사 의자 및 테이블 배치

연회행사에 있어서 의자 및 테이블의 배열은 장소와 분위기에 알맞게 해야 하며 연회장의 공간을 최대한으로 활용하여야 한다.

연회의 성격에 따라서 의자와 테이블의 배치가 달라지므로 어떻게 하는 것이 가장 적합하며 효과적인가를 살펴보면 다음과 같다.

- 연회행사에 사용되는 각종테이블

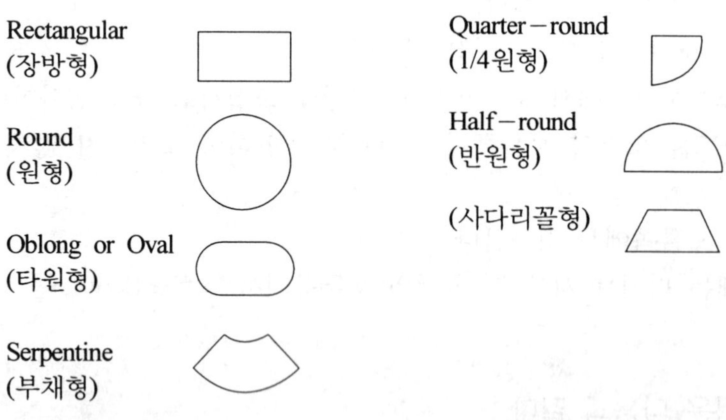

(1) 회의의 의자배열

① 극장식 배치(THEATER STYLE SET UP)

의자가 극장식으로 배열될 경우 의자와 의자 사이를 공간이라고 부르며 의자의 앞줄과 뒷줄 사이를 간격이라 한다.

연설자의 테이블 위치가 정해지면 의자의 첫 번째 줄은 앞에서 2m 정도의 간격을 유지하고, 400명 이상의 홀 좌석배치는 통로복도가 1.9m 넓이의 간격을 유지하도록 하며 소연회일 경우는 복도의 폭이 1.5m가 되도록 한다.

의자의 배치를 똑바로 하기 위해서는 긴 Rope를 이용하여 가로, 세로를 잘 맞춘다.

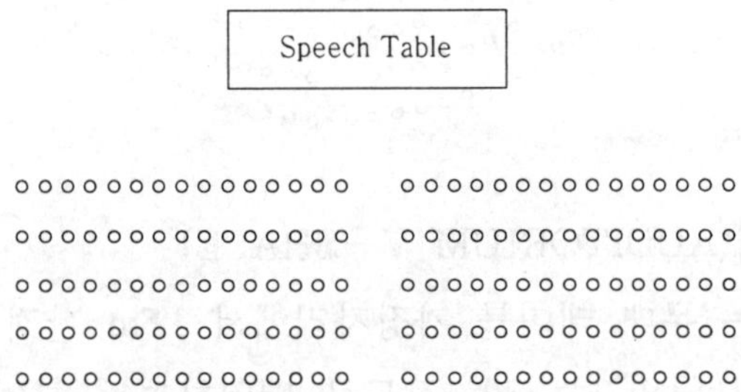

② 강당식 반원형 배치(AUDITORIUM, SEMICULAR, CENTER AISLE)

무대의 테이블은 일반 배열과 동일하나 의자를 배열하는 데 있어서는 무대에서 최소 3.5m 간격으로 배열하고 중앙 복도는 1.9m 간격을 유지하여 놓고 의자를 양쪽에 한 개씩 놓아서 간격을 조절하여야 한다.

이러한 의자 배열은 큰 공간을 차지하기 때문에 많은 인원을 수용하는데 어려움이 따른다.

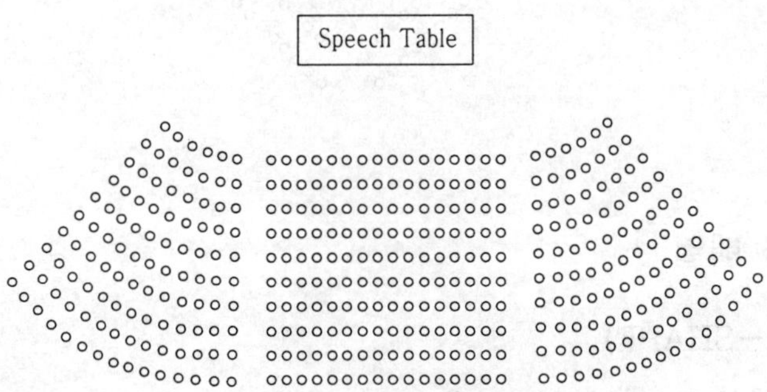

③ 강당식 굴절형 배치(AUDITORIUM, SEMICULAR WITH CENTER BLOCK AND CURVED WINGS)

강당식 반월형 배치와 같으나 옆면을 굴절시킨다. 맨앞 가운데 테이블 배치는 나란히 배열하면 홀 내의 의자 8~9개로 배열하여 양측 복도는 2m 간격을 유지하도록 한다.

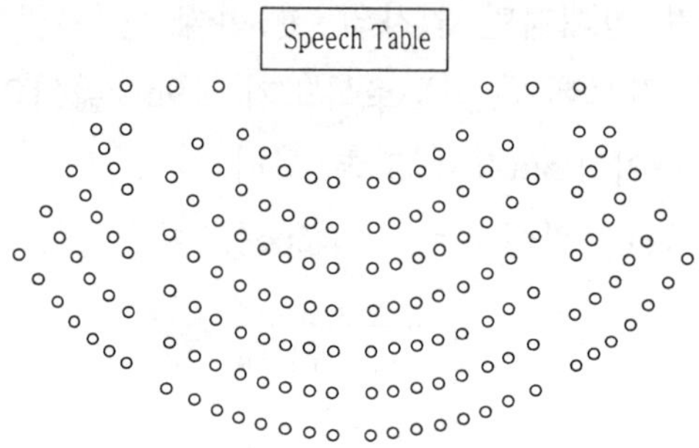

④ 강당식 V형 배치(AUDITORIUM V－SHAPE)

첫 번째 2개의 의자는 무대 테이블 가장자리에서 3.5m 간격을 유지하여 의자를 일직선으로 배열하여야 하며 앞의자는 30° 각도로 배열하여야 하며, V형의 강당식 회의 진행은 극히 드문 편이나 주최측의 요청에 따라서 배열하기도 한다.

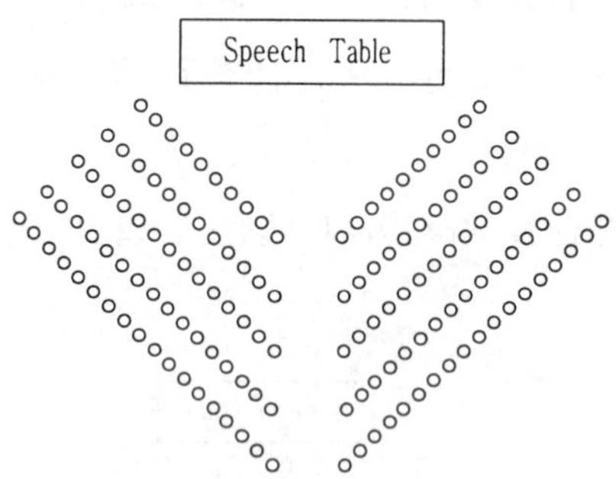

(2) 회의의 테이블 배열

① U형 배치(U－SHAPE)

U형에서는 일반적으로 가로 80㎝×세로 180㎝의 직사각형 테이블을 사용하고 테이블

의 전체 길이는 연회행사 인원 수에 따라 다르며, 일반적으로 의자와 의자 사이는 50~60㎝의 공간을 유지하며 회의의 성격에 따라서 더 넓은 공간을 필요로 한다.

테이블 클로스는 앞부분이 많이 내려와 테이블의 다리가 보이지 않도록 하여야 하며 테이블 클로스와 의자의 간격은 클로스가 의자에 약간 떨어지도록 하여야 한다.

● U형 배치

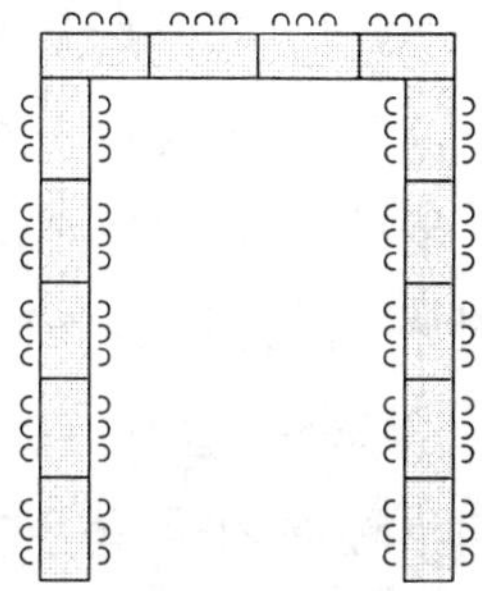

② E형 배치(E-SHAPE)

U형과 똑같은 배열방법을 취하나 E형은 많은 인원이 집중토의할 때 이용되며 테이블 안쪽의 의자와 뒷면 의자의 사이는 다니기에 편리하도록 120㎝의 간격을 유지하여야 한다.

● E형 배치

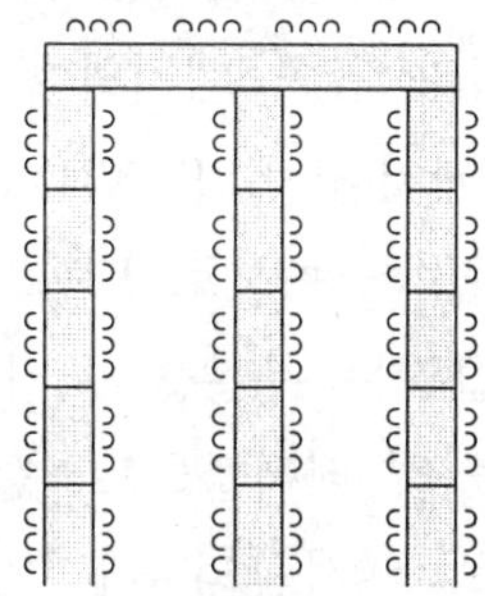

③ T형 배치(T-SHAPE)

이 형은 많은 손님이 HEAD TABLE에 앉을 때 필요로 하며 HEAD TABLE을 중심으로 T형으로 길게 배열할 수 있으며, 상황에 따라서 테이블의 폭을 2배로 늘릴 수 있다. T형 배치도 U형 배치와 마찬가지로 HEAD TABLE의 다리가 보이지 않도록 테이블클로스의 앞부분을 많이 내린다.

● T형 배치

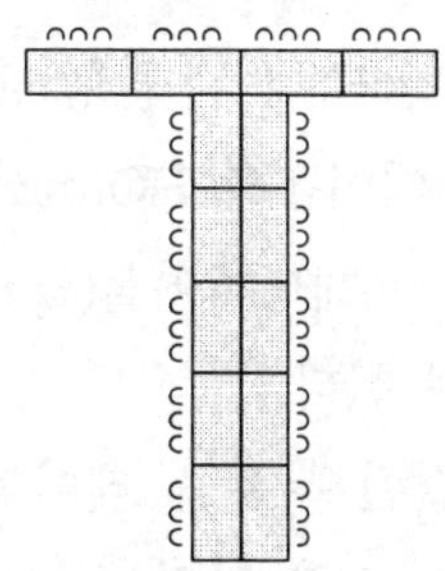

④ 이사회 배치(BOARD OF DIRECTORS)

예상되는 테이블을 배열하며 가로 80㎝×세로 180㎝의 테이블을 2개 붙여서 배치하는데 의자와 의자의 간격은 60㎝의 공간을 유지하도록 한다.

● 이사회 배치

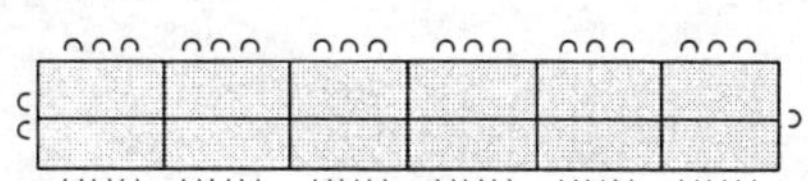

⑤ OVAL형 배치(OVAL-SHAPE)

이사회 테이블 배치와 같은 방법으로 배열하나 OVAL형은 양쪽에 160㎝반원형(HALF ROUND) 테이블을 붙여놓고 양쪽 끝에는 2개의 좌석을 놓도록 한다.

● OVAL형 배치

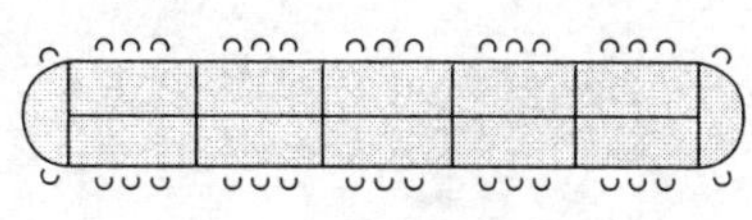

● 공백사각형 배치

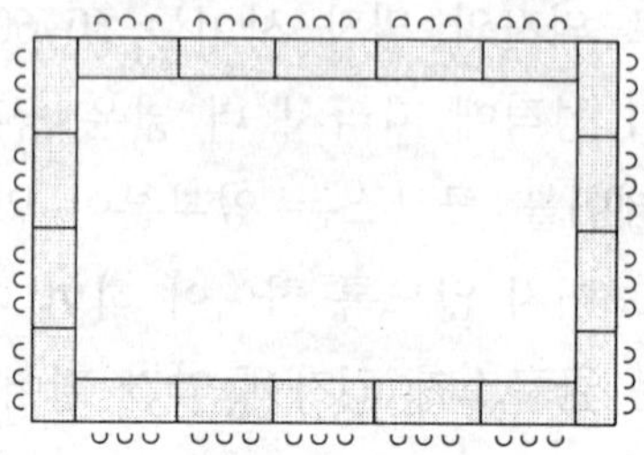

⑥ 공백사각형 배치(HOLLOW SQUARE)

U형 테이블 모형과 비슷하게 배열하나 테이블의 사각이 밀폐되기 때문에 좌석은 외부쪽에만 배열하여야 하며 테이블클로스는 내부쪽의 고객의 다리가 보이지 않도록 길게 내리거나 드랩스(DRAPES)를 쳐서 회의 분위기를 돋우어 주어야 한다.

● 말굽자석형 배치

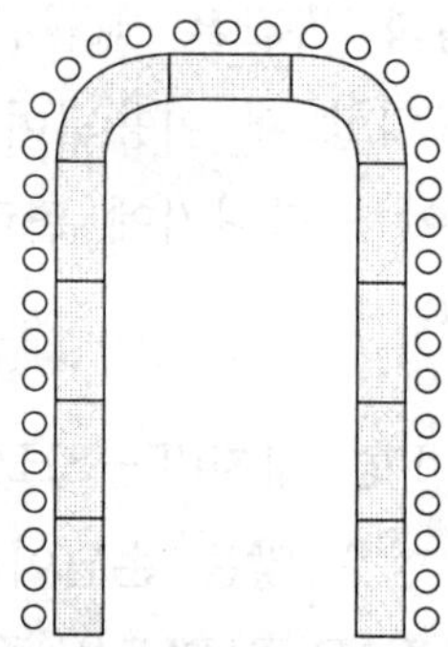

⑦ 말굽자석형 배치(HORSE SHOE)

U형과 같이 배치하여 양쪽 귀퉁이 테이블 끝부분을 부채형 테이블(SERPENTINE)을 배열한다. 좌석은 외부쪽에만 배열하며 안쪽으로 드랩스(DRAPES)를 쳐 주어야 한다.

굴절되는 부분을 처리하는 데 약간 어려움이 있으므로 테이블 및 테이블클로스를 잘 조정하여야 한다.

서로 앞사람의 다리가 보이지 않도록 안쪽에 드랩스(DRAPES)를 쳐주어야 한다.

● 공백식타원형 배치

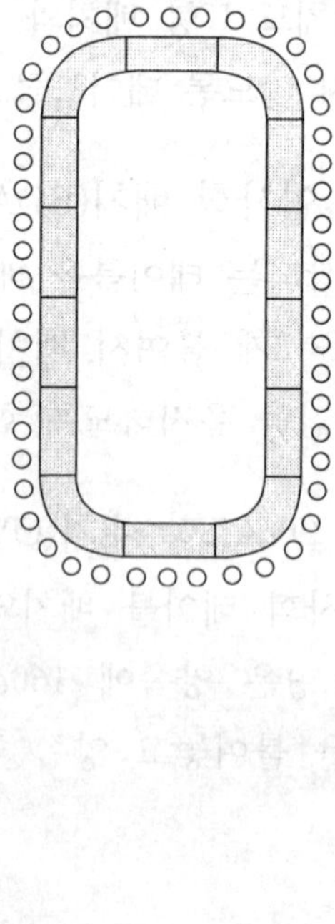

⑧ 공백식 타원형 배치(HOLLOW CIRCULAR)

이 테이블은 HORSE SHOE형과 같게 배치하며 끝부분만 2개의 부채형테이블(SERPENTINE)으로 덧붙여 양쪽을 밀폐시키게 한다.

굴절된 부분을 테이블 · 클로스를 덮는 데 주의하여야 하며 테이블의 연결부분도 잘 처리하여야 한다. 이 형도 마찬가지로 안쪽에 드랩스(DRAPES)를 쳐 주어야 한다.

⑨ **학교 교실형 배치(SCHOOL ROOM)**

테이블형에 따라서 다소 차이는 있으나 일반적으로 가로 80×세로 180㎝의 테이블을 2개씩 붙여서 배치하며 무대와 앞테이블의 간격은 1m 정도 떨어지게 하여 설치하며 중앙 복도의 간격은 190㎝, 또 테이블과 테이블의 간격은 150㎝, 의자와 의자 사이의 공간은 60㎝ 정도로 두며 보통 1개의 테이블에 3개의 의자를 배치하도록 한다.

● 학교 교실형 배치

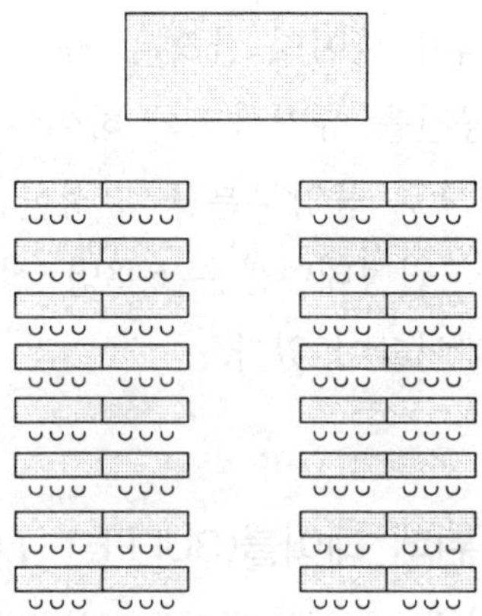

⑩ **학교교실 개조 V형 배치(SCHOOL ROOM INVERTED or V-SHAPE)**

이 형의 테이블 배치는 SCHOOL ROOM 배열 방식과 비슷한 형식이지만 무대에서 30도 각도로 경사지게 배열한다. 이러한 배열 방법은 주최자의 요청에 의하여 회의계획에 의해 총회가 끝나고 이사회 토의가 진행될 때 많이 사용하는 배열 방법이다.

● 학교교실 개조 V형 배치

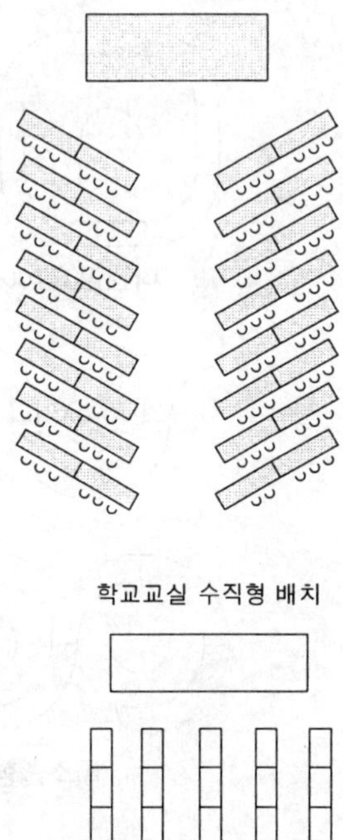

⑪ **학교 교실 수직형 배치(SCHOOL ROOM PERPENDICULAR)**

연회장의 크기에 따라서 많은 사람이 한번에 회의를 할 수 있게 배열하는 방법이다. 무대를 향하여 테이블을 수직으로 길게 배열하여야 하며, 테이블을 설치할 때는 무대에서 2m 간격으로 떨어지게 배치하도록 하며 중간 통로의 넓이는 130㎝, 의자와 의자 사이의 간격은 100㎝ 정도로 하며 또한 테이블과 무대를 중심으로 간격이 잘 맞도록 하여야 하며 중앙테이블을 중심으로 배열해 나가는 방법이 이상적이다.

학교교실 수직형 배치

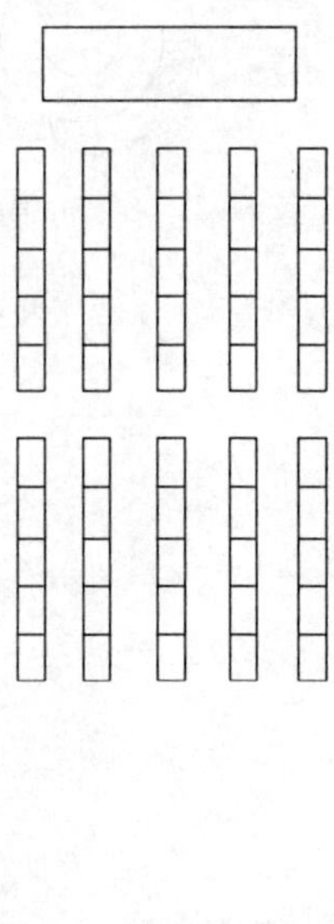

⑪ **원형 테이블 배치(ROUND TABLE)**

이 형은 많은 인원을 수용하여 식사와 함께 제공하는 디너쇼나 패션쇼 등의 테이블을 배치할 때 많이 쓰이며 테이블과 테이블의 간격은 3.3m 정도로 하여야 하며 의자와 의자 사이의 간격은 90㎝ 정도로 하며 양쪽 통로는 60㎝ 공간을 유지하도록 하여야 하며 테이블 배열은 무대를 중심으로 중앙부분을 고정한 뒤 앞줄부터 맞추면서 배치한다. 원형테이블은 6~8명 정도의 테이블과 8~10명 정도의 테이블이 있다.

원형 테이블 배치

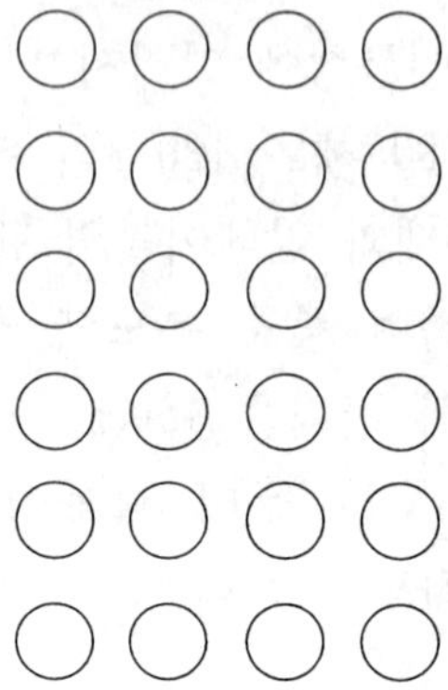

(3) 뷔페 테이블(BUFFET TABLE)배치

뷔페 테이블 배치는 성격에 알맞은 테이블을 사용하여 여러 가지 형태로 배치한다.

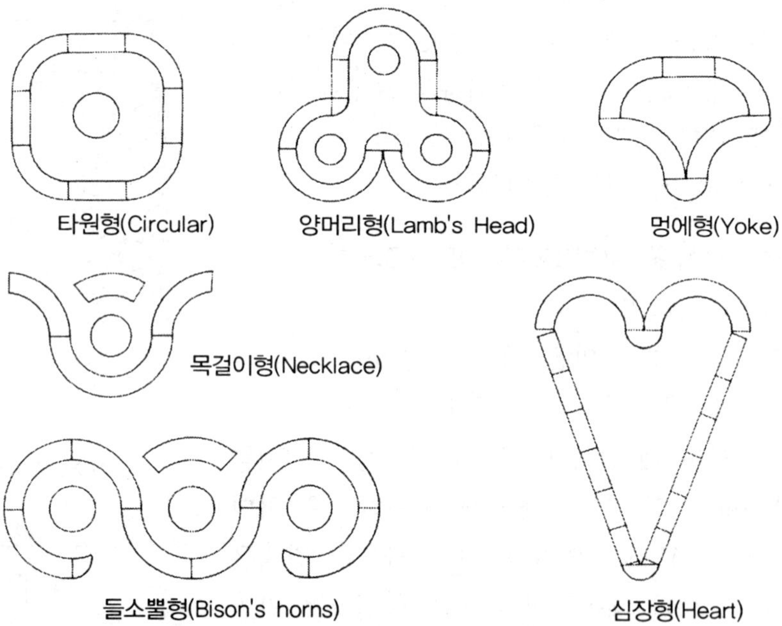

4. 연회 바(Bar)

1) 직무 개요

(1) 점검

연회 바에 보관되어 있는 주류에 대하여 수시 점검을 하여야 한다. 많은 고객의 접객에 대비해 주류, Bar Trolly, Ice Bin, Tools 등을 항시 점검한다.

(2) Event Order 점검과 확인

당일의 연회가 어떤 내용의 연회인가 파악하여 점검하고 예약에 따라 인원을 배치하며 필요사항을 확인한다.

(3) 음료의 출고

당일 연회에 필요한 Wine, 각종 주류, 저장품의 재고량을 점검하고 충분한 양을 확보한다. 특히 많이 사용되는 Soft 음료류는 원재료에 미리 준비해 둔다.

각 품목을 출고할 경우 창고, 냉장고, 수용능력을 감안하여 적절한 양의 출고 작업이 이루어져야 한다.(Event Order에 의하여 주문하는 것이 바람직하다.)

(4) 연회 종료 후

연회 종류 후에는 연회장 내에 설치된 Bar Trolly, Ice Bin을 운바하여 Banquet Bar 장소에 원위치 시킨 후 주류, 비주류를 정리하여 보관한다. 양주의 경우 병에 오물이 묻은 것은 병의 입구를 잘 손질해 두고, 반씩 남은 것은 가득 채워서 보관한다.

기구, 은기류는 세제로 잘 닦아서 뜨거운 물에 헹군 후 건조시켜서 보관하고, Bar Trolly, Ice Bin은 깨끗이 닦아 두어야 하며, 보관할 때는 물기가 없도록 하여 공병이나 빈 캔을 쓰레기장으로 보내 처리하도록 한다.

2) Bar 서비스

연회 Bar에서는 모든 연회에서 제공되는 음료를 제공하기 때문에 식당 Bar와는 서비스 방법이 다르다, 예를 들면 식당 Bar에서는 영업시간이 일정하게 정해져 있지만 연회 Bar에서는 그날의 예약 사항과 연회의 종류에 따라 영업시간이 변경되며, 서비스 방법도 다르다.

업무시간도 파티가 보통 2~3시간 진행되므로 짧은 시간에 많은 업무를 해야 하는 신속한 서비스가 요구된다.

(1) Event Order의 점검과 확인

당일의 연회시간과 내용을 점검하여 불분명한 점은 연회예약실 또는 판촉사원에게 문의하여 음료에 관계되는 것을 상세히 점검하고, 내용에 따라 고객의 요망사항을 명확히 파악해 둔다.

(2) Cash Bar

연회의 종류에 따라 요청이 있을 때 혹은 Event행사시 Cashier가 연회장 내에 NCR을 설치하고 음료(주류, 비주류)를 현금으로 취급 판매하는 것을 말한다. 이때 Cashier는 Waiter 혹은 고객으로부터 직접 현금을 받아서 Order Pad를 발행하여 Bartender에게 넘겨주면, Bartender는 주문한 음료를 내 주게 된다. 연회 종료 후 Order Pad를 집계하여 Cashier의 판매액과 비교하여 본다.

(3) Break Down(Limited)

사전에 예약 견적에 의해 음료의 종류와 수량을 조정 예산범위를 벗어나지 않게 하는 것을 말한다.

(4) Bill(전표) 작성(Order Pad)

연회 중에 사용된 음료를 기록하여, 품목, 단가, 수량을 명기하여 연회 Cashier에게 넘겨준다.

3) 기타

(1) 재고조사(Inventory)

ㄱ. 일일 재고조사(Daily Inventory)

ㄴ. 월 재고조사(Monthly Inventory)

판매전표와 출고전표 취급을 확실히 하고, 재료 원가율에 유의하여 적정원가율을 항상 유지하도록 한다.

(2) 음료저장(Bar Stock)

음료 저장표(Bar Stock List)에 의하여 현장의 음료 부족량의 물품을 공급해 주는 것을 말한다.

(3) Corkage Charge

외부로부터 반입된 음료를 서브하고 여기에 필요한 부자재 즉 글라스, 얼음, 레몬 등을 사용한 대금을 받는 것을 말한다. 음료의 종류에 따라 금액이 다르게 Corkage Charge 표를 만들어 Bar에 비치토록 한다.

(4) 음료 반입(Beverage Bring in)

외부 주최자 측에서 연회에 필요한 음료를 연회장 내에 가지고 오는 것을 말한다. 이때 수량, 품목, 연회일시, 연회장명, 반입자 성명 등을 필히 확인하고 List를 작성하여 점검한 후 인수한다. 반입된 품목들은 연회 종료 후에 작성한 List를 기본으로 하여 주최자의 확인 아래 수량을 파악, 재고 등을 최종 점검한 후 주최자의 지시에 따라 처리한다. 이때 사용 숫자를 전표에 기록하고 Corkage Charge를 가산한다.

(5) Transfer Sheet(양도전표)

부서와 부서간에 상품 또는 재료가 이관되는 경우 재료비의 계정변경상 소요되는 전표를 양도 전표(Transfer Sheet)라 한다. 양도 전표를 확실하게 기록하여 Cost의 기본자료로 활용한다.

(6) 분량 통제(Portion Control)

Whisky, Brandy, Gin 등 수치의 기준을 정하지 않고도 양을 적정하게 서브할 수 있게 하는 것을 말한다. 많지도 않고 적지도 않은 적당한 분량치를 확립하여 원가가 %로 나타나게 하며, 양의 적정화도 원가손실의 방지에 기본이 되게 한다.

(7) 음료 청구서(Beverage Requisition Sheet)

출고전표를 작성할 경우 일시, 품목, 작성자, 출고 책임자 사인을 기록 원재료에 제출, 물품을 수령한다.

Store Keeper와 함께 출고전표와 현 품목을 대비 확인하며, 운반 도중에 파손 물품이 발생되지 않게 주의하여야 한다. 원재료 창고에 상품의 재고가 없을 때에는 타부서와 Transfer하여 사용토록 하며, 만약 필요한 물품이 있으면 조속히 주문하여 확보하도록 한다. 또한 음료 청구서는 국산주 출고 전표와 수입주 출고전표, 비주류전표 등 4가지 종류가 있다.

1-4 룸 서비스(ROOM SERVICE)

<도표 3-23> 룸서비스 조직도

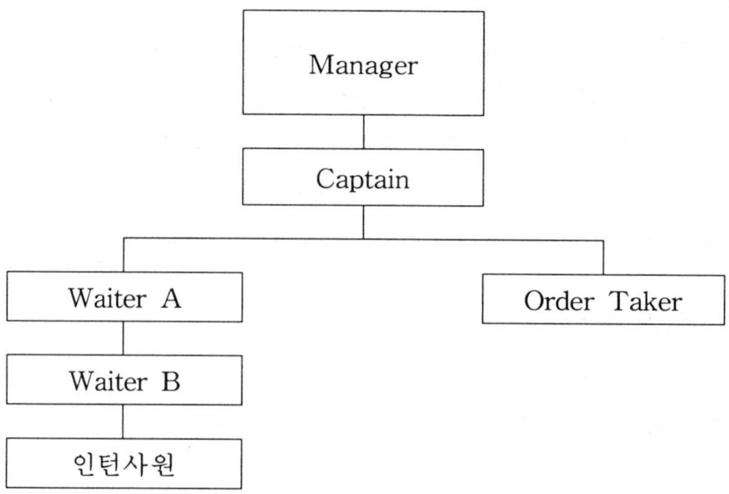

<도표 3-24> 근무스케줄 및 영업시간

구분	시간	01	02	03	04	05	06	07	08	09	10	11	12	13	14	15	16	17	18	19	20	21	22	23	24
A	06:30 ~15:30																								
B	13:00 ~22:00																								
C	22:00 ~07:00																								

1. 조직 및 특징

① 룸서비스는 영업대상이 투숙객이므로 24시간 영업을 하고 주로 Order Taker의 전화주문 접수에 의해 객실까지 서브된다.

② 판매메뉴도 한식, 일식, 양식, 이태리식, 야외도시락, 주류 및 음료의 정식과 일품요리 등 다양하지만 주문메뉴가 룸서비스 주방이나 배달이 가능한 식당의 것인지를 확인하고 해당사항을 주방에 통보하여 업무지원을 받는다. 또한 작업동선, 엘리베이터 사정 등의 이유로 식음료서비스의 시간적 제약을 받기도 한다. 야외도시락 등은 2시간 전에 주문예약이 이루어져야 한다.

③ 외부로부터 과일, 음료, 케이크 등을 주문받아 객실에 투입할 수 있다. 비T투숙 고객이 접대를 위해 외부에서 유선 상으로 또는 방문을 하여 예약을 하는 경우가 있다. 외부 주문 과일바구니, 꽃바구니, 음료의 서비스, 객실 내에서의 파티, 회의실 이용에 따른 준비 등이 이런 범위에 속한다. 음료 및 객실 내에서의 파티예약을 주문 받을 때는 일시, 예산, 인원수, 필요한 음료의 양, 요리의 종류, 담당자, 연락처 등을 확인하고 가능한 한 고객이 원하는 예산에 맞출 수 있도록 한다.

④ 객실에서 칵테일 파티시 Bar- Set Up이 가능하다.

2. 룸 서비스 요령

1) 기본요령

- 모든 식사의 서비스는 츄레이(Tray) 서비스를 원칙으로 하며, 카트(Cart)를 병행하여 사용한다.
- 츄레이 매트(Tray-mat)위에 룸 번호를 작성하고 카트(Cart) 서비스를 한 룸 번호는 기록하여 두었다가 픽업(Pick-up) 서비스를 한다.
- 룸 배달 시는 초인종을 누르기 전에 계산서상의 메뉴와 일치하는지, 셋팅은 빠지지 않았는지를 먼저 확인한다.
- 초인종은 30초 간격을 두고 한번씩 조심스럽게 누르고 룸 서비스임을 인식시킨다.
- 고객이 문을 열어주면 정중히 인사를 하고 들어가도 되는지를 묻고 입실한다.

- 객실에 들어가서는 필요이상의 시선을 두지 말고 준비해 간 음식을 어느 곳에 놓는 것이 좋을지를 묻고 고객이 원하는 곳에 셋팅을 한다. 곧 드실 경우에는 모든 커버를 벗겨드린다.
- 계산을 받고 거래명세서는 고객에게 드린다.
- 고객에게 팁을 요구하거나 또는 그런 인상을 주어서는 절대로 안되며 1분 이내에 모든 서비스를 마치고 빨리 퇴실한다.
- 퇴실할 때는 정중히 인사를 드리고 문을 조용히 닫는다.

2) 객실 투숙객 VIP 서비스

주요 특1급 호텔의 룸서비스는 국내외 VIP의 투숙이 많은 관계로 여러 가지 행사준비를 해야 할 경우가 많다. 이런 경우에는 과거의 행사와 비교하여 부족했던 부분과 보강해야 할 부분을 미리 확인하고 점검하여 행사에 지장이 없도록 만전을 기하여야 한다.

국빈 등의 행사 시 최정예 룸서비스 전문 인력인 "버틀러(Bulter)" 서비스에 해당하는 행사준비 요령은 다음과 같다.

① 기물은 항상 최상의 상태를 유지하도록 노력하고, 골드(Gold) 또는 딜럭스(Deluxe) 기물을 준비하도록 한다.

② VIP 고객의 기호식품과 혐오식품, 평소의 습관 등에 관한 특기사항을 숙지하고 완벽한 준비를 한다.

③ 투숙 전에 해당 룸의 다음 사항을 숙지하여야 한다.

* 전등 스위치 위치 및 작동 법 숙지
* 오디오제품 및 텔레비전, VTR의 작동법 숙지
* 사우나실 작동 법 숙지
* 에어컨의 작동 법 숙지
* 주방용품(냉장고, 가스 레인지)의 작동 법 숙지

④ 투숙객의 국적에 따라 각기 다른 종류의 술을 준비한다.

⑤ 위스키는 프리미엄급 이상으로 준비, 꼬냑은 XO급 이상으로 준비한다. 주종에 맞는 글라스 준비. 와인 리스트 비치.

⑥ 투숙 2시간 전에 모든 준비사항을 재점검하여야 한다.

⑦ 투숙 30분전의 준비사항
  * 과일, 커피, 홍차, 인삼차, 오차 준비
  * 쿠키와 초콜릿 준비 상태 확인
  * 의전 및 관련부서의 책임자와 긴밀하게 연락하여 상황 변화에 신속히 대처한다.

⑧ 입실(Check-in)후의 확인사항
  * 각종 식음료의 제공 상태 확인
  * VIP의 일정 파악
  * 식음료의 예약현황 파악
  * 발생되는 계산서의 확인 서명
  * 룸 내의 청결 및 기물의 상태 확인

3. 룸서비스 주문

1) 전화주문시

투숙고객이 객실 내 비치된 룸서비스메뉴에 의해 전화로 주문을 하면 오더 테이커는 오더테이커용 전화기상에 나타나는 시간, 국적, 이름, 객실번호 등을 확인하고 고객의 주문을 받는다. 정확한 의사소통이 되도록 반복확인하고 조리시간을 알려주어야 한다. 이를 컴퓨터 단말기에 입력하여 빌을 발행한다.

2) 조식예약카드 (Door Knob Menu)에 의한 주문시

① 객실에 비치된 Door Knob Menu(조식위주의 간편 메뉴)를 이용하여 투숙고객이 원하는 시간, 메뉴품목을 표기하여 당일 02:00까지 문고리에 걸어놓으면 이를 룸서비스직원이 수거한다. 메뉴 수거시간이 02:00이후로 되어 있으나 시간을 넉넉하게 두고 수거를 하는 것이 고객이나 직원의 실수로 인한 수거누락을 예방할 수 있다.

② 조식예약 주문서의 수거시는 복도양쪽에 위치한 문을 살피면서 객실번호, 성명, 수량, 시간 등 메뉴의 기재사항이 정확한 지를 확인하고 불명확하거나 기재사항이 잘못된 것은 룸 번호를 기록하여 둔다.

③ 이때 불명확하거나 기재사항이 잘못 된 조식예약카드(Door Knob)발생시의 조치사항은 객실의 전등불을 확인하고 고객이 취침중인지 아닌지를 확인해서 취침 전이면 해당사항을 확인한다. 고객이 취침 중이면 Order Taker에게 인수인계하고 당일 조식 서비스 전에(07 : 00경) 전화 접수원(Order Taker) 전화상으로 확인한다.

④ 수거한 주문서는 오더 테이커에게 전달된다.

⑤ 오더테이커는 이를 근거로 빌을 발행하고 주문서와의 일치여부를 확인하여 음식생산이 이루어지도록 한다. 또한 주문서를 근거로 시간대별로 분류하면서 조식 예약대장에 같은 시간대의 가까운 층끼리 기록하고 조식접객원을 배정한다.

⑥ 접객원은 식탁차 위에 시간대별, 층별로 분류하여 객실별로 간단한 기본 제공 기물 및 양념 등을 주문내용과 확인하면서 Set-up한다.

⑦ 준비가 완료된 후 주문서와 일치 여부를 확인한다.

⑧ 접객수장은 이를 확인 점검하여 이상 유무를 가려 조치한다.

⑨ 담당 접객원은 고객이 요구하는 시간 내에 예약된 식음료가 배달되도록 유의하며 정확한 시간을 엄수한다.

GUEST ROOM→Door Knob Menu 수거→시간별로 분류→Billing(Posting)→Cashier →Room으로 입력→Set-up→Serve

제4부

식자재 및 메뉴해설

제1장 서양식 메뉴구성

제2장 한식 메뉴구성

제3장 중식

제4장 일식

제 ❶ 장

서양식 메뉴구성

1. 전채요리(Appetizer ; Hord d'oeuvre)

가. 정의

전채요리는 식사순서에서 제일 먼저 제공되는 요리로서 불어로는 “Hors d'oeuvre”라고 한다. “Hors”는 앞(前)이라는 뜻을 나타내고, “Oeuvre”는 작업 즉, 식사를 의미한다.

영어로는 “Appetizer”, 북구에서는 “Smorgasbord”, 러시아에서는 “Zakuski”, 이태리어로는 “Antipasti”라고 불리어진다. 이 요리는 본 요리를 더욱 맛있게 먹을 수 있도록 식욕을 돋구어 주기 위한 목적으로 제공되는 요리이기 때문에 주요리와 중복되지 않으면서 계절 감각이나 지방색이 풍부하여 주요리를 돋보이게 할 수 있는 모양, 색, 맛을 지녀야 한다. 특히 자극적인 짠맛이나 신맛이 있어 위액의 분비를 왕성하게 해야 하고, 분량이 적어야 한다.

Hors d'oeuvre의 기원은 러시아에서 연회를 하기 전에 별실에서 기다리는 고객에게 술과 함께 자쿠스키(Zakuski)라는 간단한 요리를 제공한 데서 유래되었다고 하며, 또 한 학설은 14C초 이태리의 탐험가 마르코 폴로(Marco Polo)가 중국의 원나라에 가서 배워온 면(麵)류와 냉채요리(冷菜料理)가 이태리를 통하여 불란서로 건너가 오늘날의 Hors d'oeuvre가 되었다고도 한다.

나. 종류

세계적으로 유명한 3대 전채요리로는 철갑상어알(cavier), 거위간(foie gras), 송로(松露)버섯(truffle)이 있다. 철갑상어알은 흑해와 카스피해(Caspi)에 서식하는 철갑상어(sturgeon)의 알을 채취하여 가염한 것이며 거위간은 말 그대로 "기름진 간(foie gras)"이라는 뜻으로 강제사육으로 비대하여진 거위간을 채취하여 트뤼프와 곁들여 파떼(pate)로 만들어진 것이다. 프랑스의 알자스지방이 가장 유명하다. 송로버섯은 주로 색깔이 검고 떡갈나무 아래 30센티이상의 깊이에서 자라기 때문에 흑송이 혹은 땅속버섯이라고 불리운다. 땅속에서 숨어서 자라기 때문에 사람이 찾아내기 어려워 멧돼지를 데리고 다니면서 채취하는데 이는 트뤼프의 향이 암멧돼지의 성페로몬과 유사하기 때문이다. 크기가 큰 송로버섯은 한송이에 100만원을 호가할 만큼 비싸고 특유의 향으로 미식가들의 입맛을 자극한다. 전채요리 뿐만 아니라 수프, 소스, 드레싱 등에도 사용한다.

▲철갑상어알

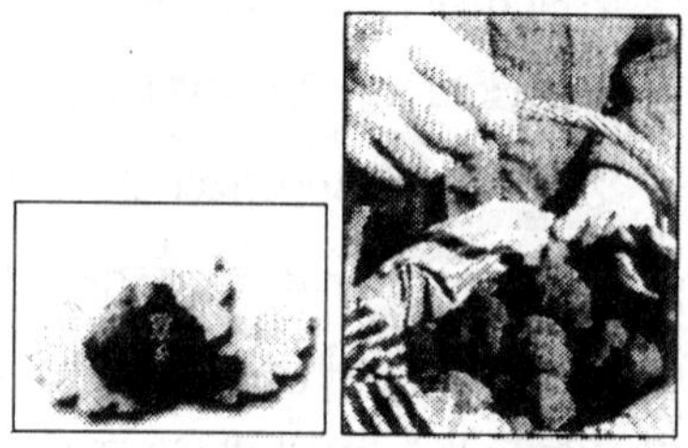

▲송로버섯

▲멧돼지 빠떼

1) 온도에 의한 분류

더운 전채요리(Hot appetizer)

① 식용달팽이 요리(escargot)
② 바닷가재 요리(Lobster)
③ 식용개구리다리 요리(Frog Legs)
④ 튀긴 양송이 요리(Fried Mushroom)
⑤ 새우튀김 (Gambas) 등

찬 전채요리(Cold Appetizer)

① 훈제연어(Smoked salmon)
② 철갑상어알 요리(Cavier)
③ 거위간 요리(Foie gras)

④ 각종테린(Terrine) : 내열성용기틀(mould)에 돼지기름, 버터 등의 기름을 깔고 일정한 요건에 따라 조리되어진 돼지, 송아지, 야조류, 생선, 야채 등의 재료를 섞은 force meat을 넣어 구워낸 것.

⑤ 각종 파테(Pate)

⑥ 생굴요리, 신선한 과일, 야채 등

▲거위간이 들어간 꿩 테린

2) 가공형태에 의한 분류

① 가공되지 않은 전채요리(Plain Appetizer)
가공하지 않고 재료 그대로 만들어 형태, 모양, 맛이 유지되는 것으로 훈제연어, 생굴, 래리쉬(relish), 햄, 오이피클, 시리얼, 소시지, 치즈, 살라미(Salami) 등을 말한다.

▲포아그라

② 가공된 전채요리
조리사에 의해 가공되어 모양이나 형태가 변형되는 것으로 각종 카나페(canape), 무스(mousse), 고기완자, 게살요리 등이 해당된다.

3) 가공모양에 의한 분류

① 보쿠엣(Barquette) : 영어로는 "Boatshaped"라 하며 밀가루 반죽으로 배모양같이 작게 만들어 여기에 생선알이나 고기를 갈아 채워서 만든 파이(pie)이다.

② 보우세(Bouche'e) : 밀가루에 치즈, 계란 등을 반죽하여 주사위 같은 모양이나 만두같이 만들어진 것이다.

③ 카나페(canape) : 빵, 토스트, 크래커 등을 이용하여 만든 오픈 샌드위치형태로 훈제연어, 새우, 멸치젓, 연어알, 참치, 과일 등을 얹어 한입에 먹을 수 있도록 작게 만든 요리이다.

④ 랠리쉬(relish) : 오이, 무, 당근, 샐러리 등의 생야채와 피클을 섞어 날것으로 차갑게 먹는 형태이다.

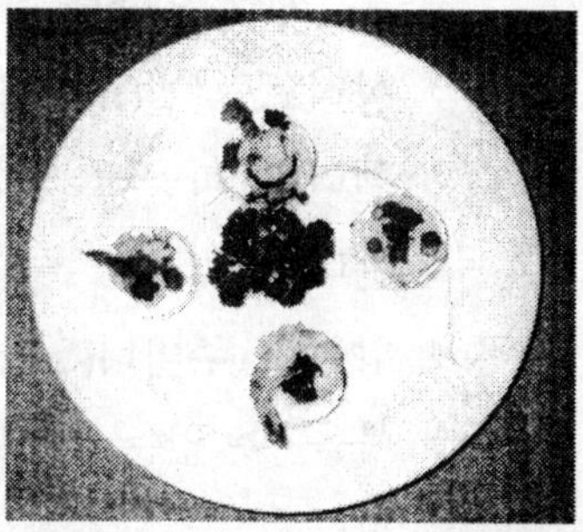
▲새우 카나페

⑤ 브로쉐(Broche) : 생선이나 야채, 육류 따위 등을 꼬지를 사용하여 만드는 것을 말한다.

⑥ 칵테일(cocktail) : 칵테일이라는 용어는 원래 술, 과일, 채소 등에 사용되지만 새우, 가재, 게살 등의 해산물과 과일, 야채 등을 섞어서 전채로 제공된다.

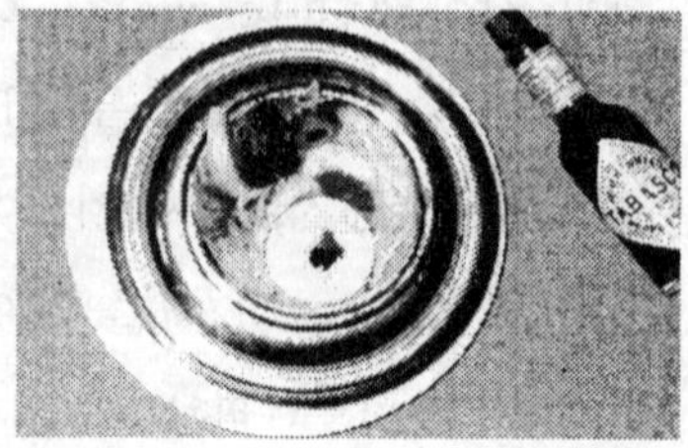

▲칵테일

2. 수프(Soup ; Potage)

수프는 식사의 첫 번째 코스로서 일반적으로 스톡(stock, Fond)을 기본으로 만들어진다.

1) 스톡(stock, Fond)

스톡의 주재료는 쇠고기, 양고기, 송아지고기, 닭고기, 생선 등으로 여러 가지 야채와 향료 등을 함께 끓여 찌꺼기를 걸러낸 국물이다. 이와 같은 스톡은 수프와 소스를 만드는데 사용되며 음식의 맛을 내게 하는 중요한 요소이다. 일반적으로 스톡에는 다음의 세 가지 기본적인 것이 있다.

① 쇠고기 스톡(Beef Stock, Fond de Boeuf)

- 화이트 스톡(White stock) : 소뼈나 송아지의 기름기가 없는 무릎 뼈나 정강이뼈에 야채다발(Mire Poix)과 향료(Bouquet Garni)를 넣고 세 시간 이상 서서히 끓여 낸 다음 걸러 낸 국물이다.

  * Mire Poix : 스톡이나 소스에 사용하기 위해 당근, 양파, 샐러리를 1: 2: 1로 섞은 채소 혼합물

  * 향신료 다발(Bouquet Garni)
  셀러리+파슬리 줄기+타임+월계수 잎을 실로 묶는다.

  * 향신료 주머니(Spice Bag, Sachet)
  묶을 수 없는 건조 향신료를 주머니에 싸서 이용한다.

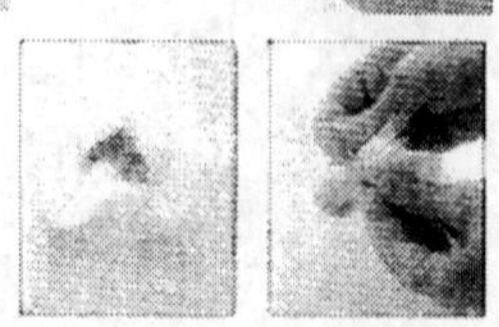

- 브라운 스톡(Brown Stock) : 소뼈나 송아지 뼈를 잘게 썰어 야채와 함께 기름에 볶아 색깔이 다갈색으로 되었을 때 물을 넣어 5~6시간 정도 서서히 끓여서 통후추나 소금을 가미하여 양념한 후 찌꺼기를 걸러낸다.

② 생선 스톡(Fish Stock, Fond de poisson)
생선뼈나 머리, 꼬리, 껍질 등의 불가식품 부분과 화이트 스톡에 쓰이는 것과 같은 각종 야채(당근제외) 및 향료를 섞어 약간 볶아 색깔을 낸 후 1~2시간 정도 끓인 다음 후추와 레몬껍질을 넣고 서서히 끓여 30분 후에 걸러낸다.

③ 가금·조류 스톡(Poultry Stock, Fond de Volaille)
각종 가금류나 조류의 뼈, 날개, 목, 다리 등의 부분과 향료 및 각종 야채를 함께 섞어 물을 붓고 2~3시간 정도 끓인 다음 백포도주와 후추, 소금으로 양념하여 걸러낸다.

2) 맑은 수프(Potage Clair, Consomme Clair)

맑은 수프, 즉 콘소메(Consomme)로 불리어지는 것으로 소, 닭, 생선 등 어느 것이나 한 가지 재료를 넣고 끓인 강한 스톡을 맑게 한 것이다. 맑은 수프를 만들때는 부이용(Boullion)에다 고기를 잘게 썰어 넣고서 양파, 당근 및 타임, 파슬리를 넣고 서서히 끓이면서 계란흰자를 넣고 빠른 속도로 젓는다. 이렇게 하여 1-2시간 끓인후 백포도주나 쉐리와인을 넣은후 완성되면 천으로 바쳐 걸러낸다.

3) 진한 수프(Potaage Lie)

진한 수프는 야채, 쌀, 밀가루, 생선, 육류 등을 주재료로 만드는 탁하고 농도가 진한 수프이다.

① 퓨레 수프(Purée Soup) : 대표적인 것으로는 야채수프(Vegetable Soup), Minestrone soup, 양파스프를 들 수 있으며 각종의 야채를 익혀서 걸러내고 진하게 만드는 수프로서 쇠고기, 생선, 가금류, 조류 등으로 만든 스톡으로 모두 만들 수 있다.

② 크림 수프(Créme Soup) : 부이용(Boullion)에 밀가루를 버터로 1:1로 볶아 만든

ROUX를 넣고 우유를 함께 끓여서 만드는 수프로써 흰색 스톡(White Stock)을 사용하거나 기타의 스톡으로 만든다. 대표적인 수프에는 치킨 크림수프, 생선 크림수프, 야채 크림수프 등이 있다.

* Roux 만드는 법 : 소스팬이 따뜻해지면 버터를 넣어 반정도 녹인다음 체에 친 밀가루를 한번에 넣는다. 밀가루가 윤기가 나도록 볶는다. 밀가루에서 기포가 올라오고 기포수가 많아지면 다 볶아진 것이다.

③ 벨루테 수프(Velouté Soup) : 벨루테 수프는 크림수프의 경우처럼 화이트 루(White Roux: 밀가루를 버터로 살짝 볶은 것)를 기본으로 하여 여러 종류의 스톡을 넣어 만드는 것으로 계란과 각종 야채를 섞어 만든다. 대표적인 수프에는 헝가리안 굴라쉬 수프, 생선 벨루테 수프 등이 있다.

④ 차우더 수프(Chowder Soup) : 생선, 조개 감자와 야채로 만든 일종의 크림 형태의 수프로서 조갯살 차우더 수프, 옥수수 차우더 수프 등이 있다.

⑤ 비스크 수프(Bisque Soup) : 새우, 게, 가재, 닭 등을 끓여 만든 수프로서 새우 비스크 수프, 바다가재 비스크 수프 등이 있다.

3. 생선

생선요리는 수프다음에 제공되는 2번째 코스로 최근에는 육류대신 주요리로 제공되기도 한다. 생선은 육류보다 섬유질이 연하고 소화가 잘 되는 한편 자기분해에 의한 부패하기 쉬운 결점이 있어 신선도에 유의해야 한다. 생선요리를 서비스할 때는 생선의 머리부분은 고객의 왼쪽으로, 배부분은 고객의 앞쪽으로 가도록 놓아야 한다.

1) 생선의 종류

어패류의 분류

- 어패류
  - 어류
    - 해수어 : 연어, 청어, 광어, 참치, 멸치,
    - 담수어 : 송어, 붕어, 잉어, 장어
  - 패류
    - 갑각류 : 게, 새우, 바닷가재
    - 연체류 : 굴, 조개, 달팽이, 가리비

2) 생선조리법

① 보일드(Boiled)

물이나 생선스톡에 식초, 향료, 백포도주 등을 넣고 약한 불로 삶아내는 조리방법으로 연어, 송어, 고등어, 새우 등의 요리에 이용된다.

② 포치드(Paoched)

생선을 소량의 스톡에 포도주를 가미하여 조리는 방법으로 이때 졸인 국물은 소스로 이용된다.

③ 메트로트(Metelote)

생선의 포도주 조림으로 잘게 썬 양파를 버터로 조리고 생선을 넣어 소금, 후추, 마늘, 향초를 가하여 포도주를 생선이 잠길 정도로 붓고 중간불로 20분 정도 조린다.

④ 그릴드(Grilled)

석쇠나 팬에 굽는 방법으로 버터나 올리브유를 먼저 팬에 바른 후 뜨겁게 달구어 생선을 올려놓는다. 석쇠구이를 할 때는 석쇠자국이 생선에 뚜렷이 남도록 모양을 내기도 하는데 주로 약간 굳은 생선(Hard Fish)에 적합한 조리방법으로 넙치, 연어, 고등어 등의 요리에 이용된다.

⑤ 뮈니에르(Meunier)

생선에 소금과 후추를 뿌리고 밀가루에 버무려서 팬에 구어 익히는 방법인데 다른 말로는 버터구이라고도 한다. 이 조리법은 레몬즙을 뿌리거나 레몬을 잘라서 얹어 굽는다.

⑥ 후라이드(Fried)

일반적으로 부드러운 생선에 적합한 조리방법으로 다음 3가지로 구분 할 수 있는데 첫째, 생선에 우유를 바르고 밀가루에 버무려 기름이나 올리브유 등으로 황금색이 나도록 튀기는 프랑스식 방법과 둘째, 생선을 계란과 빵가루에 버무려서 프라이팬에 버터로 굽는 영국식의 방법 셋째, 적은 생선이나 토막낸 생선을 튀김식으로 조리하는 방법 등이 있다. 주로 연어, 새우, 굴 등의 요리에 이용된다.

⑦ 그라탕(Gratinated)

생선 표면에 빵가루, 버터, 치즈 등을 뿌려 겉이 노랗게 착색될 때까지 오븐으로 굽는 방법이다. 그러나 대부분의 경우는 그라탕 접시에 버터를 바르고 재료를 함께 담아서 베샤멜(Bechamel) 소스를 치고 가루치즈를 뿌려 오븐에 굽는다.

⑧ 브레이즈드(Braised)

생선을 찌는 조리법으로 생선에 버터를 발라 브레이징 팬에 얇게 자른 당근, 양파를 깔고 그 위에 올려 스톡이나 포도주를 부은 다음 뚜껑을 덮고 오븐에 쪄내는 것으로 연어나 큰 송어류에 사용된다.

⑨ 스모크드(Smoked)

이것은 특수한 기술과 장시간의 기간을 요하는 훈제 조리방법으로 연어, 장어, 송어 등에 많이 사용된다.

⑩ 스팀드(Steamed)

식품을 고압의 수증기의 압력으로 조리하는 방법으로 짧은 시간에 다량의 조리가 가능하다. 물에 삶는 것보다 영양의 손실이 적어, 육류, 해산물, 야채 등의 식품을 조리할 때 사용된다.

4. 육류(Entree, Main Dish)

정찬 코스에서는 육류요리가 앙트레, 즉 주요리로 쓰인다. 앙트레란 영어의 Enrtance와 같은 뜻으로 정찬의 입구, 즉 본격적인 식사를 의미한다. 일품요리에서는 이를 주요리라고 부르는 것이다. 단백질의 원천인 육류요리는 높은 열량을 지닌 고 에너지원으로 높은 가격수준으로 제공되는 만큼 정확한 분량으로 조리되어야 한다. 최근에는 주 요리로 육류 외에 생선, 파스타, 야채요리 등을 선택하는 경향이 많다.

1) 쇠고기(beef)

(1) 요리종류

식당에서 육류요리로 가장 많이 쓰이는 것은 비프스테이크(Beef Steak) 이다. 비프스테이크는 쇠고기를 두껍게 잘라 요리한 것으로 고기의 부위별에 따라 명칭이 다른데 그 종류는 다음과 같다.

- 안심스테이크(Tenderloin Steak)
- 등심스테이크(Sirloin Steak)
- 갈비중심 스테이크(Rib Steak)
- 허리중심 스테이크(Poter House Steak)

이외에도 허벅지 부분(Round Steak), 배부분(Flank Steak), 엉덩이 부분(Rump Steak) 등이 있다.

① 안심스테이크(Tenderloin Steak)

안심은 육질이 연하고 부드러운 것이 특징으로 소 한 마리에 보통 2개가 있는데, 평균 5~6kg 정도이며 안심 중에서 최고급이 샤토브리앙(Chateaubriand) 부분은 1kg 정도이다.

이와 같은 안심을 분류하는데 있어 프랑스식 분류와 미국식 분류 두 가지가 대표적인데, 이를 살펴보면 다음과 같다.

※ 안심스테이크의 종류

- 샤토브리앙(Chateaubriand) : 소의 등뼈 양쪽에 붙어있는 가장 연한 안심부분으로 중년 이상의 고객층이 즐겨 찾는 스테이크의 최고품이다. 19세기 프랑스 귀족 샤토브리앙이 즐겨먹던 것으로 그의 주방장 몽미레이유(Montmireil)에 의해 고안된 것이라 한다.
- 뚜르네도(Tournedos) : 1885년 프랑스 파리에서 처음으로 시작된 것으로 뚜르네도란 '눈 깜작할 사이에 다 된다'라는 의미로 안심의 앞쪽 끝 부분을 잘라내어 베이컨(Bacon)에 감아 구워내는 요리이다.
- 필렛 미뇽(Filet Mignon) : 필렛미뇽은 작고 예쁜 스테이크라는 의미로 안심의 뒤쪽 끝부분을 잘라서 베이컨을 감아 구워낸 요리이다.

<도표 4-1> Tenderloin(안심부위)

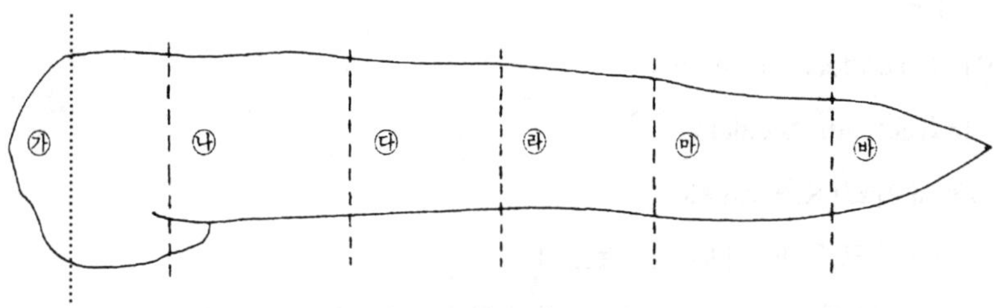

㉮ Head(tête) ㉯ Chateaubriand ㉰ Filet Steak
㉱ Tournedos ㉲ Filet Mignon ㉳ Filet Tip

② 등심스테이크(Sirloin Steak)

등심스테이크는 영국의 국왕 찰스 2세(Charles II)가 즐겨먹던 등심요리로서 이 스테이크에 남작의 작위를 수여할 만큼 즐겼다고 하여 Loin에 Sir를 붙여 써로인(Sirloin)스테이라고도 불린다.

(2) 쇠고기 스테이크의 굽기 정도(Beef Steak Temperature)

쇠고기 스테이크의 경우 굽는 정도에 따라 맛이 달라진다. 그러므로 스테이크를 주문할 때는 굽기 정도를 정확하게 주문받아 주방에 전달하여야 한다.

<도표 4-2> 스테이크의 굽기 정도

굽 기 정 도	상 태
레어(Rare)	약간 구운 것, 표면만 구워 중간은 붉은 날고기 상태
미디엄 레어 (Medium Rare)	좀 더 구운 것, 중심부가 핑크인 부분과 붉은 부분이 섞여져 있는 상태
미디엄(Medium)	중간정도 구운 것, 중심부가 모드 핑크빛을 띠는 정도
웰던(Well done)	완전히 구운 것, 표면이 완전히 구워지고 중심부도 충분히 구워져 갈색을 띤 상태

(3) 소고기의 분류 및 명칭

① 분류

식육으로 사용할 수 있는 소로는 새끼를 낳지 않은 암소나 거세한 숫소가 좋다. 또한 사용목적에 따라 소의 연령에는 차이가 있으나 Steak, Roast용으로는 2~3세의 어린 것이 좋으며, 유가공용으로는 5~7세의 늙은 소가 좋다. 좋은 쇠고기는 밝은 선홍색이어야 하며, 고기는 단단하고 미세한 고깃결과 대리석같이 매끄러워야 한다.

다음은 쇠고기로 사용할 수 있는 소를 분류한 것이다.

- 숫송아지 : 어릴 때 거세하여 곡물로 사육한 후 2년 반이나 3년 정도 되었을 대 판매한다.
- 어린 암소 : 2년 반이나 3년 정도된 송아지를 낳지 않은 어린 암소.
- 암 소 : 1~2마리의 송아지를 낳은 암소.
- 거세한 황소 : 성적으로 성숙한 후 거세시킨 수컷.
- 황 소 : 거세하지 않은 수컷으로 Sausage나 Drybeef를 만든다.

② 명칭

● 쇠고기의 부위

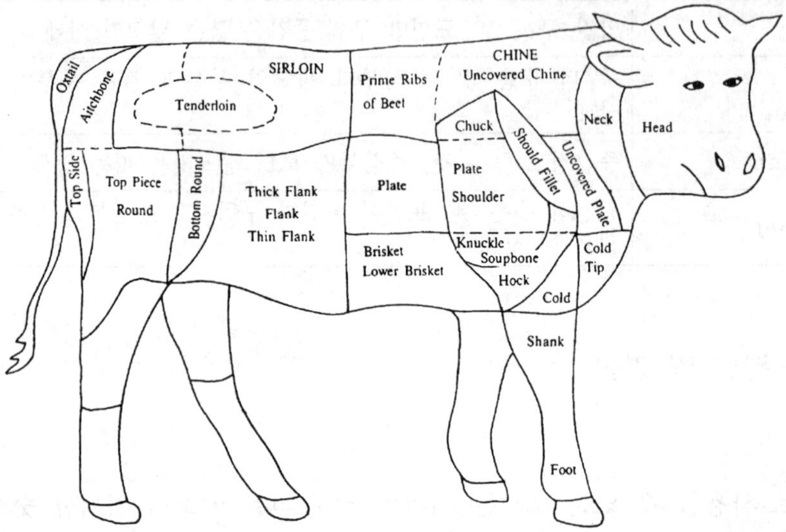

다음은 소의 각 부위에 따른 적당한 용도이다.

[상육(上肉)의 부위]

· 안심 : 구이, 볶음 · 등심 : 구이, 볶음

[중육(中肉)의 부위]

· 갈비새김 : 구이, 볶음 · 우둔 : 육포, 회, 장조림
· 쐬악지 : 구이, 볶음 · 양지육 : 편육
· 업진육 : 찜 · 대접살 : 포, 회
· 채끝살 : 찜 · 갈비 : 구이, 찜, 탕

[하육(下肉)의 부위]

· 사태육 : 국, 찜 · 홍두깨살 : 국, 장조림
· 도가니 : 국거리 · 꼬리 : 곰국
· 족 : 곰국, 족편 · 송치 : 곰국

[내장의 부위]

· 염통 : 구이, 산적 · 간 : 회, 볶음

· 처녑 : 전, 회
· 콩밭 : 회, 구이, 볶음
· 곱창 : 곰국
· 곤자소니 : 곰국
· 양 : 국, 찜
· 허파 : 국, 회
· 발창 : 곰국
· 만화(비장, 지라) : 곰국

[기타의 부위]

· 우혈 : 선짓국, 생음(生飮)
· 혀 : 편육
· 등골 : 국, 전
· 우랑 : 편육, 국
· 우담 : 약용(藥用)
· 쇠머리 : 찜, 편육
· 골 : 국, 백숙, 전
· 주라통 : 국
· 우신 : 편육, 국

● 부위에 따른 등급 분류

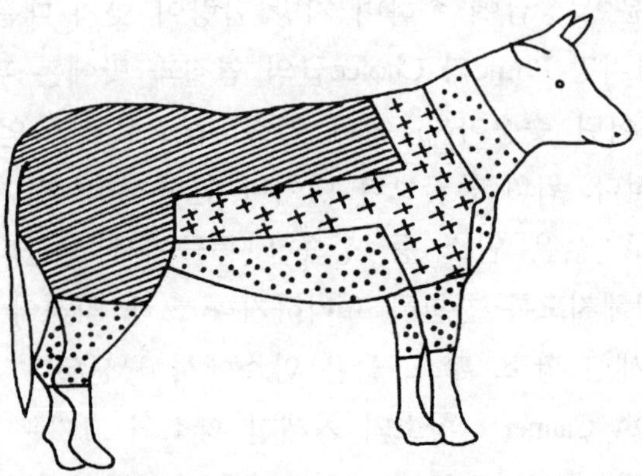

등급	표시	설명
고 급	(사선 무늬)	허리 윗부분 고기(안심, 등심, 엉덩이살) 가장 연하고 신속히 익으며, 요리에 적합.
중 급	XXXXXXXXXX	어깨부분, 갈비, 등심 고급보다는 약간 질기며, 부위에 따라 차이가 있다.
저 급	(점 무늬)	목, 배, 다리 가장 질기고 오래 익으며, 부스러기가 많이 생긴다.

(4) 소고기의 등급

미연방 정부에서는 소비자와 축산업자, 판매업자의 이익을 보호하기 위하여 고기의 완성도(쇠고기의 내부 및 외부에 있는 지방질의 양과 색), 조직(쇠고기 몸통의 고기의 일반적인 비율), 품질(고기와 뼈의 색과 구조)을 분류하여 종합적으로 판단한 후 쇠고기의 등급을 나누고 있다.

① USDA Prime : 최상급의 등급으로 대부분이 숫송아지나 어린 암소에서 얻는데, 그 양이 제한되어 생산된다. 육질은 맛과 육즙을 더해 주는 좋은 그물조직으로 되어 있고, 단단하고 하얀 크림색의 지방으로 두껍게 덮여 있으며, 성숙시키기 적합하다.

② USDA Choice : 이 등급은 가장 인기가 있으며 그 양도 많다. 육질이 연하고 육즙이 많으며 Prime급보다 지방질이 적으나 고급의 지방질을 함유하고 있으며, 지방질의 구조가 치밀하고 좋은 그물조직으로 되어 있다.

③ USDA Good : 경제적인 쇠고기로 알려져 있으며, 목초로 사육한 숫송아지와 어린 암소고기는 대부분이 상급에 속하며 지방 함량이 낮기 때문에 덜 수축된다. 이 등급의 고기는 연하지만 Prime과 Choice급의 연질과 맛에는 뒤떨어진다.

④ USDA Standard : 어린 숫송아지, 어린 암소, 암소로부터 얻는다. 살코기의 비율이 높고, 지방량은 적다. 위의 등급보다 맛이나 연한 맛이 떨어진다.

⑤ USDA Commercial : 늙은 암소 등 성숙한 동물에서 생산되는데 맛은 풍부하지만 질기기 때문에 연해지도록 천천히 요리하거나 오래 익혀야 한다.

⑥ USDA Utility : 거세한 황소, 황소, 늙은 암소에서 생산된다.

⑦ USDA Cuter, USDA Canner : 황소와 거세한 황소의 고기는 모두가 이 등급에 속한다. 경제적, 영양적, 규모적으로 유리하고, 제조 가공하거나 기계에 갈아 사용하기에 적합하다.

<도표 4-3> 마블링 분류

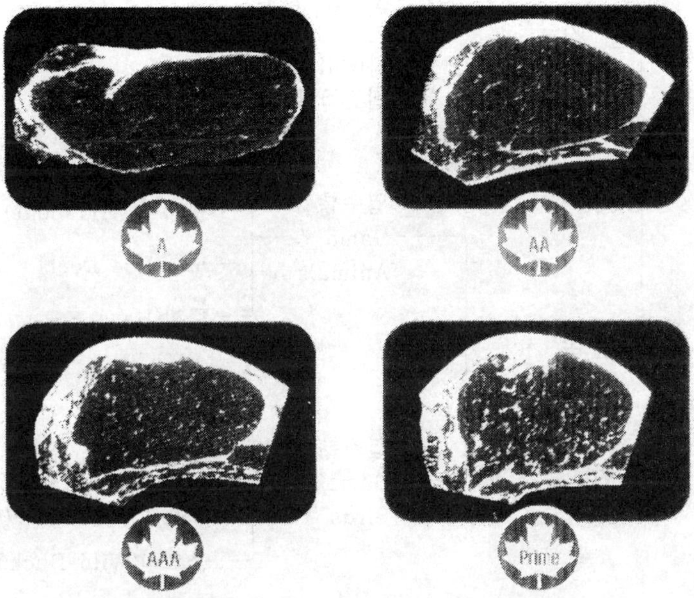

CANADA A	최소한의 마블링
CANADA AA	약소한 마블링
CANADA AAA	소량의 마블링
CANADA Prime	약간 풍부한 마블링

2) 가금조류(Poultry & Game)

식용 가금으로는 닭, 칠면조, 오리, 거위, 꿩, 메추리 등이 있다. 닭고기는 피하에 노란 지방질이 많으나 근육질에는 적어 담백하고 연하므로 고객들이 즐겨 먹는다. 칠면조 요리는 추수감사절이나 크리스마스에 등장하는 요리로서 일년 내내 먹기 시작한 것은 최근의 일이다. 오리는 고기보다 뼈와 지방질이 많으며 연한 것이 특징이다. 오리보다 지방질이 더 많은 거위는 중국과 유럽에서 야생하는 기러기를 육용으로 사육한 것이 지금의 것이 되었다. 거위는 고기보다는 강제 사육하여 거위간(Foie Gras)을 생산하는 것으로 유명하다. 이와 같은 가금조류를 요리하는 방법은 로스트(Roast)하는 것을 주로 사용하고 있으나 이밖에도 그릴드(Grilled), 후라이드(Fried), 브로일드(Broiled) 등의 방법도 사용하고 있다.

<도표 4-4> 가금조류의 종류

- 가금조류 Poultry & Game
  - 가금류 Poultry
    - 오리(Duck)
    - 거위(Goose)
    - 닭(Chicken)
    - 칠면조(Turkey)
  - 조 류 Game
    - 엽수류 Game Animals
      - 사슴(Deer)
      - 멧돼지(Wild Boar)
      - 노루(Roe Deer)
      - 토끼(Hare)
    - 엽조류 Game Birds
      - 꿩(Pheasant)
      - 메추라기(Quail)
      - 도요새(WoodCock)
      - 들오리(Wild Ducks)

3) 육류조리법

① 브레이즈(Braise) : 브레이즈는 냄비의 밑에 각종 야채를 놓고 그 위에 육류를 놓아 약간의 국물이나 스톡을 넣어서 익히는 방법인데 주로 팬을 오븐 속에 넣어 직접 열로 익히는 방법이다. 주의할 점은 육류의 표면이 마르지 않도록 자주 국물이나 스톡을 고기에 쳐주는 것인데 국물을 사용하지 않고 버터로 익히는 방법은 푸왈레(Poeler)이다.

② 소테(Saute) : 소테는 고기를 강한 불에 급히 익혀서(Quick Fire Tossing) 조직의 표면을 수축시켜 내부의 영양분이 밖으로 흘러나오지 않도록 하는 조리법이다.

③ 그릴(Grill) : 석쇠나 쇠꼬챙이로 굽는 조리법인데 우리나라의 불고기와 비슷한 방법이며 근래에는 스토브 위에 굽는 것이 일반적이며 마른열(Dry Heat)을 이용하는 조리방법이다.

④ 로스트(Roast) : 조리할 육류가 갖고 있는 맛을 보존하기 위한 방법으로 조리법 중 가장 힘들고 우수한 방법이다.

⑤ 브로일(Broil) : 직접 불에 굽는 조리법으로 석쇠로 구우면 그릴(Grill)과 같이 되며 최근에는 팬에다 굽는 팬 브로일(Pan Broil)과 숯불에 굽는 차고얼 브로일(Charcoal Broil)의 두 가지로 많이 조리한다.

⑥ 후라이(Fry) : 기름에 튀기는 조리법으로 밀가루, 빵가루, 계란 등을 입혀서 사용하는 조리방법이다.

⑦ 베이킹(Baking) : 기름을 전혀 사용하지 않고 마른 열에 굽는 조리방법이다.

⑧ 폰듀(Ponde) : 식탁 위에 연료를 준비해서 불에 올려놓고 잘게 썬 육류를 가느다란 꼬치에 끼워 익혀먹는 조리방법이다.

5. 소스

소스는 원래 육류의 저장방법이 발달하지 않았던 중세에 시장에서 구입한 품질이 낮은 고기의 맛을 돋구기 위하여 유명한 유럽의 주방장들이 만들기 시작한 것이라고 한다. 소스의 어원은 라틴어의 Salsus(소금)에 두고 있는데 이는 소금을 기본양념으로 한다는 데서 유래되었다. 소스는 주재료를 이용한 스톡(Stock;Fond)과 소스로서의 형태를 갖추게 하는 Liaison의 결합으로 이루어지며, Accessory Elements(부재료)의 첨가에 따라 여러 가지 파생 소스가 만들어진다.

1) 소스의 종류

소스의 종류는 방대하여 수백여 종에 이르기 때문에 모두 기억한다는 것은 어려우며 재료 한 가지만 달라져도 소스는 재분류되어 어떤 원칙이 있을 수 없다. 일반적으로 소스는 색에 의한 분류, 용도별에 의한 분류, 기초 소스에 의한 분류, 주재료 사용에 의한 분류로 구분할 수 있는데 가장 많이 사용하는 색에 의한 분류를 살펴보면 다음과 같다.

(1) 데미글라스 소스(Demi Glace Sauce : Espagnole Sauce)

갈색 육수(Brown Stock)에 양파, 버섯, 샐러리, 당근을 볶아서 넣고 브라운 루(Brown Roux)를 넣고 토마토 퓨레(Tomato Puree)를 가미하여 2~3시간 끓여 만든 소스이다. 주로 육류요리에 많이 사용된다.

* 토마토 퓨레(Tomato Puree) : 토마토를 버터에 볶아 물이나 스톡을 넣고 푹 끓인 다음 체에 내린 것. 즉 토마토 퓨레는 토마토의 껍질과 씨만 제거되고 과육, 과즙은 모두 그대로 들어 있는 것이다. 토마토 소스, 케첩의 기초 재료가 된다.

* 토마토 페이스트(Tomato Paste) : 이중 냄비에 버터를 녹인 다음 토마토 퓨레와 황설탕, 파프리카(Paprika), 소금 등을 넣어 물기 없이 되직하게 졸인 것이다.

* 토마토 케첩(Tomato Ketchup) : 토마토 퓨레와 페이스트에 여러 가지의 향신료, 조미료 특히 소금, 설탕, 식초를 넣어 졸인 것이다.

* 토마토 홀(Tomato Whole) : 토마토의 씨와 껍질을 제거하여 가공한 것이다.

(2) 벨루테 소스(Veloute Sauce)

야채를 버터에 볶은 후 화이트 루(White Roux)를 넣고 흰색육수(White Stock)를 넣어 끓인 소스이다. 스톡에 따라 벨루테 소스의 명칭도 달라지는데, 치킨 스톡(Chicken Stock)으로 만들면 치킨 벨루테, 생선스톡으로 만들면 생선 벨루테라고 한다.

(3) 베사멜 소스(Bechamel Sauce)

주로 생선이나 야채에 많이 사용되는 소스인데 밀가루를 버터에 볶은 화이트 루(White Roux)에 우유를 넣고 끓이면서 소금, 후추, 양파, 넛메그(Nut meg), 월계수잎 등을 넣어 1시간 정도 끓여 만든 소스이다.

(4) 홀랜다이즈 소스(Hollandaise Sauce)

주로 생선과 야채에 사용되는 소스이다. 이것은 식초, 계란노른자, 양파 등을 넣고 혼합하여 물을 넣고 레몬주스와 소금, 후추 등을 가미한 것을 말한다.·

(5) 토마토 소스(Tomato Sauce)

토마토 소스는 적색 소스로서 주로 밀가루 음식에 많이 쓰이는데, 흰 육수에 토마토 패스트와 각종 야채, 베이컨 등을 브라운 루와 함께 넣어 끓인후 설탕을 첨가한다.

<도표 4-5> 소스의 분류

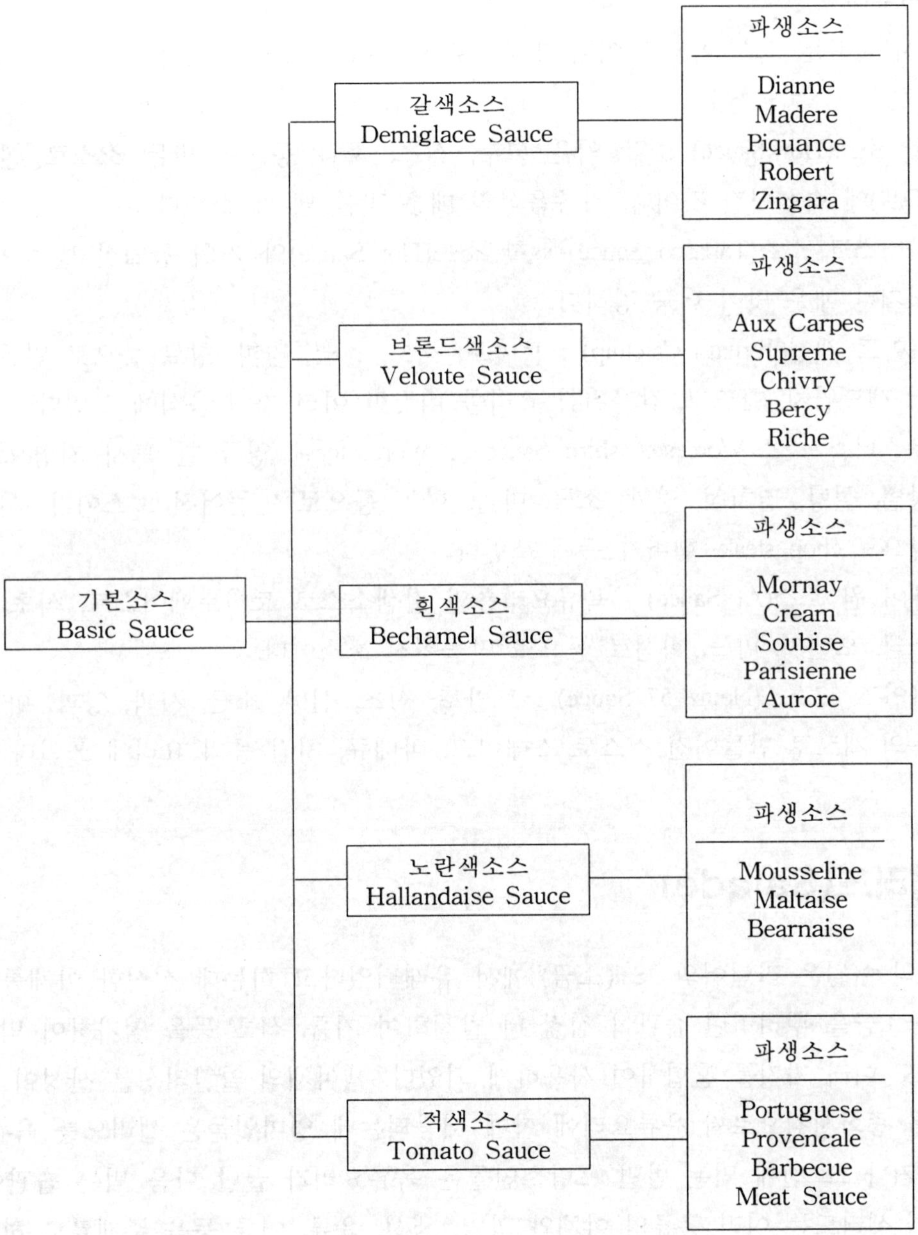
기본소스
Basic Sauce
갈색소스
Demiglace Sauce
파생소스
Dianne
Madere
Piquance
Robert
Zingara
브론드색소스
Veloute Sauce
파생소스
Aux Carpes
Supreme
Chivry
Bercy
Riche
흰색소스
Bechamel Sauce
파생소스
Mornay
Cream
Soubise
Parisienne
Aurore
노란색소스
Hallandaise Sauce
파생소스
Mousseline
Maltaise
Bearnaise
적색소스
Tomato Sauce
파생소스
Portuguese
Provencale
Barbecue
Meat Sauce

(6) 기타소스

앞에서 살펴본 소스 이외에 이미 대량으로 만들어 유통되는 기성소스들도 여러 제품이 있다.

① 핫 소스(Hot Sauce) : 잘 익은 고추, 식초, 소금 등으로 만든 소스로 흰 오크통(Oak)에 숙성시킨 것이다. 각종음식의 매운 맛을 낼 때 쓰인다.

② 타바스코 소스(Tabasco Sauce) : 핫 소스(Hot Sauce)와 거의 동일한 방법으로 만들어지나 매운 맛이 더욱 강하다.

③ 토마토 케첩(Tomato Catchup) : 토마토, 식초, 소금, 양파, 향료 등으로 만든 소스로서 샌드위치, 핫도그, 감자튀김 요리를 비롯한 여러 가지 음식에 쓰인다.

④ 우스터스 소스(Worcester shire Sauce) : Worcester란 영국 한 도시 지명으로 식초, 당밀, 설탕, 멸치젓, 양파, 소금, 마늘, 향초 등으로 만들어진 소스이다. 서양식 간장으로 chop steak, 햄버거 등에 쓰인다.

⑤ 에이 원 소스(A_1 Sauce) : 육류요리용의 갈색소스로 토마토페이스트, 식초, 건포도, 소금, 오렌지, 마늘, 향신료 등으로 만들어진 소스이다.

⑥ 하인즈 57소스(Heinz 57 Sauce) : 토마토, 식초, 설탕, 소금, 사과, 양파, 마늘, 카레 등의 재료로 만들어진 소스로 스테이크, 바베큐, 치킨 등의 요리에 쓰인다.

6. 샐러드(Salade)

Salad의 어원은 라틴어의 "Sal(소금)"에서 유래되었다고 하는데 싱싱한 야채를 주재료로 하여 소금을 뿌려먹던 습관이 점점 더 발전하여 기름, 식초 등을 첨가하여 먹게 되었고 야채도 여러 가지를 혼합하여 사용하게 되었다. 생야채의 알칼리성은 산성이 강한 육류요리를 중화시킴으로써 육류요리에 함께 제공되는데 영미인들은 샐러드를 육류요리와 같이 먹거나 그 전에 먹는 반면 프랑스인들은 육류요리가 끝난 다음 먹는 습관이 있다. 오늘날의 샐러드는 여러 종류의 야채와 과일, 생선, 육류, 어류 등을 주재료로 하여 여러 가지 특성의 드레싱과 함께 제공 된다. 샐러드는 반드시 차게 해서 제공 되어야 한다.

1) 샐러드의 종류

샐러드는 그 형태에 따라서 단순 샐러드와 혼성 샐러드로 구분할 수 있다. 신선한 야채만으로 만든 샐러드를 단순샐러드(Simple Salad)라고 하는데 이는 좁은 의미의 샐러드이다. 혼성샐러드(Compound Salad)는 삶은 야채, 육류, 해산물, 과일 등의 각종 재료에 향료, 가니쉬, 드레싱과 혼합하여 만든 샐러드로서 이는 전채요리나 주요리로 제공되고 있다. 이와 같은 샐러드를 도표로 보면 다음과 같다.

<도표 4-6> 샐러드의 종류

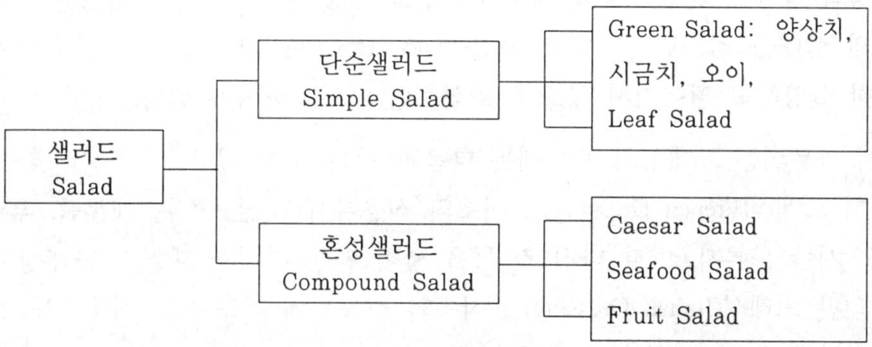

*래디시(Radish)

흑자색의 뿌리 채소로 유럽이 원산지이며 우리나라에서도 재배하여 시판하고 있으나 이용도는 낮은 편이다. 비트의 색은 Anthocyanin계의 Betaine으로 수용성이어서 씻으면 용해되어 물이 들게 된다. 단맛을 가졌으며 생으로, 혹은 삶아서 샐러드를 만들거나 피클과 수프 등에 이용된다.

*엔디브(Endive)

2) 샐러드의 드레싱

드래싱(Dressing)은 샐러드의 맛을 조절하고 풍미와 향미를 증진시키는 것으로 유럽에서는 비네그렛(Vinaigrette) 또는 소스(Sauce)라고도 한다. 드레싱의 어원은 샐러드에 소스가 뿌려진 모습이 마치 여성들의 드레스(Dress)입은 모습과 같다고 해서 생겨난 말로 전해진다. 이와 같은 드레싱의 종류에는 마요네즈(Mayonnaise)계열과 오일 비네가(Oil & Vinegar)계열의 두 종류가 있다.

오릴 비네가계열은 시간이 지남에 따라 기름이 식초 위로 뜨게 되어 유상액이 기름과 식초 및 첨가물과 따로 분리되는 현상이 나타나게 되므로 서브하기 전에 반드시 잘 저어주어 유상액 상태로 환원시켜서 제공하도록 하여야 한다. 또한 드레싱을 서브할 때에는 드레싱의 상태를 점검한 후 소스 보울(Sauce Bowl)에 담아 고객의 왼쪽에서 이름과 맛을 간단히 설명하고 떨어지지 않도록 조심스럽게 제공하여야 한다.

식당에서 사용되는 드레싱의 종류에는 다음과 같은 것이 있다.

① 후렌치 드레싱(French Dressing) : 식초와 식용유에 소금, 후추, 레몬즙, 후렌치 머스타드, 계란 노른자, 양파 다진 것 등을 넣어 만든 비네가 계열의 드레싱이다.

② 이탈리안 드레싱(Italian Dressing) : 식초와 식용유에 적포도주, 식초, 소금, 후추, 마늘, 타라곤(Taragon) 등으로 만든 드레싱이다.

③ 블루치즈 드레싱(Blue Cheese Dressing) : 후렌치 드레싱에 블루치즈(Blue Cheese)를 넣어 만든 드레싱이다.

④ Thousand Island Dressing

이 드레싱은 마요네즈를 바탕으로 달콤한 피클이 주재료로 들어간 약간 단맛이 나는 드레싱이다. 마요네즈, 토마토 케첩, 올리브유, Tomato Paste, 양파, 피클, 샐러리, 레몬주스, 백포도주, 파프리카, 파슬리, 소금, 후추 등을 혼합한 드레싱으로 양파와 피클 등이 섬같이 보인다 하여 천 개의 섬을 가진 소스라고 부른다고 한다.

⑤ 러시안 드레싱(Russian Dressing) : 1000아일랜드 드레싱에 토마토 케첩, 캐비어(Caviar) 등을 넣은 드레싱이다.

⑥ 과일 샐러드 드레싱(Fruit Salad Dressing) : 마요네즈 소스에 젤리, 레몬주스 등을 넣어 만든 드레싱이다.

7. 후식(Dessert)

Dessert의 어원은 프랑스어의 "Desservir"에서 유래된 말로 '치우다', '정리하다'라는 뜻이다. 정찬 서비스에서도 디저트를 제공하기 전에 글래스류를 제외하고 테이블위의 모든 것을 치우고 나서 제공한다. 식사가 끝난 후 입안을 신선하고 청결하게 유지시켜주는 역할을 한다. 감미류나 과일, 치즈 등이 제공된다.

1) 찬 후식(Cold Dessert)

① 아이스크림

② 셔벳(sherbet) : 셔벳이 아이스크림과 다른 점은 유지방을 사용하지 않는 것이다. 주된 재료는 과즙, 설탕, 물, 술, 계란 흰자이며 저칼로리 식품으로서 시원하고 산뜻하여 생선요리 다음에 제공하거나 후식으로 제공하는데 이것은 소화를 돕고 입맛을 상쾌하게 해주기 때문이다. 이와 같은 셔벳의 종류에는 딸기, 오렌지, 레몬, 인삼, 박하셔벳 등이 있다.

③ 파르페(Parfait) : 생크림, 리큐르(Liqueur), 계란노른자, 뜨거운 물을 재료로 하여 기포상태가 된 것을 냉동시켜서 만든 것으로 여러 가지 과일과 술을 이용하여 다양하게 만든다.

④ 아이스푸딩(Ice Pudding) : 아이스크림에 여러 가지 과일을 갈아 넣고 계란 노른자를 섞어 차게 만든 것으로 유아식이나 노인식에 적합한 디져트이다.

⑤ 무스(Mousse) : 계란, 생크림, 설탕과즙, 리큐르 등을 혼합한 다음 글라스에 담아 차갑게 한 것으로 첨가되는 부재료에 따라 다양하게 만들어지는데 쵸코무스, 바닐라 무스, 캬라멜 무스 등이 있다.

⑥ 케잌 & 파이류(Cake & Pie) : 케이크와 파이는 사용되는 내용물에 따라 종류가 수없이 많다. 보관할 때에는 냉장고에 항상 차갑게 하여 먹기에 간편하도록 잘라서 제공한다. 파이는 고객의 기호에 따라 차게 또는 오븐에 데워서 제공하거나 아이스크림과 함께 제공하기도 한다.

⑦ 생과일(Fresh Fruits) : 다른 내용물과 섞지 않는 과일을 말한다. 항상 신선함을 유지해야 하고 계절의 변화에 따라 다양하게 준비되어야 하며 한 입에 먹을 수 있도록 보기 좋게 잘라서 제공되어야 한다.

2) 더운 후식(Hot Dessert)

① 크레페 수제(Crepes Suzette) : 세계적으로 알려진 프랑스의 전통적인 후식으로 밀가루, 계란, 우유, 설탕 등으로 얇게 만든 팬 케이크이다. 과일, 브랜디, 리큐르 등으로 만든 내용물과 소스를 곁들여서 여러 형태로 만든다.

② 그라탕(Gratin) : 얇게 구운 팬 케잌 위에 설탕, 레몬주스, 잘게 썰은 과일을 올려놓고 이태리식 소스인 사바용(Savayon)을 얹어서 오븐에 구워낸 것으로 그라탕이라고 한다.

③ 쥬블레(Jublee) : 여러 가지 계절과일에 설탕, 버터, 과일주스 등으로 소스를 만들어 졸이다가 리큐르나 꼬냑으로 플람베를 하여 제공하는 후식이다. 체리 쥬블레가 대표적이다.

④ 스트루들(Strudel) : 과일, 치즈 등을 밀가루 반죽으로 얇게 싸서 오븐에 구운 것으로 사과를 이용한 애플 스트루들(Apple Strudel)이 주로 이용되고 있다.

⑤ 수플레(Souffle) : 크림 수플레와 과일 수플레로 나뉘는데 크림 수플레는 무스만드는 방법과 같고 과일 수플레는 과일저민 것과 함께 휘핑크림이 많이 들어간다.

8. 치즈(Cheese)

치즈(Cheese)는 아라비아 사막을 횡단하던 대상들이 양의 위로 만든 주머니에 우유를 넣어 보관, 이동하던 중, 그 주머니 내막 이음새에 남아있던 천연응유효소(Rennet)가 태양열을 받은 우유속의 주요 단백질인 Casein 및 지방을 응고시키면서 생성된 응유(Curd)로부터 얻게 된 식품이다. 이를 즉시 미성숙치즈로 만들거나 발효, 가열, 숙성, 압착의 과정을 거쳐 만들어진 것이다. 이와 같은 치즈는 제조상태에 및 강도에 따라 다음과 같이 분류된다.

(1) 제조상태에 따른 분류

① 천연치즈(Natural Cheese) : 천연치즈는 치즈를 숙성시킨 미생물이 온도 또는 습도의 영향으로 숙성을 계속하게 되므로 같은 종류의 치즈라도 먹는 시기에 따라 독특한 맛이나 향취가 다르게 된다. 유통되고 있는 대부분의 치즈는 천연치즈(Natural Cheese)이다.

② 가공치즈(Process Cheese) : 가공치즈는 천연치즈를 우리의 기호에 맞게 가공한 것으로, 강하게 느껴지는 치즈 특유의 향취를 약하게 유화시킨 것이다. 가공치즈는 품질이 안정되어 있기 때문에 보존성이 높으며 소비자가 용도에 알맞은 제품을 선택할 수 있는 장점이 있다.

▲가공치즈

(2) 강도에 따른 분류

① 연질치즈(Soft Cheese) : 연질치즈는 수분함량이 40~60%에 달하므로 습기가 있는 곳에 보관하여야 한다. 숙성시키는 방법에 따라 숙성을 전혀 하지 않는 비숙성치즈와 단기간 동안 박테리아나 곰팡이(Mold)로 숙성시키는 것도 있다. 이는 제품의 저장성이 낮으므로 단시일내에 식용으로 이용되어져야 한다. 연질치즈의 종류에는 모짜렐라(Mozarella), 카멤베르(Camembert), 브리(Brie), 코타즈(Cottage), 크림치즈(Cream Cheese)등이 있다.

② 반경질치즈(Semi Hard Cheese) : 반경질치즈는 수분함량이 40~45%내외로 수분의 함량이 적으며 응유를 익히지 않고 압착하여 만든다. 연질치즈보다 숙성하는 기간이 길며 오래 저장할 수 있다. 반경질치즈의 종류에는 던롭(Dunlop), 그루에르(Gruyere), 라크포트(Roquefort), 브릭(Brick), 체다치즈(Chedda Cheese), 블루치즈(Blue Cheese)등이 있다.

③ 경질치즈(Hard Cheese) : 경질치즈는 거의 대부분이 산악지역에서 생산되며 세균에 의한 숙성치즈로 수분함량이 30~40% 내외이다. 제조과정에서 응유를 끓여 익힌 다음 세균을 첨가한다. 이 치즈는 큰 바퀴 형태로 만들어 숙성시켜 단단하며 운반과 저장이 용이하다. 경질치즈의 종류에는 파마산(Parmesan), 에담(Edam), 고다(Gouda), 에멘탈(emmental) 치즈 등이 있다.

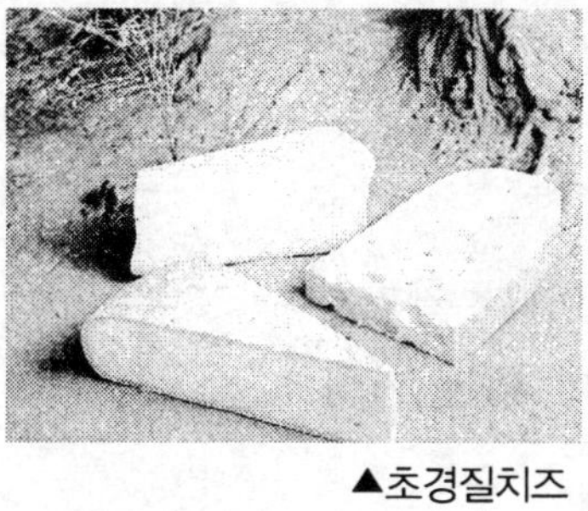

▲초경질치즈

▲경질치즈

<도표 4-7> 디저트로 사용되는 치즈(cheese)의 종류

생산국명	품 명	분 류
프 랑 스	Cammembert Cheese Brie Cheese Blue Cheese Roquefort Cheese	연질치즈(Soft Cheese) 연질치즈(Soft Cheese) 반경질치즈(Semi Hard Cheese) 반경질치즈(Semi Hard Cheese)
네덜란드	Edam Cheese	경질치즈(Hard Cheese)
스 위 스	Emmental Cheese	경질치즈(Hard Cheese)
미 국	Cream Cheese American Cheese	연질치즈(Soft Cheese) 경질치즈(Hard Cheese)
영 국	Cheddar Cheese	경질치즈(Hard Cheese)
이탈리아	Mozzarella Cheese	연질치즈(Soft Cheese)

9. 식후음료(Coffee or Tea : Cafe ou The)

모든 식사와 후식이 끝나면 마지막 코스(Course)에 음료가 제공되는데, 이때의 음료에는 대개 기호음료의 커피(Coffee)나 홍차(Tea)가 보편적이며 알코올성 음료로는 꼬냑(Cognac), 리큐르(Liqueur) 또는 식사 후에 마시는 일반 와인들을 주로 이용하고 있다.

1) 커피(Coffee)

(1) 커피의 종류

식당에서 상품으로 제공될 수 있는 커피는 비알코올성 커피(Non Alcoholic Coffee)와 알코올성 커피(Alcoholic Coffee)로 크게 두 종류로 나눌 수 있다.

① 비알코올성 커피(Non Alcoholic Coffee)

알코올이 첨가되지 않은 순수한 커피로서 만드는 방법이나 재료의 종류에 따라서 명칭을 다르게 사용한다.

- 보통커피(Regular Coffee) : 일반적인 커피
- 아메리칸 커피(American Coffee) : 보통커피보다 연한 커피
- 디 카페인 커피(De Caffeinated Coffee) : 카페인이 없는 커피

- 에스프레소 커피(Espresso Coffee) : 이탈이아식 진한 커피
- 비엔나 커피(Vienna Coffee) : 보통커피에다 휘핑크림(Whipping Cream)을 얹은 커피
- 카푸치노 커피(Capuccino Coffee) : 보통커피에다가 우유로 만든 휘핑크림을 얹고 코코아가루를 뿌린 커피
- 카페오레(Cafe Aulait) : 보통커피 1/2에 더운 우유 1/2를 섞은 커피
- 아이스 커피(Ice Coffee) : 냉커피

② 알코올성 커피(Alcoholic Coffee)

알코올성 술이 첨가된 커피로서 첨가되는 술의 종류에 따라 그 명칭이 달라지는 커피이다.

- 아이리쉬 커피(Irish Coffee) : 아이리쉬 위스키(Irish Whiskey)를 넣고 스위트 휘핑크림을 얹은 커피
- 카페로얄(Cafe Royal) : 브렌디를 넣은 커피
- 카페 콩퀘스트(Cafe Conquset) : 리큐르인 그랑 마니에(Grand Marnier)와 럼(Rum)을 넣고 스위트 휘핑크림을 얹은 커피
- 카페 칼루아(Cafe Kahlua) : 커피 리큐르인 칼루아를 넣은 커피
- 카페 알렉산더(Cafe Alexander) : 냉커피에 브랜디와 카카오향의 리큐르를 넣은 커피

(2) 커피 서비스 방법

커피는 향을 즐기는 기호음료이므로 커피를 제공할 때에는 맛과 향이 살아있도록 세심한 주의를 하여야 한다. 커피를 서비스할 때 한 잔은 약 100㎖ 정도이고 적정온도는 80℃이며 설탕과 크림을 넣었을 때 60~65℃가 유지되어야 커피의 맛이 가장 이상적이다. 또한 커피를 제공할 때에는 커피가 뜨거워야 하며 커피컵도 뜨겁게 보관되어져야 한다.

생크림은 너무 차게 제공되어서는 안 되며 고객의 커피잔이 비워져 있을 때에는 반드시 더 드실 것인가를 물어보고 수시로 채워드려야 한다. 커피를 따를 때는 절대로 컵을 들어 따르지 말고 컵이 테이블 위에 놓인 상태에서 따르도록 하며 고객의 오른쪽에서 서브한다. 항상 커피 주전자 밑을 냅킨(Napkin)으로 받쳐 커피 물방울이 떨어지지 않도록 주의하여 서브해야 한다.

2) 그 외에 홍차, 오룡차, 녹차 등이 있다.

10. 향신료

허브와 스파이스로 이루어지는 향신료의 종류는 다음과 같다.

1) 허브

<도표 4-8> 허브의 종류

번호	이 름	사용 부분	흔히 쓰이는 곳
1	처빌(Chervil)	잎	샐러드, 수프, 소스
2	로즈마리(Rosemary)	잎	돼지고기요리, 닭고기요리
3	타임(Thyme)	잎	스톡, 수프, 샐러드
4	레몬그라스(Lemon Grass)	잎	수프, 생선요리, 캔디
5	마조람(Majoram) &오레가노(Oregano)	잎	샐러드, 토마토소스, 채소요리
6	파슬리(Parsley)	잎	수프, 채소요리, 샐러드, 장식용
7	딜(Dill)	잎	생선요리, 샐러드
8	로바지(Lovage)	잎	스톡, 치즈(어린 잎은 샐러드에 사용)
9	바프(Basil)	잎	샐러드, 파스타 소스
10	레몬 버브나(Lemon Verbena)	잎	샐러드, 수프
11	차이브(Chive)	잎	실파와 비슷하다. 샐러드, 생선요리
12	타라곤(TuTagon oF Estragon)	잎	베어네즈 소스, 닭고기 요리

2) 스파이스(Spice)

① 파프리카(Paprika)

스페인, 헝가리, 남부 프랑스, 이탈리아, 유고가 원산지로 우리나라의 고추와 비슷하지만 맛은 많은 차이가 난다. 스페인산 파프리카는 단맛을 지니고 있으며 비교적 순한 맛을 내는 반면, 헝가리산 파프리카는 매운 맛을 내며 검붉은 색이 특징이다. 우리나라의 고추가 결코 매운 맛만을 대표하지 않듯이 파프리카 역시 중후하면서도 그들 나름대로의 미세하고 깊은 맛을 지니고 있다. 색을 내기 위한 목적으로 사용할 때에는 기름에 녹여 사용하면 색이 잘 우러나온다.

- 이용 : 샐러드, 피클, 생선요리, 스튜, 카나페

② 와사비(Wasaby)

전통적인 일본 향신료 중의 하나이다. 우리나라 사람들 중에서 와사비를 모르는 사람은 별로 없을 것이다. 고추냉이의 뿌리를 갈아서 생선요리에 많이 사용하고 있는데 주로 날것으로 먹을 때 톡 쏘는 맛과 함께 눈물이 날 정도로 매운 맛을 지니고 있다. 우리나라의 고추가 은근하게 깊은 맛을 지녔다면 와사비는 순간적인 매운 맛을 가졌다고 할 수 있다. 말려서 가루형식으로 된 것은 물을 섞어 사용하고 신선한 뿌리는 강판에 갈아서 사용한다.

- 이용 : 생선요리, 소스

③ 캐이퍼(Caper)

프랑스, 스페인, 이탈리아, 몰타 등 지중해 및 인접지역에서 자라고 있는 케이퍼 줄기에 달리는 꽃봉오리를 말한다. 작은 것일수록 질이 좋은 것이다. 그 모양은 마치 서아메리카 숲 지대에 자라는 금송화와 미국의 금련화 봉오리와 비슷하게 생겼다. 품질은 크기에 따라서 분류되는데 크게 상, 중, 하로 구분하고 꽃이 피기 전 작은 것을 상으로 시작하여 크고 꽃이 필 무렵의 것을 하품으로 취급한다. 소금물에 절여 식초에 담아 보관한다. 사용할 때 주의할 점은 조리가 완성된 상태에서 사용하며 첨가 후 익히지 않도록 한다.

- 이용 : 스튜, 샐러드, 소스, 청어 절임

④ 정향(ciove)

인도네시아가 원산지인 열대목의 꽃을 개화되기 전에 수확하여 건조시킨 것으로 향이 매우 강하다. 프랑스에서는 그 모양새가 뾰족하고 길이가 있는 관계로 불어로 'CLOU', 즉 '못', '정'이라는 뜻을 지니고 있다. 우리나라에서는 못이라는 뜻으로 정향(丁香)이라 한다. 수확기의 꽃봉오리가 연분홍색을 띠게 되는데, 이때 대나무 장대를 이용하여 따낸 다음 햇볕이나 불을 이용하여 건조시킨다. 완성된 클로브는 짙은 밤색을 띠게 된다.

- 이용 : 고기조림, 생선 피클, 채소 피클, 육류 수프

⑤ 호스래디시(Horseradish)

중앙 유럽과 아시아가 원산지인 겨자과의 이 식물은 톡 쏘는 맛이 일품이다. 현재 전 유럽과 미국에서 많이 생산되고 있으며 갈황색 뿌리로 내부는 회색빛을 띤 흰색이다. 이 뿌리의 껍질을 벗겨 식초와 우유를 넣고 끓여 쓰기도 하고 식초와 소금을 가미하여 저장도 하는데, 사용시 취향에 따라서 크림이나 레몬주스, 사과즙 등을 첨가한다 신선한 것은 강판에 갈아서 쓴다.

- 이용 : 소스, 생선, 소고기

⑥ 머스타드(Mustard)

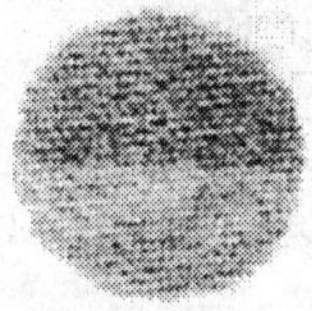

우리가 쉽게 생각할 수 있는 겨자만을 이야기하는 것은 아니다. 머스타드는 온화한 기후와 열대기후 어디서든 자생하는 생명력 덕분에 세계어디서든 광범위하게 퍼져있다. 야채로 사용되는 머스타드 잎은 날것으로 먹기도 하고 열을 가하기도 한다. 하지만, 더욱 다양하게 사용되고 있는 것은 머스타드 식물의 씨를 이용한 것이라 할 수 있겠다. 머스타드씨는 밝은 밤색으로 갈아서 사용하는데 양념으로 흔히 쓰인다.

- 이용 : 샐러드의 소스, 피클, 소시지

<도표 4-9> 스파이스 종류

번호	이 름	사용 부분	흔히 쓰이는 곳
1	파프리카(Paprika)	열매	생선요리, 소스
2	쥬니퍼(Juniper)	열매	육류요리의 절임, 피클, 알코올 음료의 향, 사슴, 양, 가금류의 로스트와 스튜
3	계피(Cinnamon)	나무껍질	후식에서 많이 사용, 애플소스, 펌프킨파이, 라이스푸딩, 진저브레드
4	정향(Clove)	열매	수프, 양고기, 과일스튜, 펌프킨파이
5	생강(Ginger)	뿌리	생선절임, 차
6	샤프론(Saffron)	꽃	빠에야(Paella), 리조트(Risotto), 부야베즈(Bouillabaisse)
7	커리(Curry)	혼합	카레라이스, 소스, 채소딥(Dip)
8	넉멕(Nutmeg)	열매	다진 고기요리, 감자요리, 파테(Patas), 마른 과일을 넣은 케이크(Fruit Cake)
9	딜 씨드(Dill Seed)	씨	연어찜, 피클, 샐러드, 수프, 소스
10	후추(Pepper: 흰, 붉은, 푸른, 검은 후추)	씨	가장 많이 쓰이는 양념, 수프, 고기, 생선, 채소요리
11	캬이엔 피퍼(Cayen Pepper)	열매	칠리(Chili)라고도 부른다. 맵고 입맛을 자극시킨다.

※ 향신료

① 향신료 다발(Bouquet Garni)
셀러리+파슬리 줄기+타임+월계수잎을 실로 묶는다.
- 이용 : 스톡, 소스

② 향신료 주머니(Spice Bag, Sachet)
묶을 수 없는 건조 향신료를 주머니에 싸서 이용한다.
- 이용 : 스톡

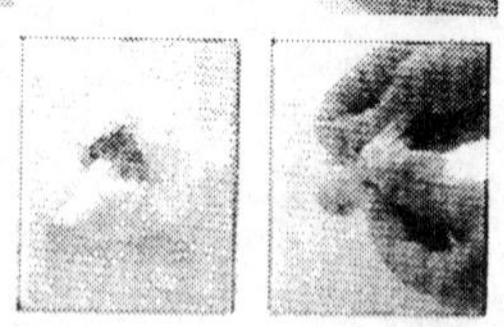

제❷장

한식 메뉴 구성

1. 주식류

1) 밥

종류는 쌀을 주재로 하여 만드는 흰밥, 보리밥, 잡곡밥, 팥밥, 콩밥, 차조밥, 찰수수밥, 오곡밥, 감자밥, 고구마밥, 밤밥, 찰밥 및 비벼서 먹는 김치밥, 무밥, 콩나물밥, 비빔밥, 볶음밥 등 다양하게 만들어진다.

2) 죽

(1)흰죽

죽의 기본형이다. "증보산림경제"에서 용기는 돌솥이 가장 좋고 쌀은 만도미가 좋으며 물은 감천이 좋다고 하였다. 조리방법은 옛날이나 지금이나 별 차이가 없어 쌀을 불리거나 갈아서 끓인다. 종류에 따라 참기름이나 꿀 또는 소주를 타서 먹기도 하는데 옹근죽, 원미, 무리죽 등이 있다.

(2) 두태죽

콩류를 주재로 하여 만드는 죽으로서, 팥을 삶아 그 앙금을 걸러 낸 후 끓여 쌀을 넣고 만드는 동지절식인 팥죽, 팥죽 끓이는 방법과 같이 녹두를 주재로하여 쑤는 녹두죽, 불린 흰콩을 살짝 삶아 찧거나 갈아서 쌀과 같이 끓인 콩죽 등이 있다.

(3) 장국죽

쌀을 주재로 하여 맑은 쇠고기 장국에 멸치를 비롯 여러 가지 채소와 조미료를 넣고 끓이는 죽으로, 재료로 쓰이는 채소에 따라, 콩나물죽, 아욱죽, 애호박죽, 김치죽, 맑은 장국죽으로 나뉜다.

(4) 어패조류죽

보양식품으로 애호되고 있는 죽이다. 그 죽을 특징 짓는 재료, 즉 홍합이나 전복에다가 쌀을 넣고 볶다가 물을 부어 끓인 뒤 조미료로 간을 맞추어 만드는 홍합죽, 전복죽 등이 있다. 이외에도 영계백숙 국물에 찹쌀을 넣어 끓인 뒤 마늘, 대추, 인삼을 넣어 만드는 닭죽이 있다.

(5) 비단죽

밤·호두 등의 견과류와 쌀을 아주 곱게 갈아서 쑨 죽으로, 고운 결과 견과류에서 우러난 지방으로 인해 반질거리는 죽의 모양이 마치 비단같아 비단죽이라 불리운다. 쌀과 함께 쓰이는 재료에 따라 잣죽, 호두죽, 흑임자죽, 타락죽, 밤죽, 행인죽, 땅콩죽, 대추죽으로 나뉜다.

(6) 미음

쌀 등을 끓여 체에 밭친 음식으로, 죽보다는 훨씬 묽으며 환자식이나 이유식으로 쓰인다. 쌀을 푹 고아 체에 밭치거나 쌀가루를 노릇하게 볶은 것을 끓는 물에 넣고 다시 끓여 밭친 쌀미음, 차조에 대추, 황율, 인삼 등을 넣고 고운 차조미음, 인삼, 찹쌀, 대추, 황률을 함께 고운 송미음 등이 있다.

(7) 응이

끓는 물에 메밀가루, 율무가루, 녹말가루 등을 묽게 타서 미음보다 더 걸쭉하게 쑨 것으로 죽보다는 조금 묽다. 기본재료에 따라 수수응이, 연근응이, 오미자응이, 율무응이 등이 있다.

3) 면

(1) 국수

우리나라의 전래풍습에서는 면요리가 생일, 혼례, 빈례용 음식이었다. 국수 장국상에는 전, 잡채, 병과류, 음청류와 같은 음식을 기본 품목으로 하고 여기에 국수장국이나 냉면을 차린다. 국수요리는 한반도가 풍토상밀농사가 적합하지 않았기 때문에 상용주식형의 음식으로 보급되지 못했다. 면류에는 냉면, 온면, 비빔국수가 있다.

(2) 만두

면류와는 그 모양이 다르지만 밀가루 반죽을 둥근 모양으로 만들어 속을 넣어 빚어서 육수에 삶은 '수교의'라 불리는 만두가 있고, 밀가루 반죽을 네모반듯하게 만들어 네 귀를 서로 붙여서 세모꼴로 만들어 찐 '편수'가 있는데, 만두는 겨울에 좋고 편수는 복중요리의 하나이다. 이 외에 밀가루 반죽 대신에 생선을 얇게 저며 속을 싼 다음 녹말가루를 묻혀서 찌는 '어만두'가 있다.

2. 부식류

1) 국

우리나라의 음식 중에서 국은 반상차림에 반드시 있어야 하는 것으로, 밥에 따르는 기본적인 부식의 일종이다.

2) 찌개

찌개를 궁중용어로는 '조치'라 한다. 찌개는 국에 비해서 건더기가 많고 국물이 적으며 간이 짠 밥반찬으로서 3첩반상에는 올리지 않고, 5첩반상에는 한 가지, 7첩반상에는 두 가지를 놓는다. 두 가지를 놓는 쌍조치에는 하나는 새우젓찌개, 다른 하나는 된장이나 고추장찌개로 한다.

3) 구이

구이는 가장 기본적 조리법으로써 우리나라에서는 일찍부터 '적'이라는 조리법에서 발달하였다고 본다. 조리방법에 있어서는 대체적으로 소금, 간장, 기름, 술, 식초를 기본 조미료로 하였고 모두 꼬챙이에 꽂아서 구웠으며, 지금과 같이 파, 마늘을 필수 조미료로 사용하지 않고 있다. 현재 구이의 대표적인 것은 불고기(고기구이)라 하겠으며, 이는 예로부터 '설야멱'이라 했고 궁중에서는 '너비아니'라 했다.

4) 찜

찜은 수조육류, 어패류, 채소류 등 다양한 재료를 사용하여 만들 수 있으며 반상, 교자상, 주안상 등에 차려진다. 종류로는 갈비찜, 생선찜, 송이찜, 닭찜, 우설찜 등 다양하게 많으며, 모양 그대로 찜을 하는 것이 많다.

5) 선

찜과 같은 방법으로 조리하며 식물성 재료인 호박, 오이, 가지, 배추, 두부와 같은 재료를 가지고 만든다. 여기에 쇠고기, 버섯 등으로 소를 넣어서 육수를 조금 부어 익혀 낸 것을 찜과 분류하여 선이라 한다. 종류로는 애호박선, 오이선, 가지선, 두부선 등이 있다.

6) 조림과 초

조림은 생선, 고기, 두부, 감자 등의 재료를 큼직하게 썰고 간장 또는 고추장을 섞어서 조린 음식으로서, 밥반찬에 적합한 것으로 현재는 일반화되어 있으나 그 역사는 비교적 짧은 조리법이다. 궁중요리로 '조리니'라고 하는 조림의 간은 주로 간장으로 하나, 고등어, 꽁치, 아지, 전갱이 등과 같이 살이 붉고 비린내가 강한 생선은 간장에 고추장을 섞어서 조린다. 조림과 비슷하면서 다른 이름을 가진 음식이 초이다. 초란 조림과 같은 방법으로 요리하되 조림의 국물에 녹말가루를 풀어 넣어 익혀서 그것이 재료에 엉기도록 한 것으로 전복초, 홍합초 등이 있다.

7) 적(산적)

적 도는 산적이란 고기를 꼬챙이에 꿰어서 굽는 음식의 총칭이다. 예로부터 우리나라는 농업국이면서도 수렵과 어로에 능하여 수조육류를 다루는 기술과 조리방법이 숙달되어 고기음식이 발달하였으며, 그 결과 '설야멱적'과 같은 유명한 쇠고기 구이가 생겨 오늘날 불고기라는 음식의 뿌리가 되기도 하였다. 고전에서는 무척 많은 종류의 적을 볼 수 있으나 지금의 한국음식에서는 다소 변형되어 있다. 제사상과 폐백에는 필수적이고, 일상식의 상차림에도 두루 쓰이고 있다. 적의 종류는 육산적, 어산적, 섭산적, 닭산적, 송이산적, 떡산적, 회양적, 두릅산적 등이 있다.

8) 나물

크게 분류하면 무침나물과 볶음나물로 나눌 수 있다.

① 무침나물

무침나물에는 시금치나물, 두릅나물, 미나리나물, 냉이나물, 달래나물, 씀바귀나물, 녹두나물 등이 있다.

② 볶음나물

채소류를 날것 또는 데친 후 기름과 양념류를 사용하여 볶은 나물이다. 볶음나물의 종류에는 죽순채, 박나물, 호박오리나물, 고춧잎나물, 취나물, 버섯나물, 깻잎나물 등이 있다.

9) 전(전유어)

전은 기름을 두르고 지진다는 뜻이다. 이것을 궁중에서는 '전유화'라 적고 '전유어'라 읽으며 전유어를 줄여 '저냐' '전'이라 한다. 또 '지짐개'라고도 한다. 이것이 제사에 쓰이면 '간납'이라고도 한다. 전은 고기, 생선, 채소 등의 재료를 다지거나 얇게 저며서 꼬챙이에 꿰지 않고 삼삼하게 간을 하여 밀가루, 달걀로 옷을 입혀서 번철에 기름을 두르고 열이 잘 통하도록 납작하게 양면을 지져내는 것이 통례이다. 그 종류는 파전, 김치전, 두릅전, 게전, 굴전, 조개전, 새우전, 비웃전, 북어전, 알쌈 등 대단히 많다.

10) 회

회는 어패류를 날것 혹은 조리하지 않은 채로 데쳐 회즙에 찍어 먹도록 한 음식이다. 요즈음 생선회의 모습은 일본의 그것과 같이 두툼하고 큼직하나, 본래는 껍질을 벗겨내고 결대로 가늘게 채썰어 참기름에 버무려 얼음 위에 담아냈다.

11) 편육

고기를 무르게 익혀 썰어서 초간장에 찍어 먹는 반찬이다. 즉, 쇠고기 중에서도 양지머리, 쇠고기, 우설등과 돼지고기의 돼지머리, 젖통, 삼겹살 등을 푹 삶아서 베보자기에 싼 다음 큰돌로 눌러 굳힌 고기를 얇게 저며서 초장이나 겨자에 찍어 먹는 것이다. 삶은 국물은 국으로 이용한다. 편육은 수육 또는 숙육이라고도 한다.

12) 젓갈

젓갈은 저장 식품류의 하나이다. 주로 조개류의 젓갈은 반찬용으로, 멸치, 조기, 황새기, 잔새우 같은 생선의 젓갈은 김치용 젓갈로 담근다. 소금에만 절인 것, 고춧가루를 섞어서 소금에 절인 것으로 크게 나누어지는데, 숙성 중에 생기는 삭은 맛이 별미롭고 뼈채로 담가서 숙성중에 뼈가 연해지므로 일종의 칼슘 근원 식품이기도 하다. 젓갈은 독특한 맛과 풍미 외에도 소화가 잘되며 식욕을 돋구어 주는 것이다.

13) 튀각과 부각

주재료로는 다시마, 김, 미역 등을 비롯하여 철따라 생산 혹은 자생하는 신선 식품 중 수분이 적고 향미가 있는 것이 사용되었고, 다시마, 미역, 감자, 호두 등은 튀각으로 김, 깻잎, 풋고추, 콩잎, 참죽잎 등은 부각으로 사용되었다. 대체로 이들 재료를 튀겨서 소금이나 설탕 조미를 한 것이 튀각이고, 곡류 특히 찹쌀풀을 만들어 발라 말렸다가 튀긴 것이 부각이다.

14) 김치

김치류는 각종 채소류를 소금에 절이고 양념을 발효시킨 것으로 발효작용을 받지 않은 단무지 등의 절임류와는 구분된다. 그러나 절임류라고 발효가 전혀 일어나지 않는 것은 아니므로 그 한계는 명확하지 않다. 아무튼 소금을 사용하고 젓산발효가 뚜렷이 일어난 제품이라야 김치류라고 할 수 있다 명칭상으로 조사된 김치류는 배추 김치류 11종, 무김치류 21종, 나물김치 20종, 물김치류 19종, 기타 김치류 46종 등 117종에 달하고 깍두기2류 16종, 동치미류 10종 등 모두 143종이나 된다.

3. 상차림의 형식

우리 식생활에는 상차림의 목적에 따라 반상, 면상, 주안상, 교자상, 얼 교자상, 돌상, 큰상, 제상 등의 형식이 있다. 여기에서는 상업요리에 사용되는 상차림을 중심으로 대표적인 것들을 소개한다.

1) 반상

밥을 주식으로 하는 형식의 상이다. 식사는 밥, 탕, 김치, 간장, 조치(찌개, 찜) 등 기본식과 반찬류, 후식으로 이루어지는데, 반찬의 수를 첩수라 하여 그 수에 따라 3첩 반상, 5첩 반상, 7첩 반상, 9첩 반상, 12첩 반상으로 나뉜다. 여기에서 첩이란 뚜껑 있는 반찬 그릇을 말하는 것으로 밥, 국, 김치, 장, 찌개 등을 제외한 반찬 그릇의 수에 따라 첩수를 세며, 반상기에는 반찬을 담는 그릇을 쟁첩이라고 한다.

► 반상의 차림도 ◄

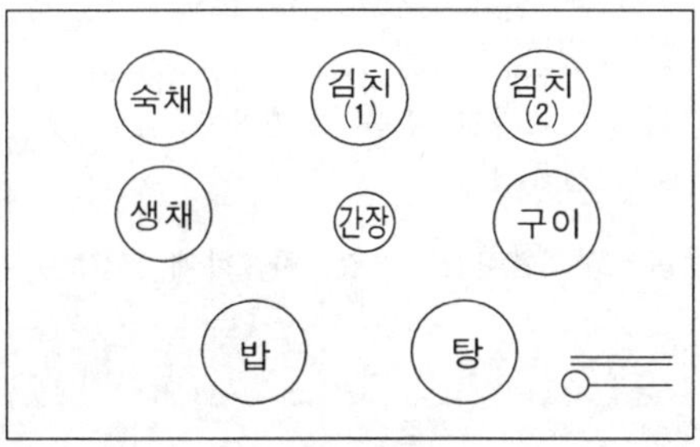

• 3첩반상

기본식 - 밥, 탕, 김치, 간장

※조치는 없음.

반 찬 - 3가지 : 생채, 숙재, 구이 혹은 조림

후 식 - 단 것, 과일, 차

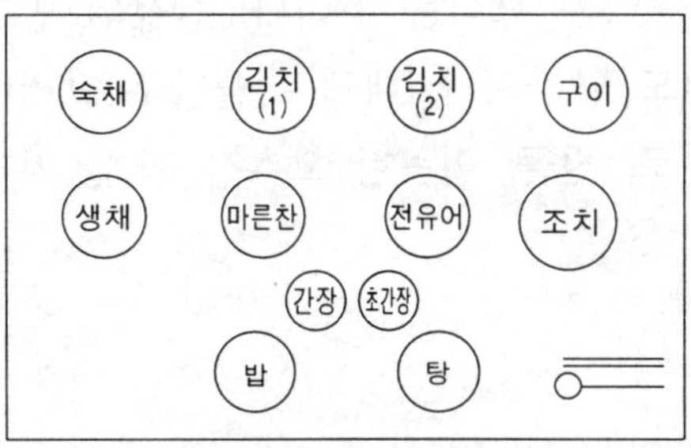

• 5첩반상

기본식 - 밥, 탕, 김치, 간장, 초간장, 조치 1가지

반 찬 - 5가지 : 생채, 구이, 숙채, 전유어, 마른찬

후 식 - 단 것(떡종류, 한과류), 과일, 차

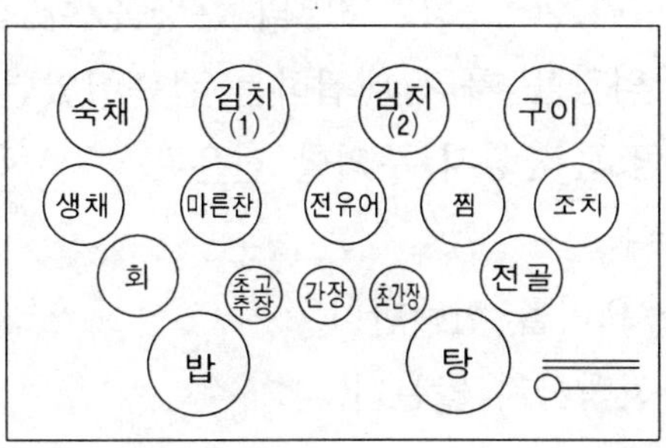

• 7첩반상

기본식 - 밥, 탕, 김치, 간장, 초간장, 초고추장, 조치, 전골

반 찬 - 5가지 : 생채, 숙채, 구이, 전유어, 마른찬, 회, 찜

후 식 - 떡, 한과류, 과일, 차, 화채

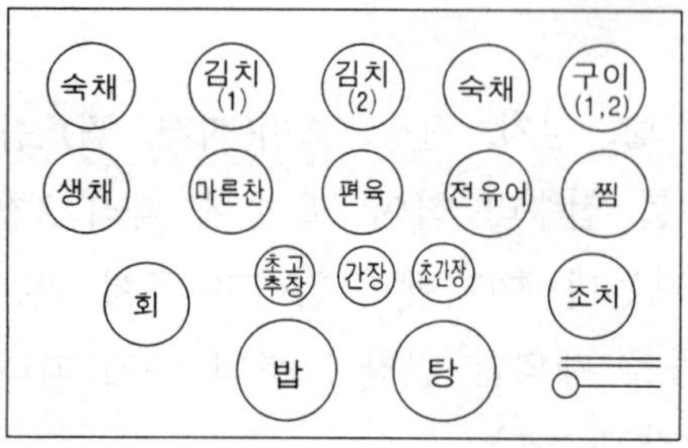

• 9첩반상

기본식 - 밥, 탕, 김치, 간장, 초간장, 초고추장, 조치

반　찬 - 9가지 : 생채, 찜, 구이 2가지, 숙채 2가지, 전유어, 마른찬, 회, 편육

후　식 - 떡, 한과류, 과일, 차, 화채

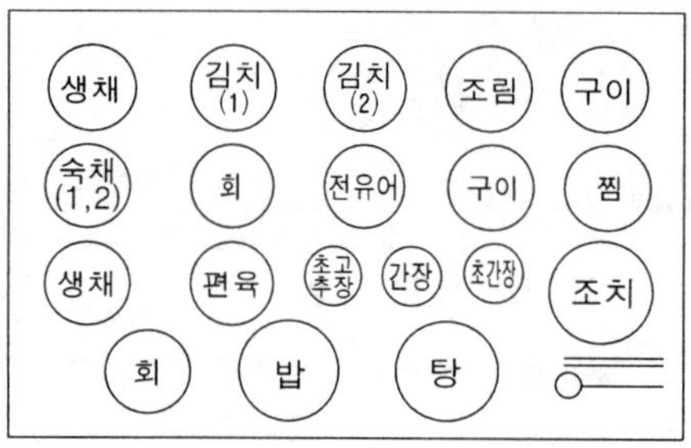

• 12첩반상

기본식 - 밥, 탕, 김치, 간장, 초간장, 초고추장, 조치

반　찬 - 12가지 : 생채 2가지, 숙채 2가지, 구이 2가지, 편육, 회 2가지, 조림, 찜, 전유어

후　식 - 떡, 한과류, 과일, 차, 화채

2) 주안상

주류만을 대접하기 위한 상으로 술안주가 될 수 있는 요리를 차린다. 반상의 반찬은 술안주 요리가 안되며 술 종류에 따라 안주용 요리도 달라지나, 대체로 술안주 요리에는 여러 가지의 육포, 어포, 건어, 전류와 편육류, 신선로, 전골, 얼큰한 고추장 찌개, 겨자채 같은 생채요리, 김치 등이 있다.

3) 교자상

축하연이나 회식모임 등에 쓰이는 상차림이며 많은 인원이 함께 식사하는 방법으로써, 일인용으로 작은 식기에 요리를 담는 것이 아니라, 4명, 5명, 8명의 분량을 한 식기에 담는다. 원래는 많은 손님이 모일 때에도 각기 외상을 차려 대접하는 관습이었던 것이 개량되어 교자상의 형식이 되었다. 교자상의 차림표 작성시 주의할 점은

첫째, 모임의 종류나 성격에 맞는 요리를 선택한다.

둘째, 손님의 식성과 기호에 맞도록 조리 방법과 요리를 선택한다.

셋째, 여러 손님이 함께 식사할 수 없는 요리는 선택하지 않는다.

예를 들며 물김치, 탕, 초간장, 차, 화채 등 후식 종류이다.

4) 면 상

면상은 가정에서는 점심을 차리는 상으로, 상업요리로는 연회용으로 차리는 상으로서 온면, 냉면, 떡국 등의 간단한 것이 주식이므로 편(떡), 숙과류 등으로서 양도 보충하고 열량도 채워지도록 함이 원칙으로 되어 있다. 또한 면상에는 마른찬, 짠반찬 등은 사용하지 않으며 큰 자극 없이 먹을 수 있는 요리를 차려 낸다.

4. 한국의 음청

우리나라의 전래 음료는 엿기름물로 밥알을 삭히는 식혜와 오미자 즙이나 꿀물, 과즙 등에 과일점, 꽃잎, 면, 보리떡 등을 띄우는 화채류, 생강 끓인 물을 이용하는 수정과, 향설고, 또 곡물을 이용하는 미숫가루 등을 들 수 있다.

(1) 식혜

엿기름은 겉보리를 싹틔운 것이다. 싹을 잘 틔워서 당화효소가 많은 것이 좋다. 엿기름 가루 우린 물에다 따뜻한 밥을 섞어서 보온하면 밥이 삭아서 단맛이 나고 밥알이 떠오른다. 그 물을 달여 밭친 것에 밥알을 띄운다.

(2) 오미자 화채

오미자는 다섯 가지 맛(신맛, 쓴맛, 매운맛, 단맛, 짠맛)을 가진 열매로 신비로운 붉은 색과 산뜻한 신맛이 있어, 그 색과 맛을 우려낸 즙액은 청량음료로서 적당하며 강장, 진해의 약효도 있다. 오미자는 잘 익은 것으로 택하여, 끓여서 식힌 미지근한 물에 담가 하룻밤 놓아두면 진달래 빛으로 우러난다. 여기에 꿀과, 끓여 식힌 물을 넣어 색과 맛을 조절해서 이용한다.

① 진달래화채 : 녹두 녹말을 묻혀 데친 진달래꽃을 오미자 즙에 띄운다.
② 가련화채 : 녹두 녹말을 묻혀 데친 연잎을 오미자 즙에 띄운다.
③ 배화채, 복숭아화채, 밀감화채 : 오미자 즙에 각각의 화채에 따라 배점, 복숭아점, 밀감 알맹이를 꿀에 재웠다가 띄운다.
④ 보리수단 : 삶은 보리쌀에 녹두 녹말을 묻혀 다시 끓는 물에 삶아 건져서 오미자 즙에 띄운다.

⑤ 창면 : 녹두 녹말로 얇은 면을 만들어 채 썬 것을 오미자 즙에 띄운다.

(3) 꿀물 화채

옛부터 우리나라는 청량음료로 꿀물을 많이 이용하였다. "목은집"에 찌는 듯한 더위에 얼음을 얻어 꿀을 타서 마시는 시가 나온다.

① 원소병 : 각색으로 물들인 찹쌀가루를 익반죽하여 소를 넣고 둥글게 빚어서 삶은 다음 꿀물을 부어 음료로 한다.

② 떡 수단 : 가래떡을 잘게 썰어 녹말가루를 묻혀 삶아 건져서 꿀물을 띄운다.

③ 복숭아, 유자, 앵두, 수박 등 제철의 과일을 꿀이나 설탕에 재웠다가 꿀물에 띄운다.

(4) 생강 끓인 물을 이용하는 음료

생강은 특유한 향미 때문에 향신료로 이용되고 차나 편강으로도 이용되며, 수정과, 향설고, 배숙 등의 음료에 옛부터 이용되었다. 생강은 발한, 진해, 건위의 약효도 있다.

① 수정과

생강을 얇게 저며 계피와 통후추를 넣어 끓여서 식히고 여기에 곶감을 넣어 맛이 우러나도록 한다.

② 향설고

문배를 껍질을 벗겨 통후추를 박고 생강 저민 것과 꿀을 넣은 물에 넣어 끓인다.

③ 배숙

껍질 벗긴 배에 후추를 박아 놓고 저민 생강을 끓인 물에 설탕과 함께 넣어 다시 끓인다.

(5) 기타

미숫가루를 꿀물에 타서 음료로 이용하며, 콩국, 참깨국을 만들어서 얼음에 채워 두었다가 음료로 마시거나 창면, 수단, 원소병을 넣어서 먹기도 한다. 미숫가루는 찰밥을 쪄서 말려 볶아 고운 가루로 한 것이다. 보리쌀로 만들면 보리 미숫가루가 된다.

5. 한국의 차

1) 차의 전래

중국의 차를 신라의 선덕여왕 때부터 마셔 오다가, 흥덕왕 3년(828) 신라의 사신인 김대렴이 당나라에서 차씨를 가져오자 지리산에 심게 하였다.

2) 차의 산지

지리산에 심은 차나무는 넓게 번식되어 고려시대에는 21개의 '다소'에서 차를 만들어 나라에 바쳤다. 그리고 조선시대에는 35개의 산지에서 차를 토산품으로 나라에 바쳤다. 차나무는 기후 관계로 전라북도의 익산, 김제, 옥구, 남원, 경상남도의 함양, 밀양, 울산, 경주 이남에서만 자란다. 1990년 현재 차는 주산지인 전라남도 장성, 광주, 영암, 해남, 강진, 보성, 고흥, 경상남도의 하동, 제주도 등지에서 434ha의 면적에 재배되고 있다.

3) 한국차의 종류

(1) 유자차

팔팔 끓는 물에 유자를 꿀에 재워둔 유자청을 타고 위에 실백이나 석류알을 띄운다. 유자를 썰어 재워둔 유자청이면 유자편을 한쪽씩 띄워도 좋다.

(2) 모과차

모과의 껍질을 벗기고 속을 꺼낸 다음 얇게 썰고, 대추와 함께 푹 고아서 국물을 따르고 꿀이나 설탕을 넣고 실백을 띄운다.

(3) 귤피차

귤껍질과 생강을 저며 함께 물을 붓고 달여서 따르고, 꿀이나 설탕을 타고 실백을 띄운다.

(4) 생강차

생강 껍질을 벗기고 얇게 저며서 물을 푹 달여서 밭친 다음, 설탕이나 꿀을 타고, 대추 채썬 것, 호두 얇게 저민 것, 실백 등을 띄운다.

(5) 꿀차

팔팔 끓는 물에 꿀을 타고 그 위에 실백을 띄운다.

(6) 계피차

계피를 잘게 부수고 생강과 함께 푹 달인 다음 밭쳐서 꿀이나 설탕을 타고, 실백이나 대추 채썬 것을 띄워 낸다.

(7) 온초탕

대추와 생강쪽을 함께 푹 달여 밭쳐, 낼 때 꿀을 타서 낸다.

(8) 오과차

귤피, 대추, 호두, 생강, 모과, 황률, 건시, 은행 중에서 다섯 가지를 택하여 함께 푹 달여 밭쳐서 꿀이나 설탕을 타고 실백을 띄운다.

(9) 여지장

계피, 정향, 오약, 축사인, 생강을 깨끗하게 씻어서 함께 넣고 두꺼운 그릇에 달여 밭친다. 마실 때 꿀이나 설탕을 넣고 실백을 띄운다.

(10) 제호탕

오월 단오절에 내국방에서 만들어 상감께 진상했다고 하는 여름철에 매우 알맞은 차이다. 오매육, 축사, 백담향을 함께 달여서 꿀을 달게 넣어 보관했다가 필요한 때 음료로 만든다.

(11) 봉수탕

실백과 호두를 곱게 찧어서 꿀에 개어 두고 필요한 때 팔팔 끓는 물에 타서 마신다.

(12) 인삼차

인삼을 곱게 썰고 대추, 황률과 함께 물 5~6컵을 부어서 두꺼운 그릇에 은근한 불로 오래 달여서 두 컵쯤 되면 따른다. 여기서 꿀을 넣고 실백을 띄워 낸다.

(13) 결명자차

결명자 열매를 볶아서 물을 붓고 달이면 불그레한 차가 된다. 이 차는 변비, 간 보호에 효과가 있다고 한다.

(14) 오가피차

오가피를 달인 차이다.

(15) 구기자차

구기자 열매를 달인 것이다.

위에서 언급한 차들 이 외에도 한국차들은 그 재료의 다양함과 함께 매우 많다. 참고로 각 차와 탕(차와 탕의 구분은 모호하다)의 종류 및 그 약효를 알아보면 다음과 같다.

<도표 4-10> 각 차와 탕의 약효

탕, 차의 종류	적 응 증
은 행 차	대하증, 설사, 기침, 천식, 폐병
갈근차(葛根)	두통, 구토, 감기예방 및 치료, 설사, 해열, 발한, 소갈, 중풍, 위장허약
금앵자차(金櫻子)	설사, 정력보강, 조루방지
감인차(茼仁)	양기강화, 조루방지, 대하증, 설사
등심차(燈心)	복수제거, 신장염, 담결석, 신결석, 요도염
인삼차(人蔘)	빈혈, 저혈압, 냉증
당근즙차	혈액증가, 빈혈
결명차(決明)	건위 정장, 이뇨, 변비, 만성위장병, 황달, 췌장염
녹두차(綠豆)	해독, 뇌막염, 뇌염, 장티푸스
석자차(石子)	소화불량, 토사, 위장염통
죽엽차(竹葉)	소변을 이롭게, 머리와 눈을 맑게, 간염
연근차(蓮根)	체중증가
복분자차(覆盆子)	강장제, 혈액을 맑게
석류차(石榴)	강장제, 이질, 토혈, 비혈, 설사
냉이차(薺茶)	고혈압, 설사, 하혈, 해독, 빈혈
도화차(桃花)	미용, 변비, 각기, 결석, 해독
홍화차(紅花)	정혈제, 월경불순, 냉습, 울혈
송화차(松花)	중풍, 고혈압, 심장병, 신경통, 두통, 폐보호
선화차(旋花)	정력강화, 미용, 이뇨
행화차(杏花茶)	빈혈, 불감증, 미용
원추리차(萱草花)	이뇨, 신진대사촉진, 혈액순환, 소화, 눈을 밝게
무궁화차	이질, 하혈, 이뇨, 중풍, 대장염, 설사
괴화차(槐花茶)	혈압하강, 동맥경화, 소염, 미혈, 빈혈, 심장병
연차(蓮茶)	강장강정제, 만성설사, 대하증, 주·식독제거
오가피차(五加皮)	강장강정제, 중풍, 음위, 신경통
목향차(木香茶)	위장을 튼튼히, 소화, 이질, 불면
모란차(牡丹茶)	요통, 관절염, 두통, 생리불순, 지혈, 해혈
다시마차(昆布茶)	고혈압, 신경통, 류마치스, 당뇨병, 심장병, 위궤양

탕, 차의 종류	적 응 증
버섯차(食蘭茶)	고혈압, 동맥경화, 심근경색, 성인병 예방
두중차(杜仲茶)	요통, 관절통, 신경통, 고혈압, 부인병, 강장강정
형개차(刑芥茶)	감기, 신경통, 소화, 두통, 현기증, 산전 · 후
매실차(梅實茶)	피로회복, 기미, 주근깨, 버짐
행인차(杏仁茶)	천식, 각기
동아차(冬瓜茶)	미용, 이뇨, 신장
배차(梨果茶)	소화촉진, 해열, 소갈증, 거담, 기침
현미차(玄米茶)	노화방지
보리차(大麥茶)	소화, 변통을 원활히, 각기병
두향차(豆香茶)	신장보호
들깨차(白蓟茶)	자양강정제, 위장, 천식, 미용
감잎차(柿葉茶)	당뇨병, 뇌출혈, 고혈압, 각기, 신장병, 복수, 수종
쑥차(艾葉茶)	위장병, 변비, 신경통, 냉병, 부인병, 요통, 천식
솔잎차(松葉茶)	고혈압, 동맥경화, 중풍, 위장병, 각기, 신경통, 소화불량, 불면증
뽕잎차(桑葉茶)	중풍예방, 신경통, 고혈압, 보혈, 강장
차조기차(桑蘇茶)	건위, 노이로제 해소, 콜레스테롤 제거, 발육촉진, 야맹증 예방
아가위차	소화, 설사
쌍화탕	원기쇠약, 피로회복
오과탕	노인성 해소기침, 신체허약
봉수탕	보양(補陽)
건목과탕	보양(補陽)
여지탕	보양(補陽)
온조탕	보양(補陽)
감자차	위, 십이지장궤양, 위통
배추차	식욕촉진, 위, 십이지장궤양, 위통
염주차(念珠)	암 예방, 위경련,
건강차	수족냉증, 위경련
노순즙차(蘆筍汁)	자율신경안정, 니코틴중독, 위궤양
은이차(銀耳)	이질, 간장과 신장을 보함, 암, 고혈압
적근차(赤根)	배변을 순조롭게, 폐보호, 피를 맑게
무즙차	소화, 변통을 원활히, 기력을 순조롭게
국화차(菊花)	눈을 맑게, 해열, 주독과 충독제거, 순조로운 배변
상상차(桑霜)	감기, 두통, 피부병, 변비, 간을 튼튼히
밤차(栗)	위 보호, 설사, 풍통, 장을 튼튼히
시상차(柿霜)	고혈압, 지혈, 설사, 이질
질경이차(車前茶)	이뇨, 소화, 위궤양, 방광염, 요도염, 질염, 대하증

6. 한국 술의 종류

주 명	재 료	효 능
인동주	인동꽃, 설탕, 소주	불로장수, 피로회복, 부증, 냉증, 해독
국화주	국화의 꽃, 줄기, 잎, 청주	눈, 귀를 밝게, 두통
상실주(橡實)	도토리, 누룩, 찹쌀	피로회복
광귤주	광귤, 설탕, 소주	피로회복, 감기, 가슴답답, 위약증세
이강주(이강고)	배즙, 생강즙, 꿀, 소주	감기, 고열, 피로회복
모과주	모과, 설탕, 소주	피로회복, 식욕증진, 빈혈, 이뇨제
오미자주	오미자, 설탕, 소주	피로회복, 기관지염, 천식
감홍로 (甘紅露)	홍국(紅麴), 관계, 용안육, 진피, 방풍, 정향, 꿀, 소주	감기, 풍병, 심복통, 구토, 발한제, 건위제, 건위강장제, 완화자양제
생강주	생강, 설탕, 소주	속답답, 위약증세, 감기
머위술	머위, 설탕, 소주	거담, 진해, 천식, 폐질환
민들레주	민들레 꽃, 설탕, 소주	건강 정자, 이뇨
회향주	회향, 설탕, 소주	위질환, 복통, 감기, 피로
백목련주	백목련 꽃, 봉오리, 설탕, 소주	두통, 진통, 콧속이 허할 때
정자주	정자, 설탕, 소주	건위 정장, 부인과 질환
칡술	칡꽃, 설탕, 소주	주독, 중독, 정장제
매실주	청매실, 행인, 설탕, 소주	피로회복, 식욕증진, 설사, 최면, 진통, 빈혈증, 냉증, 정장
해당화주	해당화 꽃, 열매, 설탕, 소주	정장, 설사, 식욕증진
구기자주 (拘杞子)	구기자나무 뿌리, 잎, 꽃, 열매, 줄기, 청주, 쌀, 누룩	회춘(回春), 허(虛)를 보함
살구주	살구, 설탕, 소주	피로회복, 식욕증진, 감기, 최면
유자주	유자, 설탕, 소주	불면증, 냉증, 거친 피부
월귤주	월귤, 설탕, 소주	피로회복, 식욕증진, 강장, 신장병, 류마치스
보리수주	보리수, 설탕, 소주	피로회복, 식욕증진, 정장, 설사
말오줌나무주	말오줌나무 열매, 설탕, 소주	피로회복, 식욕증진, 강장불면증
오정주(五精)	천문동, 황정, 솔잎, 구기, 백미, 누룩, 백출(白朮)	회춘, 건강회복
호도주	호도, 누룩, 백미	보기(補氣)

주 명	재 료	효 능
호도주	호도, 누룩, 백미	보기(補氣)
백자주(栢子)	백자(잣), 백미, 누룩	보양(補陽)
고본주(固本)	임삼, 청주, 지황, 천문동, 맥문동, 백복령	회춘, 연년
감제풀주	감제풀 뿌리, 설탕, 소주	정장, 완하제, 이뇨, 건위, 피로회복
오디주(桑湛)	오디, 뽕나무내피, 설탕, 소주	변비, 이뇨, 자양강장, 빈혈, 담제거, 피로회복, 부종, 식욕증진, 눈귀를 밝게
감귤주	감귤, 설탕, 소주	고혈압, 모세혈관벽 튼튼히
송엽주(松葉)	솔잎, 누룩, 백미	위장, 중풍, 고혈압
오랑캐꽃주	오랑캐꽃, 소주	혈압강화, 이뇨, 부인과 질환
홰나무주	홰나무꽃, 설탕, 소주	혈압강화, 동맥경호, 건위, 정장, 피로회복
목통주	목통 열매, 설탕, 소주	이뇨제, 두통
애주(艾酒)	쑥, 백미, 누룩	건강회복
치자주	치자열매, 설탕, 소주	이뇨, 건위, 소염, 황달, 토혈, 감기, 불면증
무화과주	무화과, 설탕, 소주	신경통, 류마치스
삽주주	삽주뿌리, 설탕, 소주	거위, 신경통, 류마치스, 이뇨
표고주	표고버섯, 설탕, 소주	강장, 골연하증, 구루병, 허약체질
두견주(杜鵑)	두견화, 백미, 누룩	진해, 류마치스, 부인냉증
송절주(松節)	소나무 마디, 청주	담, 관절염, 신경통, 각기풍
마늘주	마늘, 생강, 레몬, 꿀, 소주	저혈압, 냉증, 생리불순, 부인과 질환
당귀주(當歸)	당귀, 목향, 청주, 유향, 백지(白芷), 랄계(辣桂)청주, 찹쌀	종기, 빈혈
작약주	작약꽃, 뿌리, 설탕, 소주	설사, 진통, 이뇨, 부인과 질환
다래주	다래 열매, 설탕, 소주	강장, 피로회복, 보온, 진통, 이뇨, 강심
음양곽주	음양곽, 설탕, 소주	강장, 강정
꼭두서니주	꼭주서니 뿌리, 설탕, 소주	토혈, 지혈, 강장, 해열, 생리불순
오가피주(五加皮)	오가피나무 줄기, 근피(根皮), 누룩, 백미	고혈압, 강정, 연년
천궁주	천궁, 설탕, 소주	보혈, 중혈, 냉중, 생리통, 두통, 강장
주력고	생지황, 꿀, 석창포, 계심, 소주	중풍, 열담, 번갈
감초주	감초꽃, 설탕, 소주	강장, 피로, 이뇨, 식욕증진

주 명	재 료	효 능
주공백세주	황정, 지황, 황기, 육계, 당귀, 백복령, 당삼백출, 적복령, 진피, 맥문동, 산수유, 구기자 천궁, 방풍, 귀판, 오미자, 강활, 소주	강장, 강정, 불로장수, 피로회복, 식욕증진
천문동주(天門冬)	천문동 뿌리, 누룩, 찹쌀	장수, 보익(補益)
맥문동주	맥문동, 설탕, 소주	강장, 이뇨, 해열, 기침
지황주	생지황, 서숙가루, 누룩	혈액순환, 정기강화
창포주	창포 줄기, 누룩, 찹쌀	불로, 풍진치료, 정신계통 보양 및 안정
복령주(茯笭)	복령, 청주	불로, 풍진 치료, 정신계통, 보양 및 안정
백세주	황정, 누룩, 백미, 지황, 하수오(何首烏)	노화방지, 회춘

제❸장

중식

1. 지역적 특성

1) 북경요리(北京料理)

일명 징차이(京菜)라고도 하며 뻬이징(北京)을 서쪽으로 타이완까지의 요리를 포함한다. 뻬이징은 수도로서 정치, 경제, 문화의 중심지였고 고급요리 문화를 이룩한 곳이며 지리적으로는 북방이기 때문에 육류를 중심으로 강한 화력을 이용한 튀김요리와 볶음(炒)요리가 특징이다.

북경요리의 대표적인 것은 오리통구이인 카오뻬이징야쯔(烤北京鴨子)인데, 이 요리의 먹는 법이나 독특한 맛, 그리고 징기스칸 구이인 카오양로우(烤羊肉) 등이 한 특징이다.

뻬이징(北京)은 화북평화의 광대한 농경지, 농작물, 과물(果物) 등이 풍부하며 미엔(麵), 만토우(饅頭), 빵(餅) 등이 많다. 빵(餅)에는 계절의 꽃 향기를 넣어 풍미를 살리는 것도 있다.

2) 남경요리(南京料理)

중국 중부의 대표적인 요리로 난징(南京), 상하이(上海), 쑤조우(蘇州), 양조우(楊州) 등지의 요리를 총칭한다. 중국 내륙의 젖줄인 양쯔강(楊子江) 하구에는 오랜 옛날부터 난징(南京)을 중심으로 풍부한 해산물과 미곡을 바탕으로 한 식생활이 발달하였다. 그러나

19세기부터 밀어닥치기 시작한 서유럽의 대륙잠식은 상하이(上海)에 조계(租界)를 다투어 설치하기에 이르렀고, 이러한 외세의 입김으로 결국 상하이는 중국 중부의 중심지가 되었다.

이 남경요리 중 구미풍으로 국제적인 발전을 이룩한 것을 상하이요리(上海料理)라 한다.

상하이(上海)는 따뜻한 기후와 풍부한 농산물, 갖가지 해산물의 집산지로서 다양한 요리를 낳게 했고 특히 이 지방의 특산물인 장유(醬油)를 써서 만드는 요리가 독특하다. 상하이요리는 간장이나 설탕으로 달콤하게 맛을 내며 기름기가 많고 진한 것이 특징이기도 하다. 돼지고기에 진간장을 써서 만드는 홍사오로우(紅燒肉)가 유명하고 한 마리의 생선을 가지고 머리에서 꼬리까지 요리하는 조리법과 양념을 달리 해서 맛을 내는 생선요리도 일품이다. 바다가재로 만드는 푸룽지엔시에(芙蓉煎蟹), 두부로 만드는 스진사궈또우후(什錦砂鍋豆腐)와 꽃 모양의 빵인 후아퀜(花券) 등도 유명하다.

3) 광동요리(廣東料理)

중국 남부의 요리를 대표하는 광동요리는 광주(廣州)요리를 중심으로 복건(福建)요리, 조주(潮州)요리, 동강(東江)요리 등 지방요리 전체를 일컫는다. 광동요리를 흔히 난차이(南菜)라고 하는데 광주(廣州)는 외국과의 교류가빈번하여 16세기부터는 스페이느 포루트갈의 선교사와 상인들이 많이 왕래하였기 때문에 특이한 요리에다가 국제적인 요리관이 정착되어 독특한 특성을 이룩했고 사람들은 일찍부터 이 매력있는 식생활의 고장을 일러 식재광주(食在廣州)라고 칭찬했던 것이다.

남쪽의 더운 지방인 광주(廣州)의 요리는 재료가 가지고 있는 자연의 맛을 잘 살려내는 담백함이 특징인데, 서유럽 요리의 영향을 받아 쇠고기, 서양채소, 토마토케첩, 우스터 소스 등 서양요리의 재료와 조미료를 받아들인 요리도 있다. 이러한 재료는 전통요리의 맛에 변화를 가져온 것이 사실이었고 그것을 소화하고 중국화 하는데에 능한 그들은 서유럽풍이 섞인 다채로운 맛의 요리로까지 발전시켰다.

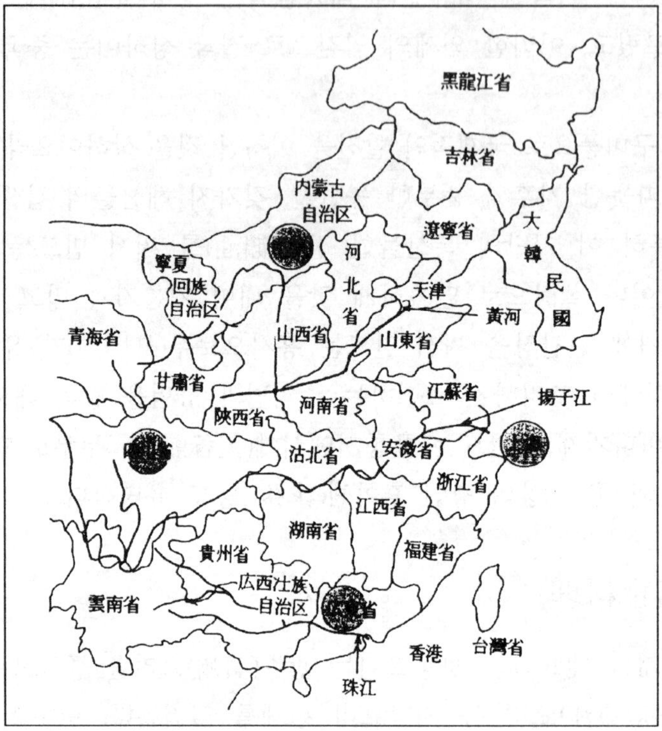

4) 사천요리

중국 서방 양쯔강 상류의 산악지대 요리를 대표하는 사천요리((四川料理)는 윈난(雲南) 꾸에이조우(貴州) 지방요리까지를 총칭한다.

쓰촨(四川)지방은 바다가 멀고 더위와 추위가 심한 지방으로서, 예부터 악천후를 이겨내기 위한 향신료를 많이 쓴 요리가 발달해 왔기 때문에 매운 요리와 마늘, 파, 고추를 사용하는 요리가 많다. 또한 오지이기 때문에 소금절이, 건물(乾物) 등의 보존식품이 발달하여 채소를 이용한 짜차이(榨菜) 같은 특산물을 낳기도 했으며 신맛과 매운맛 톡쏘는 맛과 향기가 기본을 이루었다. 두부와 다진고기를 이용한 마포또우후(麻婆豆腐) 회교도(回教徒)들의 양고기 요리인 양로우꿔즈(羊肉鍋子), 새우고추장 볶음인 깐사오밍시아(乾燒明蝦) 등이 유명하다. 사천요리는 일명 촨차이(川菜)라고도 한다.

2. 메뉴구성과 특징

일반적으로 중국요리는 오랜 역사 속에서 지역적인 특성과 세계 각국 민족이 선호하는 기호도에 따라 다양한 조리방법과 맛이개발되어 현재에 이르고 있으며, 북경식 요리 사천식 요리, 광동식 요리 등의 대표적인 요리가 전 세계에 널리 퍼져 있다. 메뉴의 구성은 Cold Dishes(Appetizer 用), Soup류, Main Dish로서 魚翅類(Sharks fin), 海參類(Sea Cucumbers), 鮑魚, 帶子類(Abalones and Scallops), 龍蝦類(Lobster and Shrimps), 魚類(Fish), 鷄類(Chicken and Duck), 豚肉類(Pork), 牛肉類(Beef), 菜類(Begetables), 豆腐類(Bean Curd), 雜品類(Mixed Food), 식사류(Rice & Noodles), 감채류(Sweet Cakes & Candies), Dessert의 순으로 짜여져 이용 고객에게 판매되고 있다. 또한 이러한 수백종의 다양한 일품요리는 각 나라별로 특징 있게 약간씩 변화되어 오고 있는 현실이다. 우리나라의 경우 요리의 온도(Temperature), 자극의 정도(냄새, 맛), 부드러움의 강약 등을 고려하여 서비스 순서를 정하는 독창적인 방법을 개발, 정착시키고 있는데, 양식(洋式)의 서비스 방법과 순서와 대동소이하다 할 수 있으며 특히 Russian Service 방법이 애용되고 있다. 한편, 요리가 수백종이 넘어 고객이 요리에 대한 일반적인 지식이 부족한 경우가 많아, 고객의 기호도와 선호도가 높은 요리를 품목별로 발췌하여 구성한 CHEF'S Specialties요리가 널리 판매되어 매출기여도가 높은 현실이며, 계절별로 특산되는 재료를 신선하게 요리한 계절특별요리(Seasonal Specialties)가 함께 고객에게 판매되고 있다.

1) 정탁요리(定棹料理)

일명 상(床) 요리라고도 불리며 정식코스 메뉴로, 가격에 의하여 메뉴가 작성되며 2인 이상을 기준으로 한다. 고객의 기호에 따라 정탁메뉴가 짜여질 때는 사전 예약에 따라 더욱 신선한 재료가 구입된다.

예) 정탁요리 메뉴

鳳凰大併盤 : Special Cold Dish 특별 냉채
五絲展挑翅 : Shark's Fin with Mushroom 상어지느러미 찜
乾燒龍蝦 : Lobster with Chili Sauce 바다가재와 고추 소스
蝦子海參松茸 : Sea Cucumber with Pine Mushroom 해삼과 새우알 및 송이

芊荀蚧肉帶子 : Scallop and Asparagus with Crab Meat 게살 아스파라거스 및 가리비

麻辣牛肉 : Beef with Hot Sauce 쇠고기 안심 고추 볶음

北京烤鴨 : Peking Duck 북경식 오리

鷄絲麵 : Soup Noodle with Chicken 기스면

生果物 : Fresh Fruits 과일

2) 일품요리(一品料理)

일품요리는 정탁요리처럼 순서에 따라 먹는 것이 아니고 식성과 양을 자유로히 선택해서 먹을 수 있는 요리이며, 다음과 같은 종류가 있다.

① 냉채류(冷盆類)

② 제비집과 상어지느러미류(燕窩皮魚翅類)

③ 해삼, 전복, 새우류(海參, 鮑魚, 蝦類)

④ 오리고기, 닭고기류(燒鴨, 鷄類)

⑤ 쇠고기, 돼지고기류(牛肉, 豚肉類)

⑥ 야채, 두부, 잡품류(野菜, 豆腐, 雜品類)

⑦ 수프류(湯類)

⑧ 식사, 면류(飯, 麵類)

⑨ 감채류(甘菜類)

3) 특선요리(特選料理)

요리재료의 특성에 따라 구성되는 차림표이며, 고객의 특별한 주문에 의하여 만들어지는 요리이다. 이 특선요리는 일반적으로 3일 전에 별도로 주문하여야 한다.

① 곰 발바닥(金絲熊掌)

② 사슴꼬리 찜(紅燒鹿尾)

③ 자라요리(紅燒甲魚)

4) 메뉴 설명

(가) 냉반(冷盤)

보통 2가지 이상의 재료를 사용하여 만드는 것을 냉반(冷盤)이라 한다. 본 요리를 더욱 맛있게 먹을 수 있도록 하기 위해서 고객에게 가장 먼저 제공되며, 이때 모양과 맛에 조화가 있어야 하고 고객의 식욕을 돋굴 수 있도록 조리되어야 한다. 새(鳥), 용(龍), 산수(山水) 모양의 여러 종류가 있으며 냉반(冷盤)류의 재료로는, 전복, 새우, 해파리, 쇠고기, 오리알, 오리고기 등이 있다.

(나)제비집(燕窩)

제비집은 보루네오 북해안과 수마트라 서해안, 자바 남북해안에 서식하고 있는 제비의 둥지를 수집해서 말린 것을 말하며, 제비집의 주성분은 해초 성질과 같으며, 바다제비는 해초를 물어다 타액을 발라 둥지를 튼 것이다.

제비는 뱀이나 맹조류(猛鳥類)의 침해를 피하기 위해 높은 절벽바다 둥지를 틀기 때문에 제비집을 채취하는 데는 많은 어려움이 있고, 가격도 매우 높아 중국에서는 동일하게 취급될 정도로 중국의 일류 식당에서도 제비집류가 식단에 오르면 최고의 요리라 한다. 제비접은 그 자체에 맛이 있는 것이 아니고 조리할 때 사용하는 육수와 조미료에 의하여 맛이 좌우되며, 품질에 따라 4가지 등급으로 나누어진다.

① 관연(官燕) : 색이 희고 이물질이 전혀 섞이지 않은 것이 최고품이며 모양에 따라 용아(龍牙), 연찬(燕纂)이라고도 불린다.

② 모연(毛燕) : 일명 회연(灰燕)이라고 하며, 회색빛을 띠고 제비털과 이물질이 섞인 중급품이다.

③ 연사(燕絲) : 형태가 흐트러지고 이물질이 많이 섞인 하급품이다.

④ 전사연(全絲燕) : 셀레베스, 자바 지방에서 채취되고 있으나 근래에는 홍콩에서 이러한 제비둥지를 모아 건조시킨 후 정제하여 수출하고 있다.

(다) 상어지느러미(魚翅)

상어지느러미를 말린 것으로 중국요리 가운데서 매우 소중하게 여겨지는 재료의 하나이다. 주요산지는 아프리카, 인도, 일본 등이 손꼽히며, 산지에 따라 각각 특색이 있고 종류도 매우 많다.

최고의 상품은 아프리카 산으로 보통 것으로 지느러미가 매끄럽고 부드러울 뿐 아니라, 굵어서 값진 것으로 꼽힌다. 형태와 부위는 다음과 같다.

① 췐츠(全翅)

지느러미를 원형사태로 말린 것.

② 싼츠(散翅)

껍질을 벗기고 지느러미의 섬유질을 찢어 말린 것.

③ 패이츠(挑翅 : 등심)

최고급품으로 맛이 가장 좋은 부분이다.

④ 웨이츠(尾翅 : 꼬리)

이등품에 속하는 것으로, 사용할 수 있는 부분이 많다.

⑤ 쓩츠(胸翅 : 가슴)

품질이 좋지 않으며 형태가 흐트러져 있다.

(라) 해삼(海參)

일명 진하이선(金海參)라고 하며, 영양가가 높아 바다의 인삼이라고도 불리운다. 빛깔이 검고 흠이 없이 가시가 고루 퍼진 것을 상품으로 친다.

(마) 건패(乾貝)

패주(조개기둥)를 말린 것이다.

(바) 대해미(大海米)

껍질을 벗겨서 말린 새우를 말한는데 시아깐(蝦乾) 또는 하이미(海米)라고도 한다.

(사) 하자(蝦子)

새우의 알을 말린 것을 말한다.

(아) 망유(網油)

돼지의 내장을 둘러싸고 있는 그물망 기름을 말한다.

(자) 건포(乾鮑)

전복을 말린 것인데 표면에 흰가루가 솟아난 것을 상품으로 친다.

(차) 해철피(海蜇皮)

해파리를 소금과 백반에 절인 것이다.

(카) 하병(蝦餠)

으깬 새우의 살을 쌀가루와 섞어 막대기 모양으로 만들어서 찐 다음 약팍하게 썰어 말린 것으로, 기름에 튀겨 먹는다.

(타) 팔진(八珍)

중국에서는 광대한 국토의 자연적 조건에 따라 여러 가지 특산물이 생산되고 있는데, 이처럼 다양한 재료가 훌륭한 요리의 밑받침이 되고 있으며 그 중 가장 희귀한 8가지 재료를 말한다.

① 용간(龍肝) : 용의 간
② 봉수(鳳髓) : 봉황새의 골
③ 호태(虎胎) : 호랑이 태
④ 이미(鯉尾) : 잉어꼬리
⑤ 악구(鶚炙) : 솔개구이
⑥ 성순(猩脣) : 성성이의 입술
⑦ 웅장(熊掌) : 곰 발바닥
⑧ 녹미(鹿尾) : 사슴꼬리

3. 중국차

1) 중국차의 개요

중국요리에는 기름기가 많이 있기 때문에 이를 소화시킬 수 있는 서양요리의 커피와 같은 차를 많이 마신다. 또한 중국차는 세계적인 차로서 장기적으로 많이 마실 경우 피를 맑게 하고, 혈액순환을 돕고, 눈을 맑게 하며, 고혈압, 중풍, 당뇨병 등을 예방해 주는 효과가 있으며, 기름기 제거, 해독작용, 피로회복 등 모든 면에서 인체에 매우 유익하다. 중국땅이 거대하므로 각 지방마다의 고유한 차의 종류가 수없이 많으며, 또한 차는 동일한 차이지만 각 지방마다 차의 이름이 다르고 차의 제조법과 마시는 양식이 각각 다르다.

2) 중국차의 종류와 특성

(가) 중국 우롱차(烏龍茶)

① 대만 東頂産이 최특품이며, 차의 색깔은 등황색(橙黃色)으로 향기가 매우 높다.
② 머리가 띵하고 졸리고 피곤할 때 주로 마심.
③ 카페인 성분이 약간 포함됨.

④ 식전, 식후 및 평상시 손님이 오셨을 경우 상용으로 좋음.
⑤ 여섯 차례 정도 물을 부어 마실 수 있음.

(나) 백첨금련보이차(白尖金蓮普耳茶)

(다) 설남보이차(雪南普耳茶)

(라) 연리지불여년 설남보이차(連理枝不如年 雪南普耳茶)

① 중국 설남산(雪南産)이 최특품임.
② 음주 후 다음날 아침에 마시면 효과가 좋다.
③ 속이 거북하고 입에 침이 마를 때 마시면 더욱 효과가 있다.
④ 중국음식을 먹을 때 마시면 기름기 제거 효과가 있다.
⑤ 색깔은 Coffee색임.

(마) 모리화차(茉莉花茶(香片茶))

① 중국 항주산(抗州産)이 최특품임.
② 북경에서는 샹팬차(香片茶)라고 불리우며 북방인이 많이 애용한다.
③ 수질이 나쁜 지방에서 자스민 꽃을 넣어 향을 첨가시킴.
④ 자스민의 꽃향이 들어 있어 피부색이 좋아지고, 이 차를 많이 마신 덕택에 항주 지방에 미녀(美女)가 많다는 설도 있음.
⑤ 기름기 제거효과 때문에 식사시 많이 마시며, 또한 고기, 마늘 냄새를 없애는 작용을 한다.

(바) 유암철관음(酉岩鐵觀音)

① 중국 복건성산(福建省産)이 최특품임.
② 카페인 성분이 다량이며 맛은 쓰며 색깔은 진한 편임.
③ 새벽이나 신경을 많이 쓰는 업무 종사자가 피곤할 때 작은 잔 1oz정도 Glass로 마신다.

(사) 중국녹차(龍井)

① 중국 항주산이 최고품임. 일명 청차라고 함.
② 식전 식후 및 손님이 오실 경우 상용으로 마신다.
③ 기름기 제거효과가 있으며 고급 차류에 속함.

(아) 쭈완차(磚茶)

① 신선한 음식이 없는 몽고나 티벳 사람들에게 필수품이며 러시아인 들은 홍쭈완차(紅磚茶)를 즐긴다.

② 중앙아시아 사람들은 쭈완차(磚茶)에 소금, 버터를 넣고 약한 불에 끓인 후 버터를 녹여서 마신다.

3) 중국차를 끓이는 방법

㈎ 차를 끓이는 데 사용하는 물은 약수(용천, 약수, 초정약수, 무방)나, 지하수가 제일 좋지만 수돗물을 사용할 경우 필히 24시간 정도 침전시킨 후 茶水로 사용하고, 용기(用器)는 질그릇, 사기그릇이나 나무그릇, 바가지 등이 좋다. 스테인리스, 플라스틱 제품은 좋지 않고, 차를 끓이는 주전자나 질그릇이나 사기그릇을 필히 사용하여야 한다.

㈏ 차의 온도는 섭씨 80°이상의 물을 사용하여 일차적으로 차를 물로 깨끗하게 헹궈내고, 그 다음에 찻물에 부어야 한다. 컵은 사기그릇을 사용하고, 찻물을 끓일 때에는 Gas나 연탄불을 사용하는 것보다 나무(장작)나 숯불이 좋으며, 대나무를 사용하여 차를 끓이는 방법이 가장 좋다고 한다.

㈐ 중국차에는 일반적으로 꿀이나 설탕을 섞지 않으나, 몸살, 감기, 아주 피곤할 때 차를 진하게 달여서 약간의 꿀이나 설탕을 가미하여 마시는 경우도 그 효과가 크다.

㈑ 위와 같은 사례를 볼 때 중국차는 중국요리와 필수불가결한 관계를 갖고 있음을 알 수 있다.

4. 중국 술

1) 증류주(蒸溜酒)

(가) 바이지오우(白酒)

곡류를 원료로 하며 지방에 따라 주조법이 다르고, 같은 원료로 만든 술도 나름대로 독특한 맛을 지니고 있다. 바이 고량주는 풍부한 쌀, 소맥, 콩류, 옥수수 등을 원료로 자연발효된 누룩을 이용해서 발효시켜 다시 세정하여 증류한 술이며, 주정은 약 60% 정도이다.

(나) 야타이주(茅台酒 : Ya Tai Chiu;Mau Tai)

고량(高粱)을 원료로 하여 순수 보리누룩을 발효시킨 후 8~9번 정도 세정하여 증류해서 독에 넣고 완벽한 밀봉을 하여 최저 3년 이상 숙성시켜 제조한다. 또한 중국의 8대 명주 중에서 일품으로 알려져 있고 다른 종류의 백주와 비교해 보다도 더 독특한 풍미를 지녔으며, 각종 육류요리와 잘 어울리는 숙취도 없는 고급주이다.

산지는 귀주성 모래현이고, 미국의 닉슨 전대통령과 모택동이 미·중국 국교정상화를 위해 만찬시 건배했던 술로도 그 유명세를 가지고 있으며, 주정은 약 53%~55%정도로 무색투명한 것이 특징이다.

(다) 렁지오우(冷酒)

1,000년의 역사를 가진 중국 8대 명주의 하나이며, 고량(高粱)을 원료로 하며 주정은 약 65% 정도로 높고, 마신 후에 상쾌한 맛을 느낄 수 있으며, 숙취가 거의 없는 것은 야타이주와 공통점이다.

산지는 산주성(山酒省)지방이며 Sherry wine Glass를 이용하는 것이 일반화되어 있으며 각종 Cocktail을 재료로 사용할 수 있는 술이다.

(라) 링촨바이 지오우(凌川白酒)

대연시 지방에서 생산되며, 예로부터 류마치스의 예방과 치료에 효과가 있는 것으로 중국에서 유명하다. 해산물 요리에 안성맞춤이며, 특히 게, 해삼, 상어지느러미(魚翅) 등의 요리에는 링촨바이지오우 술을 곁들인다고 한다. 소량의 술을 알맞은 온도로 데워서 마시며, 장시간에 걸쳐 서서히 마시는 술로 주정은 약 55% 정도이다.

(마) 까오리앙지오우(高粱酒 : Kao Liang Chiu)

수수를 원료로 하여 제조한 것을 고량주라 하며, 고량주는 중국의 전통적인 양조법으로 빚어지기 때문에 다른 나라에서 모방이 어려울 정도의 독창성을 갖고 있다. 누룩의 재료는 대맥, 작은콩이 일반적으로 사용되나, 경우에 따라 소맥, 메밀, 검은콩 등이 사용되는 경우도 있으며, 숙성과정의 용기는 반드시 흙으로 만든 독을 사용한다. 재료의 독특한 향과, 흙으로 만든 독에서 생기는 특유의 향기, 천진지방에서 사용하는 도자기 속에서 숙성한다는 예부터의 전통적인 주조법이 이 술의 참맛을 더해주며, 지방성이 높은 중국요리에는 없어서는 안되는 술이며 술에 강한 애주가에게는 더욱 알맞은 술이다. 색깔은 무색(보드카와 흡사)이며 장미향을 함유하는 경우도 있고, 고량주 특유의 강한 향을 갖고 있으며 독특한 맛으로 유명하다. 주정은 59%~60%정도이며 천진산이 유명하다.

2) 양조주(釀造酒)

(가) 라오지오우(老酒)

중국에서 생산되는 주류 중, 바이지오우(白酒)에 이어 제2위를 차지하는 것이 라오지오우(老酒)이다.

주원료로는 대미, 찹쌀, 옥수수가루 등이 사용되며, 대채(大菜)를 원료로 하여 만드는 것이 대미로주(大米老酒), 찹쌀을 원료로 하는 것을 미수미로주(米需米老酒), 옥수수를 원료로 하는 것을 첨미로주(尖米老酒)라 한다. 주요산지는 강소(江蘇), 산동(山東), 산서(山西), 강서(江西), 복건(福建), 광동(廣東)이다. 특히 노주는 제조광정에 양질의 수질을 필요로 함으로 술의 품질과 밀접한 함수관계를 갖고 있으며, 각종 요리에 적합한 노주를 선택하여 마신다.

(나) 사오싱지아판지오우(紹興加飯酒)

중국 굴지의 산지인 절강성(折江省), 소흥현(紹興縣)의 지명에 따라서 명명된 것으로 중국 8대 명주의 하나이다. 주정도는 약 14%~16%이며 색깔은 황색 또는 암홍색의 黃酒로, 4,000년 정도의 역사를 갖고 있으며, 오래 숙성된 것일수록 향기가 더욱 좋아 상품가치가 높다.

주원료는 찹쌀에 특수한 누룩을 사용하는 방법이 일반적이며, 누룩 이 외에 신맛이 나는 재료나 감초, 꿀껍질 등이 사용되는 경우도 있다. 제조방법은 찹쌀에 누룩과 술약을 넣어 발효시키는 복합발효법이 사용되어지나, 제조자의 독창적인 방법에 따라 독특한 비법이 내포되어 있다. 소흥주는 다른 중국술에 비해 14%~16%의 저알코올 술이기 때문에 약한 술을 선호하는 애주가에게 인기가 있으므로 추천하면 무난하다.

3) 혼성주(混成酒)

(가) 우이아피지오우(五加皮酒 : Wu Chia Pi Chiu;Ng Ka Py)

고량주를 기본 원료로 하여 목향과 오가피 등 10여 종류의 한방약초를 넣어 발효시켜 침전법으로 정제한 후 얼음사탕(사각형)으로 맛을 가미한 술이며, 알코올 도수 53% 정도이고 색깔은 자색이나 적색이다. 河北省, 天律에서 생산되고 루비 색깔의 광택을 띠며 신경통, 류마티스, 간장강화에 약효가 있는 일명 불로장생주이다.

(나) 메이퀘이루지오우(玫瑰露酒 : Mei Kwei Lu Chiu;Mei Kwei Lu)

고량주를 증류하여 그 증기를 이용하며, 태양이 뜨기 전에 따낸 장미잎의 향을 흡수시켜 만든 장미향의 풍미를 즐길 수 있는 신기한 명주이다. 주정 44%~53%이고 무색투명하며, 주산지는 하북성과 천진지방이다.

4) 기타 명주

(가) 따쥐지오우(大菊酒)

국화꽃과 잎의 향을 이용하여 제조한 술로, 향수와 같은 강렬한 향이 그 진가를 더해주는 명주이며 사천성(四川省)이 주산지로 고급 고량주이다.

(나) 쭈이에칭지오우(竹葉淸酒 : Chu Yeh Ching Chiu)

대국주에 대나무잎과 각종 초근목피(草根木皮)를 침투시켜 만든 술로, 연한 노란색의 빛깔을 띠고 대나무 특유의 향이 나며 주정은 48%~50%의 최고급 스태미너주로 널리 알려져 있다. 또한 이 술은 오래된 것일수록 향기가 난다고 한다.

제4장 일식

1. 일본요리의 특성

일본요리는 일본 풍토에서 독특하게 발달한 일본인이 일상 먹는 요리의 총칭이다. 일본 열도는 북동에서 남서로 길게 뻗어 있고 바다로 둘러 싸여 있어서 지형과 기후의 변화가 많다. 따라서 사계절에 생산되는 재료가 다양하고 계절에 따라 맛도 달라지며 해산물이 매우 풍부하다. 이러한 조건 속에서 일본요리는 쌀이 주식으로, 농산물과 해산물이 부식으로 형성되었는데, 일반적으로 맛이 담백하고 색채와 모양이 아름다우며 풍미(향기, 혀끝 감촉, 씹는 맛)가 뛰어난 것이 특징이다. 그러나 이러한 특징을 너무 존중한 나머지 때로는 식품의 영양적 효과를 고려하지 않는 경우도 있었는데, 제2차 세계대전 후부터는 구미 식생활의 영향을 받아 서양과 중국풍의 요리가 등장하면서 영양면을 한층 더 고려하게 되었다.

〈 요리상 특성을 나열해 보면 다음과 같다. 〉

- 어패류를 재료로 하는 요리가 발달하였다.
- 생식요리(生食料理)가 발달하였으며, 조미법에서 재료가 갖고 있는 맛을 최대로 살릴 수 있다.
- 계절감이 뚜렷하다.

- 요리를 담는 기물이 다양하고 예술적이다.
- 요리를 담을 때 공간과 색상의 조화를 매우 중요시한다.
- 비교적 요리의 양이 적으며 섬세하다.
- 일본요리의 메뉴는 그 조리법에 따라 분류된다.
  ① 刺身(さしみ : 생선회)-조리도(調理刀) 사용
  ② 燒物(せきもの : 구이요리)-불의 이용
  ③ 煮物(にもの : 조림요리)-불+토기(그릇)+물
- 前菜(ぜんさい : 전채)가 계절별로 다양하다.
- 양식과 중식에 비해 강한 향신료의 사용은 비교적 적은 편이다.

1) 형식에 따른 분류

일본요리는 형식에 따라 본선요리(本膳料理), 회석요리(懷石料理), 차회석요리(茶懷石料理), 정진요리(精進料理), 보채요리(普茱料理) 등으로 크게 분류할 수 있다.

(1) 혼젠요리(本膳料理)

혼젠요리는 옛날 일본 도산(逃山 : 약 370~400년전)시대의 조리법으로 전해 내려오다가, 에도(江戶)시대로 들어서면서 조리법이 문화의 변천에 따라 상이 화려해지고 요리도 예술성을 띠어 정식 향연요리에 이용하게 되어 지금까지 전해 내려오고 있다. 그러나 요즈음은 격식을 차려야 할 중대한 연회나 혼례요리 등외에는 별로 이용하지 않는 형식이다. 회석(懷石)요리는 혼젠요리가 기본이면서 간편하고 즐겁게 식사할 수 있는 연회요리이다.

식단의 기본은 한 가지 국에 세 가지 야채란 뜻의 일즙삼채(一汁三菜), 이즙오채, 삼즙칠채 등이 있으나 일즙오채, 이즙칠채, 삼즙구채, 삼즙십일채 등으로 수정된 것도 있다. 밥상이란 뜻의 젠(膳)의 수도 여러 가지여서 혼젠(本膳), 니젠(二膳), 요젠(与膳), 고젠(五膳) 등으로 되어 있으며, 이때 젠(膳)의 수는 단의 즙과 채의 수에 따라 결정된다.

혼젠요리로서 각 상에 오르는 요리는 다음과 같다.

㈎ 혼젠(本膳)

된장국(一汁), 밥(飯), 일본김치(香物), 초생채(白), 나물 및 채소조림(煮) 등이 상에 오른다.

㈏ 니젠(二膳)

맑은국(一汁), 다섯가지를 배합한 조림(煮), 나물무침(和え物) 등이 상에 오른다.

㈐ 산젠(三膳)

된장국(一汁) 또는 생선으로 만든 국(三汁), 생선회(膾), 어패류, 닭고기, 채소 등을 재료별로 조려서 그릇에 모양을 내어 담은 것 등이 상에 오른다.

㈑ 요젠(与膳)

도미의 통구이(焼物) 등이 상에 오른다.

㈒ 고젠(五膳)

손님이 집에 가지고 갈 수 있는 요리(台引) 등이 상에 오른다.

(2) 가이세끼요리(會席料理)

연회석에서 차리는 가이세끼요리(懷石料理)이다. 일본인들이 거의 일상적으로 접할 기회가 많다고 하는데, 오늘날의 일본요리 형태라고 말할 수 있다. 그러나 최근엔 회석(會席)요리 가운데에서도 본선요리 형식의 흐름을 이은 것과 회석요리(懷石料理) 흐름을 이은 것이 구별되고 있다.

일반적으로 말해서 전자는 대중음식점에서 쓰는 다리 달린 밥상에 요리가 처음부터 배열되어 있는 것이고, 후자는 고급식당에서 쓰는 오시끼(折敷)라고 하는 네모난 쟁반에 차례로 요리를 내는 것이다. 회석요리의 정신을 계승한 점은 여러 요리를 한꺼번에 내놓는 것이 아니라 손님이 먹는 속도를 헤아려서 한 가지씩 내 놓는 것이다. 그 이유는 따뜻한 것은 따뜻할 때, 차가운 것은 차가울 때 들게 함으로서 가장 맛있을 때에 먹게 한다는 요리의 정성을 소중히 하기 위해서이다. 그리고 먹을 수 있을 만큼씩 나오는 요리 즉, 다 먹어치우게 되는 요리이다. 이것은 간사이시끼(關西式 : 간사이는 교오또, 오오사까지방) 또는 간사이후우(關西風)라고 불리는 요리형식인데, 이 형식이 오늘날 일반적 형식이라 할 수 있다. 맛에 있어서는 전체적으로 엷은 맛이고 재료가 가진 본래의 맛을 살리는 요리 방법이다. 이것이 일본요리에 있어서의 가장 자랑할 만한 특색이라고 할 수 있다. 따라서 먹는 사람도 그 요리에 담긴 정성을 생각하여 음식이 나오면 가능한 한 빨리 먹도록 한다.

또한 프랑스요리에는 와인이 어울리듯이 일본요리에는 역시 일본술이 가장 잘 어울린다. 일본술이 요리의 맛을 한층 좋게 해주므로 조금은 마시는 편이 좋다. 술을 마시지 못한다 해서 주스나 콜라를 마시면 요리의 맛이 나지 않아 별로 좋지 않다. 오히려 오차를 드는 것이 좋다.

요리 구성으로 보면 가장 간단한 것은 三菜부터 시작하고, 五菜가 되면 汁物은 三汁이 되며, 七菜, 九菜, 十一菜 등의 홀수로 증가된다. 밥은 菜의 가짓수에 포함되지 않는다. 회석요리(懷石料理)는 육류를 전혀 사용치 않았지만, 점차로 연회를 주로 하는 회석요리(會席料理)로 발전해 가는 과정에서 육류 및 모든 식재료를 사용하게끔 되었다. 식단은 다양하나 대략 다음과 같이 차린다.

① 술안주(通)
② 맑은장국(吸物)
③ 회 또는 초무침(向付)
④ 생선, 큰새우, 일본식 알쌈 등의 전채(口取)
⑤ 구이(焼物)
⑥ 조림(煮物)
⑦ 찜, 튀김(合魚)
⑧ 식초를 사용하여 무친 것(酢物)
⑨ 된장국(止苑)
⑩ 술(酒)

(3) 차가이세끼요리(茶懷石料理)

차가이세끼요리(茶懷石料理)는 일명 가이세끼요리(懷石料理)라고도 하는데, 다도(茶道)에서 나온 요리로서 차를 들기 전에 내는 요리를 말하며 아주 간단하고 양이 작지만 요리하는 과정에서는 매우 까다롭다.

懷石이라는 말은, 불교 선종에서 수행중의 승려들이 아침과 오후 두 번밖에 식사를 하지 못하게 되어 있었기 때문에 추운 밤이면 빈속으로 잠을 이룰 수가 없어 불 돌을 회중(懷中) 즉, 품에 품고 빈속을 견디어 냈다는 데서 유래되었다. 그리고 현대에는 다도의 정식 초대에는 반드시 회석요리가 나오며, 다도의 취지에 따라 아침, 낮, 밤 그리고 계절에 따라서 메뉴가 변한다. 회석요리 후에는 짙거나 엷은 가루차를 드는 것이 원칙으로 되어 있다. 본선요리가 처음부터 요리를 전부 상에 늘어놓는 데 비해 회석요리는 한 가지씩 나오므로, 손님은 맛이 변하지 않는 동안에 먹을 수 있는 합리성이 있으며 연회에도 이런 형태를 취하는 일이 많다.

차가이세끼요리는 처음에는 검소한 식물성 요리였으나, 시대가 흐름에 따라 생선도 이용되는 호화스런 요리로 변하였다. 차가이세끼요리는 일즙삼채(一汁三菜)가 보통이며, 밥, 국, 회종류(向付), 조림, 구이(燒物) 등으로 구성된다. 그러나 약식으로 일즙이채도 있으며 이 경우에는 구이가 생략되고, 일즙일채인 경우엔 조림과 구이가 생략된다. 차가이세끼요리는 양보다 질을 중요시하며 재료 자체의 자연의 맛을 최대한 살린 것이 특징이다.

(4) 쇼진요리(精進料理)

정진요리는 다도가 보급되는 전후에 서민에게 전달되었다. 불교가 전래됨에 따라 중국의 불교승이 일본에 귀화하는 일이 많아지자, 비린 냄새가 나는 생선과 수조육을 전혀 사용하지 않는 정진요리가 점차 보급되었다.

쇼진요리란 有情(동물)을 피하며, 無情(식물)인 채소류, 곡류, 두류를 이용해서 만들었다는 뜻으로, 미식(美食) 즉, 맛있는 음식을 피하고 조식(粗食) 즉 검소한 음식을 먹는 것을 의미한다.

불교 선종에서는 육식을 금하는 것이 원칙으로 되어 있으며 식단은 쇼진요리로서 일즙삼채, 일즙오채, 이즙오채, 삼즙칠채 등의 기본에 따라 구성된다. 쇼진(精進)이란 용어는 식물성 재료만으로 만들어진 국 또는 튀김이라는 뜻으로 사용되고 있다.

(5) 후까요리(普茶料理)

普茶料理는 오오바쿠요리(黃蘗料理)라고도 불리며, 황벽산 만복사의 법주였던 중이 중국에서 찾아오는 선종승을 대접할 때 정진요리를 중국식으로 조리했던 것으로써, 음식명도 중국식 명칭을 따른 것이 아직도 잔존하고 있다.

(6) 기타

항구인 나가사키(長山奇)에서 외국인이나 선원에게 판매하기 위해 시작된 외국풍의 자부요리(卓栿料理), 벤또(弁當 : 도시락) 형식의 요리, 돔부리(덮밥) 형식의 요리 등이 있다.

2) 조리방법에 따른 분류

⑴ 刺身(생선회) : 활어회, 흰살생선회, 참치회 등
⑵ 吸物(맑은국) : 계란 맑은국, 흰 된장국, 닭다시 맑은국
⑶ つけもの(절임류) : 배추절임, 다꾸앙, 우메보시
⑷ 燒き物(구이요리) : 소금구이, 데리야끼
⑸ 煮物(조림·삶은 요리) : 생선 아라다끼, 쇠고기 데리니, 야채조림
⑹ 楊げ物(튀김요리) : 차새우 튀김, 흰살생선 튀김, 야채튀김, 쇠고기 덴부라, 닭고기 튀김
⑺ 蒸し物(찜요리) : 생선 술찜, 닭고기 술찜, 전복 술찜
⑻ 和え物(무침요리) : 야채 시라아에, 이가모미지아에
⑼ 酢の物(초회) : 새우초회, 게초회, 문어초회
⑽ 鍋物(냄비요리) : 복지리 냄비, 도미지리 냄비, 샤부샤부, 냄비우동, 스끼야끼
⑾ めん類(면류) : 데우찌우동, 기쓰네우동
⑿ 丼もの(덮밥류) : 닭고기 덮밥, 돈가스 덮밥, 튀김 덮밥
⒀ 御飯(밥) : 밤밥, 죽순밥, 굴밥, 천연송이밥
⒁ お茶つけ(오차쓰께) : 도미차 쓰께, 김치 쓰께
⒂ 壽司(초밥) : 김초밥, 생선초밥, 상자초밥

2. 메뉴구성

1) 식재료 종류

⑴ 어패류(魚貝類)

NO.	한 문	일 어		한 글	영 어
1	鮭	さけ	사 께	연 어	SALMON
2	鮃	ひらめ	히라메	광 어	HALIBUT
3	鱒	ます	마 스	송 어	TROUT
4	魚金	さより	사요리	핫꽁치	SAURY

NO.	한 문	일 어		한 글	영 어
5	鯖	さば	사 바	고등어	MACKEREL
6	鯨	にしん	니 싱	청 어	HERRING
7	鰯	いわし	이와시	정어리	SARDINE
8	鱈	たら	다 라	대 구	COD
9	魚葉	かれい	카레이	가재미	FLATFISH
10	鯛	たい	다 이	참도미	SEABREAM SNAPPER
11	黑鯛	くろたい	구로다이	흑도미	SEABREAM
12	鮪	まぐろ	마구로	참 치	TUNA
13	鮑	あわび	아와비	전 복	ABALONE
14	鮫	さめ	사 메	상 어	SHARK
15	河豚(鰒)	ふぐ	후 구	복 어	GLOBE FISH
16	鰤	ぶり	부 리	방 어	YELLOW TAIL
17	鱸	すずき	스즈끼	농 어	SEABASS
18	鰆	さわら	사와라	삼 치	MACKEREL
19	車海老	くるまえび	구루마에비	참새우	PRAWN
20	踊	おとり	오도리	산새우	PRAWN ALIVE
21	魚祭	こはた	고하다	전 어	GIZZARD SHAD
22	白魚	しらうお	시라우오	배 어	WHITE BAIT
23	魚輜	ぼら	보 라	숭 어	MUTLET
24	鯨	くじら	구지라	고 래	WHALE
25	魚方	まなかつお	마나가쓰오	병 어	POMFIET
26	平政	ひらす	히라스	여름방어	YELLOW TAIL
27	太刀魚	たちうお	다찌우오	갈 치	ECABARD FISH
28	鱚	きす	기 스	바다모래무지	GOBY
29	鮹	たこ	다 꼬	문 어	OCTOPUS
30		にべ	니 베	민 어	CROAKER
31	鮎	あゆ	아 유	은 어	SWEET FISH
32	穴子	あなこ	아나고	갯장어	SEA EEL
33	毛蟹	けがに	게가니	털 게	HAIRY CRAB
34	鯉	こい	고 이	잉 어	CARP

NO.	한문	일어		한글	영어
35	泥鰌	とじょう	도 죠	미꾸라지	MADFISH
36	明太子	めんだいこ	멘다이꼬	명 란	SPAUM A POLLACK
37	鳥貝	とりがい	도리가이	새조개	
38	波蟹	わたりがに	와다리가니	꽃 게	BLUE CRAB
39	鰻	うなぎ	우나기	뱀장어	EEL
40	生雲円	うに	우 니	성 게	SEA URCHIN
41	赤貝	あかがい	아까가이	피조개	ARK SHELL
42	宋螺	さざえ	사자에	소 라	TOP SHELL
43	蜆	しじみ	시지미	재칫조개	CORB SHELL
44	海草	かいそう	가이소우	해 초	SEA WEED
45	鮒	ふな	후 나	붕 어	CRUCIAN
46	海月	くらげ	구라게	해파리	JELLY FISH
47	鳥敗	いか	이 까	오징어	CUTTLE FISH
48	蛤	はまぐり	하마구리	대 합	CLAM
49	海參	なまこ	나마꼬	해 삼	SEA CUCUMBER
50	蝦蛄	しゃこ	샤 꼬	바다가재	LOBSTER
51		つわにがに	스와이가니	영덕대게	
52		このわた	고노와다	해삼창젓	
53		わかめ	와까메	생미역	BROWN SEAWEED
54		みるがい	미루가이	떡조개	
55	甘鯛	あまだい	아마다이	적도미	RED SNAPPER
56	龜	すっぽん	슷 뽄	자 라	TURTLE

(2) 야채류 및 과실류

NO	한문	일어	한글	영어
1	大根	だいこん	무	RADISH
2	白菜	はくさい	배 추	CHINESE CABBAGE
3	唐幸子	とうがらし	고 추	RED PEPPER
4	大蒜	にんにく	마 늘	ROCAMBOLE(GARLIC)

NO	한 문	일 어	한 글	영 어
5	葱	ねぎ	파	WELSH ONION
6	玉葱	たまねぎ	옥 파	ONION
7	春菊	しゅんぎく	쑥 갓	CROWN OAISY
8	竹の子	たけのこ	죽 순	BAMBOO SHOOT
9	人參	にんじん	당 근	CARROT
10	胡瓜	きゅうり	오 이	CUCUMBER
11	萌やし	もやし	콩나물	SPROUTING BEANS
12	馬冷著	じやがいも	감 자	POTATO
13	丸十	さつまいも	고구마	POTATO(SWEET)
14	松茸	まつたけ	송이버섯	PINE MUSHROOM
15	生姜	しょうが	생 강	PINE GINGER
16	銀杏	きんこう	은 행	GINGNUT
17	南公(南瓜)	かばちゃ	호 박	PUMPKIN
18	ピーマン	ピーマン	피 망	GREEN PEPPER(PIMENTO)
19	山茸	やまいも	산 마	YAM
20	桂茸	しいたけ	표고버섯	SHIITAKE(MUSHROOM)
21	複茸	えのきたけ	콩나물버섯	KIND OF MUSHROOM
22	苣萵	しゃち	상 추	LETTUCE
23	牛蒡	ごぼう	우 엉	BURDOCK(COCKLE)
24	連根	れんこう	연 근	LOTUS ROOT
25	大葱	おおねぎ	대 파	WELSH ONION
26	林子	りんご	사 과	APPLE
27	梨	なし	배	PEAR
28	西瓜	すいか	수 박	WATER MELON
29	桃	もも	복숭아	PEACH
30	苺	いちご	딸 기	STRAWBERRY
31	葡萄	ぶとう	포 도	GRAPE
32	柿	かき	감	PERSIMMON
33	密柑	みかん	귤	MANDARIN ORANGE
34	柚子	ゆず	유 자	CITRON

NO	한 문	일 어	한 글	영 어
35	梅實	うめ	매 실	PLUM
36	栗	くり	밤	CHESTNUT
37	茄子	なす	가 지	·EGGPLANT
38	眞桑瓜	まくわうり	참 외	MELON
39	芋	せり	미나리	DROP WORT
40	ケリンナンキン	けりんなんきん	풋호박	SQUASH
41	里芋	こいも(さといも)	토 란	TARO

(3) 기타 식재료

NO.	일 어	한 글	영 어
1	いとこんにゃく	곤냐꾸(구약나물)	DEVILS TONGUE
2	こんぶ	다시마	TANGLE
3	ピーナツ	땅 콩	PEANUT
4	はるそめん	당 면	CHINESE NOODLE
5	はくごま	흰 깨	WHITE SESAME
6	くろごま	검정깨	BLACK SESAME
7	かんてん	한천(우무)	AGAR-AGAR
8	あかみそ	빨간된장	RED SOYBEAN PASTE
9	しろみそ	흰된장	WHITE SOYBEAN PASTE
10	すしあげ	유 부	FRIED BEAN CURD
11	かまぼこ	어 묵	BOILED FISH PASTE
12	のり	김	SEA WEED
13	そば	모밀국수	BUCK-WHEAT NOODLE
14	ちりめんじゅこ	잔멸치	ANCHOVY
15	はくまい	백 미	RICE
16	うめぼし	매 실	PLUM
17	そめん	소면국수	NOODLE
18	こしょう	후춧가루	PEPPER
19	わさび	일본겨자	JAPANESE MUSTARD
20	こまあぶら	참기름	SESAME OIL

NO.	일 어	한 글	영 어
21	とうがらしみそ	고추장	HOT PEPPER PASTE
22	とうがらし	고춧가루	RED PEPPER POWDER
23	からし	겨 자	MUSTARD
24	あまみず	물 엿	STARCH SYRUP
25	むぎまい	보리쌀	BARLEY RICE
26	あわ	좁 쌀	HULLED MILLET
27	おこめ	쌀	RICE
28	あじつけのり	맛 김	SEASONED LAVER
29	なっとう	메주콩	SOYBEANS
30	ひしこいわし	멸 치	ANCHOVY
31	あじしお	맛소금	SALT
32	さとう	설 탕	SUGAR
33	ななつけ	오이지	PICKLED CUCUMBER
34	しょうゆ	간 장	SOY SAUCE

2) 냄비요리(鍋物 : 나베모노)

육류와 신선한 채소류를 즉석에서 요리하여 먹을 수 있는 간편한 요리이다. 육류도 단시간에 가열하여 기생충란과 세균 등을 사멸시키도록 하면서, 굳어지기 전에 상미(賞味)하는 것이다. 일본 간장의 독특한 향기와 빛깔과 맛이 우리나라 전골과는 다른 풍미를 가진다.

(1) 재료

① 육류 : 쇠고기·돼지고기·양고기·닭고기·꿩고기·오리고기 등.

② 어패류 : 복어·도미·대구·조개·새우·굴 등.

③ 배합재료 : 파·양파·배추·미나리·구운 두부·무·송이·쑥갓·생선묵·토란·구약 등.

④ 장국간장(본즈) : 장국·간장을 같은 분량으로 해서 고추를 넣고 간 무(おろし)를 넣은 것.

⑤ 柚子醋醬 : 柚子汁과 간장을 혼합한 것.

⑥ 날달걀 : 스끼야끼를 먹을 때는 날달걀을 풀어서 찍어 먹는다.

(2) 조리방법

① 재료와 조미료를 동시에 넣어 끓여 가면서 먹는 요리로서, 스끼야끼, 굴냄비, 꼬치냄비 등이 있다.

② 재료를 약간 조미한 장국에 끓여서 양념장에 찍어 먹는 요리인데, 예를 들어 생선냄비로서 복어냄비, 대구냄비, 도미냄비 등이 있다.

(3) 조리상의 주의

① 냄비는 운두(냄비의 둘레)가 얕은 것으로 두꺼운 쇠냄비나 질그릇이 좋다.

② 너무 고온으로 장시간 가열하지 말 것이며, 육류는 근섬유가 굳어지기 전에 내려야 한다. 채소는 특유한 맛이 남도록 해야 하며, 육류나 생선류를 먼저 조미하고 다음에 채소를 넣는다.

③ 식품의 재료는 될 수 있는 대로 신선한 것을 골라야 하며, 육류는 등심이나 안심 부분이어야 한다.

(4) 냄비요리의 종류

A. すきやし(스끼야끼 : 전골)

준비물 : 쇠고기, 야채, 날계란, 스끼야끼다레, 다시

〈조리방법〉

① 불은 중간불 정도로 한다.

② 팬에 파를 먼저 넣어 잘 볶는다.
이때 다스타(일본식 Dish Towel)를 손님 앞으로 튀지 않도록 잘 가리면서 요리한다.

③ 볶은 파 위에 고기를 얹어 익힌다(고객이 2사람일 경우에는 고기 두 쪽을 익힌다.) 그 다음 다래 소스를 붓고 조리될 동안 계란을 풀어 손님 앞에 서브한다.

④ 조리된 파와 고기를 서브한 뒤 손님에게 맛이 어떤가 물어본다.

⑤ 프라이팬에 다래 소스를 넣고 죽순, 표고버섯, 우엉, 무, 당근, 당면, 느타리버섯, 두부, 곤야꾸를 조금씩 넣어서 익힌다.

⑥ 조리된 야채와 고기를 모두 손님에게 서브한다.

⑦ 이상의 것을 서브한 뒤에 다시와 다래로 간을 맞춘다.

⑧ 야채와 고기를 넣어 익힌다.(양파, 두부, 당근, 느타리버섯, 떡, 곤야꾸)
⑨ 자쁠 경우에는 조리된 것을 한쪽에 밀어놓고 한쪽에 다시 야채를 익힌다.
⑩ 쑥갓은 제일 나중에 넣는다.
⑪ 손님의 기호에 따라 시찌미(七味)를 낸다.

B. しやぶしやぶ(샤부샤부)

재료는 스끼야끼와 비슷하지만 우엉과 양파가 빠진다. 끓는 물에 쇠고기를 젓가락으로 잡은 후 2~3번 정도 흔들어서 고객에게 제공한다. 흔드는 행위를 "샤부샤부"라고 한다. 고마다래와 본즈를 준비해서 고기는 고마다래, 야채는 본즈와 함께 드시도록 한다.

① 샤부샤부에는 다시마를 우린 국물을 사용한다.
② 국물이 끓으면 고기를 먼저 익혀 드시게 한다.
③ 불은 중간 정도로 하여야 한다.
④ 거품을 걷어낸다.
⑤ 고기를 살짝 익혀 덜어 주고 계속 반복한다.
⑥ 떡은 맨 나중에 넣는다.(우동 넣기 전에 넣을 것)
⑦ 고기를 ½정도 먹은 다음에 야채를 넣어야 부드러워지고 맛있게 먹을 수 있다.
⑧ 우동은 중간불로 끓이는데, 아무 양념도 넣지 않는다.
⑨ 우동을 넣기 전에 냄비에 맛소금, 후춧가루, 파를 넣는다.
⑩ 우동 그릇에 떠서 그 위에 본즈를 약간 뿌려서 낸다(손님의 취향에 맞게 서브해야 한다.)

※ 주의점

- 불은 중간불로 해야 하고 거품을 잘 걷어내야 하며, 고기나 야채를 덜 때 냄비에 닿지 않게 한다.
- 내용물이 냄비 가장자리에 묻지 않게 건져낸다.
  (냄비를 깨끗하게 사용할 것)
- 거품은 처음부터 끝날 때까지 잘 걷어내야 한다.

C. 복(河豚)

참복과에 속하는 바다 물고기인 복어는 한자로 하돈(河豚)이라 하는데 이는 배가 볼록한 데서 붙여진 이름으로, 몸이 뚱뚱하고 등지느러미가 작으며 이가 날카로운 복어는 기름기가 적어 맛이 담백하고 단백질이 많은 생선이다.

복어의 맛은 11월에서 그 다음해 2월까지가 가장 좋고, 봄에 꽃이 피면 복어의 독이 강해지면서 맛도 떨어지므로 가능한 한 먹지 않는 것이 좋다. 그러나 복어는 허리와 다리를 튼튼하게 하고 치질에도 효과가 있으며, 쇠약한 환자에게도 복어가 좋다고 하는 이유는 우수한 단백질 때문이다. 이처럼 복어는 영양과 맛이 뛰어난 식품이지만, 그 독성은 치명적이기 때문에 복어요리는 면허 있는 조리사에 의하여 조리된 것이 안전하다.

〈복지리 만드는 법〉

① 복지리 다시와 본즈, 양념을 준비한다.
② 물이 끓으면 다시마를 건진다. 준비된 끓는 물에 야채를 넣는다(미나리는 나중에 들어간다).
※ 미나리는 해독작용을 하므로 복냄비에는 필히 사용함.
③ 끓은 후에 복을 넣고 다시 한번 끓을 때 고니 떡을 넣어서 끓이고 미나리를 살짝 익힌 다음 서브한다.
④ 복지리는 처음에는 불을 세게 하고 한 번 익은 뒤에는 중간불로 하면서 조리한다.
⑤ 본즈는 별도로 Pot에 준비해 놓고, 모자라거나 싱겁게 먹는 사람에게 더 서브한다.

D. 복죽 끓이는 법

① 복죽을 끓일 때의 불은 중간불로 한다.
② 밥을 씻어서 사용한다(걸쭉한 거품이 없어진다).
③ 소금을 넣어 간을 맞춘다(예외로 된장은 사용할 수 있다).
④ 밥을 넣고 한참 끓인 후 불을 끄고 계란을 풀어 넣어 잘 저어준다.
⑤ 주의할 점은 국물을 넉넉히 넣고 센불로 조리하지 않는다.
⑥ 죽을 고객 앞에 낼 때는 새로운 본즈를 따로 준비한다.
⑦ 김은 손님이 원할 때만 사용한다.

E. 냄비요리 서비스 방법

① 냄비요리(복냄비, 도미요리, 샤부샤부, 모듬냄비)의 재료는 인원수에 맞게 조리해서 손님에게 덜어 주건, 직접 냄비에서 들기를 원할 때는 고객 취향에 맞게 제공한다(냄비요리는 끓는 것을 보면서 본인이 먹고 싶을 때 마음대로 떠먹는 즐거움이 있다).

② 샤부샤부, 스끼야끼, 복지리 등 냄비요리가 1인분일 때는 접시의 고기가 손님 앞으로 오도록 하며 그릇과 뚜껑의 무늬도 맞추어 덮는다.

③ 냄비요리를 조리할 때 다시가 적으면 냄비 안에 있는 야채와 고기 등의 요리를 모두 건져 고객에게 서브하고 다시를 더 추가로 부어서 조리한다.

④ 냄비요리는 처음부터 끝날 때까지 테이블 옆에서 조리해야 한다.

⑤ 냄비요리를 방에서 서브할 때, 먼저 전열기를 열어서 준비한 후 주방에서 냄비를 갖고 방에 들어가서 즉시 전열기 위에 올려놓는다.(냄비를 다다미 위에 놓아서는 절대 안된다.)

3) 조정식(朝定食：あさていしょく)

아침식사는 하루 일과 중 가장 먼저 시작하는 일로, 아침식사 중의 기분이 하루 기분을 좌우하므로 중요하다. 관광이나 사업상 일을 하기 전에 시간적 여유가 별로 없이 레스토랑에 오기 때문에 신속, 정확, 친절의 세 가지 서비스 요소가 필수적이다.

(1) 아침정식(朝定食)의 종류

㈎ 밥정식(御飯定食：ごはん ていしょく)

고바찌(小鉢), 더운야채(野菜), 조림(煮物), 구이(燒物), 밥(御飯), 일본김치(香の物), 김(海苔)으로 구성된다.

㈏ 죽정식(御粥定食：おかゆ ていしょく)

이것은 고항데이쇼꾸에서 밥(ごはん) 대신 쌀죽(おかゆ)이 제공되는 것이 다르다. 아침에 나가는 죽정식엔 된장국(味噌汁 또는 赤出汁)이 포함된다.

㈐ 전복죽정식(鮑の御粥定食：あわびのおかゆ ていしょく)

이것도 고항데이쇼꾸에서 밥(ごはん) 대신 전북죽(あわびのおかゆ)이 제공되는 것이 다르다. 전복죽정식에도 된장국이 포함된다.

4) 철판구이(鉄板焼：てっぱんやき)

(1) 철판구이(鉄板焼)의 유래

세계 각국에서 요리별로 전통을 보전하고 자랑하고자 그 특유의 맛과 품질을 보존하려고 많은 노력을 하고 있다. 또한 한 나라의 음식이 다른 나라로 전래되면 그 나라의 환경과 기호 식자재에 맞게 변화된다. 철판구이도 서양요리에 착안하여 일본인들이 그 나라의 식성에 맞게 변형시켜서 서구로 들어가 발전된 것이 오늘날 철판구이인 것이다. 철판구이는 뉴욕에 있는 바니하마(Banihama)라고 하는 레스토랑에서 시작되었다고 하나 확실치 않다.

(2) 철판구이의 조리상 특징

① 손님의 기호에 따라 철판에서 구운 고기나 야채를 즉석에서 먹게 한다.
② 손님이 직접 요리사에게 주문하고, 요리하는 방법 및 요리의 조리상태를 볼 수 있다.
③ 신선하고 위생적인 감각으로 음식 맛을 더 높여준다.
④ 고객의 면전에서 요리하므로, 시각적인 효과로 인한 요리의 맛을 높일 수 있다.

(3) 철판구이의 내용

① 前菜(전채 : Appetizer)

② 今日のスープ(오늘의 수프 : Daily Soup)
양식 수프 : 크림 수프, 야채 수프
일식 수프 : 도미 수프(Sea Bream Soup), 대하 수프(Clam Soup), 자라 수프(Turtle Soup)

③ サラダ(샐러드 : Green Salad)
양상추, 오이, 송이버섯, 토마토, 시금치 등을 섞어 만들고 일본식 드레싱을 쳐서 서비스한다.

④ 생선구이(Fish) : 새우, 광어, 연어, 전복 등을 소금구이나 버터구이로 제공한다.

⑤ 쇠고기 스테이크(Beef Steak) : 안심(Tenderloin), 등심(Sirloin)

⑥ 野菜燒(야채구이)
콩나물, 시금치, 버섯, 양파, 가지, 마늘 등을 철판에서 요리하여 제공한다. 잘 가열된 철판에 버터를 두르고 빠른 시간에 살짝 볶다가 소금, 후추를 넣어 간을 맞추

어 서브한다.

⑦ お食事(식사)

밥(ごはん)과 면류가 일본김치와 함께 제공된다. 밥에는 항상 아까다시(赤出汁)라는 된장국이 따라 나간다.

⑧ 果物(계절 과일)

(4) 철판구이(てっぱんやき)에 사용되는 소스의 종류

① 머스타드 소스(Mustard Sauce : Meat Sauce)

머스타드, 양파, 마늘, 간장, 참깨, 올리브유, 다시모도, 검정깨, 미링, 생크림, 백설탕

② 어니언 소스(Onion Sauce : Vegetable Sauce)

양파, 생강즙, 레몬즙, 미링, 간장, 식초, 샐러드

③ 본즈(Bons : Vegetable Sauce)

가쯔오부시의 다시, 간장, 미원, 설탕, 레몬주스, 식초, 미링, 물, 정종

④ 샐러드 드레싱(Salad Dressing)

간장, 식초, 샐러드유, 참기름, 미링, 조미료, 물

5) 요리에 사용되는 소스의 종류 및 사용법

(1) 사시미 소스

① 만드는 방법 : 간장, 정종, 미링을 넣고 끓인 다음 가쓰오 부시를 넣고 식힌 후, 가쓰오 부시를 건져내고 다른 용기에 옮긴다.

② 사용법 : 사시미가 준비되면 간장 사라에 적당한 양을 따른 후, 준비된 와사비와 함께 곁들여 먹는다.

(2) 스끼야끼 소스

① 만드는 방법 : 다시물, 간장, 정종, 미링, 설탕을 넣고 끓인 후 식힌다.

② 사용법 : 스끼야끼의 용량에 맞는 양을 Pot에 담아 야채와 고기를 철판에 요리하면서 간을 맞추며 넣는다.

(3) 본즈

① 만드는 방법(본즈는 식초와 같은 맛을 냄) : 간장, 진간장, 식초, 정종, 미링, 다시마, 물을 넣고 끓인 후 가쯔오 부시를 넣은 후 식힌다.

② 사용법 : 고추 간 것과 무즙을 혼합하여(모미즈, 오로시) 잘게 썬 파(아시쯔끼)를 넣고 서브한다.

(4) 소바다시

① 만드는 방법 : 다시마, 가쓰오 부시, 간장, 미링을 넣고 끓인 다음, 차게 식혀서 항상 냉장실에 보관한다.

② 사용법 : 덴다시를 서브할 때는 무즙과 생강즙을 넣어 준비한다.

(5) 우나기, 장어데리, 생선데리

① 만드는 방법 : 술(정종), 간장, 미링, 설탕, 진간장, 물엿, 조미료(생선), 우나기뼈 삶은 물에 넣고 장시간 끓인다.

② 사용법 : 장어구이에 주로 사용되며(생선데리), 여러 가지 다른 생선구이에도 사용됨(연어구이, 병어구이, 참치구이, 삼치구이, 도미 등).

(6) 고마다래

① 만드는 방법 : 참깨, 땅콩잼, 우메살, 간장, 미링, 사꾸라, 미소, 토마토 케첩, 마늘, 고추기름, 양파, 타바스코, 조미료, 우스타소스, 고춧가루 등을 혼합한 다음 닭수프를 넣고 젓는다.

② 사용법 : 샤부샤부 등에 사용됨.

(7) 일본식 샐러드 드레싱

① 만드는 방법 : 간장, 초, 미링, 식용유, 참기름, 흰깨 등을 일정량의 비율로 혼합해서 만든다.

② 사용법 : 일식 샐러드에 잘 흔들어서 사용한다.

(8) 고마소스, 깨소스

① 만드는 방법 : 진간장, 식초, 연간장, 잘 으깬 깨, 통깨, 다시물, 설탕, 미링을 일정

량의 비율로 혼합해서 만든다.

② 사용법 : 철판구이 야채볶음에 사용한다.

(9) 양파소스(Onion Sauce)

① 만드는 방법 : 양파 다진 것, 생강즙, 레몬즙, 미링, 간장, 식초, 식용유 등을 일정량의 비율로 혼합해서 만든다.

② 사용법 : 철판구이 생선류에 소스로 사용한다.

(10) 겨자소스(Mustard Sauce)

① 만드는 방법 : 간장, 올리브유, 설탕, 겨자분말, 흰깨, 검정깨, 양파, 마늘 다진 것, 생크림 등을 일정량의 비율로 혼합해서 만든다.

② 사용법 : 철판구이 Beef 종류에 Sauce로 사용한다.

6) 요리에 사용되는 용어

①	附出	스께다시	식전에 무료로 제공되는 음식
②	吸物	스이모노	맑은국
③	煮物	니모노	삶은요리
④	燒物	야끼모노	구운요리
⑤	天汁	덴다시	튀김요리에 곁들이는 소스
⑥	鹽燒	시오야끼	소금구이
⑦	恭の內	마구노 우찌	도시락
⑧	どんぶり	돈부리	덮밥
⑨	盛り合せ	모리아와세	모듬요리
⑩	お好み	오꼬노미	손님이 좋아하는 것만 골라 주문하는 것
⑪	藥味	야구미	지리스나 소스에 넣는 양념
⑫	おろし	오로시	무 같은 것(무즙)…大根(ダイユン おろす)
⑬	つま	쯔마	무채
⑭	前菜	젠사이	전채요리
⑮	手か巻	데까마끼	김에다 마구로를 넣은 것
⑯	ちり酢	지리스	지리(냄비)에 곁들여 내는 초양념 소스
⑰	ちり	지리	맑은 다시 국물에 끓여 먹는 냄비요리
⑱	てり	데리	양념을 한 간장

⑲	てり燒	데리야끼	양념간장(데리)을 바르면서 구운 구이요리
⑳	あらたき	아라다끼	조림요리
㉑	赤出汁	아까다시	적된장을 사용한 된장국
㉒	味噌汁	미소시루	백된장을 사용한 된장국
㉓	果物	구다모노	과일
㉔	味噌燒	미소야끼	된장에 생선을 재웠다가 된장을 제거한 후 구운 것
㉕	小鉢	고바찌	작은 그릇에 제공하는 소량의 요리
㉖	赤味	아까미	참치의 등살 부분의 살
㉗	とろ	도로	참치의 배 부분의 살
㉘	おとろ	오도로	참치의 정 중앙 배 부분의 기름기가 있는 살
㉙	中とろ	쥬도로	참치의 배부분 살 중 오도로 부분을 제외한 나머지 뱃살 부분
㉚	手巻	데마끼	손님의 기호에 따라 만든 즉석 김말이
㉛	お新香	오싱꼬	일본 김치
㉜	鹽辛い	시오 가라이	짜다
㉝	辛い	가라이	맵다
㉞	甘い	아마이	달다
㉟	しぶい	시부이	떫다
㊱	にがい	니가이	쓰다
㊲	酢い	숫빠이	시다
㊳	味がうすい	아징가 우스이	싱겁다
㊴	燒	야끼(やき)	굽는 것
㊵	蒸	무시(むし)	찌는 것
㊶	煮	니	삶는 것
㊷	いためる	이다메루	볶는 것
㊸	ゆでる	유데루	데치다
㊹	こがす	고가스	태우다
㊺	やける	야게루	그을리다
㊻	もとす	모도스	담그다
㊼	炊く	다꾸	짓다
㊽	合物	아에모노	무침요리
㊾	刺身	사시미	생선회

3. 일본차

1) 차(茶)의 역사

차의 역사는 멀리 신화시대(神話時代 : 3000년전)부터라고 하는 설이 있으나, 어디까지나 전설일 뿐 과학적인 확증은 없다. 오차나무는 中國南部를 비롯하여 東部 아시아의 산지와 India 동부의 아쌈 지방에 걸쳐서(자연) 야생의 오차나무가 분포되었다. 일본에는 서남쪽 따뜻한 지방인 西國九州山間에 자생차로 생각되는 山茶가 있지만, 그것이 일본이 원산인지 그렇지 않으면 도래된 것인지 아직은 알 수가 없다. 다만, 식물학적인 조사나 製茶방법 혹은 마시는 방법 등으로 보아서 중국의 오차와 거의 비슷하기 때문에 중국으로부터 전래되지 않았나 추측하고 있을 뿐이다. 특히 중국동부의 折江省, 安微省, 福建省 등지의 小葉種의 차나무와 많이 닮아서, 이 지방들과 일본의 불교를 비롯한 역사적인 관계자가 많기 때문에 오차도 전래되지 않았나 하는 추측이 이야기되고 있지만, 중국의 小葉種과 일본의 오차나무를 자세히 관찰하면 암꽃술이 조금 틀리기 때문에 일본 오차나무는 일본 자생이 아닐까 하는 설도 있다. 오차나무는 크게 2종류로 나눌 수 있다. 고목종류와 저목종류로 나눌 수가 있는데, 일본 각지에서 볼 수 있는 나무로서 오차잎이 10㎝ 내외로 작고 고목 종류는 나무 크기가 20㎝, 잎이 30㎝ 정도로 크게 자란다.

원산지는 현재 과학적으로 규명되지 않았지만, 중국의 西川省, 雲南省, 雲貴高省의 경계선 지역인 운귀고성의 산간지방이 원산지가 아닐까 추측하고 있을 뿐이다.

2) 차의 성분

㈎ 오차의 주요성분은 “타닌”이다. 차뿐만 아니라 감의 떫은 맛, 밤의 떫은맛을 내는 것도 “타닌”이다. 또한 타닌은 색을 차색(茶色)으로 착색시키기도 하고 단백질을 응축(응고)시키는 성질도 있다. 이것이 오차에 포함된 “타닌”의 살균효과이다. 오차를 마실 때 떫은맛을 내는 것과 오차를 마신 후에 희미하게 혀끝에 단맛이 남는 것이 있다. 이 두 가지가 “타닌”의 종류로서, 떫은맛을 내는 것이 “타닌”이고 단맛이 나는 것이 중합타닌이라고 한다. カテキン(중합타닌)으로 변한 것이다. 오차잎을 재배할 때 여름에 온도가 높을 때는 “타닌” 성분이 많아지게 된다. 따라서 남쪽나라(인도, 스리랑카 등)에서 재배하는 오차에는 타닌의 함유량이 많은 것이 특징이다.

㈏ 각성(覺醒)작용이 있는 카페인이 함유되어 있다.

오차에는 타닌과 함께 카페인 성분도 들어 있는 것이 큰 특징이다. 카페인은 오차뿐만 아니라 커피의 주요성분이기도 하다. 각성작용(覺醒作用)이 있을 뿐만 아니라 신경을 마비시키는 힘도 있다. 두통약의 효력도 카페인에 의해서 이루어진다. 어차(御茶)를 비롯해서 오차 중에서 상급차에 속하는 오차에 비교적 많이 함유되어 있다.

일본차에만 함유되어 있는 "데아닌" 일본의 맛은 데아닌과 타닌이 어느 정도 Balance를 맞추고 있는가에 따라 맛이 결정된다고 할 정도로 중요한 역할을 하고 있다. 오차를 재배할 때 이 "데아닌"을 많이 함유하기 위해서 비료를 주기도 하고 직사광선을 차단시켜 주기도 하는 작업을 하기도 한다.

㈐ 일본차에는 풍부한 비타민 C가 함유되어 있다.

오차를 재배할 때 비료를 주고 태양광선을 차단시키기도 하는 것 이외에, 오차나무에서 잎을 따서 오차를 만들 때 발효되지 않도록 높은 온도(高溫)의 김으로 가마솥에서 찌면 효소의 활성을 없애서 녹색 그대로의 차가 되는 것이 일본차의 특성 및 중국 녹차의 특징이다.

오차를 산화 발효시키면서 효소를 활용해서 만든 것이 일본차의 우롱차이다. 따라서 오차를 발효시켰느냐 발효시키지 않고 만들었느냐에 따라 차이가 있다. 오차를 발효시키면 비타민 C가 대부분 소멸해 버리므로 비타민 C를 그대로 존속시키기 위해서 훈기로 오차잎을 쪄서 비타민 C를 파괴하는 산화효소를 제거한 것이 불발효차 일본차이다. 또한 발효차 특히 우롱차에 대해서 자세히 설명하면, 우롱차는 효소가 산화 발효되면서 비타민 C가 함유되지 않으나, 발효차에는 함유되지 않은 효소가 있어서 음식물의 소화를 도와주기도 하고 지방의 분해를 도화주는 작용을 한다. 또한 일본차와 마찬가지로 엽록소를 함유하고 있어서 엽록소만의 성분 등은 중요한 역할을 한다. 그래서 중국식당에서는 우롱차를 많이 사용하고 있다.

3) 오차의 종류 및 용도

오차는 제조 방법에 의해서 발효차와 불발효차로 분류된다. 중국차는 녹차를 제외하고는 거의 발효차이다. 높은 온도의 김(Steam)으로 쪄서, 효소의 움직임을 없애 발효시키지 않고 녹색의 자연 그대로의 색으로 만든다. 30종류의 차가 있지만 일반적인 대중차는 6가지가 있다.

(가) 맛차

오차나무가 살짝 필 때 따서 고온으로 찐 다음, 말려서 돌절구에 갈아 고운 가루를 만든다. 물은 수돗물보다는 자연생수를 사용하는 것이 오차의 진미를 더욱 느낄 수 있고 물은 항상 100°C이상 끓여서 오차 용도에 알맞게 온도를 조절한다.

* 맛차는 60~70°C가 알맞다(단 음식을 곁들인다).

(나) 옥로차(玉露茶)

오차나무를 재배할 때 태양의 직사광선을 차단시켜 오차나무가 싹이 필 때 따서 고온으로 찐 다음 건조시켜 살짝 볶는다. 물의 온도는 60°C가 적합하며 단음식(단 과자, 단 팥죽, 요깡 등)을 곁들인다.

(다) 센차(綠茶)

잎이 활짝 핀 후에 따서 고온으로 찐 다음 건조시켜 살짝 볶는다. 주로 생선회를 먹을 때 사용하며 생선비린내를 가시게 한다(물의 온도는 70°C~80°C).

(라) 호지차

잎이 완전히 핀 후 기계로 따서 고온으로 찐 다음 밤색 빛깔이 나타날 때까지 볶는다. 주로 식후에 사용하며, 타닌과 비타민 C, 카페인이 적기 때문에 어린이에게 좋으며, 일반 가정에서 많이 사용하는 대중차이다(물의 온도는 90°C~100°C).

(마) 番茶(반차)

호지차를 만들 때 고온으로 찐 다음 밤색 빛깔이 날 때까지 볶는 것이 호지차이고, 살짝 볶는 것이 반차이다(물의 온도는 80°C~90°C).

(바) 玄米茶(겐마이차)

볶은 쌀을 반차나 前茶에 섞은 것이다.(물의 온도는 80°C~90°C)

(사) 기타 일본차

① 사꾸라차 : 축하할 때 많이 사용하며(결혼, 약혼, 설날), 사꾸라 꽃 형태 그대로 삶은 다음 소금에 절여 말려서 만든다(물의 온도는 70°C~80°C).

② 우메차 : 매실과 소엽(붉은색)잎은 말려서 갈은 다음 소금으로 배합하며 입맛이 없을 때나 식전에 사용한다.(식욕 촉진시킴)

③ 곤부차 : 다시마를 갈아서 만든다. 혈압에 좋고 피를 맑게 한다(물의 온도는 70°C~80°C).

제5부
음료(BEVERAGE)

제1장 비알코올성 음료(Non-Alcoholic)

제2장 알코올성 음료

제3장 칵테일(COCKTAIL)

Beverage란 Alcoholic, Non-Alcoholic의 전체를 말하는 것으로 그 분류는 다음과 같다.

- 음 료 Beverage
  - 비알코올성음료 Non-Alcoholic Soft Drink
    - 청량음료
      - 탄산음료(Carbonated)
      - 무탄산음료(Non-Carbonated)
    - 영양음료
      - 주스류(Juice)
      - 우유류(Milk)
    - 기호음료
      - 커피(Coffee)
      - 홍차(Tea), 기타 다류
  - 알코올성음료 Alcoholic Liquor
    - 양조주 Fermented
      - 맥주(Beer)
      - 포도주(Wine)
      - 과실주(Fruit Wine)
      - 곡주(Grain Wine)
    - 증류주 Distilled
      - 위스키 Whisky
        - 스카치위스키 (Scotch Whisky)
        - 아메리칸위스키 (American Whiskey)
        - 캐나디언위스키 (Canadian Whisky)
        - 아이리쉬위스키 (Irish Whiskey)
      - 진(Gin)
        - 홀랜드(Holland)
        - 잉글랜드(England)
        - 아메리칸(American)
      - 보드카(Vodka)
      - 럼(Rum)
      - 브랜디(Brandy)
      - 데킬라(Tequila)
      - 기 타
    - 혼성주 Compounded Liqueur
      - 약초, 향초계(Herbs & Spices)
      - 과실계(Fruits)
      - 종자계(Beans & Kernels)
      - 특수계(Specialties)

제❶장
비알코올성 음료(Non-Alcoholic)

생수, 탄산수, 과즙, 우유 등과 같이 알코올 성분이 없는 음료를 말한다.

1. 청량음료

1) 탄산성 음료(Carbonated)

(1) 탄산음료의 정의

순수한 물 또는 천연과즙에 단 맛, 탄산수를 배합하여 만든 음료이다.

(2) 탄산음료의 종류

① 콜라(Cola) : 1886년 미국 죤스타인 펨버튼(Johnstein Pemberton : 약사)에 의하여 최초로 만들어졌다. 콜라나무 열매에서 추출한 엑기스(Extract)에 레몬, 라임, 설탕, 시나몬, 탄산가스 등을 혼합한 것이다.

② 소다수(Soda Water) : 인공적으로 탄산가스를 혼합한 물

③ 사이다(Cider) : 원래는 사과를 발효시켜 만든 과실주를 말하지만 우리나라는 구연산, 감미료, 탄산가스를 함유시켜 만든다.

④ 진저엘(Ginger Ale) : 최초에는 생강으로 만든 술이었으나 현재는 생강의 향, 설탕, 탄산가스를 혼합한 음료이다. 식욕증진, 소화에 효과가 있다.

⑤ 토닉워터(Tonic Water) : 영국에서 처음 개발한 것으로 레몬, 라임, 키니네껍질 엑기스, 설탕, 탄산가스 등으로 만든 것으로 원래는 더위, 식욕부진을 방지하기 위해 식민지용 보건음료였었다.

⑥ 칼린스 믹스(Collins Mixer) : 물에 레몬, 라임, 설탕, 탄산가스를 혼합한 것이다.

⑦ 7-up, Sprite : 과즙에 당분, 탄산수를 배합하여 만든다.

2) 무탄산성 음료

(1) 정의

탄산가스가 함유되어 있지 않은 음료를 말한다.

(2) 종류

물(Pure Water), 광천수(Mineral Water)

(3) 광천수

천연수로 광물질(무기질 물질)이 많이 함유된 물이다. 프랑스 에비앙(Evian), 프랑스 비시(Vichy), 독일 셀처(Seltzer) 등이 세계적으로 유명하다.

2. 영양음료

1) 쥬스(Juices)

(1) 정의

과일즙, 설탕 등을 가공하여 만든 음료

(2) 종류

- 오렌지 쥬스(Orange Juice), 토마토 쥬스(Tomato Juice)
- 파인애플 쥬스(Pineapple Juice), 그레이프 쥬스(Grape Juice)
- 그레프후룻 쥬스(Grapefruit Juice), 사과 쥬스(Apple Juice)
- 야채 쥬스(Vegetable Juice), 레몬 쥬스(Lemon Juice)
- 라임 쥬스(Lime Juice) 등

2) 우유(Milk)

우유 제품 음료를 말한다.

3. 기호음료

1) 커피(Coffee)

- 레귤라 커피(Regular Coffee)
- 카페인 없는 커피(Caffeineless Coffee) : Sanka Coffee
- 가향커피(Flavored Coffee)

2) 다류(茶類)

- Tea, 인삼차(Ginseng Tea), 녹차 등 기타 차(茶)

제❷장

알코올성 음료

우리나라 주세법에 의하면 전분(곡류), 당분(과실)들을 발효시켜 만든 1% 이상의 알코올 성분이 함유된 음료를 술이라고 한다.

■ 과실류(Fruits)를 원료로 한 술의 제조

과실류에 포함되어 있는 과당(Fruit Sugar)에 효모를 첨가하면 에틸알코올(Ethyl Alcohol)과 이산화탄소(CO_2), 그리고 물(H_2O)이 만들어 진다. 여기서 이산화탄소는 공기 중에 유리되기 때문에 알코올 성분을 포함한 액(液)이 바로 술로 만들어 진다.

<도표 5-1> 과실류를 원료로 한 술의 제조과정

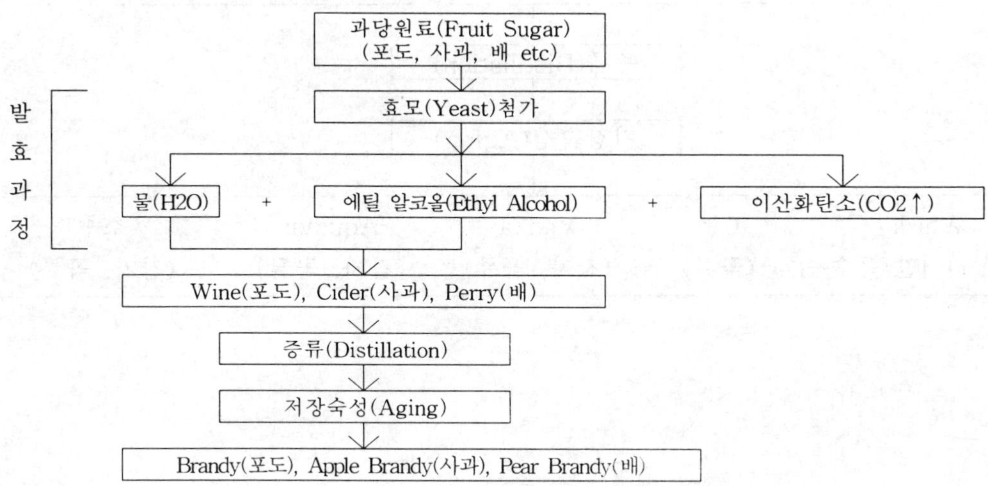

■ 곡류(Grain)를 원료로 한 술의 제조

곡류에 포함되어 있는 전분은 바로 발효과정으로 진행시킬 수 없기 때문에 전분당화효소인 디아스타제(Diastase)를 작용시켜 당분으로 당화해서 효모를 첨가 발효시키면 이산화탄소는 유리되고 알코올 성분을 포함한 액(液), 즉 술이 생성된다.

<도표 5-2> 곡류를 원료로 한 술의 제조과정

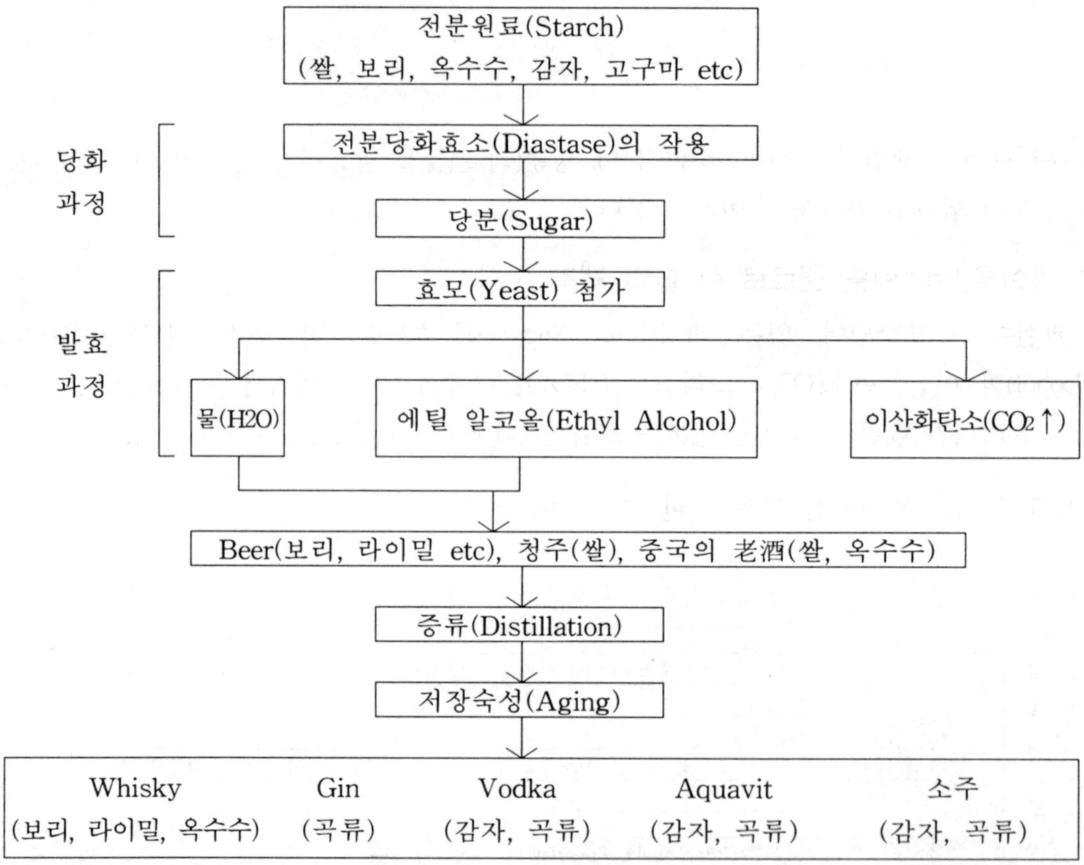

1-1 양조주(발효주, FREMENTED LIQUOR)

양조주는 술의 역사상 가장 오래전부터 인간이 마셔온 술로써 곡류와 과실류를 주원료로 하여, 곡류의 전분이나 과실의 당분에 효모를 작용시켜 에틸알코올(ETHYL AL-COHOL)과 탄산가스(CO_2)를 발생시키는 과정에서 생긴 음료를 말한다. 양조주를 발효주라고도 부른다. 양조주는 3°~18°의 알코올을 함유한다.

양조주의 대표적인 것으로는 포도주(WINE), 맥주(BEER), 과일주(FRUIT WINE)가 있다.

1. 맥주(Beer)

1) 역사

- 인류가 농경을 시작함과 동시에 술을 접한 것으로 추정(고고학자, 고증)된다.
- B.C. 4000년경 바빌로니아의 수메르(Sumer)인이 맥주를 만드는 모습이 묘사된 것이 발견되어 루불박물관에 보관되어 있다.
- B.C. 300년경 영국에서도 밀을 발효해서 마셨다는 기록이 있고,
- 13세기경 독일에서 호프를 사용한 복비어(Bock Beer)를 생산하게 되었다.
- 19세기 프랑스의 Pasteur가 맥주의 양조와 발효현상을 해명함으로써 우랑맥주의 대량생산이 가능하게 되었다.

2) 정의

보리를 싹을 내어(Malted Barley) 호프(Hop), 효모(Yeast)를 첨가, 발효시켜서 만든 탄산가스가 함유된 주정도 4~6%의 알코올성 음료이다.

3) 원료

(1) 보리(Barley)

맥주에 있어서의 보리는 맥주(麥酒, 보리술)라고 쓰는 것으로 보아도 보리가 차지하는 중요도가 대단히 크다는 것을 알 수 있다. 또한 영어의 "Beer"라는 어원은 색슨(Saxon)어

의 "Baere(보리)"에서 유래한 것이라 한다.

맥주 양조용 보리 품종은 주로 유럽에서 육성되었고 영국의 Archer, 스칸디나비아의 Gold, 독일의 Hanna가 대표적이다.

양조용 보리로는 2조 대맥으로 다음과 같은 것이 좋다.

(가) 껍질이 얇고, 담황색을 띄고 윤택이 있는 것.

(나) 알맹이가 고르고 95% 이상의 발아율이 있는 것.

(다) 수분 함유량은 10% 내외로 잘 건조된 것.

(라) 전분 함유량이 많은 것.

(마) 단백질이 적은 것(많으면 맥주가 탁하고 맛이 나쁘다).

(2) 홉(Hop)

홉은 맥주에 특이한 쓴맛과 향기를 주며 변질을 막아 보존성을 증가시키고 이뇨작용을 돕기도 한다. 또한 맥아즙의 단백질 제거를 하는 중요한 역할을 하는 불가결한 원료가 된다.

홉의 원산지는 유럽이다. 이름난 산지로는 체코슬로바키아의 Saaz 지방과 독일의 Lallertau 지방이다. 홉은 봄에 싹이 트고 5~6m의 높이까지 생장하는 뽕과에 속하는 다년생 식물로 학명을 'Humulus Iupulus'라고 한다. 수꽃과 암꽃이 다른 나무에 피는 자웅이주(雌雄異珠)이고 맥주에 사용되는 것은 암꽃 나무이면서 아직 수분(受粉)하지 않은 처녀의 꽃에 한정되어 있다. 초가을 꽃을 따고 건조공장에서 곧 건조시키고 압착해서 저장하는 것이다. 암꽃 안쪽에 붙어있는 Lupulin이라는 금색 가루가 맥주에 향기와 쓴맛을 주고 거품을 일게 하는 작용을 한다. 제조공정에서 여분의 단백질이 제거되는 것도 이 Lupulin이 하는 작용이다. 특히 홉은 풍토에 예민한 식물로서 냉랭지 및 건조지에서 그 재배가 적합하다. 우리나라에서는 강원도 지방에서 재배하고 있다.

(3) 물(Water)

맥주는 90%가 물이다. 그 때문에 수질이 좋은 것을 사용하지 않으면 맥주의 품질에 영향이 크다.

보통 산성의 양조용수를 사용한다. 최근에는 이온교환 수지의 발달로 이상적인 수질을 얻을 수 있기 때문에 좋은 맥주를 양조할 수 있다.

(4) 효모(Yeast)

맥주에 사용되는 효모는 맥아즙 속의 당분을 분해하고 알코올과 탄산가스(CO2)를 만드는 작용을 하는 미생물로 발효 후기에 표면에 떠오르는 상면발효 효모와 일정기간을 경과하고 밑으로 가라앉는 하면발효 효모가 잇다. 따라서 맥주를 양조할 때에는 어떤 효모를 사용하느냐에 따라 맥주의 질도 달라진다. 전자는 영국, 미국의 일부, 캐나다, 벨기에 등지에서 많이 사용되고, 후자는 독일, 덴마크, 체코슬로바키아 등지와 우리나라에서 사용되고 있다.

(5) 기타

맥아의 전분을 보충하기 위해 쌀, 옥수수, 기타 잡곡 등이 사용된다.

4) 맥주의 제조과정

(1) 맥아의 제조

보리는 제진기를 거쳐 먼지를 제거한 뒤 선립기(選粒機)에서 알맹이를 고른다. 다음은 침맥조라는 탱크에서 2일 전후로 담가 수분을 흡수시킨다. 이것을 발아조에 넣어 약 8일간 통기와 온도를 조절하면서 발아시킨다. 이것을 Green Malt(녹맥아)라 한다.

Green Malt는 45% 정도의 수분을 함유하고 있으므로 건조실에 보내 열풍으로 건조시킨다. 이후 맥아의 뿌리를 제거하고 약 20℃의 맥아 저장실에서 6~8주간 잠재운다. 이렇게 건조한 맥아를 Dry Malt라 한다.

- 침맥 : 보리를 물에 담그어 싹을 낸다.
- 건조 : 녹맥아의 성장과 용해를 억제
- 제근 : 단백질과 쓴맛이 많이 함유된 뿌리를 제거

(2) 당화

Dry Malt를 분쇄기에 걸어 잘게 부순 후 통에 담고 여기에 5~6배 무게의 온수를 넣어 죽과 같은 상태로 만든다. 이것을 Mash라 한다. 이 Mash를 자비부(煮沸釜)로 옮겨 끓이며 이때 홉이 가해진다. 홉을 가함으로써 맥아속의 단백질은 응고, 침전하고 액을 맑고 깨끗하게 만든다. 동시에 맥주의 독특한 쓴맛도 생긴다. 그 뒤 Hop 제거기에 넣어 홉을 제거하고 냉각기에서 발효에 적당한 온도까지 얼린(0℃)다음 여과기와 원심분리기로 고형물이나 침전물을 제거하면 투명한 액체가 되고 그것이 발효조로 옮겨진다.

- 분쇄 : 맥아를 잘게 부수는 작업
- 당화 : 녹말질을 당분으로 변화시킨다.
- 맥즙 여과 : 곡피나 기타 찌꺼기를 제거
- 맥즙 끓임, 호프 첨가 : 호프성분 추출, 맥즙 농축
- 냉각

(3) 발효

발효조의 맥아액은 상면발효 효모나 하면발효 효모를 가함으로써 발효를 시작한다. 효모는 발아액의 당분을 분해하여 알코올과 탄산가스를 만드는 것이다.

발효는 약 1주일에서 10일 정도 걸리는데 이렇게 만들어진 맥주는 아직 쓴맛도 강하고 탄산가스도 불충분하여 「어린 맥주」라고 한다. 이를 주발효 혹은 전발효라 한다.

- 효모 첨가 : 발효를 하기 위함이다
- 발효 : 당분을 알코올로 전환(주발효)

(4) 저장

이 어린 맥주는 저장탱크에서 약 60~90일간 「0℃」에서 숙성을 계속한다. 이를 후발효라고 한다. 이 기간 중에 발생하는 탄산가스가 밀폐된 탱크 속에서 맥주에 녹아 들어가 효모나 기타 응고물은 침전하여 원숙한 맥주로 성장하는 것이다. 이것을 규조토 여과기로 여과하여 술통에 따라 두는 것이 생맥주(Draught or Draft)이다. 이는 Fresh하나 보존성이 없다. 보존성을 유지하기 위해 저온 살균한 것이 보통 말하는 병맥주(Lager Beer)이다.

- 숙성 : 맥주중의 이물질을 가라앉히고 특유의 맛과 향을 내게 하는 과정(후발효)
- 여과 : 맥주를 맑고 광택나게 거른다.
- 제품(생맥주, 병맥주)

5) 맥주의 종류

(1) 발효과정에 의한 분류

가. 하면 발효맥주

발효도중 밑으로 가라앉게 되는 성질을 갖은 효모를 사용하여 저온(5~10℃)에서 발효시킨 맥주이다. 세계 맥주생산량의 약 3/4 정도를 차지한다. 주정도는 3°~4°이다.

① Lager Beer - 흔히 우리가 마시는 병맥주로 저온 살균과정을 거쳐 병입된 것이며 주정도는 4°이다.

② Draft(Draught) Beer - 보통 말하는 생맥주를 의미하며 발효균이 살균되지 않은 맥주(Unpasteurized Beer)이다.

③ Pilsner Beer - 체코 산으로 담색 맥아를 사용한 것이며 맥아의 향취가 약하고 고미(苦味)가 강한 맥주이다.

④ Dortmunder Beer - Pilsner보다 발효도가 높고 색은 담색이고 고미가 적은 맥주이다.

⑤ 흑맥주 - 색이 진하고 단맛이 있어 특유의 향기가 있는 맥주로 독일에서 많이 생산하며 다음과 같은 종류가 있다.

* Münchener Bier, * Kulmbach Bier, * Nürnberg Bier

나. 상면 발효 맥주(Top Fermentation Beer)

주로 영국에서 많이 생산하고 있으며 비교적 고온에서 발효시킨다.

① Porter - 영국의 독자적인 것으로 맥아즙 농도, 발효도, Hop 사용량이 높고 Caramel로 착색한 것이다. 주정도는 5°이며 영국의 Porter(하물 운반인)들이 즐겨 마셨던 맥주로 Stout의 인기에 가리어 1973년 5월 North Ireland의 벨퍼어스트시 근교의 한 Pub에서 차분하고 구슬프게 마지막 건배를 끝으로 모습을 감추었다고 한다.

② Ale - 보통 Beer보다 고온에서 발효시킨 것으로 Lager Beer보다는 Hop향이 강하게 나타나고 고미가 더한 맥주이다.

Bitter Ale, Mild Ale, Light Ale, Pale Ale, Brown Ale, Scotch Ale, Strong Ale, Old Ale 등의 Type이 있다.

③ Stout Beer - 알코올 도수가 강한 (8°~11°) 맥주로서 흑맥주와 같은 거무스름한 색깔이지만 맛은 흑맥주와는 다르고 검은 빛깔은 볶은 Caramel 맥아(麥芽) 때문이다. "Stout하면 Guiness다"라고 할 정도로 Guiness는 유명하다. Ireland의 수도 Dublin에 본사와 공장이 있으며 또한 「Guiness Book of Word Records」(기네스북 세계 기록집)로 더 유명하다.

④ Bock Beer - Lager Beer보다는 약간 독하고 감미를 느끼게 하는 진한 맥주이다. 이

것은 연례적으로 발효통들을 청소할 때 나오는 침전물을 사용하여 만든 특수한 맥주로써 미국에서 주로 봄철에 생산된다.

(2) 색깔에 따라

① 담색 맥주 : 색이 엷다(황금색).
② 농색 맥주 : 색이 짙다(호박색).
③ 흑맥주 : 검은색

(3) Light Beer

① 저 알코올 맥주 : 맥즙의 농도를 낮게 하여 알코올 함량이 낮은것
② 저 칼로리 맥주 : 발효시 당분을 최대한 알코올로 변화시켜 맥즙 당도 줄이고 알코올 도수 높인 것

6) 맥주 서비스

병맥주(Lager Beer)나 캔맥주(Can Beer)는 살균되어 있는 상태이므로 실제 저장온도에 따라 성질이 유지된다. 너무 장기간의 저장과 단기간 일지라도 직사광선이나 고온에 노출시키는 것은 맛의 변화를 가져온다. 가장 좋은 저장 방법은 5°C~20°C의 실내온도에서 통풍이 잘 되고 직사광선을 피하는 어두운 지하실의 건조한 장소가 가장 적합하다.

또 한가지 주의할 것은 영하의 온도에 노출되어 맥주가 얼지 않도록 주의해야 하며 계절이나 지방, 기후에 따라 약간씩 다르나(실제로 영국의 Pub에서는 한여름에도 미지근한 맥주가 나온다), Beer Cooler에서 약 3.5°C~4°C로 보관하였다가 서브할 때는 여름에는 7°C(6-8°C), 겨울에는 10°C(10-14°C)정도의 온도로 서브하는 것이 이상적이고 마개를 땄을 때 맥주가 넘쳐 나올 경우는 너무 차게 하였거나 아니면 너무 오래 되었다고(Flet) 보아야 한다.

맥주를 따를 때는 병을 글라스에서 약 4~5㎝정도 들고 부어서 7부 정도로 잔을 채우고 거품이 일도록(1-3 cm) 붓는 것이 신선한 향취를 맛보는데 가장 이상적이다. 거품이 없이 따르면 이산화탄소(CO2)가 맥주와 함께 넘어가기 때문에 배가 빨리 불러온다.

또한 첨잔은 금물이다. 처음 따른 맥주의 맛이 가장 좋고 그후엔 공기가 닿아서 산화되어 맛이 줄어든다. 맛이 줄어든 맥주에 새 맥주를 부으면 맛이 좋아지기는커녕 다시

부을 때 공기가 스며들어 더욱 산화를 재촉하게 된다.

맥주는 단숨에 마시는 것이 이상적이다.

* 맥주의 유명 상표

① 독일-Löwenbräu, Ulnion, Hansa, dab, Astra

② 덴마크-Carlsberg, Tuborg

③ 네덜란드-Heineken

④ 스웨덴-Three Crown

⑤ 체코슬로바키아-Pilsner(Pilsen 産)

⑥ 영국-Guiness Stout

⑦ 미국-Budweiser, Miller

⑧ 일본-기린 맥주 등

2. 포도주(Wine)

1) 포도주의 역사

- B.C 5000년경 소아시아 지방에서 포도주 생산 추정
- B.C 2000년경 그리스에서 포도주 생산 그리고 로마, 메소포타미아 고대 이집트, 바빌로니아, 등지로 퍼지게 되었다.
- B.C 1700년경 바빌론의 함무라비법전(Code of Hammurabi)에 포도주에 관한 규정이 성문화되어 있다.
- B.C 50년경 로마인에 의해 프랑스, 독일, 스페인 등에 전파되었다.
- 4세기 초 wine이 교회미사에 성찬용으로 사용되면서 베네딕트파 수사들에 의해 유럽전역에 전파됨.
- 16세기 성직자들에 의해 미국, 남아프리카, 중남미, 호주 등 세계 각국으로 전파됨.
- 1860년 프랑스의 과학자 파스퇴르가 "미생물에 의해 발효와 부패가 일어난다"는 사실을 발견한 이후 wine 제조방법이 크게 발전됨.

2) 포도주의 제조과정

(1) 재배(Planting)

와인을 만드는 첫 번째 단계는 포도나무의 재배에서 시작된다. 심고 나서 약 5년이 지나야 상업용으로 쓸 수 있는 포도가 생산되기 시작하며 약 85년 정도 계속해서 포도를 수확할 수 있다.

(2) 전지(Pruning)

포도나무는 늦가을에 가지치기를 하는데 이는 포도 수확을 줄이고 경작을 용이하게 하기 위함이다.

(3) 솎기(Thinning)

가지치고 난 주요 단계는 솎기인데 초봄에 행해진다. 생성되기 시작하는 포도나무의 불필요한 부분을 제거한다. 가지치기와 솎기가 필요한 이유는 포도의 수를 줄여서 익었을 때보다 질이 좋고 당분 함유량을 높이기 위함이다.

(4) 수확(Harvesting)

수확은 늦여름에 시작된다. 이것은 중요한 단계인데 와인의 질은 수확되는 때의 포도의 상태에 따라 좌우되기 때문이다.

(5) 줄기제거(Stemming)

수확된 포도는 Stemmer라는 기계에서 포도로부터 줄기와 대를 분리시킨다.

(6) 압축(Pressing) 및 발효(Fermenting)

다음 단계는 만들고자 하는 것이 White Wine이냐 Red Wine이냐에 따라 달라진다.

White Wine의 경우는 포도껍질과 씨를 분리시키기 위해 압축한 다음 발효시킨다. 그러나 Red Wine은 껍질, 과육, 씨와 함께 발효한 후 압축한다. 이렇게 해서 얻어지는 즙은 껍질에 의해 착색되고 향이 배게 된다.

Rose Wine은 Red 아 White Wine을 섞어서 만드는 경우도 있지만 대개는 Red Wine을 만드는 과정을 따르며 내용물이 전부 발효되기 전에 압축한다.

(7) 여과(Filtering)

발효가 끝난 액은 여과기를 통해 찌꺼기 등을 여과한다.

(8) 숙성(Barreling)

이렇게 얻어진 액은 숙성시키기 위해 나무로 된 통으로 보내진다. 이 나무통 또한 나무 그 자체와 통에 담겨져 있는 시간에 따라 향에 영향을 준다.

(9) 병입(Bottling)

숙성이 끝난 후 와인은 병에 담겨져 판매된다.

와인별로 제조과정을 설펴보면 다음과 같다.

① 레드 와인

적포도주는 붉은 포도를 파쇄한 후 과육, 과피, 과즙, 씨앗까지 탱크에 넣어서 7~10일간 발효시키면 알코올 생성과 함께 색소가 나와 탄닌(TANNIN)도 생겨 포도주의 독특한 색과 떫은 맛, 산미, 향미 등이 형성된다. 발효는 모든 당분이 다 없어질 때까지 약 14일간 계속 발효하도록 내버려둔다. 당분이 다 없어지면 적포도주의 독특한 맛이 남게 된다.

수확 → 파쇄 → 발효(껍질, 씨를 함께) → 압착 → 숙성 → 여과 → 병입

② 화이트 와인

백포도주는 포도껍질과 씨를 분리시키기 위해 일단 포도를 파쇄한 다음에 즉시 압착, 즙을 내어 20일 이상 12~20도로 발효시킨다. 탄닌(TANNIN) 성분도 적고 풍미도 마시기에 부담스럽지 않아 좋다.

수확 → 파쇄 → 압착 (껍질, 씨를 제거) → 발효→ 숙성 → 여과 → 병입

③ 로제 와인

핑크색포도주는 적·백포도주를 혼합하는 경우도 있지만 대개는 적포도주의 제조과정을 따르며 내용물이 전부 발효하기 전에 압축한다. 핑크색포도주(ROSE WINE)는 근본적으로 붉은 포도로 만든 백포도주로 맛은 백포도주에 가까운 편이다.

수확 → 파쇄 → 발효(도중에 껍질을 제거) → 압착 → 숙성 → 여과 → 병입

④ 스파클링 와인 (발포성 포도주, SPAKLING WINE)

포도주를 발효시키는 과정에서 발효가 채 끝나기 전에 병에 담았기 때문에 병 속에서 2차 발효에 의해서 생긴 침전물을 제거하기 위하여 60°경사로 놓은 후 병을 회전시키면 침전물이 목부분으로 내려 왔을 때 영하 30°되는 소금물에 담가서 마개를 뽑으면 가스의 압력에 의해침전물이 밖으로 나온다. 이때 빠른 동작으로 알코올과

당분을 넣고 만든 포도주를 모두 발포성 포도주(SPAKLING WINE)라고 부른다. SPAKLING WINE중에서 특히 불란서 샴페인(CHAMPAGNE) 지방에서 만들어진 포도주는 샴페인(CHAMPAGNE)이라고 하며 블랜딩할 때 여러 Cru품종의 비발포성 포도주를 혼합한다.

수확 → 파쇄 → 압착 → 1차 발효 → 블랜딩 → 병입(당분, 리큐르 첨가) → 2차 발효 → 침전물제거 → 와인보충(빼낸 양만큼 와인을 채운다)

* Cru Class : 프랑스 보르도 지방의 수많은 샤또 중에서 62개의 샤또를 선정, 1-7 등급까지 부여하는데 이를 Grand Cru Class 또는 Cru Class라고 하여 라벨에 표기하고 특별 취급한다.

⑤ 강화 와인(FORTIFIED WINE)

술의 에틸알코올 독성 때문에 효모가 죽어 더 이상 발효가 진행되지 않으므로 와인에 브랜디(BRANDY)를 첨가하여 알코올도수(16°~20°)를 높인 포도주를 말하는데 주로 향을 첨가한, SHERRY, PORT, MADEIRA, AROMATIC WINE 등이 이에 속한다.

주정이 강화되었으므로 병을 딴 후 10~20일이 경과해도 변질되지 않는다.

수확 → 파쇄 → 압착 → 발효 → 알코올 첨가 → 숙성 → 여과 → 블랜딩 → 병입

3) 포도주의 분류

(1) 색에 의한 분류

- Red Wine(적포도주) : 적색(LIGHT BODY)에서 짙은 적색(HEAVY BODY)에 이르기 가지의 색깔을 띄고 있는 모든 포도주를 말한다. 적포도주는 대부분이 DRY한 맛을 지니고 있다.
- White Wine(백포도주) : 엷은 무색을 띄고 있는 포도주를 말한다. 좋은 포도주일수록 밝은 색을 띄우고 있다.
- Rose Wine : 분홍색(장미빛) 포도주

(2) 당분 함유량에 의한 분류

- Sweet Wine : 발효가 끝나기 전 당분이 남아 있을 때 병 속에 넣음으로써 단맛이 있는 포도주(당분함량 3% 이상)를 말한다. 당분이 어느 정도 남았느냐에 따라서

DRY, MEDIUM, SWEET WINE이라고 부른다.

- Medium Dry Wine : 보통(당분함량 2% 미만)
- Dry Wine (산미 포도주) : 완전히 발효될 때까지 통속에 남아 있는 모든 당분은 알코올로 변한 일반적으로 단맛이 없는 포도주를 말하며 아주 단맛이 없는 포도주는 VERY DRY WINE이라고 부른다. 신 맛, 달지 않음(당분함량 1% 미만)

(3) 발포성 유무에 의한 분류

① Sparkling Wine : 탄산가스를 함유(샴페인)

② Nonsparkling(Still, 비발포성 포도주) Wine : 일반적인 테이블와인이 모두 여기에 해당된다.

(4) 알코올 첨가에 의한 분류

- Fortified Wine : Wine에 Brandy를 첨가하여 알코올 도수를 강화한 것(쉐리, 포트, 마데이라).
- Unfortified Wine(비강화 포도주) : 대부분의 14°이하의 테이블 와인(TABLE WIEN)이 이에 속한다.

(5) 가향 유무에 의한 분류

- Natural wine
- Flavored wine : 향을 첨가한 방향성 와인(Vermouth)

(6) 용도에 의한 분류

- Aperitif Wine : 식사 전에 마실 수 있는 모든 포도주로 즉 APPETIZER나 SOUP COURSE에 제공될 수 있는 포도주로서 대부분 강화포도주를 마신다. 쉐리와인이 해당된다.
- Table Wine : 식사와 함께 곁들여 마실 수 있는 포도주로 백포도주와 적포도주가 있는데 일반적으로 백포도주는 생선요리와 함께 마시며, WHITE MEAT 즉, VEAL, CHICKEN, TURKEY등에 함께 마시기도 한다. 적포도주는 육류요리에 마시며, 치즈류 및 모든 종류의 주요리에도 제공된다.
- Dessert Wine : 후식과 함께 곁들여 마시는데 주로 감미 포도주(SWEET WINE)이나 발포성 포도주(SPAKLING WINE)을 마신다. Digestif라고도 한다. 포트와인이 해당

된다.

- 기타 : 축하용(샴페인)

(7) 저장기간에 의한 분류

- Young Wine : 포도주를 만들어서 1~2년 혹은 5년 이내에 마시는 포도주를 말한다.
- Aged Wine : 포도주를 만들어서 5~10년 혹은 15년 이내에 마시는 포도주를 말한다.
- Great Wine : 포도주를 만들어서 15년 이상 50년 가까이 지나서 마시는 포도주를 말한다. 이때 코르크마개의 수명이 25~30년밖에 안 되므로 25년 이상 묵히는 포도주는 코르크마개를 갈아 끼워 주어야 한다.

포도주는 병에 담은 후에도 계속 숙성하나 일정한 기간이 지나면 퇴화한다. RED WINE은 SHITE WINE보다 탄닌(TANNIN)이 많으므로 숙성 기간도 길고 장기보존도 가능하다. 따라서 대부분의 포도주병은 태양광선으로부터 포도주의 품질을 보존하기 위하여 색깔이 있는 병을 사용하고 있다.

(8) 포도 수확년도 표시에 의한 분류

- Vintage Wine : 같은 연도에 수확된 포도로 만든 와인
- None Vintage Wine : 샴페인이 대표적이다.

(9) 산지에 의한 분류

주로 French, German, Italian, Spanish, Portuguese, American 그 외에 오스트레일리아, 스위스, 그리스, 유고슬라비아, 루마니아산 Wine이 있다.

① 프랑스산 포도주(FRENCH WINE)

프랑스산 포도주는 대표적 산지인 BOURGOGNE(BURGUNDY), BORDEAUX, LOIRE, CHAMPAGNE, ALSACE, RHONE 지방에서 생산된다.

② 독일산 포도주(GERMAN WINE)

알코올도수가 10°~14°이며 향취와 향미가 특이하도록 BLENDING하여 만드는데 RIELSLING과 SYLVANER 포도를 사용하여 만드는데 생산되는 포도주의 대부분인 약 85%가 백포도주인데 주로 수출용 POINTNOIR로 적포도주를 만들기도 한다.

③ 이탈리아산 포도주(ITALIAN WINE)

독일포도주와 함께 생산지명과 포도품종 명칭을 사용하며 대표적 산지는 PIEMONTE(알프스 중턱), CHIANTI(이탈리아 중부), VERONA(이탈리아 계곡이름) 등의 지방에서 많이 생산된다.

프랑스 포도주 산지

① BOURGOGNE
② BORDEAUX
③ BAL DE LOIRE
④ CHAMPAGNE
⑤ ALSACE
⑥ COTE DU RHONE

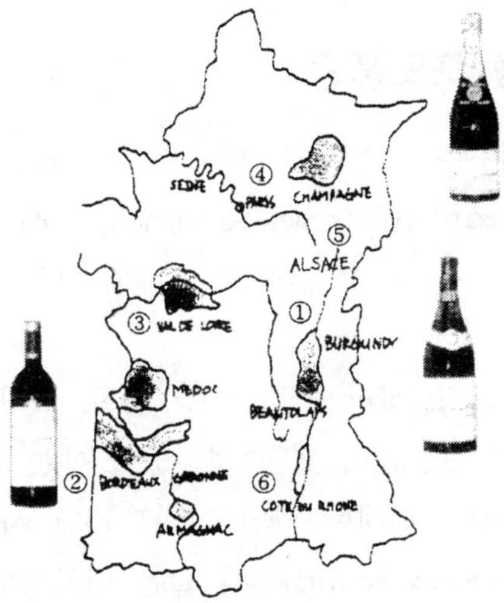

• 독일 포도주 산지

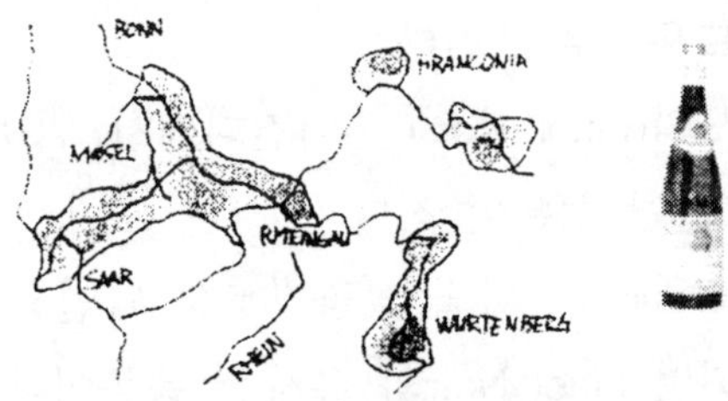

* 병모양이 French Wine보다 길고 가늘다.
* Mosel은 초록색, Rhein은 옅은 갈색 병 이다.

④ 포르투갈산 포도주

일반적으로 잘 알려진 포르투갈산 포도주는 PORT WINE, ROSE WINE이 있다. PORT WINE은 장기간 저장하여 짙은 색과 거칠은 맛이 나는 RUBY PORT와 5년간에 묵혀서 황갈색이 나는 TAWNY PORT로 나누어진다.

ROSE WINE은 대표적인 MATEUS ROSE, LANDER ROSE 등이 있다.

⑤ 미국산 포도주(AMERICAN WINE)

미국산 포도주는 CALIFORNIA산인 PAUL MASSON WHITE, RED 등이 있다.

⑥ 한국산 포도주

독일산 리스링으로 만들어내는 마주앙(MAJUANG WHITE), 마스컷트로 만들어내는 마주앙(MAJUANG RED) 두 가지와 불란서 BORDEAUX타입의 몽블로(CHATEAU MONTBLEU) 등이 있다.

4) 포도주용 포도품종

(1) Red Wine용

- 까베르네 쏘비뇽(Cabernet Sauvignon) : 레드와인을 만드는데 최고의 품종으로 메독, 캘리포니아 등 전 세계에 걸쳐 재배된다. 허브향, 후추향, 올리브향 같은 냄새를 지니고 있다.
- 까베르네 프랑(Cabernet Franc) : 메독, 그라브, 쎙떼밀리옹, 뽀므롤에서 주로 재배하며 탄닌 성분이 많아 덜 숙성되었을 때는 거칠다.
- 멜로(Merlot) : 위대한 와인을 만드는데 사용하며 메독(뽀므롤, 쌩떼밀리옹)에서 재배된다. Cabernet Sauvignon과 같은 허브향이 있으나 tannin 성분이 적다.
- 말벡(Malbec) : 보르도에서 재배되는 전통적인 품종으로 색깔과 탄닌의 조화를 위해 블랜드용으로 쓰인다.
- 삐노느와(Pinot Noir) : 버건디에서 위대한 와인을 만드는데 사용. 박하향, 포도향이 있고 탄닌 성분이 적다.
- 가메(Gamay) : 가볍고 향기로운 와인용으로 보졸레, 르와르, 스위스, 캘리포니아에서 재배되며 Pinot Noir와 유사한 품종이다.
- 시라(Syrah) : 론지역 최고의 적포도로 검은 후추향이 특징으로 탄닌 성분이 많아 천천히 숙성된다.
- 그르나쉬(Grenache) : 강하고 엷은 색깔의 와인과 로제와인을 만드는데 사용하며 프랑스, 스페인, 캘리포니아에서 재배된다.
- 네비올로(Nebbiolo) : 이탈리아 최상의 포도품종으로 진하고 강건한 wine을 만든다.
- 바르베라(Barbera) : 신선한 과일향이 나며 산도가 높고 감칠 맛 나는 품종으로 이탈리아와 캘리포니아에서 생산
- 진판델(Zinfandel) : 캘리포니아 지역에서만 쓰이는 적포도로 딸기향이 있다.

(2) White Wine용

- 쏘니뇽블랑(Sauvignon Blanc) : 보르도, 르와르, 캘리포니아에서 재배되는 품종으로 허브향, 후추향, 올리브향이 혼합된 향기를 갖고 있다.
- 샤르도네(Chardonnay) : 버건디지역 최고의 백포도 품종으로 사과향이 나며 샴페인, 샤불리 등에도 사용, 캘리포니아 기타 나라
- 삐노블랑(Pinot Blanc) : Chardonnay와 유사하며 샹빠뉴, 알사스, 이탈리아, 독일, 캘리포니아에서 재배된다.
- 뮈스까데(Muscadet) : 프랑스 북부지역에서 재배, 라이트하고 드라이한 와인용
- 쉬냉블랑(Chenin Blanc) : 르와르 지역의 주요 품종으로 과일향이 난다. 캘리포니아
- 게뷔르츠트라미너(Gewürztraminer) : 알사스, 독일, 오스트리아, 캘리포니아에서 재배하는 향이 강한 스파이시한 품종
- 리슬링(Riesling) : 독일 최상급 포도품종으로 스위트하며 살구향에 가까운 과일향이 있다.
- 쎄미용(Sémillon) : 부드럽고 드라이한 와인용, 쏘비뇽 블랑의 향기와 비슷하나 톤이 약하다.
- 트레비아노(Trebbiano) : 이탈리아의 주요 품종으로 끼안티를 만드는데 사용된다.

5) 프랑스 와인(French Wine)

(1) 프랑스의 와인법

① A.O.C. 아뻴라시옹 도리진느 꽁뜨롤레(Appéllation d'Origine Contrôlée) : 원산지 명칭 통제법에 의한 최고급 와인이며 1935년에 제정된 법으로써 생산지, 사용된 포도품종, 경작법, 헥타르당 최대 생산량, 최저 알코올 함유량, 제조 방법 및 저장 방법 등을 규제하며 한정 생산되는 와인이다.

② V.D.Q.S.(Vins Délimité de Qualité Supérieur) : 우수한 품질의 와인
1949년에 공포된 법에 의해 생산지역, 포도품종, 와인 최저 알코올양, 경작지 및 양조방법 등을 통제하고 있다. A.O.C. 와인보다는 못하지만 그 다음으로 우수한 와인이다.

③ 뱅 드 뻬이(Vin de Pays) : 지방 와인

1973년에 공포되었으며, 그 지방의 특색을 나타낸 와인이다. 규제 조건은 규정된 특정지역에서 재배한 우수한 포도사용 여부, 알코올 최소 함유량, 성분분석 검사 등이다.

④ 뱅 드 따블(Vin de Table) : 보통의 일반 와인이다.

(2) 프랑스 와인의 생산지에 따른 분류

- 보르도(Bordeaux)
  - 메독(Médoc)
  - 그라브(Graves)
  - 쌩떼밀리용(St. Emilion)
  - 뽀므롤(Pomerol)
  - 쏘테르느(Sauternes)
- 브르고뉴(Bourgogne)(=Burgundy)
  - 샤블리(Chablis)
  - 꼬뜨도르(Côte D'or)
    - 꼬뜨 드쉬(Côte de Nuits)
    - 꼬뜨드본(Côte de Beaune)
  - 꼬뜨 샬로네(Côte Chalonnais)
  - 꼬뜨 마꼬네(Côte Maconnais)
  - 보졸레(Beaujolais)
- 발드르와르(Val de Loire)
- 샹빠뉴(Champagne)
- 꼬뜨 뒤 론(Côte du Rhône)
- 꼬뜨 뒤 쁘로방스(Côte du Provence)
- 알사스(Alsace)
- 랑귀독(Languedoc)과 루시용(Roussillon)

(3) 지역별 분류

① 보르도(Bordeaux) 지방

프랑스에서 가장 오래된 항구도시로 온화한 기후와 토양조건이 포도재배에 적합해서 포도원이 많고 면적도 넓다. 샤또(Chateau)와인이라고도 한다.

- Red Wine의 주요 포도 품종은 Cabernet Sauvignon, Merlot, Cabernet Franc, Malbec 등이다.
- Light하고 세계적으로 가장 우수한 Wine을 생산하고 있다. 보르도의 Red Wine을 영국에서는 Claret라고 부른다.
- White Wine의 주요 포도 품종은 Sauvignon Blanc, Semillon 등이다.
- 이곳은 메독(Médoc), 그라브(Graves), 쎙떼밀리용(St. Emilion), 뽀므롤(Pomerol), 쏘테르느(Sauternes) 등 5개 지역이 유명하며 법에 의해 24개 지역으로 나누어진다.

② 브르고뉴(Bourgogne)=버건디(Burgundy) 지방

- 보르도 와인이 여왕이라면 버건디 와인은 왕이다.
- 포도품종은 삐노느와가 강한 레드 와인에, 샤르도네는 화이트 와인을 만드는데 사용된다.
- 네고시앙 와인이 유명하다.
- 와인의 생산과 숙성을 직접하는 포도원 소유자를 '쁘로 쁘리에떼레이'라고 하고 포도원이 생산한 와인을 자신의 저장고에서 혼합, 숙성, 판매하는 사람을 '네고시앙(Négociant)'이라 한다.
- 브르고뉴의 중심부는 꼬뜨 도르(Côte D'or)인데 버건디 최고의 와인이 이 곳에서 생산되며 꼬뜨 드 뉘(Côte de Nuits)와 꼬뜨 드 본(Côte de Beaune)으로 나뉘어진다.

③ 샹빠뉴(Champagne)지방

- 샴페인은 발포성이 있으며 축하용으로 쓰이는 신선하고 섬세한 와인이다.
- 포도품종은 삐노느와, 삐노블랑, 사르도네이다.
- 지역은 랭스(Reims)와 에페르네(Epernay)의 두 지역이다.
- 병속에 거품을 보존하는 방법을 발견한 사람은 베네딕틴 수도원의 동 뻬리뇽(Dom－Pérignon, 1639~1715)이었다.
- 2차 발효 후 병속의 침전물을 제거하는 방법을 알아 낸 사람은 뵈브 끌리꼬네 뽕사뎅(Veuve Clicquot Née Ponsardin, 1777~1866)부인이다.
- 당도에 따라 아래와 같이 표기한다.

- 브뤼(Brut) : 1% 미만
- 엑스트라 섹(Extra Sec) : 1~3%

- 섹(Sec) : 4~6%
- 드미 섹(Demi－Sec) : 6~8%
- 두(Doux) : 8% 이상

(4) 프랑스 와인의 상표(Label) 읽는 법

프랑스와인의 상표는 각 지역별, 지구별 또는 구역별로 표기하는 방법이나 내용이 약간씩 차이가 있다. 지역의 이름이나 지구의 이름 혹은 마을의 이름이 와인명으로 사용되는 경우가 많고 또한 특정 포도원(Château)명 와인도 적지 않다. 간혹 포도의 품종이 와인명으로 사용되는 지역도 있다. 그러므로 프랑스 와인의 상표를 일기란 상당히 까다롭다고 할 수 있다.

대표적으로 Bordeaux Wine과 Burgundy Wine의 상표 읽는 법을 소개한다.

<도표 5-3> Bordeaux Wine 라벨

① 와인명　② 생산국가(프랑스)　③ 심볼마크　④ 생산지역
⑤ 크랑크뤼 크라쎄　⑥ 용 량　⑦ 빈 테이지　⑧ 포도원 소유자의 이름과 주소
⑨ 포도원에서 병입　⑩ AOC 원산지 통제 명칭

<도표 5-4> Burgundy Wine 라벨

<도표 5-5> 샴페인 라벨

6) 와인병을 Open하는 요령

① 주문된 포도주는 그것이 놓여진 상태로 가만히 들고 가서 상표(Lable)가 고객을 향하도록 하여 고객의 좌측에서 보여드린다.

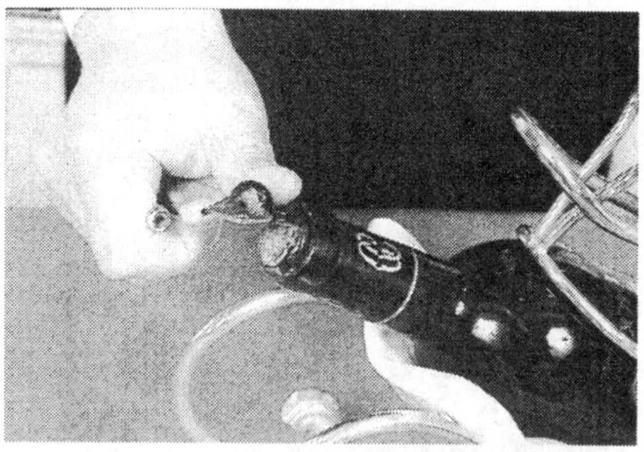

② Cork Screw에 있는 knife를 이용하여 병목의 Capsule 윗부분을 제거한 후, Service Cloth로 병마개 주위를 잘 닦는다.

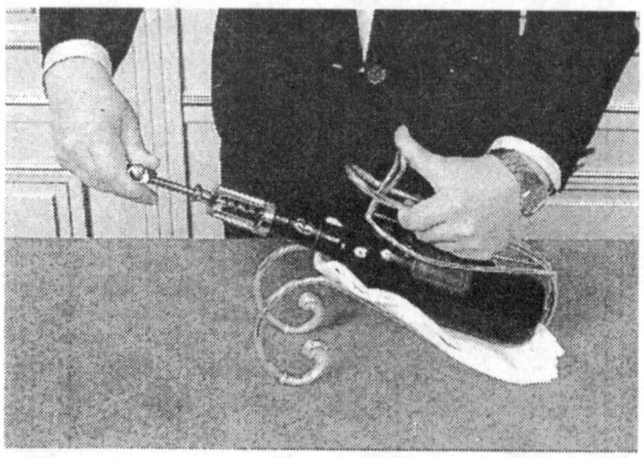

③ Cork Screw 끝을 Cork의 중앙에 대고 천천히 돌려 넣는다.(Cork를 완전히 통과하여 Cork 조각이 술병 안으로 떨어져서는 안된다.)

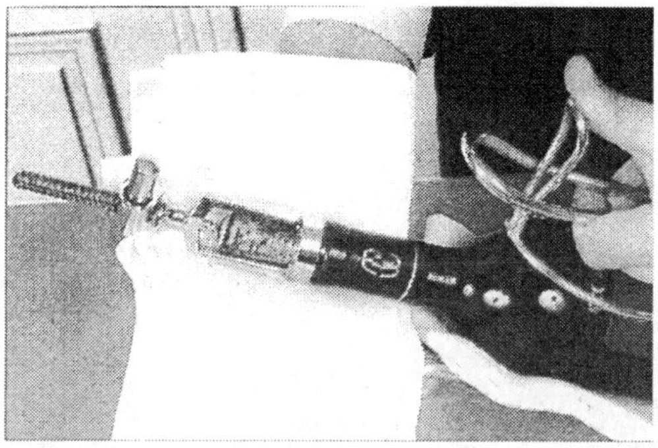

④ 나사를 천천히 돌려 Cork 마개가 1cm 가량 남은 위치까지 뽑은 후, Service Cloth를 받쳐 손가락으로 Cork를 잡고 천천히 돌려서 마개를 뽑는다.

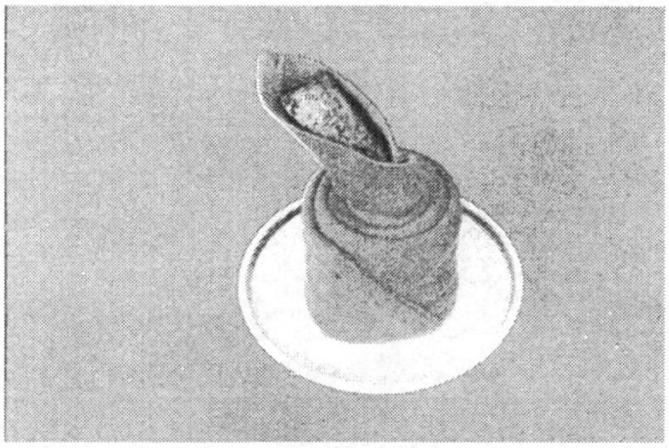

⑤ Cork의 냄새를 맡아 이상 유무를 확인하고 손님에게 확인하도록 Cork를 보여드린다.

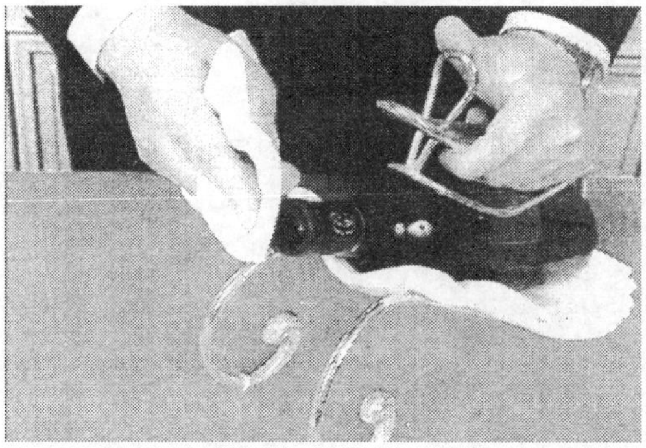

⑥ 서브하기 전에 Service Cloth로 병목 주위를 깨끗이 닦는다.

⑦ 주문한 손님에게 Tasting시켜 드린다.

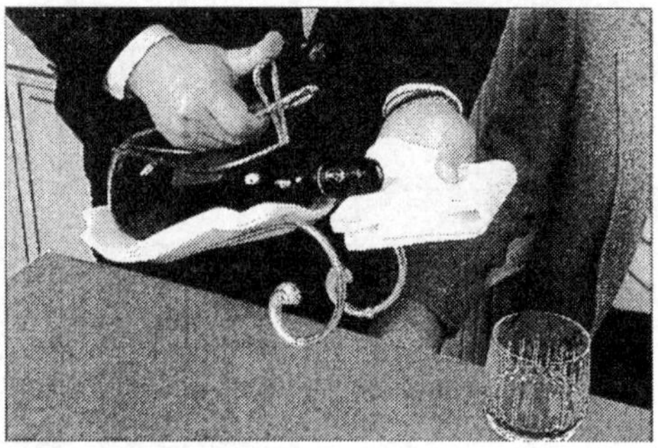

⑧ Wine을 따른 후 병목을 Service Cloth로 닦아, 술 방울이 테이블에 떨어지지 않도록 한다.

7) Decantation

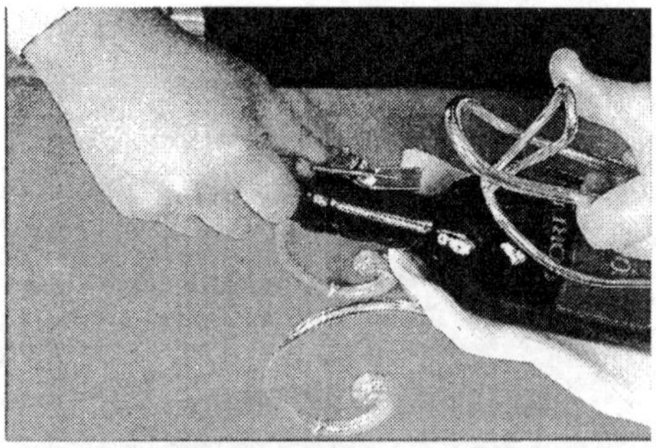

① Cork Screw에 달린 칼로 Capsule을 완전히 제거한다.

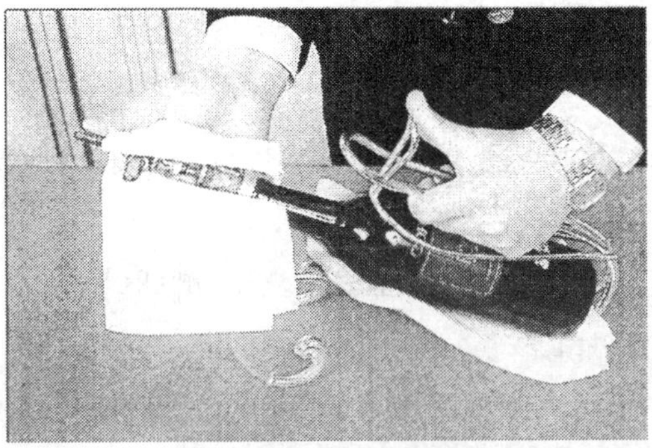

② Cork를 뽑는다.

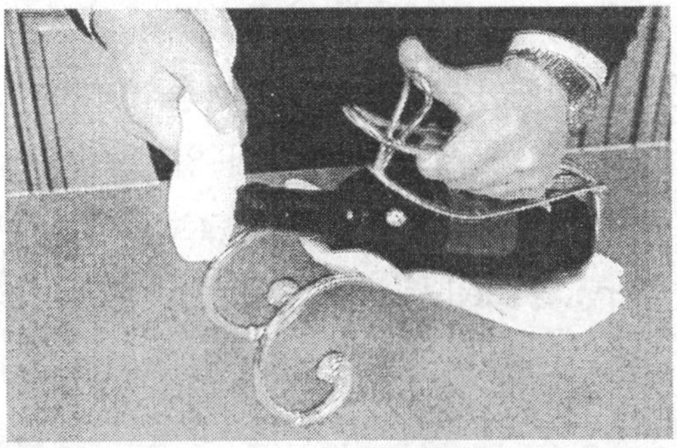

③ 병목 주위를 깨끗이 닦는다.

④ 촛불을 켠 다음, 왼손으로 Carafe를 잡고, 오른손으로 Wine Bottle을 잡은 후 Wine병의 어깨쯤에 촛불의 불꽃이 비치도록 하여 Wine을 따른다. 이때, 찌꺼기가 나타나면 중지한다.

8) Red Wine Service(Wine Basket을 이용)

① Wine Basket에 Napkin을 깔고 Red Wine을 눕힌다.(Wine의 진동을 억제한다.)

② Wine Label을 손님이 잘 볼 수 있도록 잡고 주문한 상표를 확인시킨다.

③ Wine Basket 목밑에 Bread Plate를 엎어 깔고 왼손으로 Basket을 잘 잡고 오른손으로 Cork Screw의 knife를 이용, Capsule을 제거한다.
④ Napkin으로 병목 주위를 닦은 다음 Cork Screw를 Cork에 돌려 넣는다. 이때 병이 움직이지 않게 조심스럽게 다루어야 한다.
⑤ 받침대를 이용, 왼손으로 받침대를 고정시키고 천천히 오른손으로 빼낸다.
⑥ 다시 병목 주위를 깨끗이 닦은 다음 서브한다.
⑦ 서브 요령은 Basket을 오른손의 엄지와 중지 사이에 끼워 잡고 인지로 병을 살짝 누르면서 잡는다. 포도주를 따를 때 병속의 침전물이 흔들려 섞이지 않도록 조심스럽게 따른다.
⑧ 주문한 손님(Host)의 잔에 1/4 정도 따른 후 먼저 맛을 보게 한 다음 좋다는 승낙이 있으면 사회적인 지위나 성별, 연령을 참작하여 서브하는 것이 일반 원칙이다.
⑨ 글라스와 술병의 높이는 약간 떨어지게 하여 글라스의 $\frac{1}{2}$~$\frac{2}{3}$정도(보통 8할) 서브하고 병을 약간 돌려 Cutting한다. 이때 Service Cloth를 쥐고 있는 왼손은 가볍게 뒤쪽 허리등에 붙이고 서브한다.
⑩ 서브가 끝날 때마다 술병을 조심스럽게 Service Cloth로 닦아 술 방울이 테이블이나 손님에게 떨어지지 않도록 주의한다. 잔이 비었거나 조금 남았을 경우, 고객의 거부 표시가 없는 한 계속 Refill 시킨다. 서브 후 병바닥에 남은 침전물은 글라스에 따르지 않고 고객에게 확인시킨 뒤 치운다.

9) White Wine 서비스

① 포도주가 서비스되는 동안 포도주의 적정온도가 계속 유지되도록 하기 위해 (5°~7° 정도)White Wine은 얼음과 물이 채워진 Wine Cooler나 냉장고에 넣어 두어야 한다. White Wine은 Wine Cooler를 필히 사용한다. (RED WINE : 그 RESTAURANT의 실내온도 정도, White Wine, Rose : 5~10℃, Sherry : 10~12℃ Champagne : 1~4℃)
② 병마개는 손님 앞에 준비된 Wine Cooler 속에서 따야 한다.
③ 고객에게 Presentation하는 것과 Opening하는 것은 위에서 설명한 「와인 병을 Open하는 요령」에 따라 실시하며 와인 서브시 글라스와 와인병과의 높이는 보통 와인의 종류에 따라 2~3cm가 적당하다.

④ 고객이 손수 따르기 전에 Refill시키도록 한다. 고객이 Wine Glass를 잡는 바른 방법은 밑부분인 Stem을 잡는 것이다.

10) Champagne 서비스

① Wine Cooler에 물과 얼음을 넣고 Champagne 병을 넣어 차갑게 한 다음 서브한다.
② Champagne 병을 들어 손님의 좌측에서 상표를 확인시킨다. 이때 물기가 떨어지지 않게 Service Cloth를 술병 밑바닥에 댄다.
③ 왼손 엄지로 병마개를 누르면서 오른손으로 은박이나 금박의 포장지 윗부분을 벗긴다.
④ 왼손 엄지는 계속 병마개를 누르면서 감겨진 철사를 푼다.
⑤ 왼손으로 Wine Cooler속에 있는 병을 꽉 잡고 오른손으로 Cork를 조심스럽게 소리나지 않게 빼낸다.
⑥ 병에 물기를 제거한 다름 오른손 엄지를 병 밑쪽 파인 곳에 넣어 나머지 손가락으로 병을 잡고 왼손 인지로 병목 부분을 받치고 따른다. White Wine은 Glass의 2/3만 따른다.
⑦ 글라스와 병의 높이는 약 3~5cm 정도가 적당하다.
⑧ Champagne 서브시 ⑥번과 같은 방법을 취하지 않을 때는 Service Cloth를 든 왼손은 등뒤로 붙인다.
⑨ 매 서브 후 Service Cloth로 병목의 물기를 조심스럽게 닦아 술이 테이블이나 손님에게 떨어지는 것을 방지한다.

※ Champagne Cork 따는 법

① 손님의 좌측에서 상표를 확인시킨다.

② 병목 부분의 띠를 잡아당겨, 노출된 와이어 네트의 잠금쇠를 푼다.

③ 왼손 엄지로 코르크의 윗부분을 누르면서 와이어 네트를 완전히 벗겨낸다.

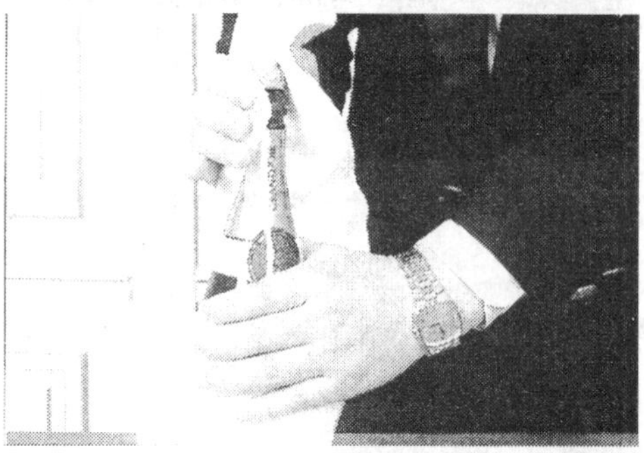

④ 손을 바꾸어 오른손 엄지로 코르크가 순간적으로 튀어나오지 않도록 눌러주며, 왼손으로 병목부분을 잡고 오른손으로 약간씩 좌우로 비튼다.

⑤ 오른손으로 코르크를 견고하게 잡고 샴페인이 넘치지 않도록 서서히 열어준다.

※ 지렛대형 CORK SCREW 사용법

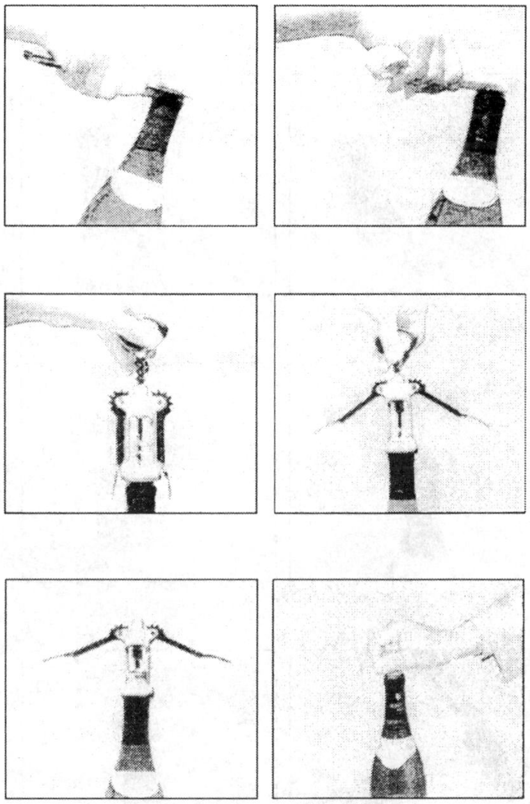

① ② ③ ④ ⑤ ⑥

① 칼로 Capsule을 제거한다.
② 깨끗한 Napkin으로 이물질을 닦아낸다.
③ 스크류를 Cork마개 중심에 댄다.
④ 똑바로 들어가도록 돌린다(2/3정도).
⑤ 지렛대 양날개를 천천히 아래로 내려 Cork가 나오도록 한다.
⑥ 거의 나오면 왼손으로 병을 잡고 오른손으로 Cork를 잡아 살짝 뽑아낸다.

주의

① Capsule을 제거할 때 병을 돌리지 말고 Knife를 돌려 제거한다.
② Screw를 Cork에 넣을 때 관통시켜 Cork조각이 떨어지지 않게 한다.

※ WAITER'S KNIFE 사용법

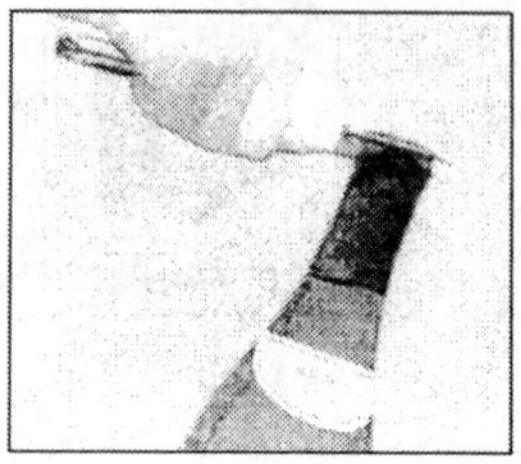
①

②

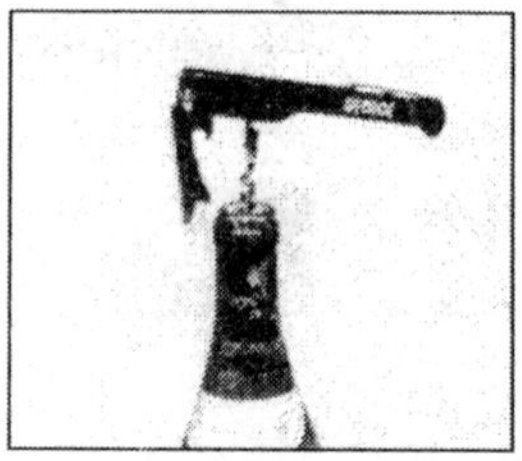
③

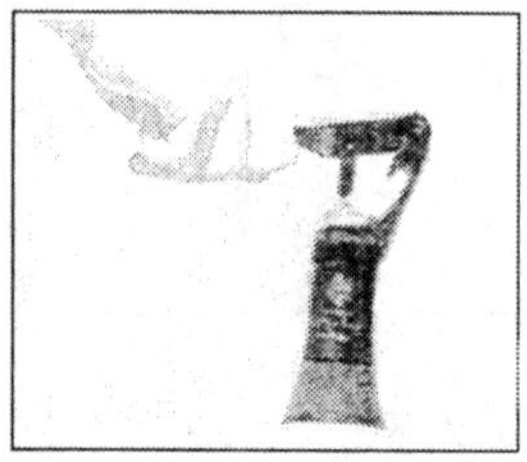
④

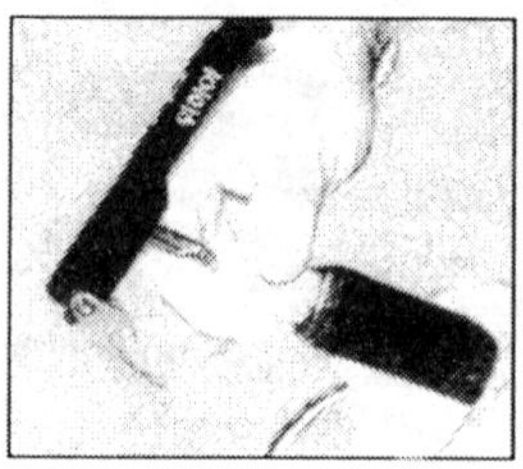
⑤

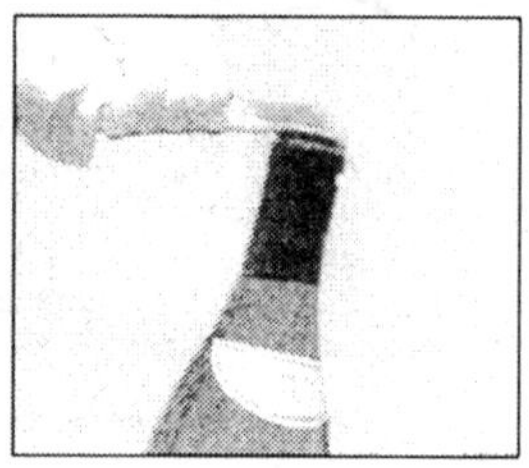
⑥

① 칼로 Capsule을 제거한다.
② 깨끗한 Napkin으로 이물질을 닦아낸다.
③ Screw를 Cork 중심이 직각으로 들어가도록 돌린다.
④ 지렛대를 이용하여 들어올린다.
⑤ Cork가 거의 나오면 손으로 Cork를 잡아 살짝 뽑아낸다.
⑥ 깨끗한 Napkin으로 병입구를 닦아낸다.

주의

지렛대로 들어올릴 때 (④번) Cork가 상하지 않도록 직각으로 천천히 들어올린다.

11) 포도주 저장

포도주의 보관은 12℃ 정도의 서늘한 곳이어야 한다. 포도주를 저장할 때는 항상 눕혀두므로 침전물(SEDIMENT : 포도찌꺼기)이 병벽에 붙어 있어서 바로 열게 되면 침전물에 의해서 포도주가 탁해진다. 제공하기 수시간 전에 병을 바로 세워두어야 한다. CLARET (BORDEAUX산 RED WINE)은 식사가 제공되기 1시간 전에 GRAVES 및 BURGUNDY의 WHITE WINE은 식사하기 15분전에 OPEN해 두어야 한다.

왜냐하면 OPEN할 때 흔들린 찌꺼기가 완전히 가라앉게 하고 또한 외부의 공기와 접촉해서 포도주가 한층 생기가 나고 공기 중의 산소와 접촉해서 정기(ETHER) 발생을 촉진시키기 때문이다.

포도주를 저장한 창고

식당에서 포도주를 보관한 모습

12) 포도주를 TASTING하는 방법

포도주의 질을 평가하는 방법은 전문가가 아니면 매우 어려운 점이 있으나 쉽게 포도주의 보관상태 및 질을 평가하려면 다음과 같은 요령에 의해서 할 수 있다.

가. 병의 겉보기(APPEARANCE)

① 상표는 잘 부착되어 있는가? 몇 년도 산인가?

② 알루미늄 캔이 손상되지는 않았는가?

③ 포도주의 색깔이 맑고 빛이 나는가?

④ 병 속에 침전물이 없는가?

나. 포도주의 향기(BOUQUET) 맡기

① 기묘하고 나쁜 냄새가 없는가?

② 포도의 종류를 감정할 수 있는가?

③ 냄새가 신선하고 과일 냄새가 나는가?

• **포도주의 향기 맡기(BOUQUET)**

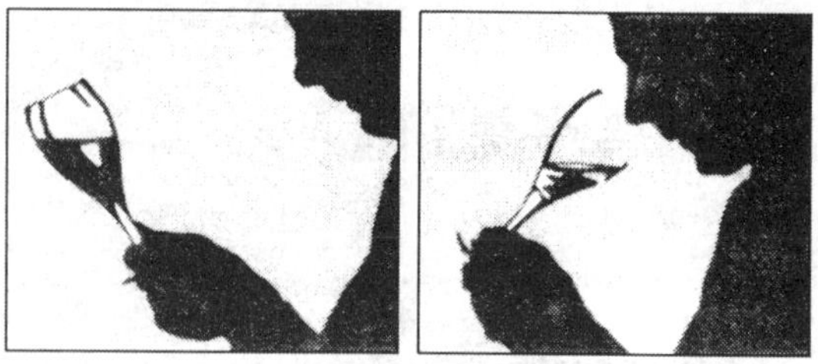

a. 눈 높이로 Glass를 들어 색깔을 즐긴다.
b. 가볍게 돌려 공기와 접촉하게 하여 향기를 즐긴다.

다. 포도주 맛보기(TASTE)

① CORK는 젖어 있는가?

•**포도주 맛보기(TASTE)**

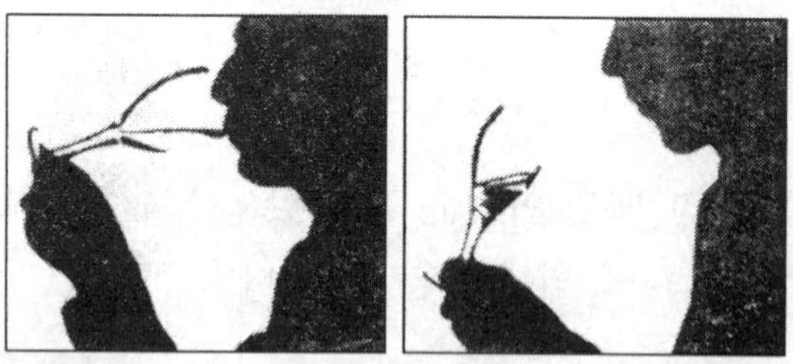

② 신맛, 쓴맛, 단맛이 과하지 않는가?

a. 한모금 입에 넣고 입 안의 모든 부분을 적셔서 맛을 천천히 음미한다.
b. 삼킬 때 목을 타고 내려가는 와인의 참맛을 느낀다.

포도주를 감정할 때는 입으로 맛을 보면서 코로 냄새를 맡으며 확인할 수 있다. 포도주를 맛으로 감정할 때는 한모금 홀짝 마시지 말고 듬뿍 입에다 담아서 입안 골고루 무친다. 그 다음 입 속에서 입안이 쪼그라질 정도로 신맛이 난다면 이는 신선하지 않다고 보아도 된다.

또한 포도주를 마신 뒤에 향기가 남아 있는지 여부도 점검한다. 정확하게 포도주를 감정하기 위해서는 여러 가지 포도주의 맛(독특한 맛)을 기록해 두는 편이 좋다. 또한 와인의 질은 수확시기의 포도상태에 따라 영향을 받기 때문에 포도가 풍년을 이루고 맛과 질이 뛰어난 걸출한 해(OUTSTANDING YEAR) 즉 VINTAGE YEAR를 보고 포도주의 질을 평가할 수 있다. 그러나 반드시 질이 좋은 것만을 의미하는 것은 아니고 단지 동일한 연도에 수확된 포도로 만든 와인을 뜻하기도 한다.

VINTAGE CHART에는 크게 다섯 가지로 분류되어 있다.

▶ VINTAGE YEAR(GOOD HARVEST YEAR)

① AVERAGE…POOR, VERY, POOR : 평년작

② MEDIUM…FAIR, LOW AVERAGE : 보통수준

③ GOOD…GOOD, VERY GOOD : 좋음

④ GREAT…GREAT, VERY GREAT : 아주 좋음

⑤ EXCEPTIONAL…EXCEPTIONAL GREAT : 가장 뛰어남

세분화시켜서 9단계로 나누어 숫자로 표시하기도 한다.

최고급 포도주는 적게 열리는 나무에서 거둔 포도로 빚은 술이라고 볼 수 있다. 왜냐하면 포도나무에 포도가 적게 열리면 포도의 풍미는 더욱 좋게 마련이며, 각 포도송이는 토양의 미네랄(MIRERAL) 성분을 더욱 많이 흡수할 수 있기 때문이다.

•포도주병의 부위별 명칭

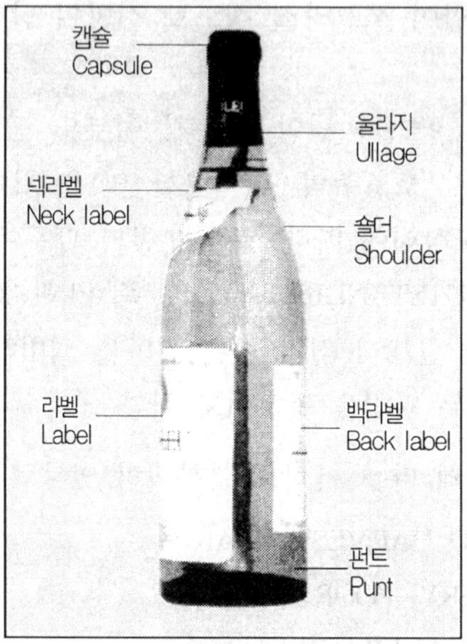

1-2 증류주

증류주는 과실, 곡류 등을 발효시켜 증류과정을 거친 강한 알코올이 함유된 술을 말한다. 발효된 상태는 주로 물과 알코올로 되어 있는데 물과 알코올은 기화되는 온도가 다르므로 열을 가하여 분리하는 작업을 증류라고 한다.

종류로는 위스키(Whisky), 진(Gin), 보드카(Vodka), 럼(Rum), 브랜디(Brandy), 테킬라(Tequila), 아쿠아비트(Aquavit) 등이 있다. 이중에 진, 보드카, 럼은 칵테일용으로 가장 많이 쓰이고 있다.

증류에는 단식증류법(Pot－still)과 연속식증류법(Patent－still)의 두 가지가 있다.

1. 위스키(Whisky)

위스키(Whisky)의 어원은 켈트어의Uisgebeatha(생명의 물－Visquebeatha)가 Usque－baugh로 다시 Uisky로 불리워지다가 오늘의 Whisky로 변화되었다.

이 위스키는 동방의 증류기술이 중세 십자군 전쟁을 통해 서양에 도입되었으며 후에 아일랜드를 거쳐 스코틀랜드에 전파되었다. 중세기초 많은 연금술사들의 노력에 금은 만들지 못하였으나 생명의 물을 발견하기에 이른다. 그 후 18세기에 이르러 재증류법을 시도하게 되었고 드디어 1826년에 영국의 로버트 스타인(Robert Stein)에 의해 연속식 증류기가 발명되었으나 실용화되지 못했다. 1831년에는 아일랜드의 이니아스 카피(Aeneas Coffey)씨가 보다 진보된 연속식 증류기를 발명하여 특허를 내서 Patent－still로 불리우게 되었다.

위스키는 보리(Barley), 옥수수(Corn), 호밀(Rye), 밀(Wheat) 등 곡물의 싹을 내거나 갈아서 발효하여 증류, 숙성시킨 술이다. 대표적인 것은 영국 스코틀랜드의 Scotch Whisky, 미국의 American Whiskey, 카나다의 Canadian Whisky, 아일랜드의 Irish Whiskey가 유명하다.

1) 아이리쉬 위스키(Irish Whiskey)

(1) 역사

아이리쉬 위스키는 아일랜드에서 제조된 위스키라는 뜻으로 사상 최초의 위스키이다. 현재 발견된 기록은 1171년 잉글랜드의 헨리2세가 군대를 이끌고 이곳에 왔을 때 이곳 사람들이 마시던 '아스기보'라는 강한 술에서 비롯되었다고 한다.

종류로는

① 대맥 맥아 → 발효 → 증류(단식증류기로 3회) → 숙성
강렬한 남성적인 향미를 가지고 있다.

② 주로 옥수수 → 발효 → 증류(연속식) → 숙성 → 블렌딩(①번)
가볍고 경쾌한 맛을 지닌 것으로 수출되는 대부분이 이 타입이다.

(2) 상품명

Jameson(Standard, 12년)
Midleton
Old Bushmills, Black Bushmils, Bushmils Malt 10년
Power

※참고

- spirits(주정 : 酒精) : spirits는 보통 ① 곡물을 발효해서 만든 증류주를 말하는 경우와 ② 곡물, 기타 원료를 발효, 증류한 고농도의 숙성하지 않는 원액(원주)를 뜻하는 경우로 쓰인다.
- Neutral Spirits : 곡물, 당밀, 기타 원료를 발효, 증류한 매우 강력한 고농도 알코올(95%)의 원액으로 이취, 이미가 나는 불순물이 매우 적어 중성주정이라고 부르며 주로 Gin, Vodka, 희석식 소주들의 원료로 사용되고 저급 whisky의 Blending용으로도 사용한다.

2) 스카치 위스키(Scotch Whisky)

(1) 역사

① 초창기의 스카치 위스키는 증류액에 불과하였다.

② 1707년 Scotland를 합병시킨 영국 정부는 부족한 재원을 확보하기 위하여 위스키에 고율의 세금을 부과하였다. 그래서 위스키 주조자들은 스코틀랜드 북부지방(Highland)의 산속에 숨어 달빛 아래서 몰래 위스키를 밀조하기 시작하였다.

③ 그러나 몰트를 건조시킬 연료가 부족하여 피트(Peat)를 사용했는데 특유의 향이 발생되었고 이것이 피트의 훈연 때문인 것을 알게 되었다.

④ 그후 밀조된 술이 많이 누적되어 은폐수단으로 스페인에서 수입해 온 Sherry와인을 마시고 난 빈통에 담아 두었다. 당시에는 스페인으로부터 포도주를 다량 수입했기 때문에 빈통을 쉽게 구할 수 있었다. 나중에 술을 팔기 위하여 술통을 열어보니 투명한 호박색의 짙은 향취와 부드러운 맛의 술이 되어 있었다.

⑤ 1823년 영국 정부는 세제를 고치고 밀조업자를 설득하여 조지 스미스씨가 위스키

제조면허를 세계 최초로 받았다(지금은 J.E.Seagram의 계열회사가 되었음).

⑥ 1831년 Coffey에 의해 연속 증류기가 발명되어 가벼운 타입의 그레인 위스키(Grain Whisky : 곡물 위스키)가 생산되면서 1853년부터 Malt Whisky(맥아위스키)와 혼합된 Blended Whisky가 등장해 현재는 Malt Whisky, Grain Whisky, Blended Whisky 등 3가지 타입의 스카치가 나오게 되었다.

⑦ Scotch Whisky의 97% 이상이 Blended Whisky로 생산되고 있다.

(2) 원료

- Malt Whisky : 100% 맥아(보리의 싹을 낸 것)
- Grain Whisky : Rye(호밀), Wheat(밀), Oats(귀리), 옥수수 등이 쓰인다. 맥아(당화용)

(3) 제조 과정

① 정선

보리를 정선기에 넣어 마른 알맹이, 불량한 보리를 완전히 제거한다.

② 침맥

보리를 깨끗이 씻고 속이 빈 보리를 제거하기 위함과 동시에 물을 주어 발아의 준비를 하기 위해 행한다. 2일동안 침수한다.

③ 발아

침맥한 보리를 발아실로 보내 1주일 정도 발아시킨다. 항상 온도나 습도가 발아에 적당한 상태로 유지되어야 한다.

④ 건조

발아한 보리는 건조탑에서 상단과 하단으로 각각 1주일씩 교반되면서 Peat의 열로써 건조시킨다. 옛날에는 일광에 의해 자연 건조시켰지만 스코틀랜드에서 밀조시대에 발견된 Peat의 사용이 위스키의 방순한 향기에 중요한 역할을 하기 때문에 스카치 위스키에 있어서 지금은 Peat가 맥아 건조에 불가결한 것으로 중요한 공정의 하나가 되어 있다.

* 피트(Peat) : 헤더(Heather)라는 식물이 탄화된 토탄의 일종으로 이탄이라고도 한다.

⑤ 제근과 분쇄

건조한 맥아의 뿌리는 불필요하므로 제거하고 당화하기 쉽게 분말로 한다. 이것을

Mash라 한다.

몰드 위스키(Malt Whisky)의 경우는 발아한 맥아만을 분쇄시키지만 Grain Whisky의 경우는 그 밖에 발아하지 않은 Barley(보리, Rye(호밀), Wheat(밀) 등의 분쇄한 것을 첨가한다.

⑥ 당화와 냉각

분쇄된 맥아에 양조수를 가하여 당화조에 넣는다, 당화 방법에는 일부를 가열하여 전체 온도를 올리는 Luktion법과 당화조 전체를 가열하는 Infation법 두 가지가 잇다. 이 때 전분은 맥아속의 당화 효소인 Diastase에 의해 맥아당으로 변하고 당화액이 생기는 것이다. 당화 후 효모균에 번식에 적당한 온도까지 냉각시킨다.

⑦ 발효

냉각된 당화액은 발효조로 보내 위스키용의 순수 효모를 가해서 발효시킨다. 여기서 당분은 알코올과 이산화탄소(CO2)로 분리되는데 발효는 보통 2일 만에 끝난다. 여기서 알코올 성분 5% 정도의 "보리술"이 생기는 것이다.

⑧ 증류

발효가 끝난 "보리술"은 Pot Still(단식 증류기)로 두 번 증류한다. 먼저 초류부에서 증류한 초류액을 다시 재류부에서 증류한다. 재류부에서 나오는 액체 중 최초의 부분과 최후의 부분을 제외한 가운데 부분만을 위스키의 원주로서 술통(Oak Barrel)에 넣는다. 제외된 최초, 최후의 액체는 초류부에서 나온 초류액과 합하여 재류부에서 다시 증류된다.

⑨ 저장

2차 증류를 마친 위스키 원주는 알코올 성분 60~70%로 수정과 같이 맑고 무색투명한 액체이다. 이 원주는 술통에 갇혀 저장되고 긴잠으로 들어간다. 저장용 통으로는 White Oak 材(떡갈나무, 참나무 따위)가 사용된다. 위스키는 저장통속에서 화학적, 물리적 변화를 거치는 동안 부드럽고 향이 좋아지며 착색이 되는데 숙성을 보다 촉진시키기 위해 한 번 셰리 와인(Sherry Wine)을 넣은 통을 사용한다. 저장연한은 나라에 따라서 다르며 캐나다는 2년, 영국은 3년, 미국에서는 4년으로 법령에 따라 강제 숙성기간을 설정하고 있지만 경우에 따라서는 20~30년 동안 저장하는 수도 잇다. 오래도록 숙성시킨다고 해서 반드시 좋은 것은 아니고 성질에 따라 일정기간이 지나면 오히려 퇴화되는 것도 있다.

⑩ 혼합(Blend)

같은 조건으로 증류, 저장된 위스키라도 연수가 경과함에 따라 한통 한통 모두 미묘하게 다른 맛과 향기를 갖게 된다. 이를 Test하고 각자의 특징을 살려 이상적으로 조합하여 균일한 품질로 만들기 위해 혼합을 하는데 이를 "Blend"라고 한다.

이 Blend는 위스키 제조공정 가운데서도 가장 중요한 역할이며 감각적인 기술이 필요하고 풍부한 경험과 날카로운 감각의 코와 혀를 갖고 있지 않으면 불가한 일이다.

영국에서는 「Blender」라는 독립된 직업이 있을 만큼 중요시 된다.

⑪ 후숙 및 병입

Blend가 끝난 위스키는 다시 술통에 간혀 수년간 후숙시킨 뒤 병에 넣어 시판된다. 증류, 숙성된 위스키 원액은 농도, 알코올 도수가 높기 때문에 병입할 때에는 증류수로 희석시킨다.

(4) 종류

① Malt Scotch Whisky

보리 → 침맥 → 발아 → 건조(피트) → 분쇄 → 당화 → 발효 → 증류(단식2번) → 숙성(오크통) → 병입

② Grain Scotch Whisky

곡물(Rye, Wheat, Oats, 옥수수, 맥아) → 분쇄 → 당화 → 발효 → 증류(연속식) → 숙성(저장)

③ Blended Scotch Whisky

Malt Whisky ┐
　　　　　　　├ 혼합(Blending) ── 병입
Grain Whisky ┘

④ Pot Still Whisky

Pot Still이란 투구형의 단식 증류기를 말하며 구조도 지극히 간단하여 일회 증류가 끝날 때마다 중신(中身)을 바꿔 넣어 증류하는 원시적인 증류법이다.

이 Pot Still에는 초류부와 재류부라고 하는 두 종류의 가마가 있다. 위스키의 중요한 방향성분을 잃지 않고 증류할 수 있어 좋으나 대량 생산이 불가능하다.

⑤ Patent Still Whisky

Patent Still이란 신식의 연속식 증류기를 뜻하며 다량으로 더구나 농도가 높은 순수에 가까운 알코올이 얻어지는데 방향 성분이 상실될 결점이 있다. 중후한 맛의 Pot Still Whisky의 Blend용으로 사용된다.

(5) Scotch Whisky의 생산지역(Peat, 습도, 냉각수, 보리)

① 하일랜드(Highland) : 스코틀랜드 북부지역으로 물이 좋고 피트가 풍부하며 우수한 몰트 위스키 생산지역이다. 피트향이 상쾌한 델리케이트한 맛이다. 스페이강(Speyside)의 주변지역에서 생산되는 원액이 우수하고 특히 글렌리벳(Glenlivet) 지역의 원액이 가장 우수하다.

② 아일레이(Islay) : 서남해안에 있는 섬지방으로 피트향이 강한 독특한 몰트위스키를 생산한다. 피트향이 강렬하고 끈끈한 촉감을 주는 중후한 맛이다.

③ 캠블튼(Campbeltown) : 서남해안의 아일레이섬 아래 있는 반도이며 피트향이 강하고 아일레이 위스키와 비슷하다. 아일레이에 비하여 부드러운 맛이다.

④ 로우랜드(Lowland) : 스코틀랜드 남부지역으로 글라스고(Glasgow)를 중심으로 그레인위스키의 주산지이며 이 지역의 몰트위스키는 향이 적다.

(6) 상품명

Single Malt : The Glenlivet, Glenfiddich, Glen Grant
Strathisla, Longmorn, Aberlour
Macallan, Highland Park

Vatted Malts : All Malt, Berry's Pure Malt, Copper Pot

Grain : Old Scotia, The Invergordon

Blended : Chivas Rrgal(12, 18), Royal Salute(21)
Windsor(12, 17)
Johnnie Walker(Red, Black, Gold, Blue)
Ballantine's(Finest, Gold Seal, 17, 30)
J & B(Rare, Jet)
Cutty Sark(Standard, 12)

Something Special(Standard, 12)
Bell(Standard, 12)
Vat 69(Standard, Reserve)
Old Parr
Swing
Imperial(Int'l, 12, 15)
Dimple(12)
Passport(Standard)
Dewar's White Label
Black & White
Teacher's
The Famous Grouse
100 Pipers
White Horse

3) 아메리칸 위스키(American Whiskey)

(1) 역사

① 아메리칸 위스키의 역사는 뉴잉글랜드를 중심으로 한 동부지방에서 1600년대 초부터 시작된다. 당시는 과일을 원료로 한 것, 호밀을 원료로 한 것 등이었는데 삼각무역의 배경을 갖고 있는 럼이 주체였다.

② 노예무역 폐지, 곡물의 과잉생산으로 원료를 곡물로 사용하게 되었으며 펜실바니아주가 중심이 되어 다른 주에도 전파되었다.

③ 독립전쟁 후 정부는 경제사정상 과중한 과세를 해서 폭동이 일어나고 증류업자는 켄터키주, 인디아나주, 테레시주 등 서부로 도망가게 되었다.

④ 특히 켄터키주에서는 옥수수를 사용하고 나무통 속에 숙성한 새로운 위스키를 제조하게 되었다(Bourbon의 시초).

⑤ 1920년 금주법의 시행으로 증류업자는 밀조, 밀매하게 되는데 금주법 폐지와 더불어 단식증류기는 없어지고 연속식 증류기를 사용하여 대량 생산하게 되고 미국의

독자적인 아메리칸 위스키가 세계적으로 알려지게 되었다.

⑥ 1934년에 만들어져서 1948년에 개정한 법률은 질적 향상을 위하여 Bottled－in－Bond제를 실시하고 있다.

(2) American Whiskey의 분류

American Whiskey는 Straight Whiskey와 Blended Whiskey로 나뉜다.

가. Straight Whiskey

① Straight Bourbon Whiskey : Bourbon의 어원은 Kentucky주 Bourbon county에 프랑스에서 이주해 온 Bourbon(브르봉)왕가의 가족이 살았던 것에서 유래된다.

－제조 과정

- 원료는 51% 이상의 옥수수를 포함하여야 한다.
- 당화 과정은 Sweet Mash와 Sour Mash가 있다.
- 단일 원액만을 사용해야 한다.
- 40° 이상 80° 이하로 증류해야 한다.
- Charred Oak Cask에 2년 이상 숙성해야 한다.

－전체 생산량의 80%가 Kentucky에서 생산되지만 버번 제조방식으로 타 지역에서도 생산된다.

② Tennessee Whiskey : 버번과 같은 Category이지만 테네시에서 생산되고, 특이한 여과 방법(Charcoal Mellowing)을 사용하여 특이한 향과 매끄러운 풍미를 지니고 있어 별도로 구분된다.

③ Straight Rye Whiskey : 50% 이상의 호밀을 원료로 하여 80°이하로 증류하고 Charred Oak Cask에 2년 이상 숙성한 것이다.

④ Straight Corn Whiskey : 80% 이상의 옥수수를 사용한 것으로 제조 과정은 상기와 동일하다.

나. Blended Straight Whiskey

스트레이트 위스키에 스트레이트 위스키를 혼합한 것을 말한다.

① Kentucky A－Blend Whiskey : 켄터키에서 생산된 두 가지 이상의 스트레이트 위스키를 혼합한 것.

② A－Blend of Straight Whiskey : 두 가지 이상의 스트레이트 위스키를 혼합한 것.

다. Blended Whiskey

20% 이상(알코올 도수 50°일 때 기준)의 스트레이트 위스키에 주정(Neutral Spirits)을 혼합한 것이다.

(3) 상품명

Bourbon :	Ancient Age (6년, 10년)
	Jim Beam, Beam's Choice(Green), Beam's Black Label(8년)
	Benchmark(6년)
	Early Times
	Elijah Craig(12년)
	Evan Williams(7년, 8년)
	Four Roses(6년, 8년)
	Heaven Hill(6년, 8년)
	I. W. Harper(12년)
	Kentucky Tavern(Alc 50%)
	Old Grand Dad, Special Selection(Alc 57%)
	Ten High, Hiram Walker's
	Wild Turkey(8년)
Corn :	Platte Valley
Tennessee :	Jack Daniel's(Green : 4~6년, Black : 7년)
	Geoge Dickel
Blended :	Seagram's 7 Crown

4) 캐나디언 위스키(Canadian Whisky)

(1) 역사

① 미국 독립전쟁이 일어나자 카나다로 이주하는 이민이 늘어나고 이에 따라 제분업이 번창하고 차츰 증류소가 발전하게 되었다. 1850년대에 씨그램사와 하이럼위커사가 등장하면서 본격적인 위스키의 산업화가 시작되었다.

② 1920년부터 미국의 금주법 시행으로 더욱 활기를 띠게 되었다.

(2) 분류

가. 원주

① Rye Whisky : Rye를 51% 이상 사용한 것으로 강한 향미를 지니고 있다.(3년 이상 숙성)

② Corn Whisky : Blending Base로 사용하며 향미가 부드럽고 경쾌하다(3년 이상 숙성). 원료는 옥수수를 사용하며 3년간 숙성한다.

나. 제품

① Blended만 생산하므로써 원주 ①과 ②를 블렌딩하여 최종적으로 캐나디언 위스키가 된다. Light하고 Mild 한 것이 특징이다.

② 원주 '가'항의 라이 위스키를 50% 이상 사용하여 만든 위스키는 Rye Whisky라고 한다.

(3) 상품명

- Crown Royal
- Seagram's V.O.
- Black Velvet
- Canadian Club(C.C)
- Canadian mist

2. 브랜디(BRANDY)

1) Brandy의 역사

- 13세기경 독일, 프랑스, 스페인 등의 연금술사가 증류해 낸 Aqua Vitae(생명의 물)에 기원한다.
- 프랑스 아르마냑 지방에서 발견된 문헌에 따르면 1411년에 이 지방에서 "생명의 물"을 증류했다는 기록이 있다.
- 17세기에 이르러 프랑스 꼬냑지방에서는 "Eau－de－Vie"로 불리어졌다.

2) Brandy의 어원

- Eau－de－Vie(Vin Brûle) : 불어
- Aqua Vitae : Latin어
- Brandy : 영어

- 포도 또는 기타 과실을 발효하여 증류한 술이다.
- 포도주를 증류한 것은 보통 Brandy라 부르고 기타 원료를 사용한 것은 Brandy 앞에 과실 이름을 붙인다.

3) Brandy의 종류

프랑스는 질이나 양에 있어서 세계 제일의 브랜디 생산국으로 대표적인 브랜디로 Cognac과 Armagnac이 있다.

가. 꼬냑(COGNAC)

- 프랑스 Cognac 지방에서 원산지 명칭 통제법에 따라 규격에 맞게 생산되는 Brandy를 말한다.
- 포도 품종으로는 쎙 떼밀리옹(St. Emilion－유니블랑 Ugni Blanc이라고도 함)을 사용한다. 토질의 영향을 받아 이곳 포도는 고산도 저당도이다.
- 원산지 명칭 통제법에 따라 6개 지역이 지정되어 있다.

① 그랑드 샹빠뉴(Grande Champagne) 최고급
② 쁘띠뜨 샹빠뉴(Petite Champagne)
③ 보르드리(Borderies)
④ 팽브아(Fins Bois)
⑤ 봉브아(Bons Bois)
⑥ 브아조르디네르(Bois Ordinaires) 보통급

※ 그랑드 샹빠뉴의 원주 50% 이상에 쁘띠뜨 샹빠뉴를 블렌딩한 제품은 핀느 샹빠뉴(Fine Champagne)로 표기한다.

- 제조과정 (Cognac의 예)

① 양조 작업(와인 제조)

브랜디의 원료로 사용되는 포도 품종은 생산지에 따라 다르나 프랑스에서는 Folle Blanche, Saint-Emillion, Colombar 종을 주로 사용한다.

9월에서 10월 하순에 걸쳐 수확하여 곧바로 브랜디의 원료가 되는 알코올 도수 7~8%의 White Wine을 만든다. 신맛이 강해서 와인으로서의 맛은 아주 나쁘지만 이 신맛이 고급 브랜디에는 불가결의 요소로 되어 있다.

② 증류

브랜디의 증류는 와인을 2~3회 Pot Still로 증류하는데 위스키의 것과는 조금 다르다. 첫 번째 증류에서 알코올 성분 25%정도의 초류액이 얻어지는데 이것을 부루이이(Brouillis)라고 한다. 이것을 다시 증류하여 알코올 성분 68% ~ 70%의 재류액이 얻어지는데 이것을 라본느 쇼프(La Bonne Chauffe)라 한다.

이렇게 2단계로 나누어 증류하면 평균 8통의 와인에서 1통의 브랜디가 얻어진다. 여기서 더 좋은 브랜디를 얻으려면 다시 한 번 주의 깊게 10~15시간에 걸쳐 세 번째의 증류를 하게 되는 것이다.

③ 저장

증류한 브랜디는 White Oak Barrel에 넣어 저장한다. 술통은 새것보다 오래된 것이 더 좋다. 새 술통을 사용할 때는 반드시 열탕으로 소독하고 다시 White Wine을 채워 유해한 색소나 이취물질을 제거한 후 White Wine을 쏟아내고 브랜디를 넣어 저장한다. 저장기간은 최저 5년에서 20년이나 오래된 것은 50~70년 정도 되는 것도 있다. 저장 중 브랜디의 양은 증발에 의해 줄어드는데 이는 술통의 나뭇결에서 발산하므로 2~3년마다 다른 술통에 채워 넣는다.

④ Blend

브랜디도 위스키처럼 Blend를 하는데 가장 중요한 공정중의 하나이다. 오랜 경험과 예리한 감각을 지닌 Blender에 의해 보통 20년 이상 숙성시킨 오래된 원주에 오래되지 않은 신주를 Blending한후 다시 어느 정도 숙성시킨 후 병입되어 시판된다. 숙성년도 표시는 신주에 의해 결정된다.

• 브랜디의 숙성연도

브랜디는 숙성 기간이 길수록 품질이 좋다. 따라서 브랜디의 품질은 별의 수 또는 V.S.O.P의 표시에 의하여 등급을 결정한다.

1865년 헤네시(HENNESSY)가 자사의 꼬냑에 등급별로 품질을 보증하기 위해 별표로 표시한 넥 라벨(NECK LABEL)을 사용하면서 시작되었다.

그러나 처음에는 법적인 근거도 없이 업자간의 경쟁의식에서 자유로이 마크와 기호를 사용하였다. 지금도 회사마다 약간씩 표시기준이 틀린다. 따라서 별 하나의 표시가 몇 년 숙성된 술이라고 할 수는 없으나 일반적으로 다음과 같은 표시로 숙성기간을 나타내고 있다.

	법적기준	유명 maker
Star(1~5)급	2년	
V.O., V.S급	4년	10년
V.S.O.P.급	4년	
Napoléon	6년	15년
X.O급(EXTRA OLD)	6년	20년
Extra급	6년	40년
V.S.O.P.는 Very Superior Old Pale의 약자인데 전부터 cognac이 영국 상류층에서 많이 응용되기 때문에 영어로 표기하여 수출한데서 유래한다.		

이 외에도 여러 가지의 다른 등급 표시가 있다.

Cognac Maker인 Hennesy사에서 Three Star를 Bras Arme(브라 자므르)라고 표시하고 있으며 Remy Martin사에서는 Extra대신에 Age Unknown이라 표시하고 있다.

또한 Martell사에서는 V.S.O.P에 해당하는 것을 Medaillion(메다 이용)이라 표시하고 있듯이 각 회사별로 등급을 달리 표시하기도 하고 같은 등급이라도 저장 연수가 다를 수 있다.

Cognac의 경우 ☆☆☆(Three Star)만이 법적으로 보증되는 연수(5년)이고 그 외는 법적 구속력이 전혀 없다.

• 상품명

Cognac 지방의 Négociant은 240여개 사에 이르고 있다.

Martell(마르뗄) Courvoisier(꾸르부아제)

Bisquit(비스키) Camus(까뮈)

Château Paulet(샤또 뽈레) Croizet(끄르아제)

Hennessy(헤네시) Hine(하인)

Larsen(라센) Otard(오따르)

Polignac(뽀리냑) Remy Martin(레미 마르땡)

- 브랜디(BRANDY)의 종류

CAMUS NAPOLEON
HENNESSY NAPOLEON
ARMAGNAC NAPOLEON
REMY MARTIN NAPOLEON
CAMUS 3 STAR
CAMUS V.S.O.P
COURVOISIER V.S.O.P
HENNESSY V.S.O.P
MARTEL 3 STAR
NICOLAS NAPOLEON
CIE V.S.O
HENNESSY X.O
CAMUS X.O
REMP MARTIN X.O
CAMUS X.O
COURVOISIER X.O

나. 아르마냑(ARMAGNAC)

- 프랑스 아르마냑 지방에서 A.C.법에 준하여 생산되는 Brandy이다.
- 포도 품종은 St. Emillion을 주로 사용하고 그 외 몇 개 품종이 허가되어 있다.
- 반 연속식 증류기로 1회 증류한다.
- Black Oak Cask에 저장 숙성시킨다.
- 저장숙성년수표시는 Cognac에 준하여 사용하고 있다.
- 원산지 명칭 통제법에 의하여 지정된 구역

① 바자르 마냑(Bas－Armagnac)

② 오따르 마냑(Haut－Armagnac)

③ 떼나레즈(Tenareze)

- 상품명

Chabot(샤보)　Janneau(쟈노)

Malliac(마리약)　Marquis de Vibrac(마르끼 드 비브락)

다. French Brandy

- Cognac, Armagnac 이외의 Grape Brandy를 총칭하며 Cognac, Armagnac 주변 또는 기타 지역에서 생산되고 있다.

- 증류는 주로 연속식 증류기를 사용한다.
- 숙성은 단기간이며 오래 숙성하여도 품질향상은 기대하기가 어렵다.
- 일반적이고 저렴한 Brandy이다.
- 오드비드뱅(Eau－de－Vie de Vin) : 법에 의하여 국내(프랑스) 유명 와인 산지의 잉여와인을 증류한 Brandy이다(12개 생산지를 지정).
- 오드비 드 마르(Eau－de－Vie de Marc) : 법에 의하여 Wine을 만들 때 압착과정 후 나머지(건데기 등)을 증류해 낸 브랜디이다(13개 생산지 지정). 생산지명을 표기하지만 Bourgone, Champagne 지방은 없다.

라. Fruit Brandy(Eau－de－Vie)

① Calvados

- 프랑스 Normandy지역에서 생산되는 Apple Brandy이며 향미, 향취가 좋다.
- 아펠라시옹 꽁뜨를레 깔바도스 뒤 빼이도쥐(Appéllation Contrôlée Calvados du Pays d'Auge) 법에 따라 통제 관리하에 생산된 것에 한하여 Calvaddos라고 표기한다.
- 제조과정 : 사과 → 발효(1개월) → 증류(단식 2번) → 숙성(1년)

② Eau－de－Vie de Cidre

- 프랑스내 칼바도스를 제외한 사과를 발효 증류한 술이다.

③ Apple Brandy

- 사과를 발효하여 증류한 Brandy이다.

④ Eau－de－Vie de Kirsch

- Cherry를 발효 증류한 Brandy로 프랑스산이다.

⑤ Kirschwasser

- Cherry를 발효 증류한 Brandy로 독일산이다.

마. 그 외에 배(Pear), 나무딸기(Raspberry), 살구(Apricot) 등의 Brandy가 있다.

이외에도 독일, 이탈리아, 스페인, 포르투갈, 아메리칸 브랜디 등이 있다.

3. 진(GIN)

(1) Gin의 역사

- 1660년경 네덜란드의 라이덴(Leiden) 대학 의과교수인 프란시스쿠스 실비우스(Franciscus Sylvius)에 의해 약용으로 만들어졌다.
- 이뇨제로 약효가 있는 쥬니퍼 베리(Juniper Berry)를 Spirits에 넣었다가 재증류하여 쥐니에브르(Genievre)로 부르게 되었다.(처음에는 약용으로 쓰였다)
- 이것이 널리 퍼지면서(술의 용도) 네덜란드 선원들에 의해 제네바(Genever)로 불리우게 되었다.
- 17세기 말 영국에 전파되어 획기적인 발전을 하고 Gin으로 이름도 바뀌게 되었다.
- 그 후 미국에 전파되어 칵테일용으로 가장 많이 쓰이게 되었다.
- "진은 네덜란드 사람이 만들었고 영국인이 꽃을 피웠으며 미국인이 영광을 주었다"라는 말도 있다.

(2) Gin의 제조과정

가. 영국 진(England Gin)의 제법

원료인 곡류(보리의 맥아, Corn, Rye 등)를 혼합하여 당화, 발효시킨 뒤 먼저 Patent Still로 증류하여 95%정도의 주정을 얻는다. Juniper Berry, Coriander, Angerica, Caraway, Lemon Peel 등의 향료 식물을 증류액에 섞어 Pot Still로 두 번째 증류를 한다. 여기에 증류수로 알코올 성분 37%~47.5%까지 낮추어 병입 시판한다. London Dry Gin이나 Old Tom Gin이 해당된다.

나. 네덜란드 진(Cetherlands Gin)의 제법

곡류의 발효액 속에 Juniper Berry나 향료 식물을 넣어 Pot Still로만 2~3회 증류하여 55%정도의 주정을 만든다. 이것을 술통에 단기간 저장하고 45%정도까지 증류수로 묽게 하여 병입 시판한다. 이때 사용하는 Juniper Berry는 독일, 스페인 등지에서 수입된다. 그것을 네덜란드 진은 생으로, 영국 진은 2~3년 정도 건조시켜 사용하는 것이다. 대체적으로 저장, 숙성하지 않지만 일부 숙성하는 제품이 있는데 이것은 순하고 부드럽다.

(3) 분류

① Holland Gin(Genever Gin) : 맥아를 발효하여 2번 증류하여 쥬니퍼 등을 가향하고 단식 증류기에서 재증류한다. 낮은 알코올 도수로 증류함으로 맥아향이 짙고 향취가 강해 칵테일용으로 부적합하다.

② London Dry Gin : 영국의 증류기술로 매우 깨끗하고 부드러운 진으로 바뀌게 되었는데 네덜란드 진과 구분하기 위하여 Dry Gin으로 불러왔다.

③ American Extra Dry Gin : 영국에서 미국으로 건너온 진은 더욱 순하고 부드럽게 만들어져 칵테일용으로 각광을 받게 되었다.

④ Old Tom Gin : 2% 정도의 설탕이 첨가된 Gin이다.

⑤ Flavored Gin : Juniper Berry 대신 다른 향료를 첨가한 Gin으로 Lemon Gin, Orange Gin, Mint Gin 등이 있다.

(4) 상품명

- Seagram's(A)
- Boodles(S)
- Beefeater(L)
- Bols(H)
- Bombay(L)
- Fleischmann's(A)
- Gilbey's(L) Blue(대부분 47.5°)
- Gordon's(L)
- Gordon's old Tom(L)
- Hiram Walker's(A)
- Tanqueray(L)

4. 보드카(VODKA)

1) Vodka의 역사

- 12세기경 러시아에서 제조하기 시작하였다.
- Vodka는 러시아어의 물이라는 뜻의 Voda에서 유래한 것으로 "생명의 물"을 의미한다.
- 1780년 활성탄과 모래를 이용한 여과법을 개발하여 색이나 잡향이 없게 만들엇다.
- 1917년 러시아혁명 이후 러시아인 스미노프가 프랑스로 망명하여 세계에 전파되었다.
- 1933년 미국의 금주법 폐지로 보드카를 미국에서도 제조하게 되었다.
- 1940년경부터 미국에서 칵테일을 만드는데 기본주로써 급격한 발전을 하였다.

2) 제조과정

원료는 감자, 고구마, 사탕수수, 옥수수, 호밀, 밀 등에 보리 몰트(Malted Barley : 맥아)를 가해서 당화 발효시켜 「세바리식」이라는 연속 증류기로 95%정도의 주정을 취한다. 이것을 자작나무의 활성탄이 들어있는 여과조를 20~30번 반복해서 여과한다. 그러면 Fusel Oil등의 부성분이 제거되어 순도 높은 알코올이 생긴다. 끝으로 모래를 여러번 통과시켜 목탄의 냄새를 제거한 후 증류수로 40~50%로 묽게 하여 병입된다.

3) 분류

- Vodka
- Flavored Vodka
  - (1) Zubrowka(쯔브로우카) : Poland 산으로 Zubrowka 초(草)를 담궈 만든다. 황녹색이고 병속에 이 풀잎이 떠있어 유명하다. 40°~50°의 주정도이다.
  - (2) Naliuka(날리우카)
  - (3) Starka(스타르카)
  - (4) Jazebiak(야제비아크)
  - (5) Limonnaya(리몬나야) : 주정도 40°로 레몬향을 첨가했다. 황색으로 아주 향기롭다.

4) 상품명

- Absolut(스웨덴) : blue, citron, pepper, currant
- Smirnoff(미) 40°, 50°
- Gilbey's(영) 40°, 50°
- Moskovskaya(러)
- Finlandia(핀란드) 45°
- Nikolai(미)
- Stolichnaya(러) 40°
- Pertsovtza(러) : 고추첨가 35°

5. 럼(RUM)

1) Rum의 역사

- 17세기초 Barbados에 이주한 영국인이 최초로 증류한 것을 서인도제도의 토착민들이 Rumbullion(흥분, 소동)이라고 부르면서 현재의 Rum으로 변했다고 한다. 다른 한

편으로는 럼의 원료인 사탕수수의 라틴어인 사카룸(saccharum)의 어미에서 유래됐다고 한다.

- Jamaica섬을 중심으로 사탕공업의 발달과 함께 번창하게 되었다.
- 식민지 사상 유명한 삼각무역의 배경이 있다.
- 1862년 Spain에서 Cuba로 이주한 Bacardi에 의해 투명한 Light Rum을 생산하게 되었다.
- 1805년 영국 Nelson 제독이 전사하여 Rum을 담은 큰 통속에 넣어 본국으로 운송하였던 일로 Nelson Blood라는 별명을 얻게 되었다.

2) 분류 및 제조법

럽의 원료는 사탕수수(Sugar Cane)를 롤러(Roller)로 눌러 부순 뒤 여과한 당액을 그대로 쓰는 고급럼의 경우와 제당공정의 부산물인 당밀(Molasses)을 쓰는 두 가지 방법이 있는데 후자의 경우가 많이 사용된다. 원료가 이미 당분이므로 당화의 공정은 불필요하다.

(1) Light Rum(White) : 당액을 발효시키는데 Light Rum(White) 의 발효는 2~4일정도이고 풍미가 가벼우며 칵테일로 많이 쓰인다.

(2) Heavy Rum(Dark Rum) : Heavy Rum의 발효는 5~20일 정도에 걸쳐 서서히 이루어진다. 감미가 강하고 짙은 갈색이다.

이들 럼에서는 발효를 조장하기 위해 발효용의 천연 이스트인 Bagasse(버개스)를 첨가하는 수도 있다. 이 발효과정에서 이스트균의 영양분으로써 발효를 돕는 작용을 하는 Dunder(던더)를 첨가하는데 이것이 럼 특유의 독특한 방향을 내게 한다. 향기를 한층 강하게 하기 위해 Acacia 수액이나 Pineapple의 즙을 첨가 발효시키는 수도 있다.

다음은 증류인데 Heavy Type의 럼은 Pot Still로 하나 산지에 따라 Light Rum은 Patent Still로 증류하는 수도 있다. 저장은 셰리 와인의 빈통이나 White Oak Barrel의 안쪽을 그을려 사용한다. Jamaica Rum과 같이 Heavy Rum의 경우일수록 성숙시간이 더 필요하다.(3년 이상 숙성,Full Body Rum이라고도 한다.). 양질의 것은 10년 정도 저장한다.

(3) Medium Rum(Gold Rum) : Light Rum과 Heavy Rum의 중간색으로 Light Rum과 Heavy Rum을 혼합하는 법과 Heavy Rum식 발효해서 연속 증류기를 사용하는 법이 있다.

(4) 상기 외에 Spiced Rum, 151 U.S.Proof Rum이 있다.

3) 주산지

Cuba, Puerto Rico, Mexico, Jamaica 등이며 세계적으로 사탕수수가 재배되는 곳은 럼을 생산하고 있다. 사탕수수의 원산지는 인도이다.

4) 상품명

- Bacardi(Cuban→ Puerto Rican)
- Myers's(Jamaican)
- Coraba Royal(Jamaican)
- Ron Rico(Puerto Rican)
- Havana club(Cuban)
- Captain Morgan(Jamaican)
- Appleton's Estate(Jamaican)
- Ron Rico 151(Puerto Rican)

6. 기타 증류주

1) 테킬라(Tequila)

(1) 역사

- 원산지는 Mexico로써 이 나라의 특산주이다.
- 최초에는 토착인에 의해 용설란과의 일종인 어게이비(Agave)의 수액을 발효시킨 양조주(Pulque)에서 만들어졌다
- 16세기경 스페인으로부터 증류기술이 도입되어 Pulque를 증류한 메스칼(Mezcal)이 생산되었고 이러한 메스칼 중에서도 Tequila지방에서 생산되는 것만을 Tequila로 부르게 되었다.
- Mexico Olympic(1968년) 이후 세계적으로 널리 알려졌다.

(2) 원료 및 제법

- 용설란의 일종으로 멕시코 테킬라 지방에서만 재배되는 Agave(술에 사용되는 것은 3가지)로 만든다.

- 8~10년생을 잎은 잘라내고 쪼개어서 삶는다(과당) → 분쇄 → 압착 → 발효 → 증류(단식 2회로 55° 이내)

(3) 분류

① Tequila Blanco(테킬라 블랑꼬) : 55° 이내로 증류된(법적) 테킬라를 저장, 숙성하지 않은 것으로 무색의 샤프한 맛이 있다.

② Tequila Reposado(테킬라 레뽀사도) : 오크통에 2개월 이상 1년 미만 숙성한 것으로 약간 황색을 띠고 있다.

③ Tequila Anejo(테킬라 아네호) : 오크통에서 1년 이상 숙성하여 호박색이며 강한 향기가 있다.

(4) 테킬라의 법적규제

① 원료는 Agave Americana, Agave Atrovirens, Agave Azul Tequilana 등 3품종으로 한정되어 있다.

② Agave를 발효해서 만든 술을 Pulque라고 하며 양조주이다. 이것을 증류한 것은 메스칼(Mezcal)이라 부른다.

③ Agave Azul Tequilana를 사용한 것을 51% 이상 함유해야 테킬라는 이름을 붙일 수 있다. Premium Tequila는 반드시 Agave Azul Tequilana를 100% 사용해야 한다.

(5) 상품명

- Cuervo최대 메이커
- Sauza
- Mariachi
- El Toro
- Olmeca
- Herradura
- Don Julio

1-3 혼성주

1. 혼성주(Liqueur)의 정의

① 주류(Spirit)에 향, 색, 감미를 첨가한 술이다.
② 프랑스는 알코올 15% 이상, 당분 20% 이상, 향신료가 첨가된 술을 Liqueur이라고 한다.
③ 미국에서는 Spirit에 당분 2.5% 이상을 함유하여 천연향(과실, 약초, 즙 등)을 첨가한 술을 Liqueur이라고 하며 Liqueur를 Cordial이라고 부르기도 한다.
④ 화려한 색채와 더불어 특이한 향을 지닌 이 술을 일명 "액체의 보석"이라고 일컬어지고 있다.

2. 혼성주의 역사

- 중세기 연금술사들은 증류주에 약초, 향초를 넣어서 만든 생명회복의 영약을 만들려고 노력하였던 결과 비법의 술을 만들게 되었는데 이 기법이 리큐르의 시초이다.
- 이 술은 식물의 유효성분이 녹아들어 있는데 라틴어의 Liquefacere(리케파세르 : 녹는다, 녹아 있다)가 변하여 불어의 Liqueur로 부르게 되었다.
- 이 기법은 연금술사에게서 수도원의 승려에 전수되어 특이한 리큐르가 많이 생산되게 되었다.
- 근세에 이르러 대항해 시대를 맞으며, 원료는 다양해져 갔다.
- 18세기에는 과일의 향미를 주체로 한 단맛의 리큐르가 많이 생산되었다.
- 19세기 후반에 연속식 증류기의 개발로 고농도의 알코올성의 더욱 세련된 고품질의 리큐르가 생산되었다.
- 20세기 초반 칵테일이 뜨면서 기여

3. 혼성주의 분류

1) 원료에 의한 분류

① 과실계 ② 종자계 ③ 약초 · 향초계 ④ 특수계

2) 제법에 의한 분류

① 증류법 : 증류주에 원료를 담갔다가 증류한다.

② 침출법 : 증류주에 담가서 향취 · 향미가 술에 배어들면 여과한 것이다(일부 숙성하는 것도 있다). 열을 가하지 않으므로 콜드방식이라고도 한다. 이렇게 만들어진 Liqueur를 특히 Cordial이라고 한다.

③ 향유혼합법 : 일명 에센스법이라고도 하는데 방향유를 증류주(알코올)에 혼합하는 방법으로 품질은 약간 좋지 못하다,

3) 종류와 상품명

(1) 과실계

① 오렌지

- 퀴라소(Curacao) : 20~40°, 베네주엘라 퀴라소섬의 오렌지 껍질을 사용한 것이 시초가 되었다. White, Blue, Red, Orange색이 있다. 현재는 여러 나라에서 생산하고 있다.
- 꼬앙뜨로(Cointreau) : 40°, 오렌지를 원료로 한 프랑스산이다.
- 트리플 섹(Triple Sec) : 30~40°, 오렌지를 원료로 한 것으로 품질은 꼬앙뜨로보다 약간 못하다. 꼬앙뜨로사가 초기에 이 문구를 사용한데서 비롯되며 각국에서 생산되고 있다.
- 그랑마니에(Grand Marnier) : 40°, 3~4년 숙성한 Cognac과 오렌지의 향미를 감미한 것으로 프랑스산이다.
- 만다린(Mandarine) : 20~40°, 만다린 오렌지를 사용한 것
- 아메 피콘(Amer Picon) : 21°, 오렌지 껍질, 용담뿌리를 가미한 프랑스산 아페리티프이다.

② 체리

- 체리 브랜디(Cherry Brandy) : 체리를 사용한 것으로 종류가 다양하다.
- 피터 헤링(Peter Heering) :24°, 체리를 원료로 한 덴마크산(코펜하겐)
- 체리 마니에(Cherry Marnier) : 24°, 체리를 사용한 프랑스산
- 리꾀르 드 스리즈(Liqueur de Cerises) : 30°, 프라스 브르고뉴의 명문회사가 수제품으로 만듬.
- 마라스키노(Maraschino) : 30°, 이탈리아와 유고의 국경지대에 많이 있는 마라스카종의 체리를 사용한 것이다.
- 마라스캉(Marasquin) : 30°, 마라스카를 사용한 프랑스산
- 귀놀레(Guignolet au Kirsch D'Alsace) : 프랑스 알사스산으로 체리를 원료로 한 것이다.

③ 나무딸기

- 블랙베리 리큐르(Blackberry Liqueur 또는 Brandy)
- 크렘 드 카시스(Créme de Cassis) : 15~22°, Blackberry, Black Currant를 원료로 한 것
- 프레즈(Fraise) : 20~25°, 산딸기를 원료로 한 프랑스산
- 프랑브아즈(Framboise) : 25~35°, 나무딸기를 원료로 한 것으로 무색, 적색이 있다.

④ 살구

- 리큐르 아프리콧(Liqueur Apricot)
- 크렘 드 아프리콧(Créme de Apricot)
- 아프리콧 브랜디(Apricot Brandy)

⑤ 배(Pear), 사과(Apple), 복숭아(Peach), 바나나(Banana), 멜론(Melon), 파인애플(Pineapple), 슬로베리(Sloeberry : 슬로진) 등이 많이 이용되고 있다.

- 서던 컴포트(Southern Comfort) : 미국 43°로 버번 위스키에 복숭아 향을 첨가한 리큐르

(2) 종자계

① 씨, 열매

- 아마렛또(Amaretto) : 28°, 살구씨와 비터(bitter) 아몬드의 향을 첨가한 것

- 크렘드 카카오(Créme de Cacao) : 25~30°, 카카오 향의 알코올과 바닐라향의 알코올을 Blending 한 것으로 여러 나라 회사에서 만들고 있다.(Brown, White)
- 말리부(Malibu) : 21°, Barbados에서 생산되고 Rum에 Coconut을 첨가한 리큐르

② 커피

- 크렘드 까페(Créme de Café) : 프랑스 30°
- 칼루아(Kahlúa) : 멕시코 26.5° 멕시코산 커피 + 바닐라향 + Sugar cane주정
- 티아 마리아(Tia Maria) : 자마이카 31.5°
- 카모라(Kamora) : 멕시코 26.5° 맛과 향기가 진하다
- 아이리쉬 벨벳(Irish Velvet) : 아이리쉬 위스키 + 커피맛 19°

(3) 약초·향초계

① 바이올렛

- 크렘 드 바이올렛(Créme de Violette) : 바이올렛(오랑캐꽃)의 향기가 있는 자주색 리큐르
- 빠르페 따무르(Parfait Amour) : 25~27°, 바이올렛을 원료로 한 것으로 색이 진하다.

② 박하

- 크렘 드 망뜨(Créme de Menthe) : Green, White 21~31°

③ 애니스

- 애니셑(Anisette) : 25°
- 뻬르노(Pernod) : 프랑스 40°
- 리까르(Ricard) : 프랑스 45°

④ 기타

- 샤르뜨뢰즈(Chartreuse) : 프랑스(수도원) 40°, 42°, 54°, 55°, 리큐르의 여왕이라고도 하는데 원료 제법은 알려져 있지 않다. Yellow, Green의 2가지 색이 있으며 12년 숙성한 것도 있다.
- 베네딕틴(Benedictine) : 프랑스(수도원) 40°, 27종의 재료를 사용하여 만들어서 오크

통 속에 숙성한다.

- D.O.M(Deo,Optimo,Maximo) : To God, most good, most great이라는 뜻
- 비 앤드 비(B and B) : 프랑스 43°, 베네딕틴과 브랜디를 혼합한 것(6 : 4)
- 퀌멜(Kümmel) : 독일, 프랑스 45°, 알코올에 캐러웨이, 커민씨, 코리맨티씨를 첨가하고 증류한 술, 러시아에서 탄생하여 독일을 경유 프랑스에서도 생산된다.
- 갈리아노(Galliano) : 이탈리아 35°, 각종의 약초, 향초를 주정과 섞고 설탕, 착색료 첨가한 술, 장군의 이름을 딴 것으로 향이 진한 노란색의 리큐르이다.
- 삼부타(Sambuca) : 이탈리아 38~40°, 애니스열매에 감초를 배합한 술
- 앙뜨레 아미(Entre Amis) : 카나다 40°, 위스키에 각가지 약초와 스파이스를 첨가한 술
- 드람뷔(Drambuie) : 영국 40°, 수종의 스카치 위스키에 헤더꿀을 혼합한 것
- 아이리쉬 미스트(Irish Mist) : 아일랜드 35°, 아이리쉬 위스키에 벌꿀을 혼합한 리큐르이다.
- 비터즈(Bitters)

– 앙고스투라 비터(Angostura Bitter) : 베네주엘라 44°, 독일태생의 군의관이 베네주엘라 병원에서 건위제로 개발된 아주 쓴맛의 술로 럼에 용담뿌리의 엑기스를 배합한 것이다.
– 캄파리(Campari) : 이태리 24°, 비터 오렌지 과피, 캐러웨이, 용담뿌리 등이 배합되어 쓴맛이 강한 이태리의 대표적인 식전주
– 예거 마이스터(Jagermeister) : 서독 35°, 애니스, 민트, 용담뿌리, 키니네 등이 배합된 서독의 대표적인 건강주

(4) 특수계

① 크림계열

– 배일리스 아이리쉬 크림(Bailey's Irish Cream) 위스키에 크림, 카카오를 블렌딩한 것으로 홍차, 커피에 밀크 대신 쓰면 일품임, 알코올 17°, 당분 35%임

② 달걀계열

– 아드보카트(Advokaat) 네덜란드의 농부들이 마시던 전통주로 브랜디에 달걀노른자위, 스파이스, 당분을 넣고 숙성시킨 술로 알코올 20° 내외이고 당분 함량은 20% 이상임

<도표 5-6> 술의 제조과정 및 원료

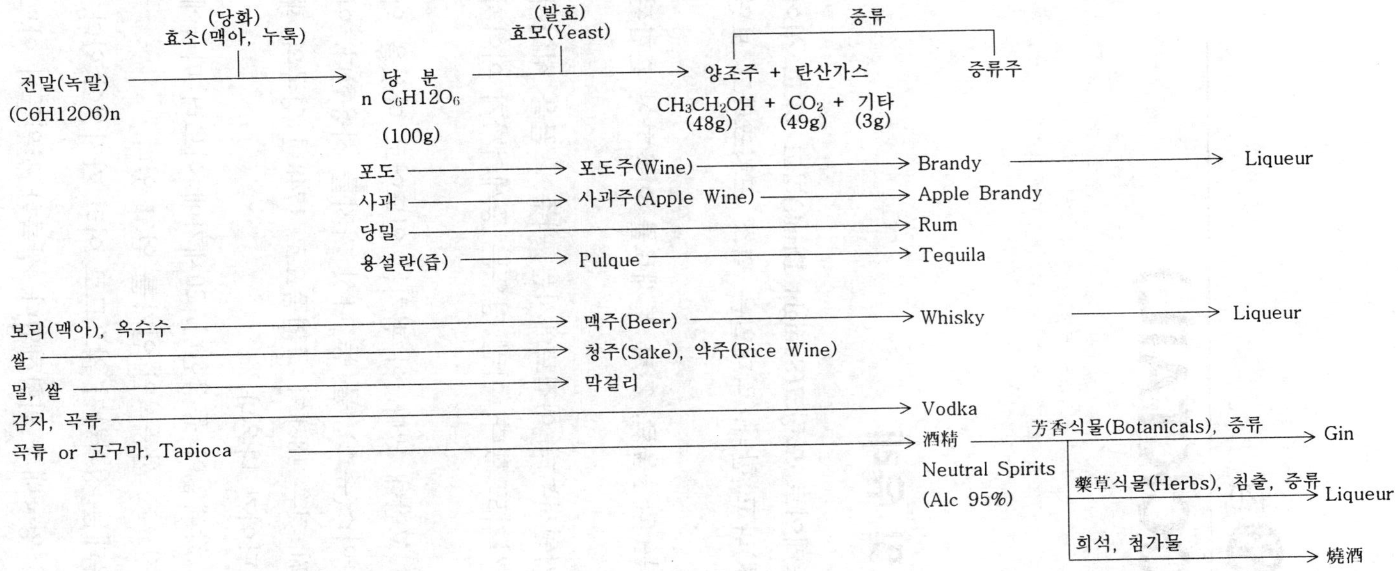

※ 熟成을 시키는 술 : Whisky, Brandy, Rum, Port, Sherry(Tequila : ANEJO)
熟成을 안시키는 술 : Gin , Vodka, Tequila

※ 熟成을 하는 目的

1. 香(향)을 生成하기 위함(木桶, 유기산+ 알콜, Ester향)
2. 술중의 미량성분들이 반응하여 芳蓄成 물질 生成
3. 맛이 부드러워짐

제❸장

칵테일(COCKTAIL)

1. 칵테일(Cocktail)의 개념 및 유래

술은 제품된 그대로 마시는 경우를 스트레이트 드링크(Straight Drink)라고 하고, 섞어서 마시는 경우 믹스드 드링크(Mixed Drink)라고 한다. 칵테일은 믹스 드링크라고 보면 된다.

즉, 술에 술을 섞거나 술에 청량음료 또는 과즙음료, 기타 부재료를 이용하여 혼합된 음료를 말한다.

혼합된 음료의 기원은 아주 오래된다. 기원전부터 이집트에서는 맥주에 꿀을 섞어서 마셨고, 로마에서는 와인을 생수에 섞어 마시기도 했다. 이런 경우는 중세기까지 이어져 왔다.

1658년 인도주재 영국인은 펀치(Punch)를 고안해 냈다. 이 펀치는 인도어로 다섯을 의미하며 재료로는 술, 설탕, 라임(과일), 스파이스(쥬스), 물 등 다섯 가지를 사용한다. 이 혼합된 음료를 칵테일(Cocktail)이라고 불려진 것은 18세기 중엽쯤으로 1748년 영국의 책자 "The Squire Recipes"에 "Cocktail"이라는 단어가 나온다.

1870년대에 제빙기가 개발되어 근대적인 칵테일이 등장한다. 20세기에 이르러 미국에서 발달되어 현대적인 칵테일이 출현, 세계적으로 선풍적인 인기를 얻고 있다.

Cocktail은 직역하면 "수탉꼬리"가 된다. 유래는 정확하지 않으므로 여러 가지설이 있다.

① 옛날 멕시코 유가탄 반도 어느 항구에 영국배가 입항하였다. 상륙한 선원들이 어느

술집에 들어갔는데 카운터 안에서 소년이 껍질을 벗긴 예쁜 나뭇가지로 원주민의 혼합음료를 만들고 있었다. 당시 영국 사람들은 스트레이트로 마셨기 때문에 이 광경이 신기하게 보였다. 한 선원이 "그게 뭐지"하고 물었다. 선원은 술을 물었는데 소년은 나뭇가지가 닭꼬리처럼 생겼으므로 "꼴라데가죠(Cola de Gallo)"라고 대답했다. 이 말은 스페인어로 수탉꼬리를 의미한다. 이것을 영어로 바꿔서 Cocktail이라고 부르게 되었다.

② 옛날 뉴멕시코 지방을 스페인군이 정복했을 때 그 지방에는 아스텍구족이 살고 있었으며 Cocktail이란 그들이 사용하는 언어의 하나였다고 한다. 그 언어의 유래가 아스텍구족 이전에 7~11세기 전 그 지방에는 돌 텍크족이 지배하고 있었으며 그 귀족의 하나가 진귀한 혼합주를 만들어 어여쁜 딸 "콕돌"과 함께 바치자 왕은 크게 기뻐하며 즉시 그 혼합주를 그 귀족의 딸 이름을 붙여 "콕돌"이라 이름하여 그 후부터는 그러한 혼합주의 이름이 아스텍구족의 언어의 하나로 전해졌다고 한다.

③ 미국의 독립전쟁 당시 버지니아 기병대의 "패트릭 후라나간"이라는 한 아일랜드인이 기병대에 입대하였다. 그 사람은 입대한지 얼마 되지 않아 뜻밖의 전사를 하게 되었다. 그러나 신혼의 "베티"라는 여인은 남편을 잊지 못하고 곧 망부대에 종군할 것을 희망 1779년 동부대가 뉴욕 근교에 이동했을 때 주보를 담당하였다. 그 여인은 특이한 혼합주를 만들게 되고 그것을 대원들에게 마시게 했는데 군인들의 인기가 좋았다. 어느 날 그녀는 반미 영국인 지주의 닭을 훔쳐다 장교들을 위로하였는데 장교들은 닭의 꼬리로 장식된 그 혼합주를 보고 「야 그 콕스 테일 멋지다」 라고 말하자 역시 술에 취한 다른 장교가 「응 정말 멋있는 술이야」라고 해서 그후부터 그 혼합주를 칵테일이라고 한 것이 다른 혼합주도 칵테일로 부르게 되었다.

④ 미국의 유명한 술의 고장 「Kentucky」에서는 투계가 유행하였다. 이 때 돈을 걸고 싸움을 시키던 한 사람이 돈을 잃게 되자 화가 난 끝에 마시던 여러 종류의 술을 섞어 마시며 그 싸움에 진 닭의 꼬리를 빼어 술잔에 넣었을 때 옆에 있던 사람들이 "콕스테일"하며 크게 웃었으며 그것을 보았던 주위 사람들이 모든 술을 섞은 다음 닭의 꼬리를 장식하고 투계의 싸움을 희비로 나누었다 한다.

2. 칵테일 기법

1) 칵테일 만드는 기본 방법

(1) Build : 글라스에 얼음, 술, 청량음료 등을 직접 따르는 방법

(2) Stir : 믹싱 글라스에서 잘 저어 잔에 따르는 방법, 원래의 맛과 향기를 그대로 유지하며 가볍게 섞거나 차게 할 때 이용하는 방법이다.

(3) Shake : 잘 섞이지 않은 재료, 또는 아주 차게 할 때 쉐이커를 이용하여 강하게 흔들어준 후 잔에 따르는 방법이다.

(4) Blend : 재료와 얼음을 함께 Blender에 넣고 기계의 힘으로 혼합하는 방법이다.

(5) Float : 술의 비중을 이용하여 띄우는 방법이다.

2) 쉐이커, 술병 취급법

가. 쉐이커(Shaker)

① Shake는 '흔들다'라는 뜻에서 재료를 넣고 흔드는 기구를 Shaker라고 한다.

② Shaker는 몸통(Body), 걸름기(Strainer), 뚜껑(Cap)으로 3등분되어 있다. 재료를 몸통에 넣고 걸름기, 뚜껑을 차례로 닫는다.

③ 잡는 법은 두 손으로 싸감듯 잡는데 왼손 새끼손가락은 Body의 밑부분을 오른손 엄지는 Cap을 잡되 손바닥은 가능한 Shaker에 닿지 않도록 한다.

④ 흔드는 방법은 가슴에서 앞으로 팔을 뻗었다 다시 오므리면서 상하로 또 좌우로 흔든다.

⑤ 흔드는 횟수는 칵테일에 따라 다르지만 대개 7~15회 정도하며 대체적으로 손이 차갑게 느낄 때, 쉐이커에 서리가 낄 때 중지하면 된다.

<도표 5-7>

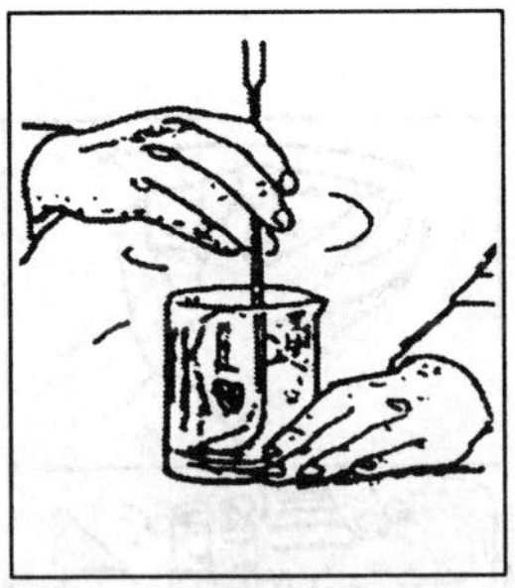

믹싱 글라스 잡는 법

바스픈 잡는 법

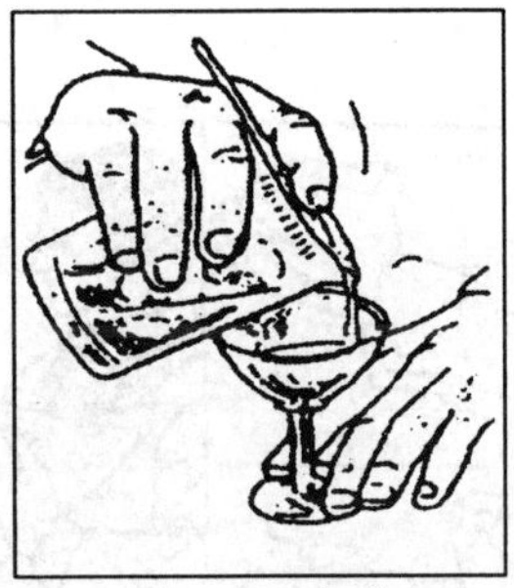

따르는 방법

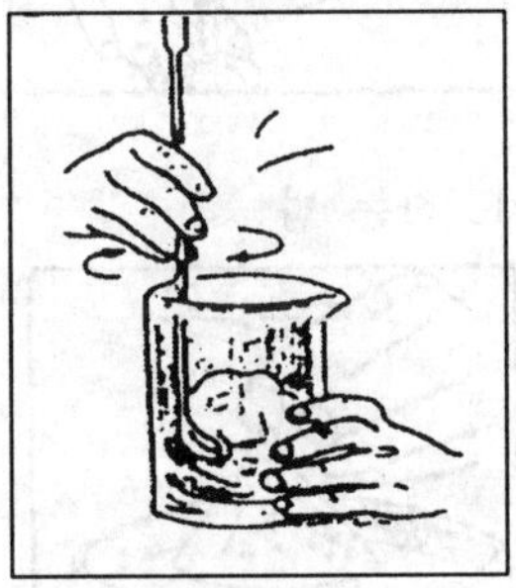

Stir하는 법

Build하는 방법1

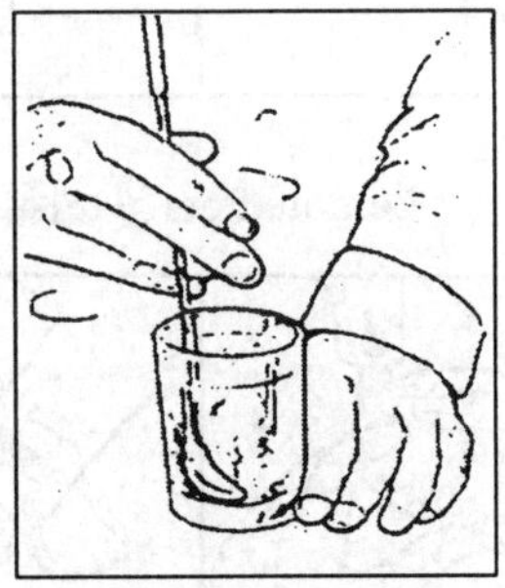

Build하는 방법2

<도표 5－8>

쉐이커를 잡고 흔들어 따르는 법

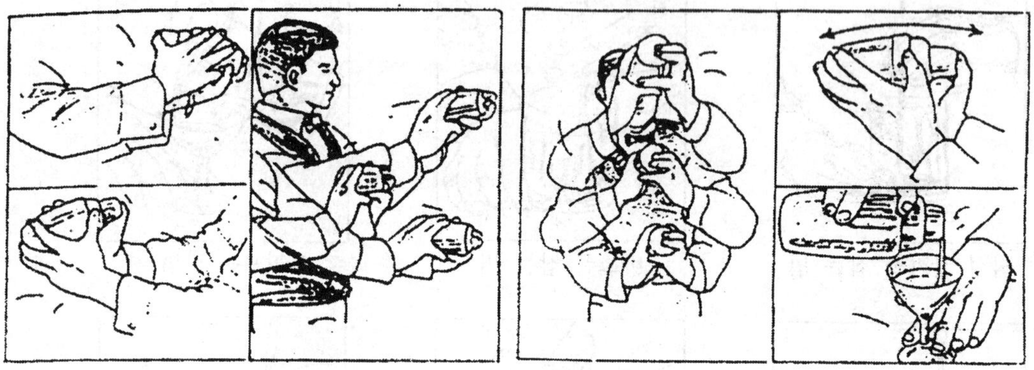

Lemon Peel을 짜는 법

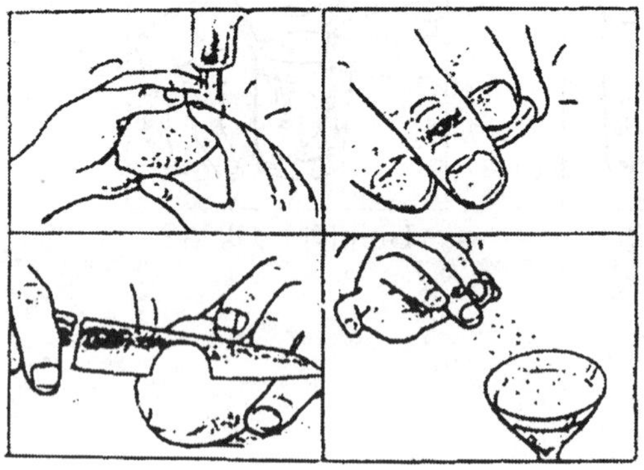

Snow Style 하는 법

Float하는 법

<도표 5-9> 다양한 장식기법

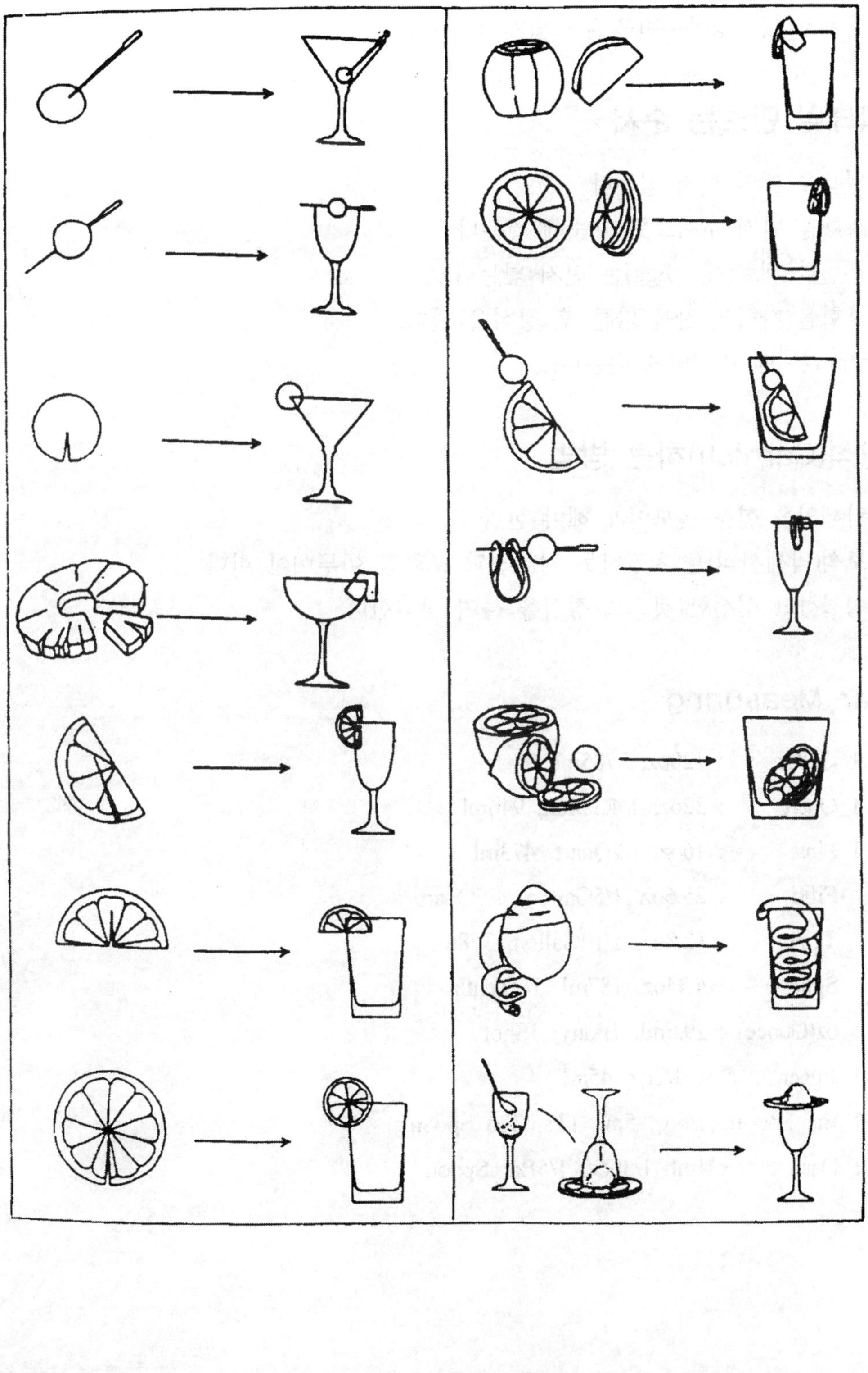

나. 술병 잡는 법

병 몸체보다는 병목주변을 부드럽게 잡는다.

3) 칵테일 만드는 순서

① 얼음을 제일 먼저 넣는다.

② Base를 먼저 부재료를 나중에 넣는다.

③ 특별한 재료(예 : Egg)는 먼저 넣는다.

④ 혼합을 다하여 잔을 따른 후 장식을 한다.

⑤ Straw는 맨 마지막에 꽂는다.

4) 장식(Garnish)하는 방법

① 칵테일을 한층 돋보이게 해야 한다.

② 보석(악세서리)를 치장하듯 칵테일과 조화를 이루어야 한다.

③ 청결하고 신선한 것으로 정성을 들여 장식한다.

5) Bar Measuring

1 Gallon : 128oz, 3785ml
1 Quart : 32oz, 1/4Gallon, 946ml
1 Pint : 16oz, 1/2Quart, 473ml
Fifth : 25.6oz, 1/5Gallon, 4/5Quart
Tenth : 12.8oz, 1/10Gallon, 378ml
Split : 6.34oz, 187ml, 1/2Tenth
1 oz(Ounce) : 29.5ml, 1Pony, 1Shot
1 Jigger : 1 1/2oz, 45ml
1 Bar Spoon : 1/6oz, 5ml, 1Tsp(Tea Spoon)
1 Dash : 1ml, 1/30oz, 1/5Bar Spoon

6) 칵테일의 알코올 도수 계산법

흔히 칵테일은 알코올 도수가 강한 것으로 생각하기 쉬우나 오히려 주정도수가 낮다.

[공식] $\dfrac{(\text{재료알코올도수} \times \text{사용량}) + (\text{재료알코올도수} \times \text{사용량})}{\text{총사용량}}$

= 칵테일의 알코올도수

예1. GIN TONIC
Dry Gin 1 oz(30ml)
Tonic Water 3 oz(90ml)

[공식]

$$\frac{(40 \times 30) + (0 \times 90)}{120} = \frac{1200 + 0}{120} = 10$$

참 고 | 주정도(알코올 도수)의 표시

1. 영국의 도수 표시(Proof)
   사이크(Syke)가 고안한 알코올 비중계에 의한 사이클 프루프로 표시한다.
   50℉에 있어서 같은 용량의 증류수 12/13의 중량을 가진 Spirit를 알코올 함유음료의 표준강도라고 한다.
   이것을 한국 도수로 계산하며 57.1도가 된다.
   이 스피리트를 100으로 해서 물 0, 순에칠알코올 175 등분하여 100을 초과한 것은 오버 프루프(Over proof : O.P.)라고 하고 약한 술은 언더 프루프(Under proof : U.P.)로 표시한다.
   예) 스카치 위스키 25° U.P.이면
   25° U.P. =
2. 미국의 도수 표시(Proof)
   미국은 온도 60℉(55.6℃)의 물 0에 에칠알코올 200을 프루프로 계산한다.
   그러므로 한국도수에 2배가 된다.
   86U.S.Proof = 43°
3. 독일의 도수 표시
   독일은 중량비율을 이용한 것이다.
   즉, 100g의 액체중 몇 g의 에칠알코올이 함유되었는가를 표시한다.
4. 한국의 도수 표시(°)
   스피리트가 완전히 에칠알코올일 때를 100으로 100등분으로 표시한다.
   이는 %와 같은 표기이다.

3. 칵테일 용구

1) 종류

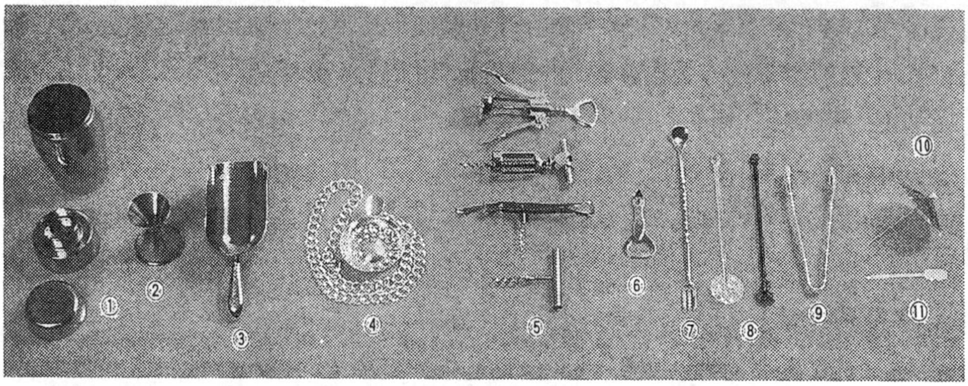

① Cocktail Shaker
② Zigger
③ Ice Scoop
④ Wine Taster & Sommelier Chain
⑤ Cork Screw
⑥ Openeer
⑦ B r Mixing Spoon
⑧ Muddler
⑨ Ice Tongs
⑩ Deco용 우산
⑪ Cocktail Pick

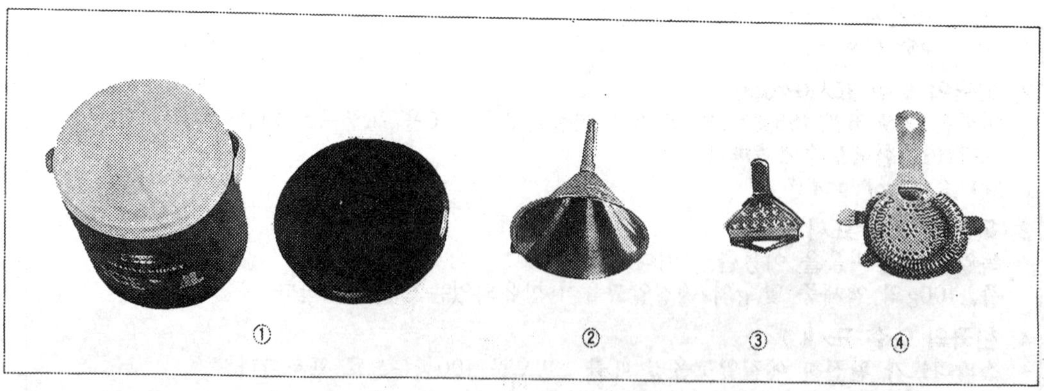

① Ice Bucket
② Funnel
③ Lemon Squeezer
④ Cocktail Strainer

2) 기구 설명

Cocktail을 맛있게 만들기 위해서는 오래 전부터 전통적으로 사용하여 오던 여러 가지 기구가 필요한 것이다. 이러한 기구들은 모두가 맛이 있는 Cocktail을 만드는 하나의 목적으로 만들어지고 기능적으로 완성된 모양으로 오늘날까지 전해지고 있는 것이며 특히나 쉐이커(Shaker)가 나오게 된 것은 1865년 이후의 시기로 되어 있다.

① 쉐이커(Shaker) : 혼성음료를 섞을 때 사용하는 기구이며 잘 섞이지 않는 재료(계란 등)를 잘 섞이게 하고 동시에 내용물을 차게 하여 주는 것이다. 제품으로는 은도금, 스테인레스 등 금속성의 것이 많다고 하겠으며 그 외에도 몸통이 유리제품의 것, 플라스틱 제품으로 되어 있는 것도 있다. 쉐이커는 캡(Cap : 뚜껑), 스트레이너(Strainer : 걸름기), 보디(Body : 몸통)의 세부분으로 되어 있다. 몸통에다 얼음과 재료를 넣고 스트레이너와 캡을 닫아 쉐이크를 한뒤에 캡(뚜껑)만 열어 스트레이너를 통하여 글라스에다 섞인 재료만 따라 부어 주게 되어 있는 것이다. 외국에서는 보스턴 타입 쉐이커(Boston Type Shaker)라 하여 스트레이너가 없는 쉐이커가 마치 몸통을 두 개로 합쳐서 맞춘 것 같은 형태로 되어 있는 것도 있다.

② 믹싱 글라스(Mixing glass) : Bar Glass라고 부르기도 한다. 쉐이커와 같이 술을 섞을 때 사용하는 것이나 쉐이커를 사용한 것과는 다른 맛의 Cocktail을 만들고자 할 때 사용한다. 따르는 홈이 달린 유리로 만든 제품으로 되어 있는 것이나 요즈음은 깨질 염려가 없고 사용하기 간편한 스테인레스 제품을 사용하고 있다.

③ 스트레이너(Strainer) : Mixing Glass에서 혼합한 술을 Glass에 따를 때 속에 들어 있는 얼음이 Glass에 떨어지지 않도록 해주는 역할을 한다. 금속제의 나선형 Wire를 단 것으로 Stainless제가 제일 바람직하다.

④ 바 스푼(Bar spoon) : Mixing Glass 속에서 재료를 섞을 때 사용하는 기구이다. 손잡이가 길고 중간부분은 나선형은 꼬여 있는 Spoon으로서 그 이유는 Mixing Glass 속에서 Stir 할 때 가볍게 돌리면서 젓도록 하기 위해서이다. Recipe 중에 1Tsp는 바로 이 Spoon 한 개의 분량을 가리키는 것이다.

⑤ 스퀴저(Squeezer) : Lemon, Orange 등 과일의 즙을 짤 때 쓰는 기구로 유리제, 도기에서 전동식까지 있으나 가운데 부분의 측면이 너무 날카로우면 껍질까지 상하게 하여 껍질의 Oil이 Juice 맛을 버리게 할 염려가 있다.

⑥ 쥬서(Juicer) : Fresh Juice를 만들 때 Squeezer나 Mixer로는 짜지 못하는 파인애플과 같이 껍질이 특이한 과실의 즙을 짤 때 쓴다.

⑦ 메저컵(Measure cup) : BAR에서 취급하는 음료(주로 Alcohol 음료)의 분량을 측정하기 위한 금속제 기구로 30ml(1oz), 45ml(1.5oz)용과 30ml(1oz), 60ml(2oz)용의 두 가지가 있는데 최근에는 전자의 것이 많이 일반화되어 있다. 통상적으로는 Jigger라고 부르기도 한다.

⑧ 아이스 픽(Ice pick) : 얼음을 깰 때 사용하는 송곳(또는 꼬챙이)이다. 얼음은 Cocktail을 만드는데 없어서는 안되는 것이므로 아이스 픽도 중요한 기구이다.

⑨ 얼음 통(Ice pail) : 얼음을 넣기 위한 용기로 금속제와 유리제가 있는데 여러 가지 장식이 있는 것들이 많으므로 업장 분위기에 맞는 것을 선택한다.

⑩ 얼음 집게(Ice tong) : 얼음 집게를 말하는 것으로 구입시 주의할 점은 끝 부분의 톱니부분이 얼음을 집기에 용이하게 되어 있는지와 그 성능을 Test해 보는 것이다.

⑪ 병따개(Opener) : 병마개를 따는 기구로 Bar용으로서는 조금 큰 Size가 좋다.

⑫ 콜크 스크류(CORK SCREW) : 포도주 병의 콜크를 빼내는 기구로 Wine의 유행과 함께 Cork Screw의 종류도 많아졌는데 선택은 여러번 감겨있는 것이 더 좋다.

⑬ 글라스 홀더(Glass holder) : Hot Drink를 제공시 Tumbler를 사용하는데 용이하게 만든 것으로 8oz Tumbler가 표준 Size이다.

⑭ 머들러(Muddler) : 최근과 같이 악세사리용의 형형색색의 Mulddler가 나오기는 2차 대전 후의 일이다. 원래는 재료를 으깨거나 섞는데 사용하는 도구이므로 끝 부분이 뾰족하거나 작으면 Muddler의 역할을 하기에는 적합지 않은 것이다.

⑮ 샴페인 쿨러(Champagin cooler) : Ice Pail의 대형인 것으로 Wine 또는 Champagne 등 음료를 냉각시키는 용기로서 전부분이 금속형인 것과 또 겉부분을 목재로 싸서 부드러운 느낌을 주는 것 등이 있다.

⑯ 물 주전자(Water jug) : 물주전자로 Stainless, Glass, 도제 등이 있는데 반드시 뚜껑이 있는 것이어야 한다.

⑰ 디켄터(Decanter) : 오래된 Wine의 맛과 향을 좋게 함에 목적이 있으며 찌꺼기를 제거시키고 Showing을 통한 연출효과를 위함이다.

⑱ 칼(Petit knife) : 과일을 자르거나 간단한 오도블을 만드는데 쓰기 위한 소형의 Knife.

⑲ 타월(Glass towel) : Bar에서 쓰는 Glass류 등의 물기를 닦거나 기물의 광택을 낼 때 쓰이는 천으로서 마와 면제품이 좋다.

⑳ 코스타(Coaster) : Glass에 묻은 물기를 잘 빨아들이는 것이 좋고 금속제 또는 유리제품은 적당치 않다.

㉑ 빨대(Straw) : 입에 직접대는 물건이므로 우선 청결한 것을 선택해야 한다.

㉒ 칵테일 픽(Cocktail pick) : 목제, 플라스틱제 등으로 되어 있으며 칵테일에 장식용으로 쓰인다.

㉓ 얼음삽(Ice scoop) : 얼음 퍼서 담을 때 사용한다.

㉔ 보조마개(Stopper) : 임시마개

㉕ 푸어러(Pourer) : 주류를 따를 때 흘리지 않도록 하기 위하여 사용한다.

4. 칵테일의 부재료

1) 스파이스류

- Cinnamon
- Honey
- Clove
- Sugar
- Mint
- Salt
- Nutmeg
- Pepper
- Milk
- Whipped Cream
- Egg
- Tabasco Sauce
- Worcestershire Sauce

2) 야채류

- Celery
- Cocktail Onion

3) 과실, 과일류

- Stuffed Olive
- Cherry
- Lemon
- Lime
- Orange
- Pineapple
- Grapefruit
- Banana

4) 청량음료

과일(쥬스), 유제품, 커피, 탄산음료, 기타 청량음료 및 믹서류

5) 설탕

- Powder Sugar
- Cube Sugar
- Granulated Sugar
- Brown Sugar

6) Syrup

설탕을 물에 타서 끓여 당밀, 과즙 등을 섞어 맛을 낸 것 등 여러 가지가 있다.

① Plain Syrup : 백설탕을 물에 타서 끓인 것으로 Simple Syrup 또는 Sugar Syrup이라고도 한다(보통 3 : 1의 비율).

② Grenadine Syrup : 당밀에다 석류의 맛을 낸 붉은 색의 시럽이다. 시럽중에는 가장 많이 칵테일에 사용한다.

③ Raspberry Syrup : 당밀에 나무 딸기의 풍미를 가한 시럽이다.

④ Almond Syrup : 당밀에 알몬드의 맛을 낸 것으로 Orgeat Syrup이라고도 한다.

⑤ Blackberry Syrup : 당밀에 블랙 베리의 맛을 낸 시럽

⑥ Gum Syrup : 플레인 시럽을 오래 두면 설탕이 가라앉아 굳어지게 되는데 이것을 방지하기 위하여 아라비아 고무의 분말을 첨가한 시럽이다.

⑦ Maple Syrup : 아메리카, 캐나다 등지에서 재배되는 사탕단풍나무의 수액을 짜서 만든 것으로 칵테일에는 사용하지 않는다.

7) 얼음

① Shaved Ice : 빙수용 얼음처럼 깍아낸 얼음

② Crushed Ice : 잘게 갈아낸 얼음

③ Cubed Ice : 정육면체 또는 직육면체로 된 얼음

④ Cracked Ice : Cube Ice 정도로 깬 얼음

⑤ Lump of Ice : 작은 덩어리 얼음

⑥ Block of Ice : 큰 덩어리 얼음

<도표 5-10> 얼음의 종류

㉠ 쉐이브드 아이스(Shaved Ice)

㉡ 크러쉬드 아이스(Crushed Ice)

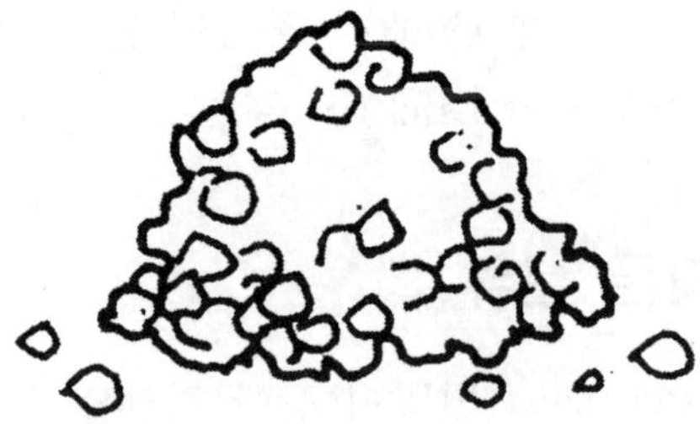

㉢ 큐브드 아이스(Cubed Ice)

㉣ 크랙트 아이스(Cracked Ice)

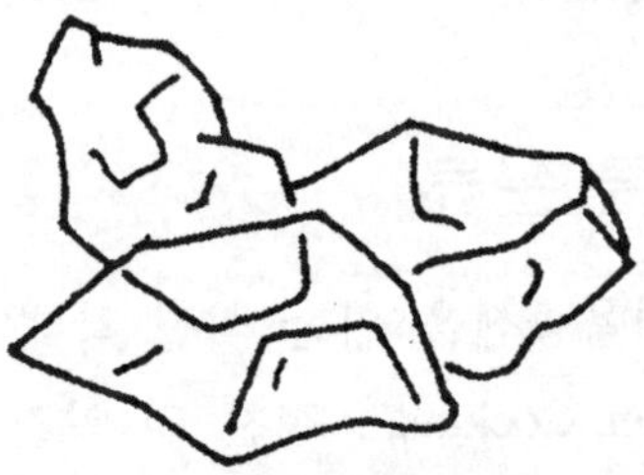

㉤ 럼프 오브 아이스(Lump of Ice)

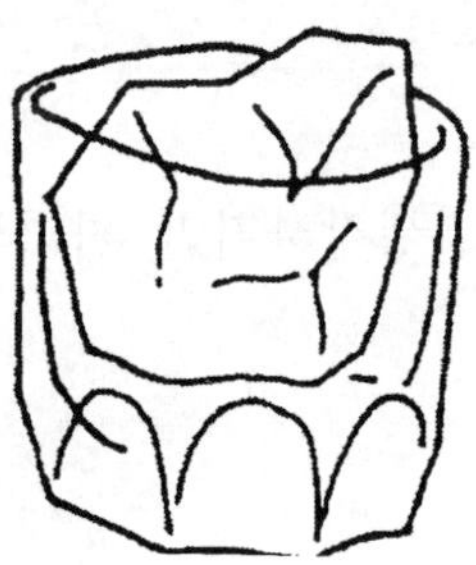

㉥ 블록 오브 아이스(Block of Ice)

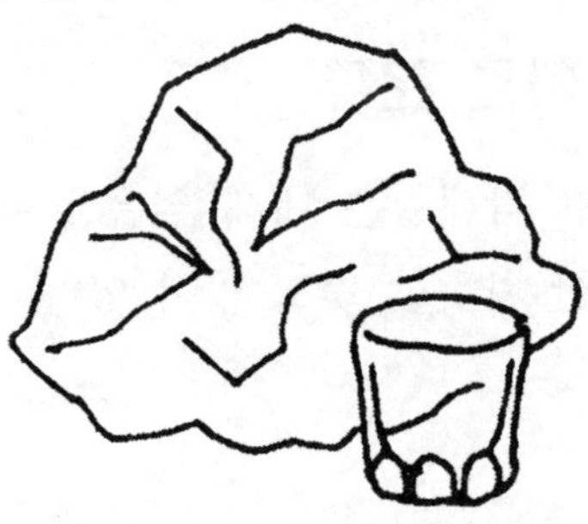

5. 칵테일의 분류

1) 용량에 따른 분류

① 롱 드링크(Long Drink) : 용량이 많은 8oz 이상인 것
② 숏 드링크(Short Drink) : 용량이 적은 6온스 미만의 칵테일

2) 맛에 따른 분류

① Sweet Cocktail : 단맛이 강한 칵테일
② Sour Cocktail : 신맛이 강한 칵테일
③ Dry Cocktail : 담백한 맛이 강한 칵테일

3) 용도에 따른 분류

① Aperitif : 식욕증진을 위한 식전 칵테일
② Before Dinner Cocktail : 정찬 전 약간의 시간이 있을 때 마시는 칵테일로 Dry하다.
③ After Dinner(Dessert) Cocktail : 식후주로 단 맛을 지닌 칵테일이다.

4) 냉 · 온에 따른 분류

① Hot Drink : 칵테일은 대개 얼음을 이용한 찬 것으로 생각하지만 커피류, 뜨거운 물을 이용한 따뜻한 것도 많이 있다.
② Cold Drink

5) 형태에 따른 분류

① 하이볼(High Ball) : 증류주를 Base로 하이볼 글라스에 얼음을 넣고 청량음료를 넣어 혼합한 것(스카치 소다, 버번콕).
② 피즈(Fizz) : 피즈라는 이름이 붙게 된 이유는 탄산음료를 개봉할 때 '피' 하는 소리가 난데서 비롯된다. 진, 리큐르 등을 Base로 설탕, 라임(또는 레몬)쥬스, 소다수를 넣고 과일로 장식한다(진피즈, 슬로진피즈, 카카오피즈).

③ 사워(Sour) : 증류주에 레몬쥬스를 넣어 시큼한 맛의 칵테일로 얼음을 제외하고 레몬체리를 장식한다(위스키 사워, 진 사워).

④ 슬링(Sling) : 피즈와 비슷하나 약간 용량이 많고 리큐르를 첨가하여 과일을 장식한다.(싱가폴슬링)

⑤ 코블러(Cobbler) : "구두 수선공"이란 뜻으로 여름철 더위를 식히는 음료이다. 알코올 도수가 낮고 Fruity한 과일주를 Base로 한다(와인코블러, 커피코블러).

⑥ 쿨러(Cooler) : 술, 설탕, 레몬(또는 라임)쥬스를 넣고 소다수로 채운다.

⑦ 펀치(Punch) : 펀치볼(큰 그릇)에 과일, 쥬스. 술, 설탕, 물을 혼합하여 큰 얼음을 띄워 여러 사람이 떠서 먹는 음료이다. 또 술의 특성을 강조한 1인용 펀치도 있으며 이것은 코블러와도 유사하다.

⑧ 프라뻬(Frappé) : 프랑스어로 잘 냉각된 뜻이다. 가루 얼음을 칵테일 글래스에 가득 채우고 술을 붓고 빨대를 꽂는다.

⑨ 타디(Toddy) : 뜨거운 물(또는 차거운 물)에 설탕, 술을 넣은 것이다.

⑩ 에그녹(Egg Nog) : 미국 남부지방의 전설에서 유래된 연말(크리스마스) 칵테일이다. 달걀과 우유를 사용한다.

⑪ 플립(Flip) : 대개 와인을 사용하며 달걀, 설탕을 넣은 것으로 에그녹과 비슷하다.

⑫ 플로트(Float) 또는 Poussé Café : 술의 중량을 이용하여 섞이지 않게 띄운 것이다.

⑬ 스노 스타일(Snow Style) : 눈송이 같은 분위기를 연출하며 경우에 따라 설탕 또는 소금을 사용한다. Sugar Rimming, Salt Rimming

⑭ 미스트(Mist) : 프라뻬와 비슷하고 Crushed Ice를 사용하며 용량이 약간 많다.

⑮ 데이지(Daisy) : 증류주에 레몬, 라임쥬스, 그레나딘 시럽(또는 리큐) 등을 혼합한 뒤 소다로 채운다.

⑯ 칼린스(Collins) : 칼린스 가족에 의해 만들어졌기 때문에 이렇게 이름이 붙여졌다. 술에 레몬이나 라임즙과 설탕을 넣고 소다수로 채운다.

⑰ 크러스타(Crusta) : 술에 레몬쥬스, 약간의 리큐르(또는 버터)를 넣은 것으로 레몬 껍질이나 오렌지 껍질을 넣은 칵테일이다.

⑱ 쥴립(Julep) : 민트 줄기를 넣은 칵테일이다.

⑲ 릭키(Rickey) : 라임을 짜서 즙도 넣고 그 자체를 글라스에 넣고 소다수 또는 물로 채운 것으로 달지 않은 칵테일이다.

⑳ 생거리(Sangaree) : 와인 또는 증류주에 설탕, 레몬쥬스를 넣고 물로 채운다.

㉑ 스매쉬(Smash) : 쥴립과 비슷하나 Shaved Ice를 사용하며 설탕, 물을 넣고 민트 줄기를 장식한다.

㉒ 트로피칼 칵테일(Tropical Cocktail) : 열대성 칵테일을 의미하며 과일쥬스, 시럽 등을 이용하여 달고 시원하며 과일을 장식한 양이 많은 칵테일이다.

㉓ 기타

- 스콰쉬(Squash) : 과일즙을 짜서 낸 다음 설탕, 소다수를 넣은 것.
- 에이드(Ade) : 과일즙에 설탕, 물을 넣은 것.
- 스트레이트 업(Straight Up) : 술에 아무것도 넣지 않은 상태로 마시는 것.
- 온더락스(On the Rocks) : 얼음만 넣고 그 위에 술을 넣은 상태로 마시는 것.

6. 칵테일 레시피

- GIN BASE

COCKTAIL	INGREDIENT	MIX	GLASS	GARNISH
GIN WITH CARBONATED WATER				
GIN TONIC	DRY GIN1 OZ TONIC WATERFILL	BUILD	HIGH BALL	SLICED LEMON
GIN BUCK	DRY GIN1 OZ LEMON JUICE1/2 OZ GINGERALE FILL	BUILD	HIGH BALL	WEDGE LEMON
TOM COLLINS	DRY GIN1 OZ COLLINS MIXERFILL	BUILD	HIGH BALL	SLICED LEMON & CHERRY
GIN FIZZ	DRY GIN1 OZ COLLINS MIXERFILL	BUILD	HIGH BALL	SLICED LEMON
GIN RICKEY	DRY GIN1 OZ LIME JUICE 1/2 OZ SODA WATERFILL	BUILD	HIGH BALL	WEDGE LIME

COCKTAIL	INGREDIENT	MIX	GLASS	GARNISH
GIN WITH JUICE				
GIMLET	DRY GIN11/2 OZ LIME JUICE 1/2 OZ SUGAR SYRUP1 TSP	SHAKE	C.K.T	
ORANCE-BLOSSOM	DRY GIN11/2 OZ O/J 11/2 OZ SUGAR SYRUP2 TSP	SHAKE	C.K.T	
FRENCH 75	DRY GIN1 OZ LEMON JUICE1/2 OZ SUGAR SYRUP1 TSP SPARKLING WINEFILL	SHAKE SHAKE	WINE WINE	SLECED ORANGE
GIN WITH LIQUEUR				
GIN & IT	DRY GIN11/2 OZ SWEET VERMOUTH11/2 OZ	STIR	C.K.T	
MARTINI	DRY GIN2 OZ DRY VERMOUTH1 TSP	STIR	C.K.T	OLIVE
GIBSON	AS ABOVE	AS BOVE	AS ABOVE	D.K.T-ONION
NEGRONI	DRY GIN1 OZ CAMPARI1 OZ SWEET VERMOUTH 1 OZ	STIR	C.K.T	LEMON PEEL
BRONX	DRY GIN1 OZ DRY VERMOUTH1/2 OZ SWEET VERMOUTH 1/2 OZ O/J 1/2 OZ	SHAKE	C.K.T	
FLAMINGO	DRY GIN1 OZ APRICOT BRANDY 1/2 OZ LIME JUICE 1/2 OZ GRENADINE SYRUP2 TSP	SHAKE	C.K.T	

COCKTAIL	INGREDIENT	MIX	GLASS	GARNISH
ALEXANDER	DRY GIN1 OZ CACAO(W) 1 OZ CREAM1 OZ	SHAKE	CHAMPAGNE	SPRINKLE − NUTMEG
SINGAPORE − SLING	DRY GIN1 OZ CHERRY HEERING1/2 OZ GRENADINE SYRUP 1/3 OZ COLLINS MIXERFILL	SHAKE	COLLINS	SLICED ORANGE & CHERRY
PINK LADY	EGG WHITE 1 EA DRY GIN1 OZ GRENADINE SYRUP1/3 OZ CREAM1/2 OZ	SHAKE	CHAMPAGNE	NUTMEG
WHITE LADY	DRY GIN1 OZ TRIPLE SEC1/2 OZ LEMON JUICE1/2 OZ	SHAKE	C.K.T	
SILVER FIZZ	EGG WHITE1 EA DRY GIN1 OZ LEMON JUICE 1/2 OZ SUGAR SYRUP 2 TST SODA FILL	SHAKE	HIGH BALL	
GOLDEN FIZZ	SAME AS SILVERFIZZ USE EGG YOLK INSTEAD OF EGG WHITE	AS ABOVE	AS ABOVE	
ROYAL FIZZ	SAME AS SILVERFIZZ USE WHOLE EGG INSTEAD OF EGG WHITE	AS ABOVE	AS ABOVE	
GREEN FIZZ	EGG WHITE1 EA DRY GIN1 OZ C.D. MENTHE(G)1 TSP LEMON JUICE 1/2 OZ SUGAR SYRUP2 TSP SODA FILL	SHAKE	HIGH BALL	

COCKTAIL	INGREDIENT	MIX	GLASS	GARNISH
AROUND THE WORLD	DRY GIN1 OZ C.D. MENTHE(G)1 TSP PINEAPPLE JUICE1 OZ	SHAKE	C.K.T	
MILLON-DOLLAR	EGG WHITE1 EA DRY GIN1 OZ SWEET VERMOUTH 1/2 OZ PINEAPPLE JUICE1/3 OZ GRENADINE SYRUP1/3 OZ	SHAKE	CHAMPAGNE	NURMEG

• VODKA BASE

COCKTAIL	INGREDIENT	MIX	GLASS	GARNISH
VODKA WITH CARBONATED WATER				
MOSCOW-MULE	VODKA1 OZ LIME JUICE1/2 OZ GINGERALEFILL	BUILD	HIGH BALL	SLICED LEMON
VODKA TONIC	VODKA1 OZ TONIC WATER FILL	BUILD	HIGH BALL	SLICED LEMON
VODKA WITH JUICES				
BLOODY MARY	VODKA1 OZ TOMATO JUICEFILL WORCESTERSHIRE - SAUCE1 DASH TABASCO SAUCE2 DASH SALT1 PINCH PEPPER1 PINCH	BUILD	HIGH BALL	CELERY STICK
SCREW DRIVER	VODKA1 OZ O/JFILL	BUILD	HIGH BALL	SLICED ORANGE
SALTY DOG	VODKA1 OZ GRAPEFRUIT JUICE FILL	BUILD	HIGH BALL	RIM FROSTED - WITH SALT
GREY HOUND	AS ABOVE	AS ABOVE	HIGH BALL	

COCKTAIL	INGREDIENT	MIX	GLASS	GARNISH
VODKA WITH LIQUEUR				
HARVEY WALL BANGER\	VODKA1 OZ O/JFILL GALLIANO1/2 OZ	BUILD	HIGH BALL	SLICED ORANGE
KAMIKAZE	VODKA1 OZ TRIPLE SEC 1/2 OZ LIME JUICE1/2 OZ	SHAKE	C.K.T.	
RUSSIAN	VODKA1 OZ GIN1 OZ CACAO(W)1 OZ	SHAKE	C.K.T.	
BLACK RUS-SIAN	VODKA1 OZ KAHLUA1/2 OZ	BUILD	ON THE ROCKS	
WHITE RUSSIAN	SAME AS BLACK RUSSIAN ADD MILK 1/2 OZ	AS ABOVE	AS ABOVE	
GOD MOTHER	VODKA1 OZ AMARETTO 1/2	BUILD	ON THE ROCKS	
KISS OF FIRE	VODKA1 OZ SLOE GIN1/2 OZ DRY VERMOUTH1/2 OZ	SHAKE	C.K.T.	RIM FROSTED – WITH SUGAR
SEX ON THE BEACH	VODKA1 OZ PEACH BRANDY1/2 OZ O · J 3 OZ CRANBERRY JUICE3 OZ	BUILD	HIGH BALL	
ORGASM	BAILEY'S2/3 OZ KAHLUA2/3 OZ ANARETTO 2/3 OZ	SHAKE	C.K.T.	
CHI CHI	VODKA1 OZ PINEAPPLE JUICE2 OZ COCONUT MILK11/2 OZ	SHAKE (BLENDER)	GRANDE	FRESH PINE-APPLE & CHERY
SUN FLOWER	VODKA1 OZ CAMPARI1/2 OZ O/J 1 OZ ORANGE BITTER 1 DASH	C.K.T.		

•RUM BASE

COCKTAIL	INGREDIENT	MIX	GLASS	GARNISH
RUM WITH CARBONATED WATER				
RUM COKE	RUM1 OZ COLAFILL	BUILD	HIGH BALL	
CUBA LIBRE	RUM1 OZ LIME JUICE1/2 OZ COLAFILL	BUILD	HIGH BALL	SLICED LEMON
RUM WITH JUICE				
BACARDI	RUM11/2 OZ LIME JUICE1/2 OZ GRENADINE SYRUP 1/3 OZ	SHAKE	C.K.T.	
DAIQUIRI	RUM11/2 OZ LIME JUICE1/2 OZ SUGAR SYRUP1/3 OZ	SHAKE	C.K.T.	
RUM WITH LIQUEUR				
CONTIN-ENTAL	RUM1 OZ CREME DE MENTHE(GREEN) 1/2 OZ LIME JUICE1/2 OZ SUGAR SYRUP2 TSP	SHAKE	C.K.T.	GREEN-CHERRY
BLUE HAWAII	RUM1 OZ BLUE CURACAO 1/2 OZ PINEAPPLE JUICE 1 OZ LEMON JUICE1/2 OZ	SHAKE	C.K.T.	FRESH PINE-APPLE & CHERRY
X.Y.Z.	RUM1 OZ TRIPLE SEC1/2 OZ LEMON JUICE1/2 OZ	SHAKE	C.K.T.	
PINA COLADA	RUM1 OZ PINEAPPLE JUICE 2 OZ COCONUT MILK1 OZ	SHAKE (BLENDER)	GRANDE	FRESH PINE-APPLE & CHERRY
LONG ISLAND ICED TEA	RUM1/2 OZ DRY GIN 1/2 OZ TEQUILA 1/2 OZ VODKA1/2 OZ TRIPLE SEC1/2 OZ LEMON JUICE1/2 OZ COLAFILL	BUILD	COLLINS	SLICED LEMON

COCKTAIL	INGREDIENT	MIX	GLASS	GARNISH
CASA BLANCA	RUM1 1/2 OZ TRIPLE SEC1 TSP LIME JUICE1 TSP MARASCHINO1 TSP ANGOSTURA BITTER 1 DASH	SHAKE	C.K.T.	CHERRY
FROZEN-DAIQUIRI	RUM 1 OZ LIME JUICE 1/2 OZ SUGAR SYRUP2 TSP TRIPLE SEC1 TSP	SHAKE (BLENDER)	CHAMPAGNE	CHERRY
MAITAI	RUM1 OZ TRIPLE SEC1/2 OZ LIME JUICE1/2 OZ O/J 11/2 OZ P/J 11/2 OZ GRENADINE SYRUP 1/3 OZ	SHAKE	COLLINS	ORANGE & CHERRY

• TEQUILA BASE

COCKTAIL	INGREDIENT	MIX	GLASS	GARNISH
TEQUILA WITH-CARBONATED WATER				
MEXICOLA	TEQUILA 1 OZ LIME JUICE1/2 OZ COLAFILL	BUILD	HIGH BALL	
TEQUILA WITH JUICES				
TEQUILA-SUNRISE	TEQUILA1 OZ O/J FILL GREMADINE SYRUP 1/2 OZ	BUILD	PARFAIT	SLICED ORANGE & CHERRY
TEQUILA-SUNSET	TEQUILA1 OZ LEMON JUICE1/2 OZ O/J FILL GRENADINE SYRUP 1/2 OZ	BUILD	PARFAIT	SLICED LEMON & CHERRY
MATADOR	TEQUILA1 OZ PINEAPPLE JUICE 2 OZ LIME JUICE1/2 OZ	SHAKE	ON THE ROCKS	SLICED LEMON

COCKTAIL	INGREDIENT	MIX	GLASS	GARNISH
TEQUILA WITH LIQUEUR				
TEQUILA -SUNSTROKE	TEQUILA1 OZ TRIPLE SEC1/2 OZ GRAPEFRUIT JUICE FILL	BUILD	ON THE ROCKS	
MARGARITA	TEQUILA1 OZ TRIPLE SEC1/2 OZ LIME JUICE1/2 OZ	SHAKE	CHAMPAGNE OR C.K.T	RIM FROSTED WITH SALT

•BRANDY BASE

COCKTAIL	INGREDIENT	MIX	GLASS	GARNISH
BRANDY WITH CARBONATED-WATER				
HORSE'S NECK	BRANDY11/2 OZ GINGERALE FILL	BUILD	COLLINS	RIND OF WHOLE LEMON
BRANDY WITH JUICES				
BRANDY SOUR	BRANDY11/2 OZ LEMON JUICE1/2 OZ SUGAR SYRUP1 TSP SODA WATERFILL	SHAKE	SOUR	SLICED LEMON & CHERRY
EAST WEST C.K.T	BRANDY1 OZ O/J1/3 OZ LEMON JUICE1/3 OZ SUGAR SYRUP1/3 OZ	SHAKE	C.K.T.	CHERRY
BRANDY WITH LIQUEUR				
STINGER	BRANDY11/2 OZ C.D.MENTHE(W)1/2 OZ	SHAKE	C.K.T	
SIDE CAR	BRANDY1 OZ TRIPLE SEC 1/2 OZ LEMON JUICE1/2 OZ	SHAKE	C.K.T	
BETWEEN THE-SHEETS	BRANDY1/2 OZ RUM 1/2 OZ TRIPLE SEC 1/2 OZ LEMON JUICE1/2 OZ	SHAKE	C.K.T.	
LADIES KILLER	BRANDY1 OZ PEACH BRANDY1/2 OZ CHERRY HEERING1/2 OZ GRENADINE SYRUP1 TSP LEMON JUICE2 TSP	SHAKE	C.K.T.	SLICED LEMON & CHERRY

COCKTAIL	INGREDIENT	MIX	GLASS	GARNISH
BRANDY EGGNOG	WHOLE EGG 1 EA BRANDY1 1/2 OZ MILK 3 OZ SUGAR SYRUP1/2 OZ	SHAKE	HIGH BALL OR(MUG GLASS)	SPRINKLE －NUTMEG
TOM & JERRY	WHOLE EGG 1 EA BRANDYOZ RUM 1 OZ HOT WATER 3 OZ SUGAR SYRUP1/2 OZ	SHAKE	HIGH BALL OR(MUG GLASS)	
CHERRY BLOSSOM	BRANDY1/2 OZ CHERRY BRANDY 1/2 OZ TRIPLE SEC2 TSP GRENADINE SYRUP2 TSP LEMON JUICE2 TSP SUGAR SYRUP1 TSP	SHAKE	PARFAIT	CHERRY
DIRTY MOTHER	BRANDY1 OZ KAHLUA1/2 OZ	BUILD	ON THE ROCKS	

•WHISKY BASE

COCKTAIL	INGREDIENT	MIX	GLASS	GARNISH
WHISKY WITH CARBONATED WATER				
SCOTCH HIGH BALL	SCOTCH WHISKY1 OZ CARBONATED WATERFILL	BUILD	HIGH BALL	
BOURBON HIGH BALL	BOURBON WHISKY1 OZ CARBONATED WATERFILL	BUILD	HIGH BALL	
WHISKY MIST	WHISKY1 1/2 OZ CRUSHED ICE 1 G/S	BUILD	ON THE ROCKS	
HOT TODDY	WHISKY1 OZ HOT WATER FILL CLOVE5 EA CUBE SUGAR 1 EA	BUILD	MUG OR ON THE ROCKS	CINNAMON STICK.LEMON

COCKTAIL	INGREDIENT	MIX	GLASS	GARNISH
WHISKY WITH JUICE				
WHISKY SOUR	WHISKY1 1/2 OZ LEMON JUICE 1/2 OZ SODA WATER FILL SUGAR SYRUP1 TSP	SHAKE	SOUR	SLICED LEMON & CHERRY
NEW YORK	WHISKY1 1/2 OZ LEMON JUICE 1/2 OZ GRENADINE SYRUP1 TSP	SHAKE	C.K.T.	LEMON PEEL
CALIFORNIA LEMONADE	WHISKY1 OZ LEMON JUICE2/3 OZ LIME JUICE 1/3 OZ LGRENADINE SYRUP 1 TSP	SHAKE	COLLINS	SLICED LEMON & CHERRY
	SUGAR SYRUP1 TSP SODA WATERFILL	SHAKE	COLLINS	SLICED LEMON & CHERRY
WHISKY WITH LIQUEUR				
MANHATTAN	AMERICAN WHISKY 1 1/2 OZ SWEET VERMOUTH2/3 OZ ANGOSTURA BITTER 1 DASH	STIR	C.K.T.	CHERRY
ROB ROY	SAME AS MANHATTAN BUT SUBSTITUTE AMERICAN WHISKY WITH SCOTCH	AS ABOVE	AS ABOVE	CHERRY
OLD FASHIONED	BOUTBON WHISKY1 OZ ANGOSTURA BITTER 1 DASH SUGAR SYRUP2 TSP	BUILD	ON THE ROCKS	SLICED ORANGE & CHERRY
RUSTY NAIL	SCOTCH WHISKY 1 OZ DRAMBUIE1/2 OZ	BUILD	ON THE ROCKS	
GOD FATHER	SCOTCH WHISKY1 OZ AMARETTO1/2 OZ	BUILD	ON THE ROCKS	

• WINE BASE

COCKTAIL	INGREDIENT	MIX	GLASS	GARNISH
WITH CARBO-NATEDWATER				
SPRITZER	WHITE WINEHALF SODA WATERHALF	BUILD	WINE	
WINE WITH JUICES				
WINE COOLER	RED OR ROSE WINE 3 OZ	BUILD	HIGH BALL	SLICED ORANGE
MIMOSA	SPARKLING WINEHALF O/JHALF		WINE	
WINE WITH LIQUEUR				
KIR	WHITE WINE 3 OZ CREME DE CASSIS1/3 OZ	STIR	WINE	
KIR ROYAL	SPARKLING WINE3 OZ CREME DE CASSIS1/3 OZ	STIR	CHAMPAGNE	

• BEER BASE

COCKTAIL	INGREDIENT	MIX	GLASS	GARNISH
BLACK BEER	BEERHALF COLAHALF	BUILD	PILSNER	
SHANDY GAFF	BEERHALF GINGERALE HALF	BUILD	PILSNER	
RED EYE	BEERHALF TOMATO JUICEHALF	BUILD	PILSNER	
EGG BEER	WHOLE EGG 1 EA BEER 8 OZ SALT1 PINCH HOT SAUCE2 DASHES	BUILD	PILSNER	
DOG'S NOSE	BEER 7 OZ SPIRITS1 OZ	BUILD	PILSNER	

•SPECIAL COFFEE

COCKTAIL	INGREDIENT	MIX	GLASS	GARNISH
IRISH COFFEE	IRISH WHISKY 1 OZ HOT COFFEEFILL WHIPPED CREAM	BUILD	MUG	RIMMING WITH SUGAR
ROYAL COFFEE	SAME AS IRISH COFFEE SUBSTITUTE FOR BRANDY	AS ABOVE	AS ABOVE	
JAMAICAN COFFEE	SAME AS IRISH COFFEE SUBSTITUTE FOR – TIA MARIA1 OZ RUM1/3 OZ	AS ABOVE	AS ABOVE	
MEXICAN COFFEE	SAME AS IRISH COFFEE SUBSTITUTE FOR TEQUILA3/4 OZ KAHLUA3/4 OZ	AS ABOVE	AS ABOVE	
SPANISH COFFEE	SAME AS IRISH COFFEE SUBSTITUTE FOR – CACAO(B)3/4 OZ	AS ABOVE	AS ABOVE	

•LIQUEUR BASE

COCKTAIL	INGREDIENT	MIX	GLASS	GARNISH
CACAO FIZZ	CACAO1 OZ COLLINS MIXERFILL	BUILD	HIGH BALL	SLICED LEMON & CHERRY
SLOE GIN FIZZ	SLOE GIN1 OZ COLLINS MIXERFILL	BUILD	HIGH BALL	AS ABOVE
CREME DE MENTHE FRAPPE	C.D.MENTHE(G)1 OZ CRUSHED ICE 1 G/S	BUILD	CHAMPAGNE	CHERRY
CAMPARI ORANGE	CAMPARI1 1/2 OZ O/JFILL	BUILD	HIGH BALL	SLICED ORANGE
KAHLUA MILK	KAHLUA1 OZ MILK1 OZ	BUILD	ON THE ROCKS	
GRASS HOPPER	C.D.MENTHE(G)1 OZ CACAO(W) 1 OZ CREAM1 OZ	SHAKE	CHAMPAGNE	
ANGEL'S TIP	CACAO(B) HALF CREAMHALF	FLOAT	LIQUEUR	
ANGEL'S KISS	CACAO(B)1/4 OZ YVETTE1/4 OZ BRANDY1/4 OZ CREAM1/4 OZ	FLOAT	LIQUEUR	
GOLDEN CADILLAC	GALLIANO 1 OZ CACAO(W) 1 OZ CREAM1 OZ	SHAKE	C.K.T.	
GOLDEN DREAM	GALLIANO 1 OZ TRIPLE SEC1/2 OZ O/J1/2 OZ CREAM1/2 OZ	SHAKE	C.K.T.	
MOULIN ROUGE	SOLE GIN 1 OZ SWEET VERMONTH1/2 OZ ANGOSTURA BITTER 1 DASH	STIR	C.K.T.	
HAPPY END	SLOE GIN 1 OZ COINTREAU1/2 OZ LIME JUICE1/2 OZ	SHAKE	C.K.T.	

참고문헌

■ 국내

1. 이종순, 호텔식음료 실무경영론, 기문사, 2002
2. 이정자, 호텔식음료원가 관리, 서울 형설 출판사, 1981
3. 이정자, 메뉴관리, 기문사, 1994
4. 이애주, 식음료 관리론, 일신사, 2000
5. 박영배 외 2인, 호텔 외식산업 관리론, 백산출판사, 2000
6. 오승일, 식음료사업경영, 백산출판사, 1994
7. 김기영 외 1인, 연회기획관리실무론, 현학사, 2002
8. 최동열, 호텔연회관리, 백산출판사, 1995
9. 최동열, 연회실무, 백산출판사, 1999
10. 손일락, "de restaurer" 미래의 식당경영, 형설, 1995
11. 한국외식산업연구소, 외식사업경영론, 1995
12. 김기영, 호텔주방관리론, 백산출판사, 2000
13. 한국외식산업연구소, 외식사업실무론, 1995
14. 원융희, 호텔사업경영론, 대왕사, 1987
15. 오정환, 호텔개스트로노미 원론, 기문사, 1996
16. 나정기, 실무정통프랑스요리, 백산출판사, 1993
17. 나정기, 외식산업의 이해, 백산출판사, 1998
18. 김진수, 호텔식음료관리론, 학문사, 2000
19. 박성부,이정실, 호텔식음료관리론, 기문사, 1997
20. 박영배 外 1人, 호텔 · 외식산업관리론, 현학사, 2002
21. 나영선 외 2인, 호텔서양조리실무개론, 백산출판사
22. 김미향 · 임효원, 새 서양조리학, 백산출판사
23. 김혁수 · 김연화, 최신호텔회계, 도서출판 호미, 1998
24. 호텔식음료원가관리 개선방안에 관한 연구－식재료비 관리를 중심으로, 차락근, 경희대학교 경영대학원, 1985
25. 한국식품산업연감, 2004
26. 월간 호텔 & Reataurant, 1999~2004
27. 주류문화신문, 외식경제신문, 월간식당 정기 간행물
28. (주)두산 씨그램 매뉴얼
29. 호텔롯데, 식음료직무교재, 1990
30. 신라호텔, 식음료 실무 manual, 1990

31. 삼성경제연구소
32. 신라호텔, service교육원, 식음료부문 service manual, 1992
33. 통계청
34. 식품의약품 안전청
35. 식품공업협회

■ 국외

1. George W. Lattin, Modern Hotel&Motel Management, 3rd ed, San Francisco : W.H Freeman&Company, 1980
2. Jack, D. N. Ninemeier, F&B Control, Educational Institute, 1986
3. Philip, Kothler, principles of Marketing, 5th ed, New Jersey : prentice-hall, Inc., 1991
4. D.E Lundberg, The Hotel and Restaurant Business, N. Y. : A CIB book, 1984
5. R.C. Mill, "Managing the Service Encounter", The Cornell H.R.A. Quarterly, 1986
6. Anthony M. Rey, Fredinand Wieland, F&B Service, Michigan, AH&MA, 1985
7. Lothar A. Kreck, MENUS : Analysis and planning, Van Nostrand Reinhold Company, 1984
8. David V. Pavesic, "The Myth of Labor-Cost percentage", The Cornell H.R.A Quarterly, Vol. 24-No.4 (November, 1983)
9. Jack Miller, Menu Pricing and strategy(Boston, MA : CBI Publishing Co., Inc., 1980)
10. Donald Smith, "Menu Engineering", Lodging, March, 1982
11. AH&MA, Uniform System of Account for Lodging Industry(USALI 9th.)

저자소개

김 연 화(경영학박사)

■ 약력

수도여자 사범대학 호텔경영학과 졸업
세종대학교 경영대학원 석사과정 수료(경영학석사, 호텔 · 관광경영전공)
세종대학교 경영대학원 박사과정 수료(경영학박사, 호텔회계세부전공)
미국 Cal. Polytechnic State of Univ.
SHRM(School of Hotel & Restaurant Mgt.) 연구교수
한국관광학회 이사
한국호텔경영학회 학술위원
호텔경영사 출제위원
관광통역안내사 면접위원
現) 안양대학교 관광경영학과 교수

■ 저서 및 논문

최신호텔회계, 김혁수, 김연화 도서출판 호미, 1998
여행사 · 항공사 실무용어, 김연화 外 1人 학문사, 2000
여행 · 항공 · 호텔용어, 김연화 外 3人 백산, 2002
호텔외식산업 식음료관리론 도서출판 기문사, 2004
호텔정보시스템 확립에 관한 연구 (석사학위논문)
호텔객실가격관리에 관한 연구 - 효율성 측정지표를 중심으로 (박사학위 논문)
호텔회계의 이해를 위한 소고 - 영업회계 중심으로
특급호텔의 식음료 원가관리에 관한 연구
식음료산업의 분류체계에 관한 연구
메뉴엔지니어링 비교분석에 관한 연구 등

장 병 주(관광경영학 박사)

■ 약력

호텔현대(경주) 식음료팀 근무(양식당, 중식당, 커피숍, 룸서비스...)
호텔현대(경주) 사내서비스 강사 및 서비스 개선 위원
현 영남스포츠신문 명예편집위원
현 동북아 관광학회 사무국장
현 한국와인문화연구소 소장
현 영산대학교 지역발전 연구원 및 호텔관광대학 교수

■ 논문

호텔기업의 서비스 보증과 결과변수의 구조적 관계에 관한 연구외 다수

식음료 경영 · 서비스 관리론

●발행일

2004년 6월 25일 1판 1쇄 발행
2005년 12월 20일 2판 1쇄 발행
2007년 2월 10일 2판 2쇄 발행
2008년 7월 31일 2판 3쇄 발행
2009년 8월 31일 2판 4쇄 발행

●저 자

김연화/장병주

●발행인

한 인 환

●발행처

도서출판 **기문사**
서울시 동대문구 용두2동 730-4번지 홍신빌딩 3층
대표전화 : 02) 2265-7214
팩시밀리 : 02) 922-8772
homepage : www.kimoonsa.co.kr
e-mail : book@kimoonsa.co.kr
등 록 : 1978. 8. 9. NO. 6-0637
ISBN : 89-7723-249-X 93590

〈정가 : 18,000원〉